世界首创曲线管幕冻结组合支护双层公路隧道

KEY TECHNOLOGY
AND INNOVATION
OF GONGBEI TUNNEL

拱北隧道
关键技术与创新

王启铜　周先平　著

人民交通出版社股份有限公司
北　京

内容提要

本书共9章，主要包括拱北隧道曲线顶管管幕、管幕冻结、超大断面软土隧道暗挖、临海隧道结构防水、异形结构隧道通风及防灾救援的设计与施工关键技术等内容。全书内容丰富、资料翔实、重点突出，系统地总结了港珠澳大桥拱北隧道建设关键技术管理与创新经验。

本书可供城市高风险工程、重难点工程和相关工程的建设、设计、科研、施工、监理等有关人员学习借鉴，也可供相关院校隧道工程专业师生参考使用。

图书在版编目（CIP）数据

拱北隧道关键技术与创新 / 王啟铜等著. — 北京：
人民交通出版社股份有限公司，2020.8
ISBN 978-7-114-16383-8

Ⅰ.①拱… Ⅱ.①王… Ⅲ.①公路隧道—隧道施工—珠海 Ⅳ.① U459.2

中国版本图书馆 CIP 数据核字(2020) 第 035226 号

Gongbei Suidao Guanjian Jishu yu Chuangxin

书　　名：	拱北隧道关键技术与创新
著 作 者：	王啟铜　周先平
责任编辑：	王　丹
责任校对：	席少楠
责任印制：	刘高彤
出版发行：	人民交通出版社股份有限公司
地　　址：	（100011）北京市朝阳区安定门外外馆斜街3号
网　　址：	http://www.ccpcl.com.cn
销售电话：	（010）59757973
总 经 销：	人民交通出版社股份有限公司发行部
经　　销：	各地新华书店
印　　刷：	北京盛通印刷股份有限公司
开　　本：	787×1092　1/16
印　　张：	25.75
字　　数：	453千
版　　次：	2020年8月　第1版
印　　次：	2020年8月　第1次印刷
书　　号：	ISBN 978-7-114-16383-8
定　　价：	228.00元

（有印刷、装订质量问题的图书由本公司负责调换）

本书编写委员会

顾　　问：王梦恕　钱七虎　周丰竣　龚晓南　陈湘生
　　　　　贾绍明　陈冠雄　邓小华　左智飞　蒋树屏
　　　　　陈韶章　白　云　谢永利　刘千伟　史海鸥
　　　　　陈　勇　吴玉刚　钟显奇　李爱民
主　　任：王啟铜
副 主 任：周先平
委　　员：刘志刚　孙家伟　程　勇　马保松　黄宏伟
　　　　　谭忠盛　潘建立

本书参编人员名单

港珠澳大桥珠海连接线管理中心：

王啟铜　周先平　刘志刚　许晴爽　任　辉　王文州　李　剑
杨福林　熊昊翔　李史华　蔡佳欣　赖洪江　李志宏　李　斌

中交第二公路勘察设计院有限公司：

廖朝华　程　勇　刘继国　张　军　魏龙海　舒　恒　陈必光
刘夏临　史世波　杨林松

中铁十八局集团有限公司：

潘建立　刘应亮　高海东　张斌梁　李　刚　史鹏飞　赵　涛
马会力　闫良涛

参研单位：

中国地质大学（武汉）：

马保松　张　鹏　曾　聪

同济大学：

胡向东　黄宏伟　张冬梅　张东明　洪泽群　谢　欣　邓声君
贺龙鹏　刘阳辉　韩　磊　周庆昕　马程翔

北京交通大学：

谭忠盛　黄明利　王秀英　周振梁　赵金鹏

北京交科公路勘察设计研究院有限公司：

杨秀军　张　昊　金　蕊　石志刚　施　强　乔梅梅

应急管理部天津消防研究所：

路世昌　黄益民　崔海浩

PREFACE 序言

创新是引领发展的第一动力。

顶管与定向钻、盾构并列为当今三大非开挖技术。因其施工对环境影响小、周期短、成本低，被广泛地应用于穿越公路、铁道、河川、地面建筑物、地下构筑物以及各种地下管线等施工中。随着工程建设的发展，在单管顶进的基础上发展了管幕法，并在国内外涌现出一大批经典工程。

港珠澳大桥珠海连接线项目作为港珠澳大桥五大独立建设主体之一，是港珠澳大桥海中桥隧主体与国家高速公路网连接的"唯一通道"。拱北隧道作为项目关键控制性工程，在国际上首创"曲线管幕＋水平控制冻结"组合工法，穿越国内第一大陆路口岸——拱北口岸，隧址区位于珠海与澳门分界处，地理位置特殊，政治意义敏感，地质条件复杂多变，其设计和施工难度极大。

项目在充分调研的基础上，通过理论分析、数值模拟、模型和现场试验、技术研发等手段，解决了复合地层长距离组合曲线顶管及管幕形成精准控制、临海环境高水压下超长水平控制冻结止水和冻胀融沉控制、复杂环境下浅埋超大断面隧道暗挖变形控制、临海环境下隧道结构防水、异形结构隧道通风及防灾救援等技术难题。形成了包括创新理论、重大技术、新型装备和材料的"曲线管幕＋水平控制冻结法的浅埋超大断面暗挖隧道成套建设技术"成果。大幅度提升了我国软弱富水地层浅埋超大断面隧道暗挖工法的科技含量和设计施工水平，为今后类似工程提供了借鉴，同时为环境要求苛刻的地下空间开发利用提出了新的思路和解决方案，社会与经济效益显著，推广应用前景广阔。

建设方案在极大创新的同时，给项目建设管理带来了前所未有的难度与挑战。本书从技术管理、设计方案、曲线顶管管幕设计与施工、管幕控制冻结设计与施工、超大断面软土隧道暗挖设计与施工、异形结构隧道通风及防灾救援等关键技术方面，对工程建设近十年的技术管理经验进行了全面总结与提升，展示了技术上的突破及设计、施工与管理中的创新思维方式与方法，可为今后创新工程管理及"精品工程"创建提供借鉴。

拱北隧道的顺利建成是我国隧道建设又一项具有里程碑意义的重要成果，标志着"曲线管幕＋水平控制冻结"工法的技术创新突破，为中国隧道在这一领域领跑增添了光彩，做出了巨大贡献。我衷心希望隧道建设行业的同仁们戒骄戒躁，进一步提炼总结科技成果，形成行业技术及装备制造标准，同时深度参与国际隧道施工技术规则与标准制定，大力推动人才交流输出，为"交通强国"战略提供技术人才支撑，更进一步提升我国交通建设国际话语权。

中国工程院院士：钱七虎

2019 年 10 月 28 日于北京

PREFACE 前言

　　珠江三角洲地区是我国改革开放的先行地区和重要的经济区域中心，依托毗邻港澳的区位优势，在全国经济社会发展和改革开放大局中具有突出的带动作用和举足轻重的战略地位。受制于交通环境等因素，珠江西岸经济发展一直滞后于东岸。港珠澳大桥是为满足港澳与内地之间的交通运输要求，建立连接珠江东西两岸大珠江三角洲地区、服务粤港澳大湾区、辐射泛珠江三角洲地区的全新陆路运输通道；珠海连接线项目则是连接港珠澳大桥海中桥隧主体与国家高速公路网的关键工程。

　　项目建成通车后，极大地便利了港澳居民和内地居民互相往来。对全面加强粤港澳合作，加快推进三地融合和开放、开发步伐，创新构建"一国两制"模式下粤港澳紧密协作新模式，打造珠江口西岸国际都市群有着深远意义。

　　2012年7月31日，项目控制性工程拱北隧道正式开工建设。该隧道按照"先分离并行，再上下重叠，最后又分离并行"的形式设置，涉及海域人工岛明挖段、口岸暗挖段及陆域明挖段等不同结构形式和施工工法。其中，口岸暗挖段采用"曲线管幕+水平控制冻结法"施工，是世界首座采用该工法施作的双层公路隧道。面对建设条件复杂、技术难度大、施工风险控制及环保景观要求高等困难，项目建设单位依托多名院士和知名专家组成的技术专家委员会，积极组织技术攻关，及时转化科研成果，攻克一个又一个行业难关，填补一项又一项技术空白，始终坚持"百年工程""精品工程"的管理理念，完成了一项高品质的世纪工程。其曲线管幕顶进长度、水平冻结规模及隧道开挖断面面积均创造了业内新纪录。

本书系统地总结了拱北隧道超长距离曲线顶管管幕、超大规模水平冻结、超大断面软土隧道暗挖、临海隧道结构防水、异形结构隧道通风及防灾救援等设计与施工的关键技术和建设管理经验，有较强的实用性和指导作用。

各参建单位相关人员参与本书编写。在此对参与项目建设规划、设计、监理、施工、科研、咨询及专家技术团队，对关心、支持项目建设的社会各界人士表示诚挚的谢意！

王启铜

2019 年 9 月于广州

CONTENTS 目录

CHAPTER 1
第 1 章　引言 / 1

1.1　工程概况 / 1

1.2　工程地质与水文地质 / 2

1.3　工程重难点 / 5

CHAPTER 2
第 2 章　拱北隧道关键技术管理 / 7

2.1　初步设计阶段管理 / 7

2.2　技术设计阶段管理 / 11

2.3　施工图设计阶段管理 / 14

2.4　施工阶段技术管理 / 14

CHAPTER 3
第 3 章　拱北隧道设计方案 / 15

3.1　主要技术标准及建设规模 / 15

3.2　总体设计 / 16

3.3　初步设计阶段方案论证 / 22

3.4　技术设计阶段方案优化 / 36

3.5 施工图阶段方案优化 / 38

3.6 施工阶段方案优化 / 40

CHAPTER 4
第 4 章 曲线顶管管幕设计与施工关键技术 / 47

4.1 曲线顶管管幕设计与计算 / 47

4.2 曲线顶管管幕关键理论研究 / 68

4.3 曲线顶管管幕关键技术研究 / 91

4.4 曲线顶管管幕施工关键技术 / 123

CHAPTER 5
第 5 章 管幕冻结设计与施工关键技术 / 157

5.1 管幕冻结设计 / 157

5.2 管幕冻结关键技术研究 / 164

5.3 管幕冻结施工关键技术 / 198

CHAPTER 6
第 6 章 超大断面软土隧道暗挖设计与施工关键技术 / 233

6.1 隧道暗挖设计与计算 / 233

6.2 暗挖关键技术研究 / 254

6.3 暗挖施工关键技术 / 308

CHAPTER 7
第 7 章 临海隧道结构防水设计与施工关键技术 / 347

7.1 结构防水设计 / 347

7.2 结构防水关键技术研究 / 350

7.3 结构防水施工关键技术 / 357

CHAPTER 8
第 8 章 异形结构隧道通风及防灾救援关键技术 / 367

8.1 拱北隧道消防救援系统设计 / 367

8.2 隧道消防救援系统主要构成及联动控制原则 / 368

8.3 通风及防灾救援关键技术研究 / 372

CHAPTER 9
第 9 章 科技创新与推广应用 / 385

9.1 创新点 / 385

9.2 推广应用 / 392

参考文献 / 393

第 1 章 CHAPTER 1
引言

1.1 工程概况

港珠澳大桥珠海连接线是港珠澳大桥的重要组成部分，拱北隧道则是珠海连接线的关键控制性工程，位于珠海市中心繁华城区，毗邻澳门，由海底隧道与城区隧道两部分组成，采用海底隧道方式穿越拱北湾海域、城区隧道形式下穿全国第一大陆路口岸——拱北口岸（图1.1-1）。

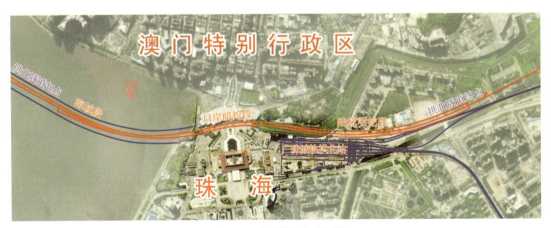

图 1.1-1 拱北隧道平面示意图

隧道起点位于拱北湾海域，接珠澳人工岛之后的拱北湾大桥，终点位于边防部队茂盛围管理区。隧道起讫里程桩号：左线为 ZK1+150.000~ZK3+891.000，长 2741m；右线为 YK1+515.000~YK3+890.000，长 2375m，设计速度 80km/h，净空 14.25m×5.1m。

拱北隧道地理位置特殊，政治地位敏感。沿线途经人工岛、军事管制区、拱北口岸、边界河等，地面建筑众多，地下管线繁杂，安全风险等级极高。涉及出入境边防检查总站、出入境检验检疫局、海关、公安边防部队、地方政府及职能部门等相关单位。加之与市政道路、城际轨道多次交叉，协调难度极大，其中以穿越拱北口岸段尤为突出。拱北口岸为国内第一大陆路口岸，每天出入境车辆超1万辆，出入境人流超40万人次。全年365天，任何情况下均不得中断通关运行。

拱北隧道按照"先分离并行，再上下重叠，最后又分离并行"的形式设置，涉及海域人工岛明挖段、口岸暗挖段及陆域明挖段等不同结构形式和施工工法。其中，口岸暗挖段采用255m曲线管幕+水平控制冻结法施工，是世界首座采用该工法施作的双层公路隧道，其曲线管幕顶进长度、水平冻结规模及隧道开挖断面面积均创造了业内新纪录。

1.2 工程地质与水文地质

1.2.1 工程地质

拱北隧道穿越区域地质条件复杂。自上至下依次分布有杂填土、淤泥（淤泥质土）、粉质黏土、粉砂（细砂）、中砂、粗（砾）砂、卵（砾）石、全～强风化黑云母斑状花岗岩等土层（表1.2-1）。其中，表层海相、海陆交互沉积层厚度为28~35m，中层砂（砾）质黏土层厚度为0.5~8.2m，下伏全～强风化黑云母斑状花岗岩层厚度超过20m（图1.2-1和图1.2-2）。

拱北隧道工程典型地质分层表　　　　　　表1.2-1

层号	岩土名称	层号	岩土名称	层号	岩土名称
①	填土（Q_4^{me}）	④-3-a	淤泥质土（Q_4^m）	⑥-1-b	粉质黏土（Q_3^{al+pl}）
③-1-a	淤泥（Q_4^m）	④-3-b	黏土、粉质黏土（Q_4^m）	⑥-1-c	粉土（Q_3^{al+pl}）
③-1-b	淤泥质土（Q_4^m）	④-3-c	粉土（Q_4^m）	⑥-2-a	粉、细砂（Q_3^{al+pl}）
③-1-c	含淤泥质砂	⑤-1-a	黏土（Q_3^{mc}）	⑥-2-b	中砂（Q_3^{al+pl}）
③-2-a	黏土（Q_4^m）	⑤-1-b	粉质黏土（Q_3^{mc}）	⑥-2-c	粗、砾砂（Q_3^{al+pl}）
③-2-b	粉质黏土（Q_4^{mc}）	⑤-1-c	粉土（Q_3^{mc}）	⑥-3	卵、砾石（Q_3^{al+pl}）
③-2-c	粉土（Q_4^{mc}）	⑤-2-a	粉、细砂（Q_3^{mc}）	⑦-1	砂质黏性土（Q_3^{el}）
③-3-a	粉、细砂（Q_4^{mc}）	⑤-2-b	中砂（Q_3^{mc}）	⑦-2	砾质黏性土（Q_3^{el}）
③-3-b	中砂（Q_4^{mc}）	⑤-2-c	粗、砾砂（Q_3^{mc}）	⑦-3	黏性土（Q_3^{el}）

续上表

层号	岩土名称	层号	岩土名称	层号	岩土名称
③-3-c	粗、砾砂（Q_4^{mc}）	⑤-2-d	卵、砾石（Q_3^{mc}）	⑧-1	全风化黑云母斑状花岗岩
④-1	粗、砾砂（Q_4^{mc}）	⑤-3-a	淤泥质土（Q_3^{mc}）	⑧-2	强风化黑云母斑状花岗岩（砂砾状）
④-2-a	黏土（Q_4^{mc}）	⑤-3-b	黏土（含较多腐殖质）（Q_3^{mc}）	⑧-3	强风化黑云母斑状花岗岩（碎块状）
④-2-b	粉质黏土（Q_4^{mc}）	⑤-3-c	粉土（含较多腐殖质）（Q_3^{mc}）	⑧-4	中风化黑云母斑状花岗岩
④-2-c	粉土（Q_4^{mc}）	⑥-1-a	黏土（Q_3^{al+pl}）	⑧-6	石英岩（花岗岩岩脉）

1.2.2 工程水文地质

1.2.2.1 地下水

隧址所在区域气候湿润、雨量充沛、降水时间长。地表水主要是海水，地下水主要赋存于软土层、砂层、粗（砾）砂层、黏性土夹砂层及更新统残积层等土层和基岩裂隙中。其中，砂类土特别是相对松散的粗粒类砂土为强透水层。场区周边潮汐变化时最高高程为2.51m，最低为−1.28m，变幅为3.8m左右。

为确保冻结、注浆或其他辅助措施顺利实施，对地下水流速展开现场观测与测算后，得到以下结论：

（1）地下水位易受潮汐影响。

（2）以砾砂平均渗透系数测算，地下水流速为3.12×10^{-4}cm/s，即0.27m/d。

1.2.2.2 地下水腐蚀性评价

场区地下水化学成分与海水相似，为氯钙镁型水（$Cl^- - Ca^{2+} \cdot Mg^{2+}$）或氯镁钙型水（$Cl^- - Mg^{2+} \cdot Ca^{2+}$）。海域部分地下水对混凝土结构具有微腐蚀性。在干湿交替环境下，对混凝土结构中的钢筋有强腐蚀性；在长期浸水环境下，对混凝土结构中的钢筋则具有微腐蚀性。陆域部分地下水按环境类别和地层渗透性评价对混凝土结构具有微腐蚀性。在长期浸水环境下，对混凝土结构中的钢筋具有弱腐蚀性；在干湿交替环境下，对混凝土结构中的钢筋具有强腐蚀性。主要腐蚀介质为SO_4^{2-}、Cl^-及侵蚀性CO_2。

1.2.2.3 土对混凝土结构的腐蚀性评价

根据详勘阶段地质报告中土壤易溶盐分析成果，按干湿交替及Ⅱ类场地环境考虑，土体对建筑材料的腐蚀性评价如下：

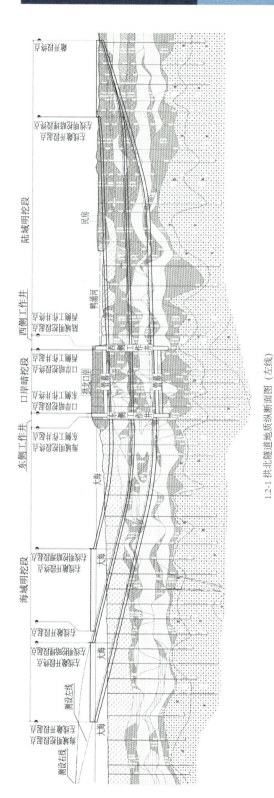

1.2-1 拱北隧道地质纵断面图（左线）

1.2-2 拱北隧道地质纵断面图（右线）

（1）海域部分：硫酸盐含盐量 SO_4^{2-} 最大值为 331mg/kg，镁盐含盐量 Mg^{2+} 最大值为 69mg/kg，Cl^- 最大值为 682mg/kg。综合评价，本场地土对混凝土结构具有微腐蚀性，对混凝土结构中的钢筋则具有中等腐蚀性。

（2）陆域部分：硫酸盐含盐量 SO_4^{2-} 最大值为 595mg/kg，镁盐含盐量 Mg^{2+} 最大值为 91mg/kg，Cl^- 最大值为 690mg/kg。综合评价，本场地土对混凝土结构具有弱腐蚀性，对混凝土结构中的钢筋则具有中等腐蚀性。

1.2.3 不良地质条件

隧址区主要存在以下不良地质现象：

（1）局部基岩面起伏较大，花岗岩风化不均，有局部隆起及风化深槽。

（2）表层分布较厚的全新统海相沉积的淤泥和淤泥质土等软土，具高压缩性、高灵敏度，均为欠固结土，稳定性极差，地基承载力低。场地海床表部分布的淤泥层存在震陷可能。

（3）在表层淤泥层之下，分布有厚度不等的软弱土层，主要为淤泥质土、粉土或粉细砂，有时呈透镜体状发育。

（4）场区砂层密实度变化较大。一般海床上部 10m 内以稍密~中密为主，部分呈松散~稍密状，偶有密实状；10m 以下特别是 15m 以下一般均为中密~密实状。根据砂土液化判别，可液化砂层主要是上部 10m 以内松散~稍密状态的砂层。

（5）场区分布的花岗岩残积土和全~强风化层水理性较差，具浸水崩解、失水干裂等特性。

1.3 工程重难点

（1）工程地质条件差

拱北隧道大部分位于水位线以下，水力场复杂。隧址区上部覆盖层发育，且岩性在纵向上具有海相、海陆交互相、陆相多层结构，岩性条件较为复杂，特别是海相、海陆交互相沉积层发育，厚度达到 28~35m，土质极软弱。软土层具有层多、厚度大、分布广泛、含水率高、压缩性高、易触变等特性，导致隧道在围岩稳定性、支护设计、施工等方面都存在诸多不利因素。

（2）周边环境复杂

拱北隧道地理位置特殊，政治地位敏感。沿线途经人工岛、军事管制区、珠海拱

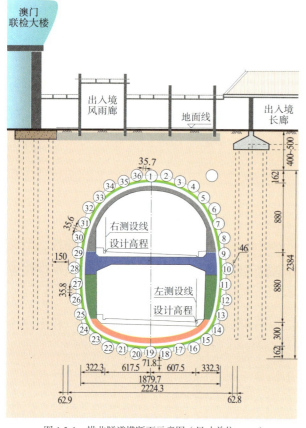

图 1.3-1　拱北隧道横断面示意图（尺寸单位：cm）

北口岸和澳门关闸口岸区、边界河、城际轨道站等，涉及边检、边防、海关、检验检疫及地方政府等众多部门。地面建筑密集且安全风险等级较高，地下管线众多，桩基密布，隧道外缘最近处距离澳门联检大楼地下桩基为1.50m，距离拱北口岸出入境长廊桩基最近距离仅为0.46m（图1.3-1）。加之与城市道路多次交叉，施工协调难度极大。

（3）隧道施工工法复杂多样

拱北隧道沿线结构变化复杂，按"先分离并行，再上下重叠，最后又左右分离并行"的形式设置，分为海域明挖段、口岸暗挖段及陆域明挖段，涉及深基坑工程、浅埋暗挖施工、顶管管幕施工、管幕冻结施工、多台阶分部立体开挖施工等不同结构形式和施工工法。

（4）技术难度大、施工风险高

拱北隧道口岸暗挖段下穿珠海拱北口岸和澳门关闸口岸之间的狭长区域，穿越压缩性高、易触变、含水率大、强度低的深厚软弱地层，工程地质条件极其复杂，地层变形控制要求极高。暗挖段全长255m，采用上下叠层的卵形结构，平面线形为缓和曲线+圆曲线，采用曲线管幕+水平冻结法施工。该施工工法属于业内首创，设计技术难度大，施工安全风险高。

（5）政治影响大

港珠澳大桥是国内外具有较大影响的工程，珠海连接线作为其重要的组成部分，同样受到广泛关注。同时，珠海连接线还穿过珠海拱北口岸、澳门关闸口岸、军事管理区等地带，政治影响大。

第 2 章 CHAPTER 2
拱北隧道关键技术管理

拱北隧道采用在国际上首创的"曲线管幕+水平控制冻结"组合工法，关键技术管理贯穿项目建设全过程，分为初步设计阶段、技术设计阶段、施工图设计阶段、施工阶段四个阶段（图 2.0-1）。始终坚持务实的科学态度，对工程中重大、复杂技术问题进行科学试验及专题研究，以科研成果作为技术支撑，以监控量测数据作为"眼睛"，动态调整优化技术设计，确保项目建设技术可靠、工程安全、风险可控，如期完成了项目建设。

图 2.0-1　拱北隧道关键技术管理图

2.1　初步设计阶段管理

（1）业主提前介入，配合设计调研

2009 年 11 月，国家发展和改革委员会批复了港珠澳大桥工程可行性研究报告。根据工可推荐路线,珠海连接线落脚点位于珠海拱北湾海域,设置拱北隧道下穿拱北口岸。工可方案需要对数量庞大的桩基进行截桩、托换,协调难度大,实施风险高。初步设计阶段优化提出了单、双层隧道结构,分别采用暗挖和明挖等四个方案进行比选,最终推选双层暗挖隧道方案。

初步设计阶段,推荐采用 8 根 ϕ2500mm 钢管作为定位管及内支撑支点,中间交叉顶进 42 根 ϕ1000mm 钢管,管内填充钢筋混凝土,一次形成超前支护管幕,相邻管净距采用 30~50cm;管内设置水平冷冻管,形成冻土帷幕(厚 1.2~1.8m),隔绝开挖断面与外界地下水联系;通过注浆对开挖断面内土体进行改良加固,稳定掌子面,多导坑分部开挖,做好临时内支撑体系(图 2.1-1)。

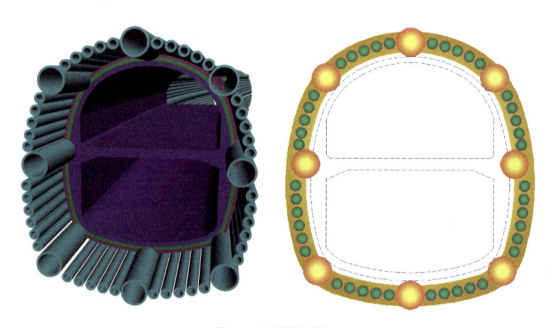

图 2.1-1 初步设计方案图

针对初步设计阶段提出的管幕冻结止水暗挖方案,业主提前介入方案研究工作,在主导或配合下,先后对北京机场跑道穿越工程、沈阳地铁二号线新乐遗址站、上海虹许路北虹路下穿工程、厦门翔安海底隧道以及长沙湘江隧道等工程进行调研(图 2.1-2),了解和掌握当时管幕工法、水下隧道的施工技术水平,确保拱北隧道顶管管幕方案的可行性。

a）北京机场跑道穿越工程

b）沈阳地铁二号线新乐遗址站

c）厦门翔安海底隧道

d）长沙湘江隧道

图 2.1-2　调研相关项目

（2）开展风险评估，降低建设风险

初步设计阶段，积极开展风险评估工作（图 2.1-3），通过对不同方案的风险进行辨识、分析和评估，对比不同方案的风险水平，选择风险较低且可控的双层暗挖隧道方案。

图 2.1-3　开展风险评估

(3)组织专家论证,推进方案落地

明确推荐方案后,及时组织专家论证工作,对方案进行深入研究。

(4)积极沟通协调,谋求各方支持

积极主动与利益相关方沟通协调(图2.1-4),介绍推荐方案的可行性和可靠性,努力获得各相关方的理解和支持,顺利推进设计评审工作。

a)与地方政府沟通协调

b)与口岸查验单位沟通协调

c)与各相关方沟通协调

d)与边防支队沟通协调

e)与边检单位沟通协调

f)与澳门方沟通协调

图2.1-4 与利益相关方沟通协调

2.2 技术设计阶段管理

（1）开展科研工作，提供设计支撑

为解决拱北隧道的核心技术难题，进一步论证初步设计方案的可靠性和可行性，深入研究部分设计细节问题，与普通高速公路建设项目两阶段设计相比，增加了技术设计阶段（专题研究阶段）。

科研专题研究主要开展设计方面的关键技术研究，包括软弱地质特性与注浆技术、环境影响及保护、管幕及冻结工法、明挖隧道等专题研究，对分段直线顶管方案、顶管始发与接收风险、顶管咬合可靠性、顶管精度与沉降控制、冻胀与融沉控制等关键技术进行深入研究，为设计提供依据（图2.2-1）。

图 2.2-1 专题技术研究报告评审

主要工作内容包括：开展管幕、冻结等4项专题相关研究工作；委托3家有类似工程业绩的施工企业作为咨询单位开展专项咨询工作；与拱北口岸相关查验单位针对增设工作井方案进行密切沟通；提前进行勘察、测量、资料收集与管线补充调查工作；深入开展拱北隧道关键技术深化研究与比选等。得到主要研究结论如下：

①暗挖段长度由初步设计的220m调整为255m，且口岸内不增设工作井。

②管幕由原设计8根 $\phi2500mm+42$ 根 $\phi1000mm$ 管幕的形式调整为10根 $\phi1800mm$ 大管幕+30根 $\phi1440mm$ 小管幕的组合方式（图2.2-2）。

③管间净距由原设计的30~50cm调整为25cm。

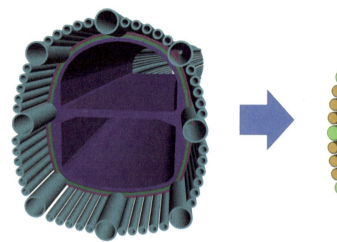
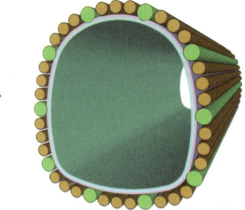

a）220m，8根φ2500mm+42根φ1000mm管幕

b）255m，10根φ1800mm+30根φ1440mm管幕

图 2.2-2 管幕形式优化

④暗挖段结构推荐采用整体椭圆形的三次复合衬砌形式，采用六台阶十八分区法施工。

（2）开展方案咨询，寻求最优方案

为优化隧道暗挖段及明挖段的设计方案，积极开展咨询工作，委托 3 家水下隧道及明挖隧道施工经验丰富的施工单位对隧道暗挖段、明挖段建设方案开展方案竞赛工作。通过方案征集，取得了隧道施工方案特别是暗挖段施工方案的好点子、好思路，为技术设计提供了参考（图 2.2-3）。

图 2.2-3 施工方案咨询报告评审

（3）引入设计咨询，优化设计方案

为进一步优化隧道设计方案，专门委托第三方设计咨询单位，对相关设计方案进行

优化和调整。通过设计咨询，一方面优化了方案从而节约了成本，另一方面提高了工效、缩短了工期。

（4）组织专家论证，确保方案可靠

针对技术方案中的设计细节以及方案的可靠性方面，多次组织专家会进行研讨论证，确保了技术设计方案的技术先进、合理可行、安全可靠。

（5）成立专家小组，解决技术难题

为保障隧道工程建设，在省交通运输厅牵头下，成立了由多名院士和行业内知名专家组成的港珠澳大桥珠海连接线拱北隧道技术专家委员会（图2.2-4），每年组织一次工作会议（图2.2-5），研究解决隧道建设过程中遇到的重大技术难题，为项目的安全顺利实施保驾护航。

图 2.2-4　广东省交通运输厅关于成立技术专家委员会的批复文件

图 2.2-5　拱北隧道技术专家委员会工作会议

针对隧道建设各阶段的关键技术难点和重点技术方案，共组织召开了5次技术专家委员会工作会议，邀请技术专家委员会成员和多位业内知名专家莅临现场进行指导或通过电话、网络、函件等方式，及时研究解决设计与施工过程中出现的技术问题，确保技术方案的安全可靠，为工程建设顺利实施提供了技术支持，并为下一步工作方向提供了建议与意见。

2.3　施工图设计阶段管理

（1）深入科学研究，细化设计方案

施工图设计阶段继续深入开展科研工作，要求科研单位进驻施工现场，配合施工单位解决技术性难题，督促科研单位及时总结和提交阶段性研究成果，并根据工程进度及时组织阶段性评审工作，为施工图设计提供基础数据和技术支撑。

（2）施工单位配合，完善优化设计

与常规高速公路建设项目不同，本项目使用技术设计文件进行招标，明确施工单位后，由施工单位配合设计单位完善和优化施工图设计方案。设计单位采纳了施工单位提出的统一顶管管径、顶管机设备选型等方面的合理建议。

（3）关注设计细节，确保方案可行

针对设计方案的细节问题，诸如注浆封水的可靠性、冻结施工的可行性等，积极开展专家论证工作，确保设计方案的可行性、可靠性和可实施性。

施工图设计阶段主要成果详见 3.5 节。

2.4　施工阶段技术管理

（1）科研配合施工，解决施工难题

为解决施工生产中遇到的各种技术问题，科研工作贯穿整个施工过程，顺利解决了隧道顶管管幕、冻结止水、变形控制、结构防水施工过程中遇到的各种问题，对工程的顺利实施提供了技术支撑。

（2）科研辅助设计，完善设计变更

科研项目研究成果亦为工程设计方案的变更提供了依据，如拱北隧道冻结设计、暗挖施工方案调整、变形缝设置优化等。

（3）施工积极创新，克服施工困难

施工过程中，及时总结施工经验，积极创新，调整优化装置，开发实用性设备，为工程的顺利实施提供了保障。

施工阶段主要成果详见 3.6.2 节及 3.6.3 节。

第 3 章 拱北隧道设计方案

3.1 主要技术标准及建设规模

3.1.1 主要技术标准

3.1.1.1 几何设计技术标准

（1）公路等级：高速公路。

（2）设计车速：80km/h。

（3）车道数：双向六车道。

（4）道路限界：车道宽度（六车道 3×3.75m），车道高度（5.1m）。

（5）坐标及高程系统：设计采用港珠澳大桥独立坐标系和1985国家高程系统。

3.1.1.2 结构设计技术标准

（1）设计使用年限：100年。

（2）荷载标准：设计荷载（公路—Ⅰ级），人群荷载（4.0kN/m²）。

（3）主体结构耐火等级：一级。

3.1.2 建设规模

根据隧道所采用的施工工法将全隧道分为5个区段，即海域段、东侧工作井、口岸暗挖段、西侧工作井、陆域段，各段的主要构成如表3.1-1所示。

拱北隧道全线工区一览表　　表3.1-1

编号	区段	里程桩号	长度(m)	主要构成	施工工法
1	海域段	ZK1+150.000~ZK2+382.048 YK1+515.000~YK2+374.900	1232.048 859.900	55个节段明挖暗埋+敞口段	海上筑岛明挖

续上表

编号	区 段	里程桩号	长度(m)	主要构成	施工工法
2	东侧工作井	ZK2+382.048~ZK2+397.148 YK2+374.900~YK2+390.000	15.100 15.100	暗挖段始发井上下层行车道	工作井明挖
3	口岸段	ZK2+397.148~ZK2+649.201 YK2+390.000~YK2+645.000	252.053 255.000	管幕+冻结洞内暗挖	管幕暗挖法
4	西侧工作井	ZK2+649.201~ZK2+664.302 YK2+645.000~YK2+660.105	15.101 15.105	暗挖段接收井上下层行车道	工作井明挖
5	陆域段	ZK2+664.302~ZK3+891.063 YK2+660.105~YK3+890.000	1226.761 1229.895	56个节段明挖暗埋+敞口段	明挖，局部倒边施工

3.2 总体设计

3.2.1 隧道内轮廓

隧道内轮廓根据《公路工程技术标准》（JTG B01—2003）、《公路隧道设计规范》（JTG D70—2004）、《公路隧道设计细则》（JTG/T D70—2010）相关规定以及建筑限界以外的空间安装通风、照明、监控、通信等设施的安装要求拟定。全线隧道单洞主要由三种形式的净空断面组成。

（1）敞开段

隧道敞开段单洞净空断面如图3.2-1 a）所示。

（2）明挖暗埋段

为满足交通工程专业提出的安设 $\phi1120mm$ 风机的净空要求，隧道明挖暗埋段单洞宽×高为14.75m×7.8m，如图3.2-1 b）所示。

a）敞开段

图 3.2-1

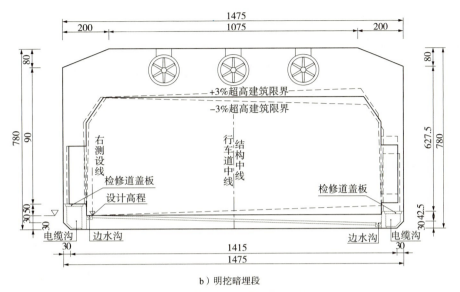

b）明挖暗埋段

图 3.2-1 明挖段单洞净空断面（尺寸单位：cm）

（3）暗挖段

隧道暗挖段单洞净空断面在满足规范及设备安装要求的前提下，结合隧道暗挖工艺拟定，如图 3.2-2 所示。右线上洞净空断面面积 105.02m²，净空断面周长 40.26m；左线下洞净空断面面积 123.57m²，净空断面周长 42.95m。

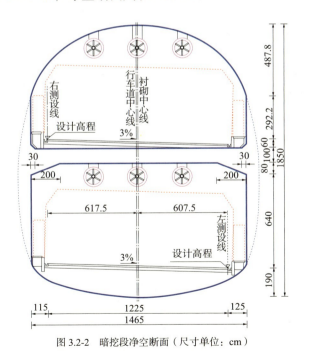

图 3.2-2 暗挖段净空断面（尺寸单位：cm）

3.2.2 平纵横设计

3.2.2.1 平面线位

为完全避让口岸内附近建筑物地下桩基，拱北隧道平面线位采用缓和曲线 + 圆曲线的 W 形线位穿越口岸区域，详见图 3.2-3 和表 3.2-1；隧道与沿线重要建（构）筑物平面位置关系如表 3.2-2 所示。

图 3.2-3 拱北隧道平面图

隧道平面线位要素分布表　　　　　　　　　　　　　　　　　　　表 3.2-1

区段	海域敞开段	海域明挖暗埋段	口 岸 段	陆域明挖暗埋段	陆域敞开段
范围	YK1+515.000~ YK1+845.000	YK1+845.000~ YK2+374.900	YK2+374.900~ YK2+660.105	YK2+660.105~ YK3+582.000	YK3+582.000~ YK3+890.000
左线	直线	直线、A-400 缓和曲线、R-980 圆曲线上、A-340 缓和曲线	A-300 缓和曲线、R-890 圆曲线	R-890 圆曲线、A-370 缓和曲线、A-700 缓和曲线、R-2100 圆曲线、A-700 缓和曲线、R-1396.8 圆曲线	R-1396.8 圆曲线、A-626.419 缓和曲线
右线	A-450 缓和曲线、R-1200 圆曲线	R-1200 圆曲线、A-700 缓和曲线、R-967.75 圆曲线、A-336.838 缓和曲线、A-303.111 缓和曲线	A-303.111 缓和曲线、R-902.25 圆曲线	R-902.25 圆曲线、A-375 缓和曲线、A-525 缓和曲线、R-1400 圆曲线	R-1400 圆曲线、A-525 缓和曲线

注：隧道海域端左右线分开进洞，左线先进洞，右线后进洞。

拱北隧道设计方案 第 3 章

隧道与沿线重要建（构）筑物平面位置关系   表 3.2-2

隧道工区	隧道结构部位	里程桩号	控制性建筑	最小距离（m）
海域明挖段	地连墙外侧	YK2+296.000	边防五支队营楼	3.30
口岸段	管幕群外缘	YK2+422.000	澳门联检大楼东侧桩基	1.75
	管幕群外缘	YK2+498.000	拱北口岸出入境长廊最南侧一排桩基	0.50
		YK2+611.000	澳门联检大楼西侧桩基	1.50
	东侧工作井地连墙外侧	—	澳门联检大楼边界	0.75
		—	遣返审查所	4.22
	西侧工作井地连墙外侧	—	澳门联检大楼边界	1.52
		—	口岸单位食堂	9.72
陆域明挖段	地连墙外侧	YK2+735.000	澳门国防公路	3.04
	地连墙外侧	YK3+200.000	广珠城际轨道站红线	17.00

3.2.2.2 纵面线位

隧道纵向线位配合平面线位的变化，左线先进洞，右线后进洞，以右线在上、左线在下的叠层线位穿越拱北口岸，再逐渐过渡至左右线水平并行同时出洞，见图 3.2-4 和表 3.2-3。为了避让口岸段密集的地下管线和出入境风雨廊地梁筏式基础，隧道纵向线位保证了隧道暗挖段管幕上缘距离地面 4~5m。为了保证隧道建成后鸭涌河恢复原状景观，纵向线位保证隧道上表面距离鸭涌河河床至少 0.5m。

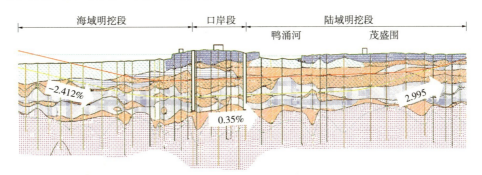

图 3.2-4 拱北隧道纵断面图

隧道纵向线位纵坡分布表   表 3.2-3

区段	海域敞开段	海域明挖暗埋段	口岸段	陆域明挖暗埋段	陆域敞开段
纵坡	−0.446%、−2.412%	−2.412%、0.350%	0.350%	0.350%、2.995%	2.995%

3.2.2.3 横断面布置

拱北隧道全线存在明挖、暗挖两种工法,线位由左右并列渐变至上下叠层,再过渡到左右并列。全段结构变化形式如图 3.2-5 所示。

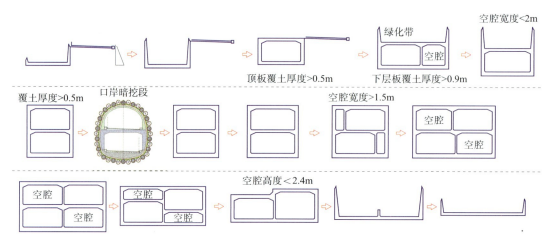

图 3.2-5　拱北隧道沿线横断面分布

3.2.2.4 重要构筑物布置

(1) 洞口布置

海域明挖段左右线分开进洞,洞口位置按结构顶板覆土 0.5m 作为控制值,同时满足"3s"要求。左线洞口里程桩号 YK1+467.696,右线洞口里程桩号 YK1+845.000。陆域明挖段(包括鸭涌河段、茂盛围段)左右线同时出洞,洞口里程桩号 YK3+582.000,洞口位置兼顾左右线高差造成的洞口美观效果、出洞的"3s"要求及覆土深度要求。

(2) 楼梯布置

全线共设置 9 处楼梯。明挖暗埋段楼梯按 150m 间距设置,通过楼梯使上下层保持连通。楼梯的布置结合明挖暗埋隧道的结构布置,设置外挂式楼梯。工作井内楼梯结合工作井内部空间合理设置。

(3) 泵房

全线共设 7 处泵房,其中 3 处雨水泵房、1 处废水泵房、2 处工作井泵房和 1 处地下消防泵房。隧道海域端分开进洞,左右线雨水泵房分开设置,隧道陆域端同时出洞,左、右线雨水泵房共置。全线最低点附近设置一处洞内废水泵房,在陆域段洞口设置一处地下消防泵房(图 3.2-6)。

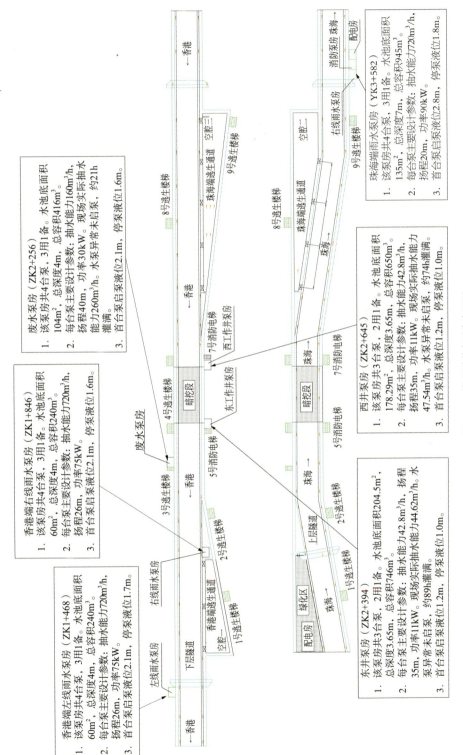

图 3.2-6 拱北隧道水泵房布置图

（4）取送风口风机房

隧道逃生空腔及逃生楼梯区域采取通过隧道内取送风口换气的通风设计。根据消防报建要求及项目异形结构隧道通风及防灾救援关键技术研究成果，结合隧道的结构特点以及消防管理部门的有关意见，在隧道外相应地面位置增设13个取送风口风机房（8个逃生空腔风机房、5个逃生楼梯间风机房）。

（5）变电所

全线共设置2座变电所，分别位于海域和陆域明挖段洞口。

3.3 初步设计阶段方案论证

根据工可推荐路线，珠海连接线落脚点位于珠海拱北湾海域，设置拱北隧道下穿拱北口岸。工可阶段提出拱北隧道采用盾构隧道和浅埋暗挖隧道两种隧道形式，经初步比选后，工可阶段推荐采用海中隧道筑堤明挖、拱北口岸段浅埋暗挖的组合方案。

拱北隧道工可方案需要对数量庞大的桩基进行截桩、托换，协调难度大，实施风险高。初步设计阶段提出了单层、双层隧道结构，分别采用暗挖和明挖方案，共四个方案进行比选，如图3.3-1所示。

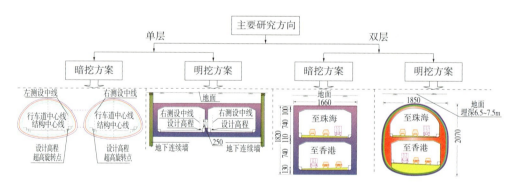

图 3.3-1 初步设计阶段方案研究方向（尺寸单位：cm）

3.3.1 单层方案

3.3.1.1 单层暗挖方案

（1）方案概述

单层暗挖方案虽然单洞开挖断面较小（单洞开挖面积179m²），但由于双洞并行施工，口岸内穿越范围较大，沿线双洞施工将会面临地面建筑密集区域地层沉降控制、大面积桩基托换等难题,且双洞近距离施工,相互影响大,施工技术要求高,地层变形控制困难,如图 3.3-2 所示。

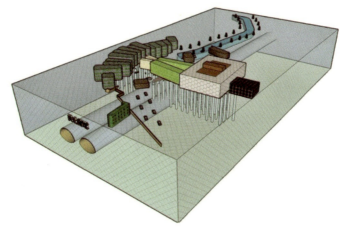

图 3.3-2 单层暗挖方案(F 线)穿越拱北口岸段三维透视图

(2)施工工法介绍

单层暗挖方案采用浅埋暗挖法施工,由于口岸段地下水位高、地层软弱,邻近地面建筑密集,对于浅埋暗挖法具体方案的制定,应在充分理解工程项目背景及建设条件的基础上,采用多种辅助工法进行超前支护预加固,改善加固围岩,同时形成沿开挖断面的有效止水封闭圈,严格控制地下水下降、地层变形等。

结合目前国内外施工管理技术水平和类似地层已有的施工先例,拱北隧道口岸段拟在"地面注浆+隧道全断面帷幕注浆+开挖断面周边水平旋喷加固"复合预注浆工法对隧道围岩进行超前加固的基础上,采用"双层钢拱架喷射混凝土一次支护+分部开挖+浇筑混凝土二次衬砌"的浅埋暗挖施工工法。

由于拱北口岸内无地面工作条件,实际施工过程中,首先通过在口岸东西两侧各设置一处工作井,海域段(东侧)工作井先进行地面注浆(注浆宽度24m),然后进洞施工。考虑到右洞沿线需进行大范围桩基托换,因此左洞先行、右洞后行,鸭涌河段工作井(西侧)作为暗挖段结束接收井。为尽可能减少地层沉降及尽快实现掌子面支护封闭,洞内采用分部开挖。为确保洞内支护紧跟掌子面,各台阶长度不大于 5.0m。

(3)优点

①单层暗挖方案沿线拆迁量相对较少,对邻近建筑及设施干扰最小。

②在辅助施工措施对地层进行有效加固的基础上,可有效控制地层变形沉降,从而

保证管线及其他设施改移基本上无须进入地面施工，若能顺利实施，对口岸通关影响将可以控制到最低。

③噪声污染及水污染相对较少。

④沿线协调难度相对较少。

（4）缺点

①口岸段地理位置特殊，施工过程中地下水位禁止下降、地层沉降控制严格。隧道场区地下水位高、地层软弱，沿线地理位置特殊，无地面注浆条件，暗挖施工必须进行精密组织，确保辅助施工措施能在地层中形成有效的全断面预注浆加固封闭圈。

②虽然暗挖法施工沿线拆迁量相对较少，但由于暗挖施工无法对口岸建筑桩基进行避让，洞内需对口岸内密集的桩基进行大面积托换，见表3.3-1和图3.3-3。

单层暗挖方案过口岸段拆迁加固面积及桩基托换初步统计表　　表3.3-1

加固建筑物	加固面积（m²）	需截断桩基（根）
武警边防五支队营楼	3333.54	17
出境客货通道	1122.70	3
澳门关闸口岸联检大楼	3861.44	—
出入境风雨廊	1097.22	—
免税商场地下通道	1966.39	186
免税商场回廊	1704.17	16
入境客货通道	884.61	3
合计	13970.07	225

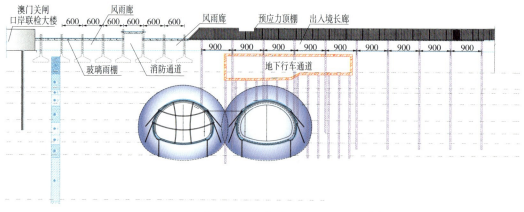

图3.3-3　单层暗挖方案穿越风雨廊处横断面示意图（尺寸单位：cm）

③若采用单层暗挖方案，双洞近距离施工，相互影响大，施工技术要求高，风险较大。

3.3.1.2 单层明挖方案

（1）方案概述

由于单层双洞暗挖方案沿线桩基托换施工难度较大，因此提出采用单层明挖方案。单层明挖方案，即拱北隧道全线采用双洞并行的单层结构、明挖暗埋法施工。单层明挖方案选择必须着重考虑以下两点因素：

①拱北口岸平面选线余地不大，由于双洞并行，隧道结构宽度达32.3m，隧道沿线受边防支队营房、澳门关闸联检大楼、免税商场、地下行车通道、入境检查通道、轻轨拱北站、地面规划道路、横琴轻轨规划线以及昌盛路规划路延长线等限制，单层明挖方案平面选线在满足平面线形指标的基础上，应尽量减少对沿线建筑的拆迁。

②单层明挖方案不可避免地需对免税商场地下行车通道进行拆除，需考虑地下通道预留重建问题。

（2）优点

单层明挖方案若能顺利实施，将具有施工技术成熟、基坑开挖深度相对较小、土建工程投资相对较低、地层变形较易控制等优点。

（3）缺点

①由表3.2-2可知，单层明挖方案由于开挖跨度较大，穿越建筑较多（如边防二支队宿舍楼、出入境一站式检查车道、免税商场及地下行车通道、风雨廊等），沿线拆迁量非常大，协调难度高。

②单层明挖方案在穿越风雨廊位置处（图3.3-4），必须拆除地下行车通道，由于地下行车通道和地面免税商场均为桩基承载基础，改移还建周期长。同时，基坑开挖深、跨度大，盖挖法难以实现快速恢复，而拱北口岸日交通流量巨大（根据资料统计，出入境的车流总量超1万辆次/天，出入境的人流总量超40万人次/天），单层明挖施工地面交通组织协调难度相当大，可能需临时闭关。

3.3.2 双层方案

3.3.2.1 双层方案的提出

单层暗挖方案开挖影响范围大、桩基托换数量多、施工控制困难；单层明挖方案技术可行，但沿线拆迁量范围广、协调难度大。因此，针对施工控制和拆迁协调等难题，提出双层方案（图 3.3-5）。由于拱北隧道经由拱北通关口岸，地理位置特殊、地层变形控制要求严格，考虑到施工对周边环境的社会影响、口岸通关应避免受到干扰及施工控制难易程度等，双层方案同样提出了两个方案，即双层暗挖与双层明挖。与单层方案相比，双层方案具有以下特点：

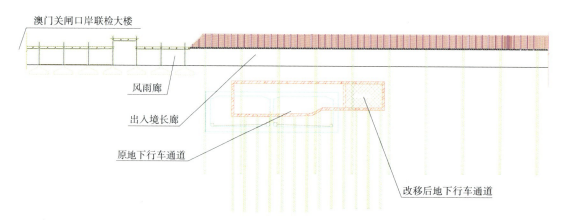

图 3.3-4 单层明挖过风雨廊处隧道结构与邻近构筑物空间位置关系图

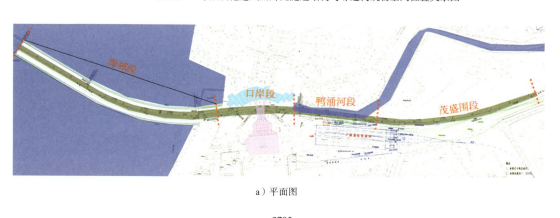

a）平面图

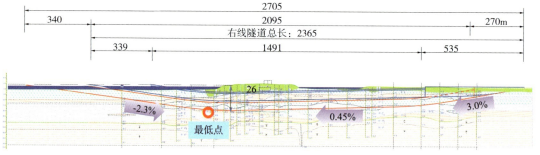

b）纵断面

图 3.3-5 拱北隧道 K 线双层方案（尺寸单位：m）

①双层暗挖与双层明挖两个方案平、纵线位完全一致,除隧道过口岸出入境通关区域(ZK2+395.000~ZK2+615.000)两个方案的施工工法有区别外,隧道其余区段二者施工工法完全相同,均采用明挖法施工。

②双层方案平面线位呈"W"线形,线形指标相对较差,但均有效地绕避了口岸内的主要建(构)筑物,沿线拆迁量大大减少。

③双层方案开挖跨度较小(明挖基坑开挖跨度可减小至16.95m,单层明挖开挖跨度最大达到38.5m),施工影响范围较小,但双层方案属超深基坑(双层明挖)、一次成洞断面过大(双层暗挖,开挖面积超过338m^2),对于拱北口岸富水软弱地层,同样存在施工控制困难、风险高等难题。

④双层方案明挖区段距口岸通关区较近,施工组织复杂,转化较多,施工过程中可能对周围环境和通关存在一定影响及干扰。

3.3.2.2 双层暗挖方案

(1)方案概述

拱北隧道双层暗挖方案并非全线均采用双层暗挖,仅在隧道过口岸出入境区段采用上下叠合的双层暗挖通过(图3.3-6),其余区段(海域段人工岛、口岸段剩余区段、鸭涌河段及茂盛围出口段)均采用明挖法施工。

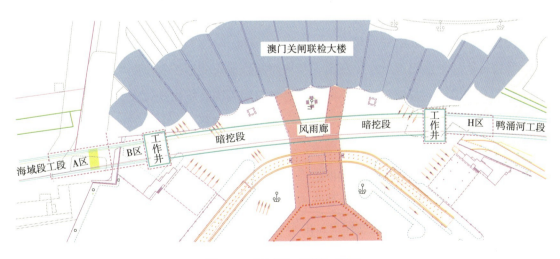

图3.3-6 双层暗挖口岸段施工平面

（2）优点

拱北口岸是全国第一大陆路通关口岸，人流量、车流量都非常大，在入境、出境通道时均有车辆排队现象。为此，澳门关闸口岸增加了2个出境通道，且对拱北口岸一站式通道也进行了扩能改造，以缓解出入境车辆的拥堵状况。

双层明挖+220m暗挖施工方案（设2个工作井）仅在拱北口岸出入境车行道两侧预留2个工作竖井，暗挖法下穿拱北口岸段。施工阶段可保证口岸通行能力，将施工对口岸人流、车流的影响降到最低程度，同时避免拆除口岸建筑物。该方案的主要优点如下：

①施工阶段可保证口岸正常通行，将施工对口岸人流、车流的影响降到最低程度。

②避免拆除口岸建筑物。

③避免改移口岸段地下管线。

④施工人员及机械易于管理。

⑤施工噪声及水污染小。

⑥双层暗挖方案施工过程中，一旦出现不可控因素，可即时转换为明挖施工。

（3）缺点

①口岸内暗挖施工工法有多种选择，由于口岸内地下水位高、地理位置特殊、地面沉降控制严格，常规的帷幕注浆法施工难以形成有效的全断面注浆封水加固圈，故提出管幕法施工工法。由于新技术的运用存在一定的创新风险，管幕法暗挖施工时隧道自身及两侧建筑仍存在较大的安全风险。

②管幕法施工期间地下水控制困难，从而导致地层变形控制难度增大，地表建筑存在一定的开裂风险。若施工控制不好，极易引起地表构筑物出现过大变形或不均匀沉降而影响正常使用。

③管幕法暗挖施工下穿拱北口岸段，必须先顶进多达数十根大直径钢管。若采取钢管间锁口连接，则在进行管幕钢管顶进施工时，存在钢管顶进方向失控、顶力剧增、地表沉降（隆起）大、管幕损坏及管幕水密性不佳等风险（其中最主要的风险是钢管顶进方向失控）。同时在钢管顶进过程中，由于锁口的约束，很有可能会出现纠偏无效及累积偏差较大的情况，导致管幕不能按设计要求正确顶进到位，甚至撕裂锁口，导致管幕密封性能降低甚至丧失，同时引起过大的地表变形。

④仅在拱北口岸出入境车行道两侧预留两个工作竖井，中间不设工作井，暗挖

220m下穿拱北口岸，管幕施工属于长距离顶管。本项目结构椭圆形横断面尺寸为18.7m×20.8m，拟采用多根大直径钢管，在饱和软土地层中一次性顶进220m形成全断面封闭管幕，如此长度大断面管幕目前尚无先例，风险较大。

⑤拱北隧道下穿口岸段左线位于回旋线参数A=350m缓和曲线和半径R=1000m的圆曲线上，右线位于回旋线参数A=353.209m缓和曲线和半径R=1012.250m的圆曲线上。采用暗挖220m下穿拱北口岸，结构外管幕施工属于小曲率半径曲线顶管。过去顶管施工技术主要应用范围一直局限于直线或者大曲率半径的曲线顶管。如此长距离的小曲率半径曲线顶管管幕目前亦无先例，风险较大。

⑥拱北口岸地下管线和建筑物基础众多，暗挖段管幕法施工钢管顶进过程中可能会遇到障碍物，尤其是建筑物的桩基，极易导致顶管失败。

⑦管幕法施工速度较慢、施工工期较长，建设工期与工程费用难以控制。

⑧双层暗挖施工技术要求高、风险大，一旦出现工程事故，恢复困难，将长时间影响口岸通关，产生恶劣的社会影响。

3.3.2.3 双层明挖方案

（1）方案概述

双层明挖与双层暗挖相比，除口岸暗挖段改用明挖施工外，其余区段与双层暗挖方案一致，全部采用明挖法施工。考虑到口岸内通关流量大，为尽量减少对口岸通关的影响，局部路段将采用盖挖法施工。由于口岸地面建筑密集、地层沉降控制严格，基坑围护结构将采用地连墙+坑内支撑体系+坑内基底加固，一是避免施工过程中口岸内地下水位下降引起工后沉降，二是尽可能减小施工过程中地层变形。

（2）优点

①明挖法施工工艺成熟，国内外相似工程案例较多，有大量成熟经验可供借鉴，安全性保障相对较高。

②双层明挖方案由于对口岸内重要建筑均采取了绕避原则，因此无须进行大量桩基托换，加之开挖跨度小、施工进度快，对口岸的影响时间相对较短，综合效益高。

③口岸内施工可通过在出入境风雨廊两侧设置塔吊施工，建筑材料、部分施工机具等可通过空中作业进入口岸，大大减少施工机械、材料及人员进入口岸，可大幅度降低对口岸通关影响等。

④明挖法由于是由地面从上至下进行开挖施工，围护结构及隧道洞身结构浇筑均是

在敞开施工环境下进行，施工质量易得到保证，地层变形控制亦处在可控范围之内。

⑤个别施工工序在局部时间段可能会对车辆通关存在一定影响，但可通过错时、错位及立体施工予以避免。

（3）缺点

①因维持通关需要，双层明挖采用盖挖法快速恢复路面交通。为尽量降低各区段施工时对口岸通关的影响，口岸内施工分区较多，施工组织相对较为复杂，现场施工管理组织要求较精细，一旦出现管理混乱，极易引起施工阻断，可能长时间处于施工混乱状况，不仅影响口岸出入境运行，施工质量也难以得到保证。

②虽然双层明挖无须进行大量桩基托换，但沿线会临时阻断边防部队正常训练及巡逻、出入境行人行车等，需拆除部分口岸建筑（风雨廊），协调难度较大。风雨廊双层明挖隧道结构与邻近建筑关系图如图 3.3-7 所示。

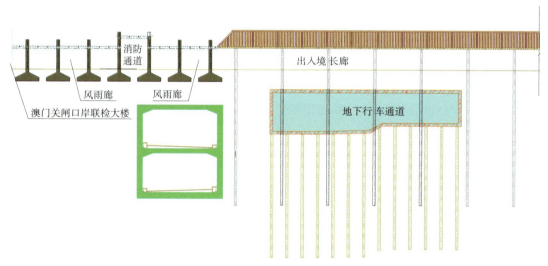

图 3.3-7　风雨廊处双层明挖隧道结构与邻近建筑关系图

③双层明挖方案开挖深度较深，项目场区地层软弱，地下水位高，施工控制难度大，施工风险较高。

④沿线管线改移量大，加之部分地下管线功能不清或布设不详等，管线迁移工程量大、烦琐。

⑤双层明挖前期围挡施工时施工人员须进入口岸，且拱北隧道施工与拱北口岸改扩建工程在工期上存在同时施工的冲突，对口岸安全管理带来一定程度影响。

3.3.3 方案比选

拱北隧道所经区域地理位置敏感、政治影响大、地层条件较差，因此对隧道进行了单、双层且分别进行明挖、暗挖施工共 4 个方案的设计，并以此比选确定最终方案。由表 3.3-2 对比可知：

①单从工程建安费来看，4 个方案由高到低依次是单层暗挖建安费（推荐方案，24.02 亿元）＞双层暗挖建安费（19.36 亿元）＞双层明挖建安费（18.50 亿元）＞单层明挖建安费（12.95 亿元）。

②海域段、鸭涌河至茂盛围段不同方案对比结果表明，该区段 4 个方案施工难度、环境影响等相当，其中单层明挖方案由于隧道长度短、埋深浅，海域段建安费相对较低。

③4 个方案的最大区别集中于口岸段，不同施工方案（暗挖与明挖）、暗挖长度等对口岸通关以及最终工程建设规模、造价、工期、沿线协调工作及拆迁赔偿等差异影响较大。单从施工控制分析，明挖法优于暗挖法，单层方案优于双层方案；单从环境影响及拆迁协调等分析，暗挖优于明挖，双层优于单层。因此，需在充分理解工程项目背景的前提下，进行多目标综合分析比选。

④推荐方案采用小净距分离式双洞方案，主要问题是全断面帷幕注浆加超前支护的有效性和可靠性。由于拱北隧道沿线地层条件特殊复杂，施工过程中水的控制是关系到工程安全的最关键因素。此外，该方法实施时对地面环境的影响也是一个主要的问题。需结合专题研究，通过相关创新研究取得技术突破后，确保工程建设的合理性、经济性与安全性。

⑤深基坑明挖、盖挖法均经过了多年的应用和发展，技术工法、施工经验丰富，但明挖涉及大量沿线协调工作及拆迁赔偿等，容易引起较为广泛的社会关注和政治影响。

⑥双层暗挖综合了暗挖与明挖的优点，但由于管幕法暂无施工先例，技术运用存在较大的创新风险。

拱北隧道各方案对比表

表 3.3-2

项目名称		单层方案		双层方案	
		方案一：单层暗挖（F线）/ 2740m	方案二：单层明挖（D线）/ 2000m	方案三：双层暗挖（K线）/ 2705m	方案四：双层明挖（K线）/ 2705m
工程		基坑最大开挖跨度约44m，深度约24m	基坑最大开挖跨度约37m，深度约11m	基坑最大开挖跨度约35m，深度约26m	基坑最大开挖跨度约35m，深度约26m
造价[万元（双洞·每延米）]		73.01	51.31	60.61	57.81
环境		施工期间对情侣路行车及场区海岸线有一定干扰，工程完工后对环境影响较小	同方案一	同方案一	同方案一
海域段	通关	人流	不受影响	需临时改移	不受影响	需临时改移
		车流	不受影响	需临时封关、中断	不受影响	需临时改移
		相关设施	必要时进行加固	需改移量较大	必要时进行加固	部分需改移
口岸段	建（构）筑物	二支队营楼	下穿、加固	绕避、改移、就地还建	绕避、加固	绕避、加固
		出境客货通道	下穿、加固	拆除、改移、就地还建	平面绕避	平面绕避
		澳门联检大楼	绕避、加固	绕避、改移、就地还建	绕避、加固	绕避、加固
		地下行车通道	下穿、加固	拆除、改移、就地还建	平面绕避	平面绕避
		免税商场	下穿、加固	拆除、改移、就地还建	平面绕避	平面绕避
		入境客货通道	下穿、加固	拆除、改移、就地还建	平面绕避	平面绕避
		入境一站式检查通道	平面绕避	平面绕避	平面绕避	平面绕避
		新建口岸通道	平面绕避	平面绕避	平面绕避	平面绕避

续上表

	项目名称	单层方案		双层方案	
		方案一：单层暗挖（F线）/2740m	方案二：单层明挖（D线）/2000m	方案三：双层暗挖（K线）/2705m	方案四：双层明挖（K线）/2705m
口岸段	建（构）筑物 管线	主要进行保护，无须改移	口岸内已探明管线基本需全部改移（改移长度约1450m），其中涉及一条对澳供水管、一条澳门排污管	主要进行保护，改移量较少	口岸内已探明管线基本多数需改移（改移长度约1000m），其中涉及一条对澳供水管
	风险	1. 洞身主要位于砂砾层，地下水与海水可能存在连通，大面积注浆困难；2. 桩基托换、上部建筑沉降控制困难；3. 地下水位低、围岩软弱，大断面开挖地层变形控制困难	1. 口岸内开挖跨度大，沿线拆迁量大，社会影响恶劣；2. 行人通关可通过长行人过境桥实现，但延长行人过关距离，容易引起节假日通关管理难度；3. 行车通关改移困难，行车通关需临时闭关，改走横琴口岸	1. 管幕法施工存在一定的技术创新风险；2. 需采取其他措施（注浆法各钢管法）对管幕缝隙进行止水冻结；3. 双洞叠层分部开挖，地层变形控制困难	1. 口岸内行人通关均需临时改移，协调难度大，政治意义敏感；2. 需拆除风雨廊，隧道范围内管线需大幅度改移或保护，能会大幅度影响隧道工期；3. 为减小隧道施工对口岸通关管理的干扰，口岸段采取盖挖法施工，洞内工序众多，施工转频繁，施工条件困难
	造价[万元/（双洞·每延米）]	128.01	94.84	106.74	94.89
	环境	对口岸影响不大	影响最严重	对口岸区域通关影响较小	影响介于方案二与方案三之间
鸭涌河至茂盛围	国防公路	需临时阻断、改移、后期恢复（改移长度接近500m）	同方案一，规模相当	同方案一，规模相当	同方案一，规模相当
	广珠轻轨拱北站	平面绕避	平面绕避	平面绕避	平面绕避
	口岸新建入境道路及匝线	临时改移，后期恢复	临时改移，后期恢复	临时改移，后期恢复	临时改移，后期恢复
	粤海国际花园进出道路	临时改移，后期恢复	临时改移，后期恢复	临时改移，后期恢复	临时改移，后期恢复
	建（构）筑物 管线	已探明管线基本需全部改移（改移长度约2220m），涉及城市给排水、通信光缆等多家单位	同方案一，规模相当	同方案一，规模相当	同方案一，规模相当

续上表

项目名称		单层方案			双层方案	
		方案一：单层暗挖（F线）/2740m	方案二：单层明挖（D线）/2000m	方案三：双层暗挖（K线）/2705m	方案四：双层明挖（K线）/2705m
鸭涌河至茂盛围	造价[万元/(双洞·每延米)]	81.94	66.08	75.60	73.17
	环境	面临口岸新建入境道路刚建成不久又需临时改移，同时对粤海国际花园出入（前期先行开工的广珠轻轨拱北站已对其出入造成影响）造成一定干扰，容易引起较为不好的社会影响	同方案一	同方案一	同方案一
其他费用	拆迁赔偿（初步估算）/万元	0	费用无法估算（拆迁主要包括口岸内出境客货货运通道、风雨廊、免税商场及地下车通道，入境客货货需对拱北口岸进行临时封闭等赔偿费用）	500（工作井区管线改移及占地赔偿）	3500（风雨廊及口岸内地下管线改移）
	建筑加固（初步估算）/万元	0	600	800	1500
	总费用（估算）/万元	240222	129544（建安费）+（拆迁赔偿加固）	193555（建安费）+500（拆迁赔偿）+800（建筑加固）=194855	185044（建安费）+3500（拆迁赔偿）+1500（建筑加固）=190044

注：1. 表中隧道长度以左线计。
2. 表中各区段经济分析对比中未包含拆迁赔偿相关费用。
3. 其他费用中的拆迁赔偿费用未包括国防公路赔偿相关费用。
4. 总费用为初步估算费用，其中建安费费用为拱北隧道建安费概算结果。

3.3.4 方案确定

初步设计历时 2 年多，期间进行了多方案比选，流程如图 3.3-8 所示。经过多次方案研讨，并结合初步设计评审会审查意见，拱北隧道口岸段推荐采用口岸内 220m 曲线管幕 + 水平冻结法暗挖，两端采用明挖法的双层方案，如图 3.3-9 所示。

图 3.3-8 初步设计方案论证流程框图

图 3.3-9 初步设计阶段 220m 曲线管幕 + 水平冻结方案

其中 220m 暗挖区域，推荐采用 8 根 ϕ2500mm 钢管作为定位管及内支撑支点，中间交叉顶进 42 根 ϕ1000mm 钢管，管内填充钢筋混凝土，一次形成超前支护管幕，相邻管净距采用 30~50cm，如图 3.3-10 所示。

图 3.3-10 初步设计阶段管幕方案

3.4 技术设计阶段方案优化

在初步设计评审后，根据初步设计审查意见，结合《施工方案咨询报告》及相关科研成果，针对项目控制性工程拱北隧道开展了技术设计，以进一步深化研究解决相应的关键技术问题。

技术设计阶段，拱北隧道平面线位在初步设计方案的基础上进行了局部调整（图 3.4-1），进一步细化了顶管施工方案、暗挖设计方案及冻结设计方案，并对两端明挖隧道的围护结构、支撑体系及主体结构设计方案进行了细致的比选。

技术设计阶段主要研究结论：

（1）对平面线位作了局部优化，缩短了暗挖段缓和曲线长度，完全避让了口岸段附近建筑物的地下桩基，平面及纵断面线位已经达到最佳，隧道规模合适；工作井位置可避免拆迁和越界，位置合适；口岸暗挖段采用 255m 长曲线管幕一次性顶进。

（2）工作井推荐采用明挖法施工，施作方式为工作井主体结构基本完成后，再开始顶管施工。工作井后背墙侧土体暂不开挖，待到顶管施工完毕后再开挖。工作井进出洞侧土体、基坑坑底土体、后背墙侧土体提前加固。

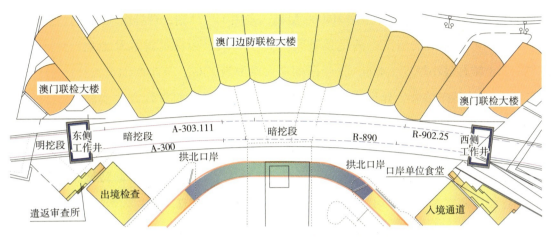

图 3.4-1　技术设计阶段 255m 曲线管幕 + 水平冻结方案

（3）推荐设置 ϕ1800mm 及 ϕ1440mm 两组试验管幕，对洞口止水圈止水效果、顶管机的选择是否与地层匹配、管幕的顶进精度、管幕顶进的沉降控制水平、管幕曲线顶进轨迹控制水平、冻结效果等进行研究。

（4）口岸暗挖段管幕超前支护采用 10 根 ϕ1800mm 大管幕及 30 根 ϕ1440mm 小管幕的组合方式，管间净距 25cm 左右，如图 3.4-2 所示。管幕环向不采用锁口连接，而采用冻结法进行管幕间止水，管幕纵向推荐采用承插口法兰 + 橡胶密封止水圈 + 松木垫板组合的 F 形接头形式。管幕顶进以工作井中板为界，分上下断面从下往上同时顶进。

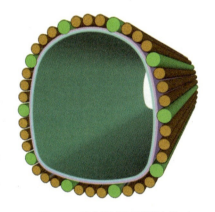

图 3.4-2　技术设计阶段管幕方案

（5）顶管由东侧始发、西侧接收，顶管始发采用可循环、可拼接式顶管密封止水装置，采用密封钢套筒接收。

（6）暗挖段结构推荐采用整体椭圆形的三次复合衬砌形式，一、二次衬砌厚度为 30cm，三次衬砌厚度为 60~150cm。采用六台阶十八部分区法施工，如图 3.4-3 所示，管幕内部土体采用袖阀管从

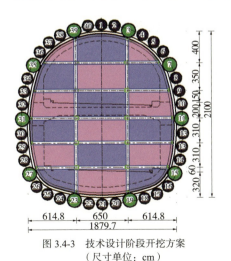

图 3.4-3　技术设计阶段开挖方案
（尺寸单位：cm）

上往下注浆加固，临时支撑采用 H400b 型钢，采用工厂预制、现场组装的方式施工。

（7）采用冻结法施工以满足顶管间的封水要求。为满足封水及地表沉降控制要求，冻土帷幕最小厚度 1.45m，上半断面最大厚度为 1.8m，下半断面最大厚度为 2.4m。推荐采用圆形冻结管、异形冻结管、加热限位管相结合的布管方式实施分区分段控制冻结。

（8）结合详勘资料，优化了明挖段地下连续墙的入岩深度，部分节段围护结构墙底嵌入全~强风化花岗岩层 3~5m，确保了基坑良好的防渗效果及施工阶段墙趾的稳定性；地下连续墙幅宽 5.5m，除第一道支撑外内支撑系统采用钢支撑，一幅两撑。

（9）暗挖段位于拱北口岸内，自由出入口岸进行人工监测难度较大，口岸暗挖段推荐采用自动化监测为主、人工复核为辅。

（10）口岸段工期为全线控制性因素，应优先保障口岸段施工，全线施工组织以口岸段为核心开展，其他两个区段平行展开。

3.5 施工图阶段方案优化

在技术设计方案评审后，结合审查意见，项目设计单位对拱北隧道暗挖段设计方案进行了优化调整。

（1）综合考虑顶管机性能指标，为便于管内人工作业，技术设计推荐的 10 根 ϕ1800mm+30 根 ϕ1440mm 组合方案，调整为 36 根 ϕ1620mm 的统一管径管幕（图 3.5-1）。

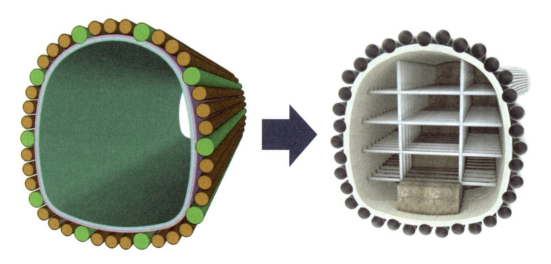

图 3.5-1　施工图设计阶段管幕方案优化

（2）为便于初期支护工字钢与钢管焊接，形成大刚度整体受力体系，控制变形，采用奇偶数号顶管错开布置，奇数号顶管向隧道内偏移30cm，管间净距约35cm，冻土最小设计厚度由1.5m调整为2m（图3.5-2）。

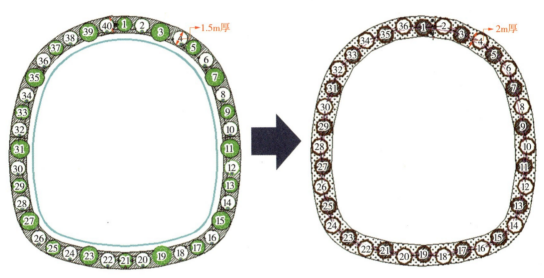

图3.5-2　施工图设计阶段管幕方案

（3）综合考虑支护结构受力特性，为便于机械化施工，暗挖方案由技术设计的六台阶十八部调整为五台阶十五部（图3.5-3），台阶高度约3.8m。

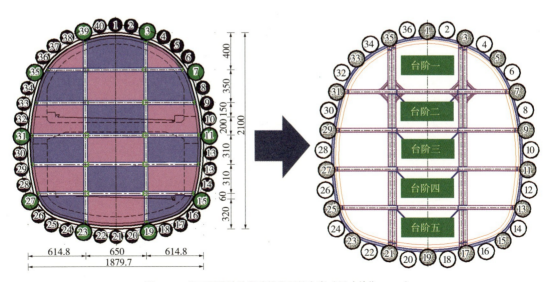

图3.5-3　施工图设计阶段暗挖段开挖方案（尺寸单位：mm）

（4）结合管幕数量调整，冻结帷幕横断面划分由技术设计阶段的 4 个分区调整为 5 个分区（图 3.5-4）。

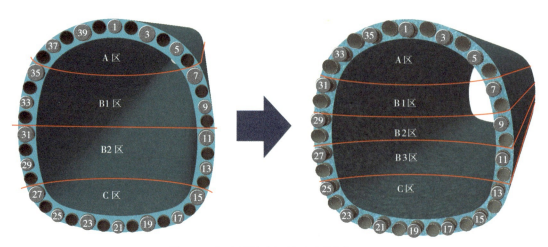

图 3.5-4　施工图设计阶段暗挖段冻结方案优化

3.6　施工阶段方案优化

3.6.1　冻结土体预注浆改良方案

3.6.1.1　方案的必要性

拱北隧道采用管幕+冻土止水帷幕形成预支护体系、矿山法开挖的方法施工。为了形成曲线管幕条件下管幕之间冻土止水帷幕，采用在管幕中布置冻结管的方法（简称管幕冻结法）。管幕冻结法采用三种特殊形式的冻结管（圆形冻结管、异形冻结管和冻土限位管）实现冻结、冻土维护和冻胀控制等重要功能，并可适应超大断面、长距离条件下的分区、分段开挖和支护的特殊施工工艺。管幕冻结法是全新的冻结法，世界上尚属首例，理论上尚属空白。由于缺乏可借鉴的经验，项目建设单位组织开展了理论研究、冻结方案可行性的大型物理模型试验研究、"管幕—冻土"结构力学性质的实验室研究和冻结方案及控制参数的现场试验研究，以及大量的数值模拟研究。经过历时三年多的全面研究，解决了管幕冻结法的基本理论问题，论证了冻结方案的可行性，基本掌握了实际工况下的冻结规律和控制效果。但面向实际工程条件和潜在的风险因素，依然存在不确定性，尚未形成切实可靠的风险控制手段。

拱北隧道的极端险情是管幕间冻土帷幕止水性能失效。由于隧道所处地层为强透水地层，地下水与海水连通，一旦在砂性地层中止水帷幕失效，将发生帷幕击穿、淤泥、粉细砂、地下水大量涌入的险情。由于砂性地层冻土的特性，在水流冲刷下冻土将快速融化，漏水通道将加速扩大，导致险情迅速恶化。另一方面，由于隧道断面超大，抢险条件差，针对突发水土涌入险情，难以及时采取有效的抢险措施。

因此，必须采取措施，改良管幕周围土体，以提高其强度和抗渗性能。通过对拱北隧道暗挖段冻结土体改良注浆方案广泛、深入的研讨，确认了拱北隧道暗挖段原设计方案采用的管幕冻结法进行止水的有效性，并认为预注浆改良地层对提高拱北隧道暗挖段冻结止水帷幕的可靠性将起到积极的作用。预注浆改良可改善顶管扰动地层的状态，提高冻土抗水流冲刷能力和冻土体的力学性能指标，减小冻胀融沉，降低冻土透水风险。可结合现场条件及施工情况，开展施工现场注浆试验，研究确定预注浆处理的合理范围，并根据试验结果对预注浆工艺进行优化。

3.6.1.2　具体设计方案

（1）预注浆范围

①由于靠近工作井段范围热交换较大，可能会影响冻结圈的形成及厚度。为了改善该段的冻结效果，提高冻结防水的安全性，在靠近工作井32m范围进行全断面土体改良注浆，如图3.6-1 a）所示，预注浆加固圈厚度为2.5m，加固圈范围到管幕轮廓线外0.5m。

②暗挖段YK2+487.000~YK2+547.000靠近口岸风雨廊，为严格控制该区域的地表变形，其预注浆范围与靠近工作32m区域的注浆方案一致，预注浆加固圈厚度为2.5m，加固圈范围到管幕轮廓线外0.5m［图3.6-1 a）］。

③其他区域按全断面进行土体改良注浆，预注浆加固圈厚度为2m，加固圈范围到管幕轮廓线［图3.6-1 b）］。

④对于特殊区域——顶管大管套小管的9号、21号管节，顶管周边存在空洞的19号顶管，曾发生过涌水事件的9号、16号、17号、21号、22号顶管等进行局部预注浆，加固圈厚度为3m，加固圈范围到管幕内外轮廓线均为0.5m［图3.6-1 c）］。

（2）注浆材料

注浆材料建议采用水泥水玻璃双液浆（$c:s=1:1$，$c/w=1:1$，30波美度）。

（3）注浆控制标准

注浆采用双控指标即采用注浆压力与注浆量进行控制。其中，中板以上注浆压力不大于1.5MPa，中板以下注浆压力不大于2MPa。

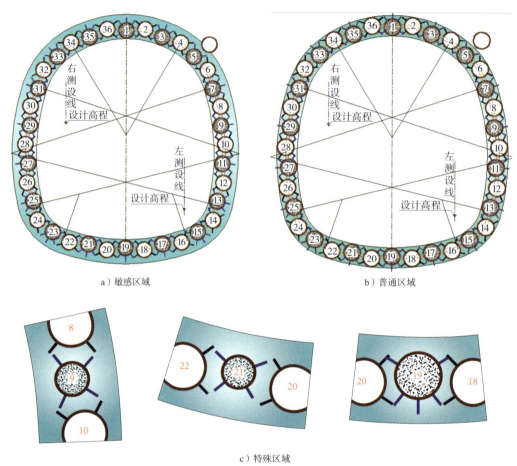

图 3.6-1 预注浆加固范围示意图

（4）注浆检测

注完浆 24h 后通过检查孔检查注浆效果，以无明显渗流为目标，局部注浆存在缺陷的部位通过预留孔进行补充注浆，以达到注浆效果。

3.6.2 冻结方案

由于管幕冻结工法属于创新性工法，没有可供参考的实例，暗挖段冻结设计方案在大型物理模型试验后初步确定，并根据现场局部原型试验对冻结设计方案进行调整。

2014 年 12 月至 2015 年 3 月期间，项目科研单位会同施工单位利用 5 号原位管和 0 号试验顶管进行了管幕冻结现场局部原型试验。通过现场管幕冻结试验，获得了相关技术成果，如实管内圆形主力冻结管与空管内异形加强冻结管的冻结模式及效果、冻结施工动态控制方法与参数、空管"大冻结管"理论、不同解冻模式效果、管幕冻结施工工法的设计理念及封水的可靠性等。根据现场试验结果，设计单位对原冻结设计方案进行了初步调整。

2015年6月23日，广东省交通运输厅在珠海组织召开拱北隧道管幕顶管冻结设计施工阶段性总结审查工作会议。会议对现场管幕冻结试验取得的相关技术成果及冻结设计方案局部调整思路予以了肯定，同时建议对冻土帷幕厚度及强度、冻土与顶管协调变形、需冷量等进行进一步验算。

根据拱北隧道管幕冻结现场原型试验总结和管幕顶管冻结设计施工阶段性总结审查工作会议精神，设计单位进行了拱北隧道暗挖段冻结设计方案优化。具体如下：

（1）根据现场试验的结果，对冻结需冷量计算参数进行了校正，从而明确了制冷机组等机械设备数量。经计算东区冻结站供64m圆形冻结管所需冷量为376.09kW，供全部异形冻结管所需冷量为3289.79kW；西区冻结站供192m圆形冻结管所需冷量为1128.27kW。

（2）根据冻结需冷量的复核和冻结试验的结果，对制冷系统做出以下调整：

①空管内异形冻结管原设计采用DN150的半圆钢管，结合现场试验，为方便焊接施工，采用∟125mm×125mm×8mm的角钢代替DN150半圆管。

②原设计空管内冻结干管采用DN150钢管，相邻空管间两根干管形成一个回路。根据现场试验的监测结果，为保证异形管冻结效果，改为单根空管内放置两根DN125钢管，形成独立回路。

③空管管壁及异形冻结管表面不需设置保温板，冻结干管表面设置保温板。

④原设计异形冻结管与圆形冻结管处于同一供液循环，根据现场试验情况，异形冻结管与圆形冻结管的流量、压力需差异化控制。

⑤相关制冷系统机械设备根据实际情况在满足设计要求的情况下进行了适当调整。

⑥根据专家意见，在实管内设置了$\phi 89mm$的备用圆形冻结管。

（3）强制解冻及融沉注浆施工

①隧道三层衬砌施工全部完成后，先自然解冻，当冻土接近冰点温度后再强制解冻。通过在盐水箱内设置盐水加热器或者采用煤炭、天然气加热盐水箱的方式对低温盐水进行加热，利用热盐水循环对冻结壁进行强制解冻。

②融沉注浆根据监测的解冻速度及隧道沉降量确定注浆频率。融沉注浆材料为水泥—水玻璃双液浆，结合监测、监控，注浆遵循少量多次的原则。

在解冻施工过程中，结合施工遇到的"天鸽"超强台风影响及建（构）筑物基础形式设计的具体情况，对解冻方案进行进一步的细化调整、优化（图3.6-2），主要有以下三点：

（1）施工前，应通过A区进行解冻试验，验证强制解冻的合理性，并获取解冻实际监测数据，动态细化解冻部位。解冻试验在暗挖段三次衬砌全部完成且无明显渗漏水后实施。

（2）受"天鸽"超强台风影响，隧道C区提前进行自然解冻。

（3）珠海侧风雨联廊为单桩单柱结构，其设计桩长为15m，B区珠海侧采取自然解冻方式，避免因强制解冻造成地层沉降过快影响建构筑物稳定。

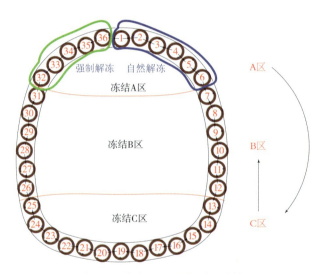

图3.6-2　隧道暗挖段解冻及融沉注浆

3.6.3　开挖方案

3.6.3.1　开挖施工前方案优化

项目结合现场实际施工情况和相关工程经验，基于有利于施工组织，做到及时支撑、及时封闭成环，保证隧道开挖安全有序的原则，对暗挖段开挖方案进行了局部调整。

2016年1月28日，广东省交通运输厅在珠海组织召开了拱北隧道暗挖段开挖方案设计变更审查会议。与会专家对暗挖开挖分部、洞内土体注浆、支撑拆除、监控量测方案等提出了调整建议。

根据拱北隧道开挖方案设计变更审查会议专家评审意见，对拱北隧道暗挖段开挖方案进行了优化。具体如下：

（1）考虑到有利于施工组织，保证及时支撑、及时封闭成环，拱北隧道暗挖段开挖方案由原设计的五台阶十五部调整为五台阶十四部，两道竖撑调整为竖向斜撑（图 3.6-3）。

图 3.6-3　五台阶十四部开挖方案

（2）衬砌结构调整。为便于施工作业，二次衬砌拱顶部位改用 C35 喷射混凝土，其他部位仍采用 C35 轻钢架模筑混凝土，厚度 30cm。

（3）洞内注浆加固。为便于施工组织，改用后退式水平预注浆，要求在砂质地层设置泄压孔，具体施工参数根据现场试验确定。

（4）临时支撑形式。临时支撑采用快速拼装体系，采用 HN400×200×8×13 型钢，竖向临时支撑采用四根型钢通过螺栓连接形成并撑。第一台阶水平临时支撑采用四根型钢形成并撑，其他水平支撑采用两根形成并撑。

（5）洞内暗挖施工组织。各台阶的纵向间隔调整为 10m；开挖步距调整为 1.2m，紧跟施作初期衬砌和临时支护结构。施作侧墙三次衬砌和中板结构时不能拆除下部竖向临时支撑，待拱腰及中板三次衬砌达到设计强度后可拆除竖向临时支撑。

3.6.3.2 试开挖期间方案局部优化

在试开挖工程中,结合施工遇到的各类问题,项目对开挖方案进行了进一步的调整、优化,主要有以下几点:

(1)拱北隧道暗挖段两道斜向竖撑调整为垂直竖向支撑,将类双侧壁导坑的开挖方案调整为台阶法,对称开挖,中间导洞先行,及时安装垂直竖撑(图3.6-4)。

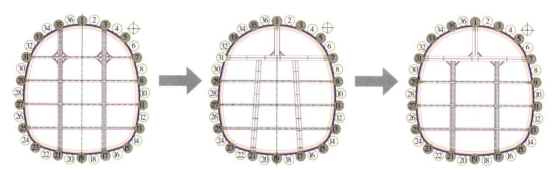

图 3.6-4　拱北隧道暗挖段开挖方案调整

(2)根据洞内监测情况以及现场施工情况,对第1台阶初期支护厚度及工字钢间距进行了局部调整。按设计开挖方案要求,初期支护随开挖随支撑,二衬施工紧随其后,待第5台阶二次衬砌达到设计强度后,开始自下而上依次施作三次衬砌。初期支护厚度由30cm减小至22cm,二次衬砌随之由30cm增加至38cm(图3.6-5)。

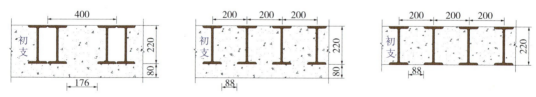

图 3.6-5　拱北隧道暗挖段开挖方案调整(尺寸单位:mm)

第 4 章
CHAPTER 4
曲线顶管管幕设计与施工关键技术

4.1 曲线顶管管幕设计与计算

拱北隧道暗挖段下穿环境保护要求极高、政治因素极为敏感的国内第一大口岸，埋深仅 4~8m。暗挖段土层有填筑土、淤泥质粉质黏土、粉土、中细砂、淤泥质粉土、粉质黏土、砂砾层，具有软弱、饱和含水、水量补给丰富、高压缩性、高渗透性、低承载力的特点。采用 36 根 ϕ1620mm 钢管幕均匀布置在隧道开挖轮廓周围，形成超前支护帷幕。设计主要依据如下：

（1）《顶管工程施工规程》（DG/T J08-2049—2008）。
（2）《顶管施工技术及验收规范》（2006）。
（3）《钢结构设计规范》（GB 50017—2003）。
（4）《给水排水管道工程施工及验收规范》（GB 50268—2008）。

4.1.1 管幕直径及连接形式

4.1.1.1 管幕直径

顶管工程最早在市政给排水工程中得以应用，多采用钢筋混凝土顶管，直径一般在 1600mm 以上。后来该工艺逐渐应用到其他地下工程领域，作为超前支护，其直径一般为 600~1200mm。国内外管道工程及管幕+箱涵顶推工程顶管应用调查见表 4.1-1、表 4.1-2。

管道工程应用实例调查表　　　　　　　表 4.1-1

时间	地点	工程	内径（mm）	顶距（m）	管材	特征
1981 年	浙江	穿越甬江顶管工程	2600	581	钢管	第一次应用中继间
1987 年	上海	南市水厂过江顶管工程	3000	1120	钢管	国内第一次超长距离顶进
1989 年	汕头	自来水厂过海输水顶管工程	2000	1140	钢管	创当时顶管过海距离最长纪录
1991 年	上海	合流污水治理工程 3.2 标段	4160	2200	钢混管	曲线顶管，采用薄膜气压平衡技术
1991 年	上海	奉贤开发区污水排海顶管工程	1600	1511	钢混管	创钢混管单向顶进长度纪录
1995 年	深圳	妈湾污水排海顶管工程	2400	1609	钢管	首次应用组合密封中继间
1997 年	上海	黄浦江上游引水工程支线顶管	3500	1743	钢管	解决了高压供电技术
1998 年	上海	奉贤污水南排工程	1600	1856	钢混管	创国内海底一次顶进距离纪录
2002 年	浙江	嘉兴污水排海工程	2000	2050	钢混管	一次顶进距离最长，采用垂直顶升技术
2002 年	河南	西气东输郑州黄河顶管工程	1800	1259	钢管	当时大直径钢管一次性顶进距离最长
2004 年	广州	广州南州水厂顶管工程	3000	1420	钢管	复杂地层
2005 年	上海	上海临港新城给水排水管网工程	2000	1622	钢混管	全断面粉砂、多曲线、穿越多条河道及民房
2008 年	汕头	汕头第二过海水管续建工程	2000	2080	钢管	相同管径钢顶管长度最长，复杂地层
2008 年	上海	北京西路至华夏西路电力电缆隧道三标 12~13 号井顶管工程	3500	1289	钢混管	曲线顶管、穿越民房群，地面沉降在 10mm
2008 年	上海	北京西路至华夏西路电力电缆隧道三标 7~6 号井顶管工程	3500	854	钢混管	大直径、30m 高水头、硬黏土和粉砂地层
2009 年	上海	雪野路电力电缆隧道 A 号~7 号井顶管工程	3000	884	钢混管	三维复合曲线，最小曲率半径 134m
2010 年	上海	上海青草沙水源地原水工程严桥支线工程钢顶管	3500	1960	钢管	曲线顶管，采用 F 形接头

管幕+箱涵顶推工程管幕应用实例调查表　　　　表 4.1-2

工程名称	覆土深度（m）	地层状况	钢管管径（mm）	顶进长度（m）	箱涵尺寸（m）
高雄市中博地下车行通道	4	回填土及砂土	600	81	38×3
三重市力行路穿越中山高速公路箱涵	2~5	回填土夹卵砾石	812	56	21×7.5
台北市富民街穿越水源快速道路箱涵	2.4~3.8	回填土	812	25	6.2×3.7
台北市中山南路地下车行通道	8.1	砂土	600	46~51	9.35×6.4
台北市复兴北路穿越松山机场地下车行通道	5~16	黏土	812	78~103.5	22.2×7.8
美国亚特兰大东线地铁延长线	1.7	回填土夹卵砾石	760	55	6.4×7
美国洛杉矶防洪渠	2	回填土	1130	44	12×5
葡萄牙里斯本阿拉米达站地铁线路	4	石灰岩	1600	20	15×5
日本横滨高速铁路穿越东名高速公路箱涵	5~10	泥岩/砂岩	610	66	12×7.5
新加坡穿越OCHARD ROAD（新山市）地下人行道	—	粉土	570	26	—
马来西亚穿越JOHOR BAHRU（新山市）地下人行道	—	砂质粉土	760	65	—
上海中环线虹许路北虹路地道	5	饱和含水软土地层	970	125	34×7.85
南水北调中线一期工程穿越京沪高速公路箱涵	3	人工填土、淤泥质黏土	970	65	
首都机场捷运系统及汽车通道工程	2	粉土、粉质黏土、细砂层	970	232	
南昌市洛阳路下穿铁路框架桥	—	人工填土、粉质黏土	970	115	

从国内外顶管工程调研情况来看，在顶管直径方面，已经覆盖了从 $\phi 600$mm~$\phi 3500$mm 的钢管及钢筋混凝土管；在顶进深度方面，能完成在埋深 30m 左右的高水头、深覆土、硬黏土条件的顶管；在曲线顶管方面，能完成三维复合曲线顶管，最小曲率半径仅 37D（D 为顶管直径）；在地表变形方面，能顺利穿越复杂构筑物、地下管线及铁路等工程；在顶管测量方面，已经开发了顶管自动引导测量系统。

从润滑管道铺设、接头焊接、障碍物处理等角度出发，大直径管幕施工方便、刚度大、有利于沉降的控制。但由于拱北隧道上部顶管埋深仅4~5m，右侧管幕距离出入境风雨廊桩基距离较近，如果采用超过2000mm直径管幕，则容易导致地表沉降过大及出入境风雨廊沉管灌注桩的拔除等问题。从施工方便、沉降控制、障碍物避让、机械配套等方面综合考虑，拱北隧道推荐采用ϕ1620mm的钢管顶管。

4.1.1.2 管幕环向连接

为了增加管幕之间的连接强度、封堵地下水，部分工程的管幕之间采用锁口进行连接。锁口连接形式见图4.1-1。

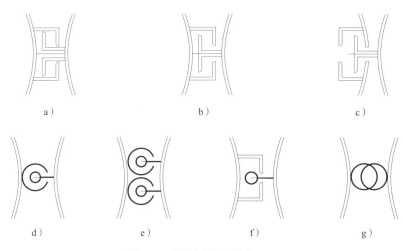

图4.1-1 管幕之间锁口形式

对于穿越比较均匀的松软地层的短距离直线顶管，锁口采用的形式比较容易实施，顶进过程中锁口不易发生破坏，不会影响管幕之间的止水效果。但对于长距离、小管径顶管施工，锁口连接则存在问题。

（1）锁口连接存在问题

①管幕在锁扣位置不能密闭，容易形成失水通道，地表沉降不可控。

②顶管过程中，钢管微量转动，锁口破坏，管间咬合难以实现（图4.1-2）。

（2）环向连接调研

①上海中环线（浦西段）A3.5标北虹路地

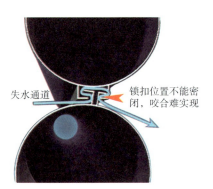

图4.1-2 管幕之间锁口存在问题

道工程。

该项目采用管幕+箱涵顶推工法,管幕由 80 根 φ970mm 钢管组成,采用直线顶进,长度为 126.9m(表 4.1-3)。管幕所穿越的地层主要由填土、淤泥、淤泥质黏土、亚砂土组成,饱和含水。

钢管幕参数 表 4.1-3

项 目	钢管幕段
钢管幕长度(m)	126
分节长度(m)	16
钢管外径(mm)	970
钢管壁厚外径(mm)	10,12
钢管及锁口材料	Q235A
管幕配置	顶底 33 根 +33 根,左右 7 根 +7 根,共 80 根
钢管锁口(mm)	∟100×80×10,与钢管通过焊接连接
管幕立面外包尺寸(m)	36.284×9.99
管幕内部净尺寸(m)	34.4×8.05
管幕与箱涵间的空隙(cm)	上为 20,左、右为 10,下为 0

原设计管幕之间采用锁扣咬合进行止水,但实际施工过程中,由于锁口咬合难以实施,最后取消锁口(图 4.1-3)。

图 4.1-3 上海中环线(浦西段)北虹路地道工程

②南水北调中线一期工程穿越京沪高速公路桥涵工程。

该项目采用管幕+箱涵顶推工法，管幕由42根 ϕ970mm 钢管组成，采用直线顶进，长度为87m。

原设计管幕之间采用锁扣咬合进行止水，但实际施工咬合失败，通过在管幕之间进行注浆堵水。由于堵水效果不好，地层沉降较大（图4.1-4）。

图4.1-4　南水北调中线一期工程管幕及锁口

③八达岭过境线青龙桥隧道下穿京包铁路工程。

该项目采用管幕法下穿铁路，管幕所起作用主要是利用其整体刚度控制地层变形进而控制沉降。但施工阶段，管间咬合失败，由于管幕在地下水位以上施作，无地下水损失，沉降较小（图4.1-5）。

图4.1-5　八达岭过境线青龙桥隧道下穿京包铁路工程管幕及锁口

通过对国内几个主要采用管幕法施工工程的调研，初步得出如下结论：

①已建或在建工程案例中，管幕多在地下水位以上位置施作。

②咬合难以实现，咬合处往往成为失水通道，引发地层沉降。

③小管径、短距离直线顶进管幕案例较多。

④在高水位、强透水地层、敏感环境下的长距离曲线管幕，国内外尚无案例。

（3）锁口在拱北隧道的适应性

①管幕顶进轴线为80m左右的缓和曲线加170m左右半径为900m的圆曲线，总顶进长度为255m。由于曲线顶进过程中管幕不可避免地将产生旋转，从而会导致锁口难以连接，或者锁口破坏现象。

②共布置管幕36根，管幕之间的距离约35cm。如此大规模、近间距的管幕群如果采用锁口连接，施工实施难度极大。一根管幕如果出现偏差，将导致其余管幕难以与之连接，难以达到止水效果。

③管幕的最小覆土厚度仅4~5m，如果管幕之间采用锁口连接，由于顶进阻力的增大，容易扰动管幕上部土层，从而导致地表建筑结构变形过大。

④管幕之间的锁口本身不能止水，需要采用预埋注浆管的方式在锁口缝隙处进行注浆。但由于管幕的旋转及锁口位置狭小，注浆效果很差，达不到止水效果。

⑤下部管幕位于砾砂层，如果采用锁口连接，一方面顶进阻力增大，管幕不容易顶进；另一方面沙砾灌入锁口缝隙，难以实现在锁口处注浆。

（4）结论

结合拱北隧道的地质、水文特点及长距离管幕群曲线顶进特点，管幕之间如果采用锁口，则管幕顶进难度大，咬合处成为失水通道的风险大，地表沉降难以控制。因此，管幕之间不采用锁口连接，推荐采用冻结法进行管幕之间的止水。

4.1.1.3 管幕纵向连接

（1）概述

曲线顶管采用钢管顶进的较少，主要受其特性制约，不利因素主要有：

①钢管环向刚度小，易变形。钢管为柔性管，同管径的刚度，混凝土管是钢管的10倍以上，接口处如果是柔性接头，会造成管口端变形大，两节管道间难以密封，易渗漏。管节过长也会因为刚度小而产生局部弯曲，造成变形不均匀。

②钢管因壁薄，纵向刚度小，不易传递管道不均匀轴向力。

③钢管顶管一般采用焊接方式处理管节间接头。这种接头方式不仅焊接时间长、操作过程复杂，且由于其接头是刚性的，不宜作为曲线顶管管材。

④温度应力会有影响。如采用柔性接头，由温度变化引起的应力、应变可能将接头处拉断，造成漏水。

曲线钢顶管必须克服以上问题，才能在工程项目中使用。

为解决以上问题，可行的方案是参照钢筋混凝土管曲线顶管技术，使钢管顶进时其管节接头为柔性，顶管完成后，再转变为刚性接头，以防脱落和渗漏。主要方案为：

①提高钢管接头处的环向刚度，使其和钢筋混凝土管的环向刚度接近，以控制接头处的径向变形。

②增加管节之间顶进传力截面，改善钢管的轴向力，防止钢管在不均匀压力下变形和失稳。

③设置柔性接头的密封止水设施，确保顶进时不渗漏、安全。

④设置纠偏油缸位置和角度限位设施，确保曲线按设计角度张开和限位。

⑤接头处设置抗扭措施，以防顶进时管道旋转，造成管道接口变形。

钢管曲线顶管的关键问题是要解决管节和接头形式，曲线段角度的张开措施，顶进过程中的防扭措施，曲线顶管曲率半径、张开角度值、温差引起的管道伸缩及应力，顶进结束后管道闭合等问题。

（2）纵向接头设计

参照钢筋混凝土管道曲线顶管施工工艺，设计了钢管F形接头，见图4.1-6、图4.1-7。

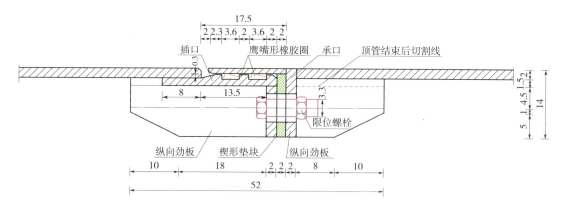

图4.1-6 一般段管节F形接头大样图（尺寸单位：cm）

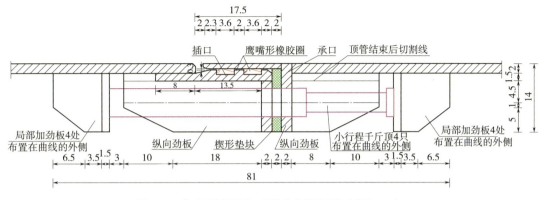

图 4.1-7 特殊纠偏段管节 F 形接头大样图（尺寸单位：cm）

该接头通过焊接环形和竖向加劲板加固管道端部，增加其刚度，在其加固的环形劲板上，连接螺栓，进行施工过程中的限位和固定。在两节管道接头处，预留油缸的位置，作为曲线顶进调整张开角度的辅助措施。在插口上设置两道氯丁橡胶密封圈进行防水。接头考虑了不小于 0.26° 转角的适应能力。

圆曲线段施工时，利用千斤顶在线路的最前端按设计转角要求顶出转角，当周围土体提供的抗力足够时，后续管节将在顶推力的作用下自然转向，从而形成曲线段，同时在后续管节的加劲圆环之间依次插入楔形垫块，保持管节之间的开口度，并调节螺栓使之张角不能过大。楔形垫块一方面可以补偿加劲圆环端面的不平度，增加受力的均匀性；另一方面可使其反复承载时有一定的变形能力。

缓和曲线顶管时，可按照圆曲线段顶管施工工艺，但为了纠偏及轨迹控制需要，可每隔 4~6 节管幕设置一处纠偏特殊接头，接头处局部加劲板间设置小行程液压千斤顶，使管道接口达到所要求的开口度，再用楔形垫块和限位螺栓固定这一角度。

拱北隧道管幕先从缓和曲线顶进，然后逐渐过渡到圆曲线上，缓和曲线上共有管节约 23 节，管间张角在顶进过程中需要调整；到圆曲线段时，管节之间的张角固定，不用进行调整。

4.1.2 管幕断面形式

为使管幕与初期支护、临时支护形成大刚度的整体受力体系，充分利用管幕刚度大、整体性好的特点，同时为了使初期支护工字钢快速与管幕连接，尽早封闭成环，控制地表沉降，将奇数管幕沿径向向隧道中心进行偏移。偏移量太小，不利于初期支护工字钢与管幕焊接；偏移量太大，则冻结止水帷幕厚度需要增加。由于初期支护工字钢为

22b工字钢，高度为22cm，同时考虑管幕顶进施工的偏差，将偏移量确定为30cm。奇数管幕与初期支护外侧的距离为10cm（图4.1-8）。

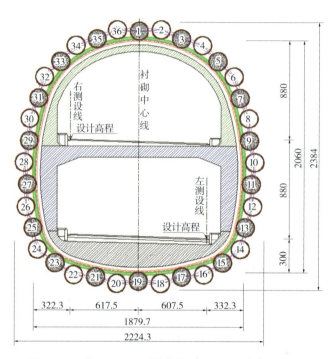

图4.1-8　36根 ϕ1620mm 顶管横断面布置图（尺寸单位：cm）

4.1.3　管幕参数设计

4.1.3.1　管节长度

曲线顶管的管节长度与管线的弧长、曲率半径、施工工艺、钢板规格、纠偏力作用下的稳定性等因素有关，也决定了管节数量和每节张开的角度。钢板的常用规格为2.0m、2.2m及2.5m，钢管管节的长度应在此基础上确定。管节短，对形成曲线有利，顶管过程中易于纠偏，但后期焊接工作量大；管节长，对形成曲线不利，但后期焊接工作大为减少。为尽量减少后期焊接工作量，同时满足曲线顶管的要求并符合《顶管工程施工规程》（DG/T J09-2049—2008）关于相邻两管节之间的转角宜小于0.3°的相关规定，拱北隧道管节基本长度采用4m。

4.1.3.2　管幕壁厚

顶管所用钢管的壁厚与其埋设深度以及推进长度有关。埋设深度浅则管壁相对较薄；埋设深度深，管幕所受到的水土压力等比较大，容易产生变形，钢管的壁厚相对较厚,以确保钢管有足够的刚度。拱北隧道管幕钢管壁厚取20mm,其稳定性计算、刚度计算和强度计算均满足要求,结构设计合理。

4.1.3.3 管幕间距

管幕的间距主要受以下几个方面的影响:

(1)暗挖隧道断面形状

暗挖段采用卵形上下断面叠合形式下穿拱北口岸狭窄通道,顶管管幕必须按照暗挖段断面形式进行排列,并保证不侵入周边桩基。

(2)管幕与初期支护之间的间距

管幕与初期支护间的间距需满足管幕变形,润滑浆液不均匀及泥浆置换的延迟影响保证地面沉降可控,同时需满足顶管顶进过程的施工误差、进洞止水圈的安装要求。结合拱北隧道的特点,管幕与初期支护之间的间距取10cm。

(3)隧道暗挖施工工法

隧道暗挖段采用多台阶开挖方案,管幕的布置必须与台阶的开挖协调,初期支护快速有效封闭成环,同时要考虑三次衬砌浇筑时上部支撑的影响,采用了1620mm管进行错位布置。

综上所述,根据暗挖隧道断面形状、施工工法、冻结效果并结合洞口止水圈的要求,管幕之间的间距设置为35cm左右。

4.1.4 润滑减阻设计

4.1.4.1 概述

在顶管顶进施工中,对于一定的土层和管径,其迎面阻力为一定值;而沿线管道所受到的摩阻力将会随着顶进长度的增加而增大。管道与周围土体的摩阻力,在正压力不变的情况下,摩擦系数是其主要影响因素。因此,要降低摩阻力就要降低摩擦系数的值,目前主要采用膨润土触变泥浆来降低摩擦系数的大小。

将膨润土触变泥浆这种润滑材料注入管道与周围土层之间的环状空间中,就能实现减小顶进管道与地层之间的摩擦阻力,进而避免跳动式顶进。特别是在软硬交叉的地层中,可使顶力作用较为均匀,就能较好地实施长距离顶进施工。

但膨润土触变泥浆减小摩阻力也需一定的前提:

①顶进管道与地层之间的环状间隙要足够大,一般不小于10mm,这样才能在顶进钢管外周围形成一个较完整的连续润滑膜,保证润滑效果。

②在顶进的整个施工阶段都要保持注浆材料的流动性，并保证注浆介质的及时补浆，以确保减摩润滑膜的完全形成。

4.1.4.2 注浆孔的布设

每个注浆断面布置 4 个注浆孔，注浆孔布置在管节中部。为保证形成良好的泥浆套，顶管机头后 8 节钢管每节布置 4 个注浆孔，其余注浆孔纵向间距为 8m，即每两节钢管布置 1 组注浆孔，每组 4 个，呈 45° 环向布置（图 4.1-9）。

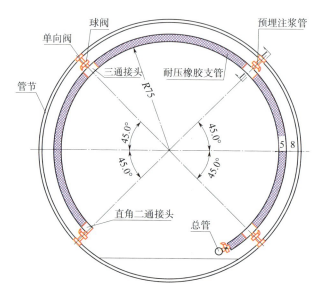

图 4.1-9　管幕注浆系统布置图

注浆管路分总管和支管。总管采用直径 50mm 镀锌钢管，支管采用直径 50mm 橡胶管。每根支管与总管连接处应设置球阀，在每个注浆孔处也设置球阀和单向阀，以便对泥浆套的质量进行控制。

注浆为三条线，一是机尾同步注浆，二是沿线的管道补浆，三是洞口处的注浆。

机尾同步注浆：触变泥浆由地面液压注浆泵通过 DN50 主管送到注浆泵站，再由注浆泵站向机尾压浆。机头后的同步注浆泥浆套则随着机头的不断顶进不断向前延伸。在机头处安装隔膜式压力表，以检验浆液是否达到指定位置。同步注浆的压力为每根管幕处的水土压力 +20kPa，注浆量为机头与钢管之间空隙的 2 倍左右。

沿线的管道补浆按顺序依次进行。

洞口处注浆：在工作井洞口止水装置前设置 3~4 个注浆孔。

4.1.4.3 注浆材料

触变泥浆的基本成分由膨润土和水组成。另外，根据不同的土体掺入不同聚合物的外掺剂来调节泥浆性能以满足使用要求。

拱北隧道的触变泥浆在现场按质量要求进行泥浆配制，所用的主要材料包括：膨润土、水、Na_2CO_3 和 CMC。

如表 4.1-4 所示配合比为暂定配合比，施工前根据膨润土质量情况现场进行试验，监测部分指标，按试验结果调整配合比。

触变泥浆配合比 表 4.1-4

膨 润 土	纯 碱	CMC	水
100kg	5kg	1.2kg	550kg

顶管施工所用的触变泥浆的性能主要由以下 7 个指标来控制：

（1）密度：用于顶管施工的泥浆相对密度通常为 1.05 左右。

（2）静切力：测定静切力一般用 1min 和 10min 两个标准的终切力，一般很小，约 100Pa，在实际顶管中可以不予考虑。

（3）黏度：现场施工一般采用漏斗黏度，用漏斗黏度计进行测量，单位是秒（s）。顶管施工采用的触变泥浆黏度较大，一般大于 40s。

（4）失水量：用于顶管的泥浆要求有较小的失水量，大于 $25cm^3/30min$ 的，不宜用于顶管施工。

（5）稳定性：指泥浆性能保持不变的持久性，以 24h 后从泥浆中离析出来的水分与原体积之比作为稳定指标，用于顶管的泥浆要求无离析水。

（6）pH 值：要求 pH < 10，以防对钢管产生腐蚀等不良作用。

（7）注浆量与注浆压力：根据以往经验，浆液压注量一般应达到管道外周环形空隙的 4 倍以上，根据不同地质会有较大的差异。注浆压力以静止水土压力值进行控制。

4.1.4.4 注浆工艺流程

在顶进过程中，通过压浆环管向管节外壁压注一定数量的减摩泥浆，采用多点对称压注使泥浆均匀地填充在管节外壁和周围土体间的空隙，来减少管节与土体间摩阻力，起到降低顶进阻力的效果。

顺序是：地面拌浆→储浆池浸泡水发→启动压浆泵→打开送浆阀→送浆（顶进开

始）→管节阀门关闭（顶进停止）→总管阀门关闭→井内快速拆开接头→下管节→接长总管→循环复始。

（1）浆液搅拌均匀，搅拌后，要有足够的浸泡时间。

（2）选择柱塞泵作为压浆泵，具有流量大、耐压高、设备故障少的特点。

（3）注浆分为机头尾部同步压浆、沿线及洞口补浆。机头同步压浆以形成原始浆套，填充固有间隙和纠偏间隙。顶管机附近设注浆泵，同步压浆由设在顶管机附近的注浆泵完成，操作为随顶随压、先压后顶。

（4）补浆用以补充管道沿线因润滑浆液失水而造成的浆套缺失，该操作在顶进时或停止时均可进行。补浆操作方法为从前往后依次开启各个注浆环的阀门，每次只开启一组，每组注浆环应开启足够时间，并有足够量的浆液注入。

（5）正常顶进时，注浆或补浆均以控制注浆量为主，在施工中还要根据土质情况、顶进状况、地面沉降的要求等做适当的调整。但是要注意注浆压力表的变化，发现注浆压力异常升高或降低时，说明注浆管道堵塞或地层泄漏，都要及时停止顶进，分析和寻找原因。

4.1.5 顶力计算

4.1.5.1 迎面阻力计算

顶管迎面阻力按照三种不同的计算模式计算如下：

（1）《顶管施工技术及验收规范》规定：

$$P_{F[1]} = 13.2\pi D_1 N$$

（2）《给水排水管道工程施工及验收规范》（GB 50268—2008）规定：

$$P_{F[2]} = \frac{\pi}{4} D_1^2 R_1$$

（3）曲线顶管技术及顶进力分析计算：

$$P_{F[3]} = (P_w + P_e)\pi \frac{D_1^2}{4}$$

式中：D_1——顶管机外径（m）；

N——土的标准贯入度；

R_1——顶管机下部1/3处的被动土压力（kN）；

P_w——掘进机舱内的压力（kN），等于地下水压力加上 20.0kN/m²；

P_e——切削土对的摩擦力（kN），$P_\mathrm{e} = 10.0a'N$，$a' = 0.5$（岩石除外）。

4.1.5.2 直线段侧面阻力计算

（1）泥水顶管推进力的经验计算公式

$$F = F_0 + f_0 \cdot L$$

$$f_0 = RS + Wf$$

式中：F_0——初始推力（kN），这里 F_0 仍按普通泥水顶力计算公式进行计算；

　　　f_0——单位长度管道与地层之间的综合摩擦阻力（kN/m）；

　　　R——综合摩擦阻力（kPa），其值可以从表 4.1-5 中选取；

　　　S——管外周长（m）；

　　　W——每米管道的重力（kN/m）；

　　　f——管道重力在土中的摩擦系数，$f = 0.2$。

所以：

$$F = F_0 + (R \cdot S + W \cdot f) \cdot L$$

不同地层的综合摩阻力　　　　　表 4.1-5

土　质	粉砂夹砂	砂　层	砂　砾	黏　土
R（kPa）	5~10	7~16	8~20	5~30
	(5~6)	(7~8)	(8~9)	(2~3)

注：括号内数据为根据我国南方一些地区的工程实践，得出的正常注浆情况下的综合摩阻力。

在《给水排水管道工程施工及验收规范》（GB 50268—2008）的 6.4.8 节中规定，顶管的顶力可按下式计算：

$$P = f \cdot \gamma \cdot D_1 \cdot \left[2H + (2H + D_1) \cdot \tan^2\left(45° - \frac{\varphi}{2}\right) + \frac{\omega}{\gamma \cdot D_1} \right] \cdot L + P_\mathrm{F}$$

式中：P——计算的总顶力（kN）；

　　　γ——管道所处土层重度（kN/m³）；

　　　D_1——管道外径（m）；

　　　H——管道顶部以上覆盖土层的厚度（m）；

φ——管道所处土层的内摩擦角（°）；

ω——管道单位长度自重（kN/m）；

L——管道的计算顶进长度（m）；

f——顶进时管道表面与其周围土层之间的摩擦系数，取其值可按表4.1-6所列数据选用；

P_F——顶进时工具管的迎面阻力（kN）。

顶进管道与周围土层的摩擦系数表　　　　　　　　　　　表4.1-6

土层类型	湿	干
黏土、亚黏土	0.2~0.3	0.4~0.5
砂土、亚砂土	0.3~0.4	0.5~0.6

（2）《给水排水管道工程施工及验收规范》（GB 50268—2008）

计算施工顶力时，应综合考虑管节材质、顶进工作井后背墙结构的允许最大荷载、顶进设备能力、施工技术措施等因素。施工最大顶力应大于顶进阻力，但不得超过管材或工作井后背墙的允许顶力。

顶进阻力计算应按下式进行计算：

$$F_P = \pi D_0 L f_k + N_F$$

式中：F_P——顶进阻力（kN）；

　　　D_0——管道的外径（m）；

　　　L——管道设计顶进长度（m）；

　　　f_k——管道外壁与土的单位面积平均摩阻力（kN/m²），通过试验确定，对于采用触变泥浆减阻技术的宜按表4.1-7选用；

　　　N_F——顶管机的迎面阻力（kN）。

采用触变泥浆的管外壁单位面积平均摩擦阻力 f_k（kN/m²）　　　表4.1-7

土类管材	黏性土	粉土	粉、细砂土	中、粗砂土
钢筋混凝土管	3.0~5.0	5.0~8.0	8.0~11.0	11.0~16.0
钢管	3.0~4.0	4.0~7.0	7.0~10.0	10.0~13.0

注：当触变泥浆技术成熟可靠、管外壁能形成和保持稳定、连续的泥浆套时，f_k值可直接取3.0~5.0kN/m²。

4.1.5.3 曲线段顶进阻力计算

$$F_n = K^n F_0 + \frac{F'[K^{(n+1)} - K]}{K-1}$$

式中：F_0——初始顶进力（kN），即迎面阻力；

K——曲线顶管的摩擦系数，$K = 1/(\cos\alpha - k\sin\alpha)$，其中，$\alpha$ 为每一根管节所对应的圆心角；

k——管道和土层之间的摩擦系数，$k = \tan(\varphi/2)$，其中，φ 为土的内摩擦角；

n——曲线顶管段顶进施工所采用的管节数量；

F'——作用于单根管节上的摩阻力（kN），按下式计算，

$$F' = F_0 + fL$$

其中：L——顶进长度（m）；

f——单位长度管道上的摩阻力（kN/m），按下式计算，

$$f = \left(\frac{1}{8} a \cdot B_c^{0.5} \cdot N^{0.125} \cdot g \cdot S\right) + 0.1W$$

其中：g——重力加速度（m/s²）；

a——考虑砾石含量的摩阻力系数，$a = 0.6 + R_g/100$，R_g 为砾石体积分数（%）；

B_c——顶管管道外径（m）；

S——顶进管道的外周长（m），$S = \pi \cdot B_c$；

W——单位长度管道的重量（kN/m）。

4.1.5.4 计算结果

由于迎面阻力计算公式较多，而且计算结果差别较大，本项目对三种规范中的迎面阻力分别进行计算，并进行对比。侧面阻力采用不考虑曲线公式及考虑曲线两种公式进行计算，并对计算结果进行对比，见表 4.1-8。

管幕顶力计算结果表　　表 4.1-8

管幕编号	地下水位距顶管高度 h（m）	管幕距地面高度 H（m）	土体重度 γ（kN/m³）	标准贯入度 N	顶管外径 B_c（m）	顶管内径 B_c（m）	砾石体积分数 R_g（%）	土的内摩擦角（°）	曲线顶力 F_n（kN）[1]	曲线顶力 F_n（kN）[2]	曲线顶力 F_n（kN）[3]
1	4.81	5.81	19.6	8	1.62	1.58	0	2.83	2358.28	2126.27	2057.77
2	4.69	5.69	19.6	8	1.62	1.58	0	2.83	2358.28	2120.88	2055.28
3	5.5	6.5	19.6	8	1.62	1.58	0	2.83	2358.28	2157.29	2072.10

续上表

管幕编号	地下水位距顶管高度 h (m)	管幕距地面高度 H (m)	土体重度 γ (kN/m³)	标准贯入度 N	顶管外径 B_c (m)	顶管内径 B_c (m)	砾石体积分数 R_g (%)	土的内摩擦角 (°)	曲线顶力 F_n (kN) [1]	曲线顶力 F_n (kN) [2]	曲线顶力 F_n (kN) [3]
4	6.08	7.08	19.9	12	1.62	1.58	0	10	2746.15	2406.49	2241.76
5	7.51	8.51	19.9	12	1.62	1.58	0	10	2746.15	2492.03	2272.03
6	8.86	9.86	20.7	22	1.62	1.58	0	38	3771.72	4308.13	2683.89
7	10.77	11.77	20.7	22	1.62	1.58	0	38	3771.72	4687.62	2727.50
8	12.58	13.58	20.7	22	1.62	1.58	0	38	3771.72	5047.23	2768.83
9	14.55	15.55	17.8	13	1.62	1.58	0	4.29	2804.71	2638.24	2428.89
10	16.48	17.48	17.8	13	1.62	1.572	0	4.29	2845.11	2761.87	2509.55
11	18.43	19.43	17.8	13	1.62	1.572	0	4.29	2845.11	2845.96	2550.21
12	20.4	21.4	17.8	13	1.62	1.572	0	4.29	2845.11	2930.92	2591.30
13	22.27	23.27	19.9	14	1.62	1.572	0	30	3066.07	5292.58	2776.77
14	24.2	25.2	19.2	17	1.62	1.572	0	6.57	3188.39	3358.07	2789.65
15	25.4	26.4	19.2	17	1.62	1.572	0	6.57	3188.39	3418.89	2814.83
16	26.46	27.46	19.2	17	1.62	1.572	0	6.57	3188.39	3472.62	2837.06
17	26.65	27.65	19.2	17	1.62	1.572	0	6.57	3188.39	3482.25	2841.05
18	27.23	28.23	19.2	19	1.62	1.572	0	18	3420.79	4386.51	2960.53
19	27.03	28.03	19.2	17	1.62	1.572	0	40	3396.44	8026.98	3024.92
20	27.23	28.23	19.2	19	1.62	1.572	0	40	3570.59	8091.99	3081.52
21	26.65	27.65	19.2	17	1.62	1.572	0	40	3394.79	7948.27	3014.54
22	26.46	27.46	19.2	17	1.62	1.572	0	6.57	3188.39	3472.62	2837.06
23	25.4	26.4	19.2	17	1.62	1.572	0	6.57	3188.39	3418.89	2814.83
24	24.2	25.2	19.2	17	1.62	1.572	0	6.57	3188.39	3358.07	2789.65
25	22.27	23.27	19.9	14	1.62	1.572	0	30	3066.07	5292.58	2776.77
26	20.4	21.4	17.8	13	1.62	1.572	0	4.29	2845.11	2930.92	2591.30
27	18.43	19.43	17.8	13	1.62	1.572	0	4.29	2845.11	2845.96	2550.21
28	16.48	17.48	17.8	13	1.62	1.572	0	4.29	2845.11	2761.87	2509.55

续上表

管幕编号	地下水位距顶管高度 h (m)	管幕距地面高度 H (m)	土体重度 γ (kN/m³)	标准贯入度 N	顶管外径 B_c (m)	顶管内径 B_c (m)	砾石体积分数 R_g (%)	土的内摩擦角 (°)	曲线顶力 F_n(kN) [1]	曲线顶力 F_n(kN) [2]	曲线顶力 F_n(kN) [3]
29	14.55	15.55	17.8	13	1.62	1.58	0	4.29	2804.71	2638.24	2428.89
30	12.58	13.58	20.7	22	1.62	1.58	0	38	3771.72	5047.23	2768.83
31	10.77	11.77	20.7	22	1.62	1.58	0	38	3771.72	4687.62	2727.50
32	8.86	9.86	20.7	22	1.62	1.58	0	38	3771.72	4308.13	2683.89
33	7.51	8.51	19.9	12	1.62	1.58	0	10	2746.15	2492.03	2272.03
34	6.08	7.08	19.9	12	1.62	1.58	0	10	2746.15	2406.49	2241.76
35	5.5	6.5	19.6	8	1.62	1.58	0	2.83	2358.28	2157.29	2072.10
36	4.69	5.69	19.6	8	1.62	1.58	0	2.83	2358.28	2120.88	2055.28

注：计算顶力参考资料：1.《顶管施工技术及验收规范》；2.《给水排水管道工程施工及验收规范》（GB 50268—2008）；3.《曲线顶管技术及顶进力分析计算》（马保松等，《岩土工程技术》）。

采用《给水排水管道工程施工及验收规范》（GB 50268—2008）中的计算公式进行计算，根据目前润滑减阻的技术水平，管外壁单位面积摩擦阻力最小达到 1kPa 以内，拱北隧道取 4kPa，最大顶力为 8765kN。

4.1.6 管幕曲线顶进轨迹控制

由于口岸内地面建筑众多，暗挖方案采取绕避原则穿越口岸，从而造成拱北隧道管幕法施工面临曲线顶管问题。顶管的顶进精度主要受测量精度及纠偏系统的控制，主要采用高精度自动引导测量系统、带自动纠偏装置的顶管机及管节之间纠偏千斤顶的应用来实现，长距离曲线顶管顶进能够达到 5cm 顶进精度的要求。

缓和曲线及圆曲线段顶管施工的主要施工工艺如下：缓和曲线段，管节之间采用 F 形接头连接，按照设计的张角顶进。缓和曲线段每节管幕的张角都在逐渐增加，每节管幕在顶进过程中的张角都要不断地进行调节，以完全与曲线拟合。顶管顶至圆曲线段时，张角固定，不再进行调节。

由于是曲线顶管，顶管过程中的精度控制尤为重要，需要采用高精度自动引导测量系统。

为了能更好地适应特殊曲线顶管施工，顶管机必须具备一定的纠偏能力。

为了能及时进行纠偏，控制顶进状态，接头处每隔一段距离设置纠偏千斤顶。

4.1.6.1 高精度自动引导测量系统的应用

由于顶管轨迹为曲线，设置在井下仪器墩上的仪器无法看到进入曲线段的顶管机头，因此测定机头中心位置以求出机头方向偏差的测量工作只能采用地下导线测量。顶管自动引导测量系统（图4.1-10）无须人工操作，在顶管动态顶进的过程中，系统由计算机控制，周而复始、连续不断地跟踪测定机头的偏差，每2~5min测定一次，使得机头纠偏非常及时，因此能引导机头按设计曲线顶进，一般可控制偏差小于±1cm，最大不大于±3cm。这不仅能大大提高顶管进度，顶管质量也能得到有力的保证。

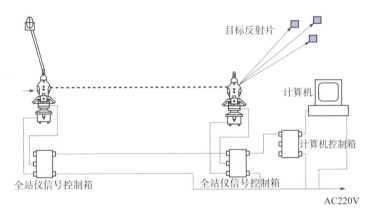

图4.1-10　高精度自动引导测量系统

长距离曲线顶管SLS-RV测量导向系统（图4.1-11）有以下优点：

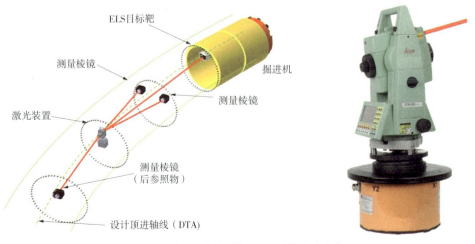

图4.1-11　长距离曲线顶管SLS-RV测量导向系统

（1）能够对曲线顶管进行水平和垂直方向的跟踪测量。

（2）顶进开始后，测量系统的所有部件都位于隧道的前部，无须再从工作井进行测量。

（3）所有部件的控制通过相应的软件来实现。

（4）所有测量结果记录在系统的数据库中，并将控制掘进机的有关数据提供给操作者。

SLS-RV 系统的设备包括硬件和软件两部分。其中硬件设备主要包括主动目标靶、激光经纬仪、反射棱镜、倾角测量仪、控制装置、顶距测量装置和导向系统所用的计算机等。

4.1.6.2　带自动纠偏装置的顶管机设计

由于拱北隧道顶管顶进平面线位由缓和曲线及圆曲线组成，顶管机必须能够适应曲线顶进精度控制的要求。根据目前顶管机的制造水平及工程应用调研，只有采用定制的顶管机（图 4.1-12）方能满足曲线顶管的要求。顶管机根据平面线形的曲线半径，由 2~3 组纠偏管节组成，内部布置纠偏油缸，根据纠偏需要进行管节的张开或调整，以适应曲线顶进的需要。

图 4.1-12　带自动纠偏装置的顶管机

4.1.6.3　可调节管节张开量的 F 形接头设计

钢管曲线顶进时，一般采用焊接等刚性连接方式，形成角度小、钢管局部变形大、影响管道的安全。管道采用柔性接头时，又可能造成管道接口处变形过大，密封破坏。

为了解决以上问题，拱北隧道设计了适应于曲线顶管的 F 形接头（图 4.1-13）。该接头在管幕顶进过程中为柔性，管幕顶进完成之后，再通过焊接转化为刚性。该接头通过钢法兰及肋板焊接形成端头，再通过螺栓的连接控制接头张开角。接头采用两道鹰嘴形氯丁橡胶圈进行止水。

图 4.1-13　曲线顶管 F 形接头

4.1.6.4　管节之间纠偏千斤顶的应用

为了及时进行纠偏，每隔一定距离在 F 形接头处设置一组纠偏千斤顶（图 4.1-14）。当顶管偏离设计轴线时，采用千斤顶使曲线外侧的张开角度加大，即可实现纠偏功能。

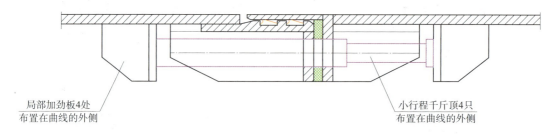

图 4.1-14　带纠偏千斤顶的 F 形接头

4.2　曲线顶管管幕关键理论研究

4.2.1　曲线钢顶管受力特性研究

4.2.1.1　曲线顶管室内管节应力试验研究

（1）试验目的

拱北隧道曲线顶管采用的钢管节结构（图 4.2-1）与普通顶管所用的钢筋混凝土管

有显著差异：

①曲线顶管用钢管节属于中间薄壁圆筒且接头两端有劲板加强的不均匀结构，整体属于薄壁结构，但接头处容易产生应力集中，而普通顶管所用的混凝土管却为壁厚统一的厚壁圆筒结构。

②钢管节为均一材料结构，而普通钢筋混凝土管却是混凝土和钢筋的复合结构。

③曲线顶管钢管节承插口采用螺栓限位连接，不仅可以传递压力，而且还能承受拉力，且可防止接头发生过大偏转角，而普通钢筋混凝土管接头为插接形式，只能承受轴向压力。

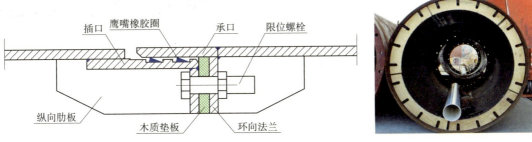

图 4.2-1　曲线顶管管节结构图

目前，国内外通过理论分析、试验监测和数值模拟等综合方法对于壁厚均匀的混凝土管直线和曲线顶管管节应力进行了系统研究，但对于本项目管幕采用的曲线顶管钢管节内力特性的规律研究尚未见报道。

在曲线轨迹条件下，管节之间存在一定的偏角，实际管节在顶进力作用下，管节和接头处的应力分布不均匀。为了研究管节偏角、偏转方向以及管节应力分布之间的关系，在实验室采用 1∶1 的模型测试管节和接头应力，以期解决顶进力与管节应力分布之间的关系以及管节偏角与管节应力分布之间的关系。

（2）监测仪器

①管节应变监测

试验中管节应变采用 3 台静态应变仪采集，型号分别为 DH3816（每台 60 个测点，2 台共 120 个测点，实用 111 个）；TST3826（40 个测点，实用 40 个）。测点应变检测采用电阻应变片。

②管节偏角监测

在管节接头的水平位置左右两侧以及下部安装百分表，以接头 1 为例，百分表通过磁性支座固定在管节1上，百分表探针与预先固定在管节2上的挡片接触，如图4.2-2所示。最后利用安装在其上方的摄像头，实时监测顶进过程中管节间隙和木垫片厚度的变化，并利用木垫片厚度的变化换算成管节偏角的变化。

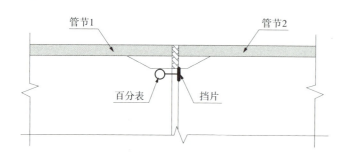

图4.2-2　百分表安装示意图及监测摄像头

（3）监测断面及测点布置

试验管道由3段管节组成，管节编号从左到右依次为管节1、管节2和管节3，管节3端部连接有密封挡板；3个管节采用两个F形接头连接，从左到右分别为接头1和接头2。

应变测点断面布置如图4.2-3所示，共设置4个主断面和8个辅助断面，主断面标号编号为Z，从左到右依次为Z1~Z4，辅助断面标号为F，从左到右依次为F1~F8。

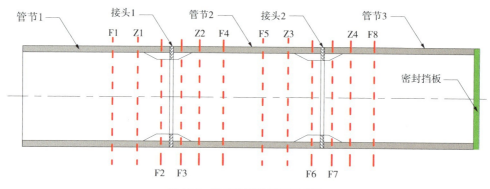

图4.2-3　管节应变测试断面示意图

每个断面上测点布置如图4.2-4所示，从管节左侧水平位置开始依次顺时针编号，每个主断面上共布设10个测点；F1、F4、F5、F8辅助断面靠近管节中部，每个断面上6个测点；F2、F3、F6、F7辅助断面位于接头劲板之间，每个断面上3个测点。

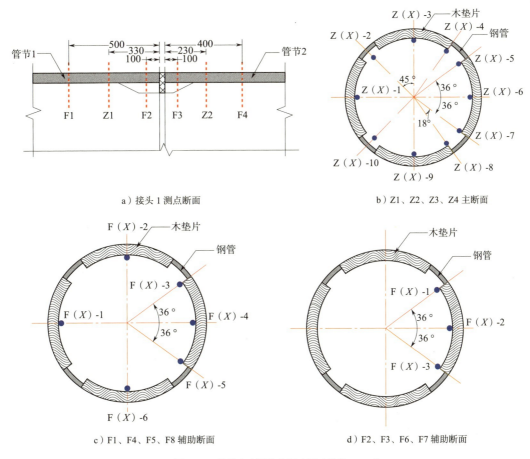

图 4.2-4 管节应变测点布置（尺寸单位：mm）

（4）管节应力试验结果及分析

试验中采用 3 节模拟管节，如图 4.2-5 所示，其中管节 3 模拟顶管机头，管节 2 为首节管，管节 1 为后续管。

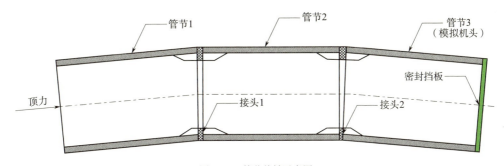

图 4.2-5 管节偏转示意图

①顶力对管节应力的影响分析

试验结果显示，随着顶进距离的增加，从后续管道到机头应力逐渐减小，轴向顶力传递会发生衰减。因此，曲线顶管情况下，即使不考虑侧摩阻力，后续管节上的顶力也并不能完全传递到机头位置。

此外，管道轴向各测点基本都表现为压应力，最大压应力（负值）在管道的0°和180°位置，最小压应力或最大拉应力（正值）在管道的90°和270°位置，应力分布基本上关于180°线对称。

②管节偏角对管节应力的影响分析

相同轴向顶力条件下，管节偏角对各测点应力的影响规律为：断面轴向应力随着偏转角度增大而增大，水平位置两侧压应力集中点增加最显著。偏角从0.18°增加到0.42°，各测点应力变化不大；但偏角增加到0.53°，相比前两个偏角，应力变化幅度较大，可见管节偏角越大，各测点应变变化越剧烈。

同样，与轴向应力对应，由于管节轴向受压，在泊松效应影响下，各监测断面环向在0°和180°附近出现拉应力。水平位置两侧应力集中点增加最显著。

③结论

通过室内曲线顶管钢管节在不同偏角和轴向顶力作用下的受力模拟试验，得出以下结论：

a. 在管节偏角相同条件下，各监测断面的轴向和环向应力在管节偏转的内侧和外侧位置出现应力集中；在管节只存在水平方向偏角时，各监测断面应力分布基本上关于180°线对称；对于后续管节弯曲内侧应力大于外侧，而对于机头后方的首节管却表现为弯曲外侧应力大于内侧。

b. 试验中各测点轴向和环向应力随着轴向顶力和偏角的增大而增大，各级压力下后续管节偏转的内侧应力增加大于外侧位置，0.53°偏角条件下应力变化较0.18°和0.42°偏角显著；首节管各级压力下后续管节偏转的内侧应力增加小于外侧，弯曲内侧应力受偏角变化影响较外侧应力小。

c. 随着曲线顶管管节数量的增加，作用在后续管节上的轴向压应力在向前传递的过程中，由于管节之间存在偏角会逐步发生衰减。

4.2.1.2　现场顶管土压力与管节应力监测试验

（1）试验目的

顶管施工过程中，管节处于复杂多变的力系中，其同时受到沿管节轴向顶力、顶管机头迎面阻力、周围水土压力、润滑注浆压力、管土摩阻力、自重以及可能存在的地表交通荷载等。加之,顶进力是一种循环荷载,管节在顶管施工过程中处于不停地加载和卸载状态。特别是曲线顶进力实际以偏心荷载的方式作用于管节上,管道在顶进力侧向分力作用下与掘进孔壁外侧接触,产生附加土压力,因此,对于曲线顶管其周围土压力为非对称性。而且,钢顶管相比于普通钢筋混凝土顶管,管节属于薄壁结构,易变形,稳定性差,更加剧其受力复杂性。因此,掌握曲线钢顶管的实际受力特性对顶管以及顶管管幕的设计、施工具有重要意义。

为了研究曲线顶管管周土压力和管节应力的实际变化情况,选择管幕底部 17 号顶管作为监测对象进行现场监测试验(图 4.2-6),管道埋深约 27.15m,地下水位取地表以下 5m,该顶管由西工作井始发顶进,在东工作井接收完成,共顶进 65 节,全长约 257m。通过在钢管节上安装土压力盒和应变计来监测顶管施工过程中的土压力和应力数据,得出曲线顶管周围管土接触压力的变化规律以及管节轴向与环向应力应变的分布和变化规律。

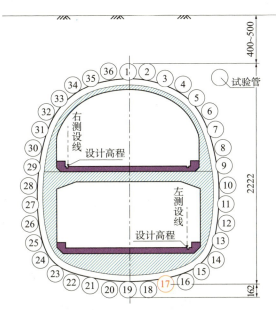

图 4.2-6 管幕断面及 17 号试验管位置(尺寸单位:cm)

(2)监测仪器

管土接触压力监测采用 VSP 型号振弦式土压力盒,量程为 1MPa,精度为 10kPa。工作原理是高灵敏度感应膜在荷载作用下产生挠度,并使感应膜金属弦受激改变频率,由多通道自动采集仪 MCU32 实时对金属弦的振动频率进行监测,再利用传感器标定系数计算出土压力盒上荷载大小。

现场监测传感器布设过程中,首先在试验管节内壁标出测点,在孔壁切割比土压力盒固定托盘稍大的圆孔,然后将固定托盘焊接到测试管壁上,最后利用结构胶将其牢固粘贴在固定托盘上(图 4.2-7),要保证土压力盒感应面与管道外壁相切。在测试管未顶进前,测量其初始频率,作为后续监测的初始值。

图 4.2-7　现场管节上安装的土压力盒

管节应变监测采用 VS100 型振弦式应变计(图 4.2-8),量程为 $-2000\sim2000\mu\varepsilon$,精度为 $1\mu\varepsilon$。由多通道自动采集仪 MCU32 实时采集应变计频率,并通过传感器标定系数计算得出应变值。现场监测传感器布设过程中,首先在管节内壁标出测点,然后将应变计夹具牢固焊接在指定位置,要保证夹具轴向同心,最后将应变计插入夹具,通过螺栓固定。在管节未连接顶进前,测量其初始频率,作为后续监测的零点。

图 4.2-8　现场管节上安装的应变计

MCU32 自动采集仪由电池供电（图 4.2-9），一次充电可使用 2 天。自动巡检功能可以保持 24h 不间断定时采样。数据存储于自身的内存卡中，通过调制解调器可连接至电脑，以拷贝数据。现场顶进过程中，监测传感器均通过有线方式连接至该采集仪。

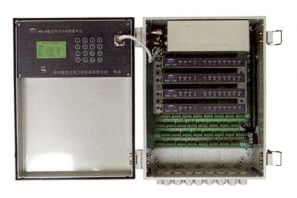

图 4.2-9　MCU32 自动采集仪

（3）测点布置

两个管土接触压力监测断面分别位于第 8 管节和第 18 管节，由于 8 号管节上土压力传感器在施工过程中被破坏，未监测到实际数据，因此，选择第 18 管节（图 4.2-10）上土压力盒监测数据进行分析，该管节前端距离机头后过渡段 78m。分别在管壁水平和竖直方向安装 4 个土压力盒，考虑到管壁开孔后会降低管道承载力，将 4 个土压力盒分布在 2 个断面上（图 4.2-11），分别编号 T1 和 T2。其中 T1 断面距离管节前端 1m，土压力盒分别布置在顶部和底部，编号 T1-1（顶部）、T1-2（底部）。T2 断面距离管节后端 1m，土压力盒分别安装在管左侧水平和右侧水平位置，编号 T2-1（左）、T2-2（右），其中 T2-1 测点位于曲线顶管轨迹弯曲内侧，T2-2 测点位于弯曲外侧。

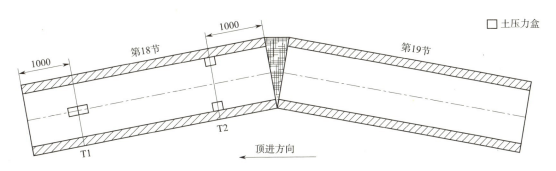

图 4.2-10　第 18 管节监测断面俯视图（尺寸单位：mm）

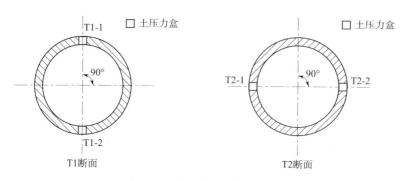

图 4.2-11　接触压力测点布置示意图

17 号顶管内依次布设两个应变监测断面 Y1 和 Y2，如图 4.2-12、图 4.2-13 所示，分别位于第 8 管节和第 19 管节距前端 1m 的位置。第 8 管节距离机头后端 28m，第 19 管节距离机头后端 72m，二者沿轴线距离为 44mm。如图 4.2-14 所示，在第 8 管节监测断面布设上下左右 4 个测点，每个测点安装轴向与环向应变计各 1 支，由于传感器供货影响，第 19 管节监测断面只布设了 4 支轴向应变计。其中管节左侧水平位置（顶管弯曲内侧）为 1 号测点，然后顺时针编号。

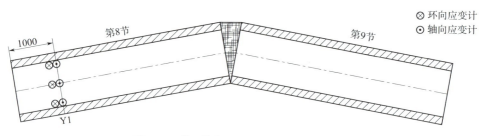

图 4.2-12　第 8 管节监测断面（尺寸单位：mm）

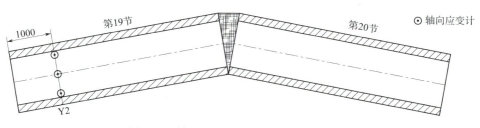

图 4.2-13　第 19 管节监测断面（尺寸单位：mm）

17 号顶管施工从 2014 年 8 月 9 日—8 月 24 日，共历时 16 天。其中，顶进力数据在整个施工过程中均有自动采集，接触压力和管节应变在顶进阶段至施工完成均实时记录。施工过程中，采用 MCU 以 10min 一次的频率对每个测点的数据进行采集。

第 4 章 曲线顶管管幕设计与施工关键技术

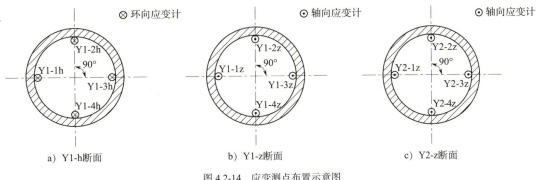

图 4.2-14 应变测点布置示意图

（4）管土接触压力试验结果及分析

①顶进—停止循环中施工对接触压力影响

整个顶管施工过程实际是将多段管节逐一连接并顶进到预定位置。前一根管节顶推完成后，需要将油缸退回，拼接下一根管节，以此重复操作。因此，在施工时一直处于"顶"和"停"两种工况循环交替。相对于停止顶进工况，管道顶进时处于动态，在顶进力作用下管道与孔壁的接触状态可能发生变化，同时润滑注浆压力持续施加，加之管土侧摩阻力影响，此时接触压力变化比较复杂；相反，在停止顶进时，管道可以看作静态，接触压力主要受静止泥浆压力和水土压力影响。可见，对顶管接触压力的分析需要考虑顶进—停止循环施工。

分析顶进施工接触压力数据，其规律表现为：各测点监测压力在管道顶进时突然增大，发生波动，而在顶进停止后，土压力逐渐趋于稳定。大部分监测时间内，管道顶部（T1-1）和底部（T1-2）的接触压力数值较为接近，顶部接触压力略大于底部压力，而水平位置管道弯曲内侧（T2-1）接触压力小于弯曲外侧（T2-2）。

混凝土顶管监测中通常管底接触压力大于顶部，而本项目钢顶管监测结果却相反。这是由于普通混凝土管道壁厚较大，重力往往大于浮力，管底与孔壁接触产生附加压力，加之管底埋深较顶部稍大，所以混凝土管底部接触压力较大。而钢管道由于壁厚小，浮力大于重力，此时管道顶部与孔壁接触，导致顶部接触压力反而大于底部。此外，由于管道上浮，管底间隙增大，泥浆充填厚度也随之增加。管底土压力经泥浆传递后作用于管道，在有一定流体特性泥浆的作用下，接触压力分布趋于均匀，一定程度上也起到减小底部接触压力的效果。

通常曲线混凝土顶管监测结果为：管道弯曲内侧接触压力大于外侧，其原因为注浆压力对接触压力起控制作用，管道弯曲内侧间隙较外侧大，导致泥浆填充压力大于外侧，相应的接触压力也较大。而本项目曲线钢顶管接触压力结果却相反，表现为管道弯曲外侧接触压力大于内侧，这与曲线顶管顶进力在侧向分力作用下与孔壁外侧产生附加压力相一致。相对于刚度较大的混凝土管，钢管变形性能好、质量轻，因此在顶力作用下更容易发生向外侧弯曲的变形，使得外侧管壁与土体挤压更强烈，导致相应位置产生的附加压力增大，因此顶力侧向分力成为控制接触压力的主要因素。

选取 8 月 16 日和 17 日部分监测数据分析顶进—停止循环施工对接触压力的影响规律，分别如图 4.2-15 和图 4.2-16 所示。

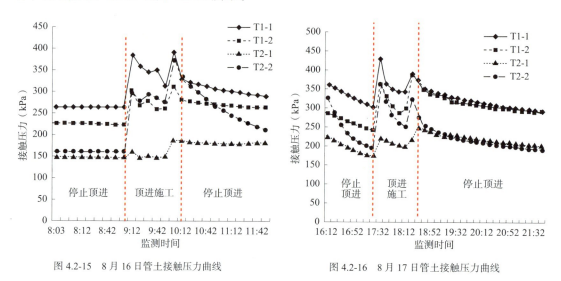

图 4.2-15　8 月 16 日管土接触压力曲线　　　图 4.2-16　8 月 17 日管土接触压力曲线

由图 4.2-15 可知，在停止顶进时间段内，各测点监测接触压力趋于稳定，且数值大小表现为管顶＞管底＞弯曲外侧＞弯曲内侧。而在管道顶进施工过程中，各测点接触压力发生波动，表现为接触压力增大，增大幅度在数值上表现为弯曲外侧＞管顶＞管底＞弯曲内侧。结合前面分析可知，这是由于顶进过程中，管道在浮力和顶进力切向分力作用下，顶部和弯曲外侧与孔壁接触，产生附加压力，因而接触压力增长较大。同样，测点 T1-1 与测点 T2-2 的波动形态十分相似，也表明二者与孔壁土体接触状态是相似的。而在管道弯曲内侧 T2-1 测点接触压力波动幅度最小，也反映出该位置管道只与泥浆接触，而未与土体直接接触，因而在顶进前后管道与泥浆接触特性变化不大，所以接触压力也无明显变化。

由图 4.2-16 可得，相对于图 4.2-15 各测点接触压力略有增加，但均表现为顶进增长波动、停止顶进后逐渐减小趋于稳定的规律。不同之处在于，图 4.2-16 中在长时间停止顶进施工阶段，管道顶部和底部接触压力近似相同，而左右两侧的接触压力也相差不大，并出现了弯曲内侧接触压力稍大于外侧的现象。这是由于在长时间停机状态下，环空润滑泥浆发生漏失，加之泥浆因触变性流体特性减弱，使得管道浮力减小，同时由于孔壁在无泥浆压力作用下发生变形缩径，使得顶部和底部接触压力趋于一致。同样，停机后由于顶进力减小，管道发生向内侧的回弹，使得外侧接触压力减小，而在孔壁缩小的情况下，两侧都趋于主动土压力状态而导致接触压力趋于一致。

②施工完成后接触压力变化规律

顶管施工完成后监测断面位于砂质黏性土地层中，各测点接触压力随时间变化如图 4.2-17 所示（后期底部土压力计破坏造成该点数据缺失）。由图可得，各测点土压力随时间略有增加，但基本趋于稳定，可以认为周围超孔隙水压力基本消散，此时接触压力主要受静止水土压力控制，数值上表现为顶部最大，弯曲外侧接触压力略大于内侧，但相差很小，说明孔壁已经完全收缩并与管道

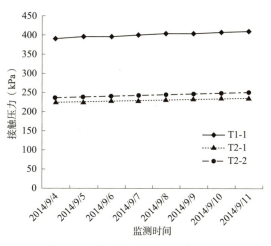

图 4.2-17　施工完成后接触压力曲线

接触，管道水平两侧与土体接触状态基本相同，土压力分布状态趋于直线顶管状态。

③相邻顶管附加接触压力变化规律

相邻平行顶管施工会对已顶管道产生附加应力，本管幕工程中 16 号顶管顶进时引起的 17 号顶管试验管节上各测点附加接触压力变化曲线如图 4.2-18 所示。

由图可知，16 号顶管刀盘距土压力计监测断面后方大于 10m 时，各测点附加接触压力几乎为 0，距离小于 5m 附加接触压力开始增加，当掘进面与监测断面基本重合时，位于两管之间的 T2-2 测点数值

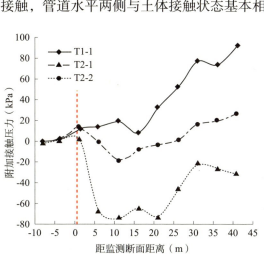

图 4.2-18　相邻顶管引起的附加接触压力曲线

最大，附加接触压力达到最大，而距 16 号顶管最远的 T2-1 测点附加应力最小。当机头穿过监测断面后，顶部接触压力持续波动增加，这是由于 16 号顶管掘进后，两顶管间距变小，上方形成管间土拱，拱脚基本位于两相邻管道的正上方，管间上方的土压力传递到拱脚处，导致管道顶部附加压力增加而管间附加压力减小。同时，管道左右两侧附加接触压力减小并产生波动，这与 16 号顶管润滑泥浆压力波动相关。

4.2.1.3 曲线顶管管节应力理论研究

管节应力计算与监测分析表明，管节环向应力最大处在管顶和管底。这两个位置受到大埋深下的上覆土作用，表现出明显拉伸变形。因此，在大埋深条件下的曲线顶管施工中，管顶和管底将是受力最大的危险位置。管节轨迹曲线外侧受到环空接触作用，压缩情况明显小于没有环空支撑的曲线内侧管壁，这也是长距离曲线顶管所特有的受力特征。

管节环向应力模型计算得出的应力值与实测环向应力值较为相近（图 4.2-19），环向应力呈现出顶部和底部受拉、两侧受压的特征。这主要是由于在长距离曲线顶管施工过程中，作用于管节的竖向荷载明显大于环向荷载，管道侧面土压力不足以对管环截面形成支撑，因此管道竖向被明显压扁。此外，还可以发现，由于顶进力的切向分力作用，管环右侧受到附加土体抗力，抑制了该位置的横向变形，因此管环横截面环向应力右侧压应力要小于左侧。这一左右应力分布不一致的情况，体现了长距离曲线顶管特有的不对称荷载及应力特征。

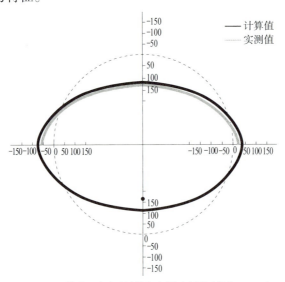

图 4.2-19 管节环向应力计算与实测对比图（单位：MPa）

4.2.2 管幕群管顶进施工顺序优化及土体累计变形

拱北隧道暗挖段曲线管幕工程由于开挖断面大、线路曲率小、埋深浅、场区政治敏感度高、地理环境复杂、地质条件差等特点，使得管幕施工土体变形控制成为制约工程成败的难题之一。

管幕法虽然能有效减小地层变形，但由于其涉及群管顶进施工，不同空间位置和时间顶进的管道之间、管道与土体之间均存在多次扰动，其变形过程复杂。目前普遍认为管幕施工中主要的控制因素是地面沉降，但对管幕变形量要求尚无统一标准。工程实践表明，采取合适的顶进施工顺序是控制管幕顶进变形的主要措施，顶部管幕施工是减少沉降的关键，宜按照先下部后侧面、最后顶部施工的顺序。

由于现有管幕结构多为门形或拱形，与拱北隧道闭合管幕结构相差较大，其研究结论能否直接应用有待验证。因此，以拱北隧道曲线管幕工程为背景，建立不同顶进方案条件下管幕有限元模型，对比分析顶进顺序对地表变形、管道应力和变形的影响规律，最终优化管幕顶进顺序，减小施工对周边环境影响。

4.2.2.1 模型建立

采用 ABAQUSA 有限元软件建立如图 4.2-20 所示的包括地层、管幕和顶管泥浆数值模型（为得出管幕顶进引起土体变形普遍规律，模型未包含 0 号试验管）。由于顶管施工引起土体变形的主要因素为土体损失，为简化计算，在方案优选阶段采用二维平面应变模型，单元类型均采用 C4PER。为减小边界效应，整个模型长度取 120m，高度为 40m，管幕顶部埋深 4m。同时，依据现场条件将穿越地层简化为 4 层。模型边界条件设置为：约束左右两侧边界水平位移，底部边界同时约束水平和竖直自由度，顶面为自由面。

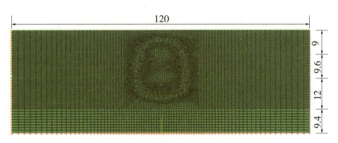

图 4.2-20 数值模型（尺寸单位：m）

4.2.2.2 参数选择

数值模型地层土体、润滑泥浆和钢管的力学参数如表 4.2-1 所示。土体简化为人工填土、粗砂、淤泥质粉质黏土和砾质黏性土 4 层，均采用 Drucker-Prager 弹塑性本构模型，计算时将表 4.2-1 中的 Mohr-Coulomb 模型参数换算成相应的参数。顶管润滑泥浆和钢管采用弹性本构模型。

地层、泥浆和钢管力学参数表　　　　　　　表 4.2-1

土层/结构	厚度（m）	黏聚力（kPa）	内摩擦角（°）	弹性模量（MPa）	密度（g/cm³）	泊松比
人工填土	9	13	15	8	1.8	0.3
粗砂	9.6	2	30	25	2.0	0.35
淤泥质粉质黏土	12	25	20	12	1.8	0.35
砾质黏性土	9.4	15	22	10	1.9	0.32
泥浆	—	—	—	0.35	1.05	0.4
钢管	—	—	—	210000	7.85	0.3

4.2.2.3　顶进方案分析

根据实际施工条件，为缩短管幕施工周期，考虑到现场两个工作井，宜采用双向顶进方案，即两工作井互为始发井和接收井。经施工优化后，将每个工作井以中板为界，划分为Ⅰ、Ⅱ、Ⅲ和Ⅳ四个施工区域，如图 4.2-21 所示。其中Ⅰ、Ⅱ区内各顶管从东工作井始发，西工作井实现接收；而Ⅲ、Ⅳ区各顶管顶进方向则与前者相反，西工作井始发，东工作井接收。

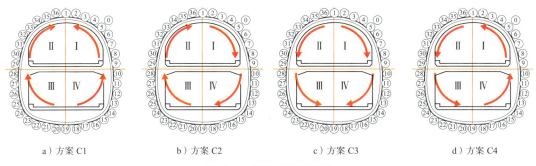

a）方案 C1　　　b）方案 C2　　　c）方案 C3　　　d）方案 C4

图 4.2-21　管幕 4 种顶进顺序

同时，考虑到在顶管试验管、工作井以及后续顶管施工之间的相互干扰，将管幕施工划分为三个阶段：①试验管顶进阶段：施工顶进 0 号附加异位顶管和 5 号原位顶管，验证施工技术的可行性，并为后续顶管提供优化工艺参数；②中板附近管顶进阶段：考虑到工作井中板需要优先施作圈梁,因此先行顶进该部位的9号、10号、28号和29号顶管;③全面顶进阶段:按照前述顶管工序依次顶进剩余顶管。

由于前两个阶段管道顶进顺序是确定的,管幕顶进顺序优化主要集中于全面顶进阶段。根据已有研究结果,各顶进区域可供选择的顶进顺序有从上到下依次顶进、从下到上依次顶进、从上到下间隔顶进和从下到上间隔顶进。鉴于区域内顶管数量较多,且高程不一,如果采用间隔顶进的方案,会导致施工频繁上下移动,增加作业量,因而宜采用依次顶进方案。

同时,为避免多个顶管机组同时顶进作业相互干扰,以东工作井作业为例,Ⅰ区和Ⅱ区为顶管始发区,Ⅲ区和Ⅳ区为顶管接收区,如果Ⅱ区和Ⅲ区施工平台水平位置接近,则上部的Ⅱ区施工会影响下部Ⅲ区吊装作业,产生施工干扰,Ⅰ区和Ⅳ区也存在相同的问题。因而,工作井上下区域内的顶管施工应在水平位置错开,综合以上现场条件和施工条件限制,可供选择的顶进方案有4种,如表4.2-2所示。方案C1为各区域均采用从下到上依次顶进顺序;方案C2为Ⅱ区和Ⅲ区从下到上依次顶进,Ⅰ区和Ⅳ区从上到下依次顶进;方案C3为所有区域均从上到下依次顶进;方案C4为Ⅱ区和Ⅲ区从上到下次依次顶进,Ⅰ区和Ⅳ区从下到上依次顶进。

管幕4种顶进方案 表4.2-2

顶进方案	预先顶进	Ⅰ	Ⅱ	Ⅲ	Ⅳ	最后顶进
方案C1	0/5 9/29 10/28	8-2	30-36	20-27	18-11	1/19
方案C2		2-8	30-36	20-27	11-18	
方案C3		2-8	36-30	27-20	11-18	
方案C4		8-2	36-30	27-20	18-11	

4.2.2.4 管幕顶进影响效应模拟分析

管幕顶进模拟前先要对地层进行地应力平衡,采用ABAQUS自带的geostatic分析步骤,然后结合初始应力导入方法,实现初始地应力平衡。地应力平衡后地层竖向应力和土体变形云图如图4.2-22、图4.2-23所示。平衡后的地层初始应力成层分布,初始变形在10^{-5}数量级以下,满足计算精度要求。然后按照上述四种顶进顺序方案进行管幕施工模拟,对比不同顶进方案施工完成后地表变形、管道最大应力和管道的最大变形,以优选最佳顶进方案。

图 4.2-22　地应力平衡后土体竖向应力云图

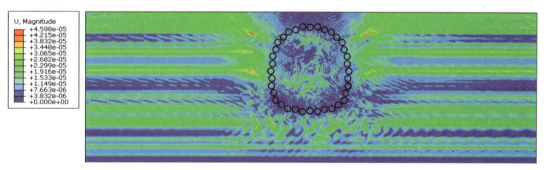

图 4.2-23　地应力平衡后土体竖向位移云图

（1）管幕顶进顺序对土体变形影响

不同顶进方案施工完成后地表竖向变形曲线如图 4.2-24 所示。由图可知，不同顶进顺序的地表变形曲线均表现为双峰形，最大变形峰值出现在距管幕中心 7m 左右的两侧，变形较大的区域主要集中在管幕中心两侧 20m 的范围内，管幕中心的变形反而相对较小。所有地表竖向变形曲线在距管幕两侧较近的范围内均表现为较大沉降，而在两侧较远范围出现轻微隆起变形。值得注意的是，各方案引起的地表变形曲线数值相差不大，说明虽然管幕顶进顺序对地表会产生一定影响，但影响程度并不显著。

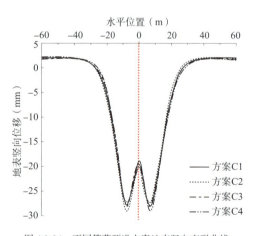

图 4.2-24　不同管幕顶进方案地表竖向变形曲线

为详细对比不同顶进方案的优势，取图 4.2-34 中 ±15m 地表主要沉降区域内的局部变形曲线（图 4.2-25）。由图可得：方案 C1 和 C3 为对称顶进施工，其地表竖向变形曲线也表现为对称性，且最大沉降量均小于另外两方案。而方案 C2 和 C4 为非对称顶进，沉降曲线的两个峰值数值上不同，表现为非对称性。同时，对比不同方案最大沉降差值，方案 C1 相对于 C3，两侧峰值最大沉降量基本相当，但中心沉降减小了 9.25%；相对于方案 C2，C1 管幕中心地表沉降减小 4.91%，左侧最大沉降减小 4.25%，右侧沉降略有增加；而 C1 方案相对于 C4，中心沉降减小 3.74%，左侧沉降峰值基本相当，而右侧沉降峰值减小 4.74%。

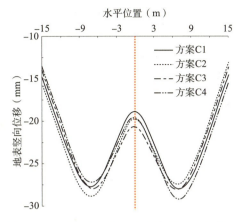

图 4.2-25　不同管幕顶进方案局部地表竖向变形曲线

不同管幕顶进方案引起的土体位移云图分布规律基本相同，数值上差别较小，地层变形规律主要发生在管幕顶部两侧土体和底部，并且顶部和底部竖向变形均较大，而水平位移较大区域仅出现在底部。

综合以上地表沉降分析可以得出，管幕对称两侧对称顶进比非对称顶进引起的土体变形小，方案 C1 相对于其他方案在减小土体变形方面略占优势。该顶进方案下，地层总变形、水平位移和竖直位移如图 4.2-26~图 4.2-28 所示。

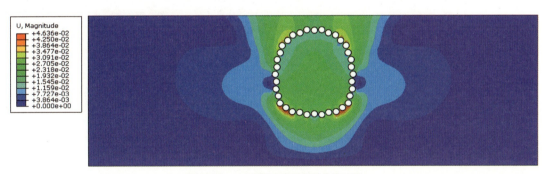

图 4.2-26　C1 顶进方案地层总位移云图

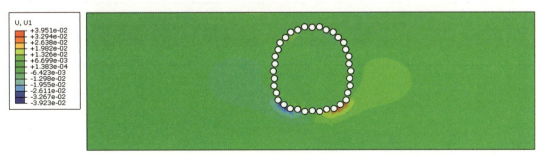

图 4.2-27　C1 顶进方案地层水平位移云图

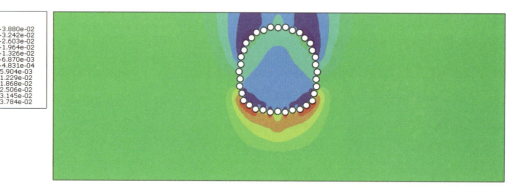

图 4.2-28　C1 顶进方案地层竖向位移云图

（2）管幕顶进顺序对土体应力影响

管幕施工引起的地层应力变化也是评价其施工影响的参数之一。由于不同管幕顶进方案地层应力变化规律基本相同，仅在数值上存在较小的差异，说明不同顶进顺序引起的土体应力差别不大。同样选择 C1 方案的地层应力变化规律为例进行说明，如图 4.2-29、图 4.2-30 所示。

图 4.2-29　C1 顶进方案地层水平应力云图

图 4.2-30　C1 顶进方案地层竖向应力云图

各地层应力变化主要集中在管幕外侧较小的范围内,且该范围内应力表现为增加的现象,在距离管幕1/2宽度以外的范围内,水平应力和竖向应力基本保持水平分布,说明管幕施工引起地层附加应力较小。同样,施工对管幕内部的土体应力也将产生影响,且竖向应力影响程度大于水平应力,各方向应力表现为管幕内部地层应力小于同一水平位置管幕外侧的地层应力,由此也证实了管幕所起到的支护作用。

（3）管幕顶进顺序对管道变形影响

除了考虑管幕施工引起的土体变形和地层应力,在选择顶进方案时,还需考虑管道本身的应力和变形,防止其发生屈服或因变形过大导致整个管幕结构失效。以C1方案管道变形为例,如图4.2-31所示,不同顺序顶进时管道最大变形基本相同,仅数值上存在很小的差别,且管幕底部管道变形均较大,而上部相对较小。可见,管幕各管道最大变形对施工顺序影响不敏感。

不同顶进方案条件下各管道最大变形与方案C1对比曲线如图4.2-32所示。由图可知,相对于C1基准值,其他方案施工后管道最大变形也在其上下波动,且变形增大和减小的管道数量相差不大,但是其他方案中管道最大变形增长基本都在15%~23%,而大部分管道变形减小均在10%以下。因此,同样得出C1顶进方案是比较优化合理的。

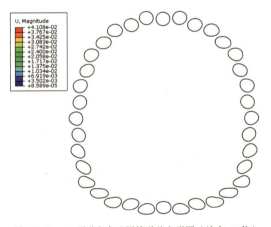
图4.2-31 C1顶进方案地层管道总变形图（放大10倍）

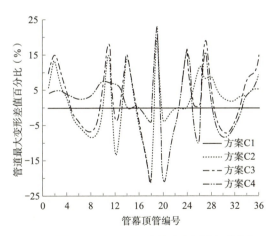
图4.2-32 不同管幕顶进方案管道最大变形差值曲线

（4）管幕顶进顺序对管道应力影响

同样以C1方案为例,施工完成后管道Mises应力如图4.2-33所示,其他顶进方案管道应力规律与之类似。由图可知,不同顶进顺序管道最大Mises应力数值基本相同:

管幕底部管道应力较大，而上部相对较小。方案 C1 管道最大 Mises 应力为 11.28MPa，方案 C2 管道最大 Mises 应力为 11.38MPa，方案 C3 管道最大 Mises 应力为 11.32MPa，方案 C4 管道最大 Mises 应力为 11.39MPa。可见，与管道最大变形一样，管幕管道最大应力受施工顺序影响也不显著。

以方案 C1 施工完成后各管道最大应力结果为基准值，然后将其他顶进方案管道最大应力与之对比，结果如图 4.2-34 所示。由图可知，相对于 C1 方案，其他方案管道最大应力在基准值上下波动，但整体上应力增大的管道数远大于应力降低的管道，且其他方案相对 C1 最大应力增长基本都在 8%~10%，而应力降低均在 6% 以内，可见 C1 方案在减小管幕管道最大应力方面具有优势。

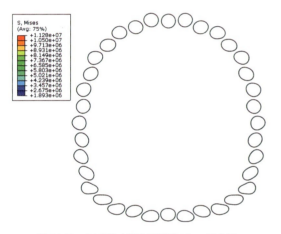 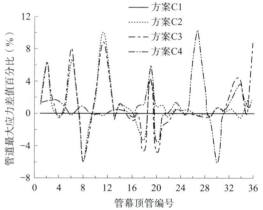

图 4.2-33　C1 顶进方案地层管道 Mises 应力图　　图 4.2-34　不同管幕顶进方案管道最大应力差值曲线

4.2.2.5　管幕群管顶进土体累计变形

根据以上分析，C1 顶进方案在引起的土体变形、土体应力、管道应力和管道变形相对于其他施工方案略小，是优选的顶进方案。同时，考虑现场管幕顶部地层为人工填土，可能存在孤石等障碍物，如果采用从上到下的顶进顺序，一旦顶部管道顶进受阻或失败，可能影响下部将要顶进的管道，导致管幕结构与设计发生较大差异，甚至失败。因此，无论是理论分析，还是考虑现场实际施工条件，C1 方案均为优选方案。

为了研究优化的 C1 管幕顶进方案施工过程中群管顶进土体累计变形规律，分别提取如图 4.2-35 和图 4.2-36 所示的不同顶进阶段地表竖向位移曲线和竖向位移增量曲线进行分析。由图 4.2-35 可知，管幕初始顶进阶段（5 号—29 号—9 号—28 号—10 号顶管施工），由于顶进管道数量少，地表竖向变形较小，由单峰沉降槽曲线逐渐变为双峰沉降槽曲线。地表变形迅速发展的阶段主要集中在顶管数量较多的全面顶进施工阶段，沉降曲线由不对称的双峰型逐渐增大，在15号—23号—33号顶管施工完成后变为对称双峰沉降曲线，沉降槽的不对称是由于5号顶管先施工。在最后顶进阶段，沉降槽曲线仍为双峰形，沉降值增加不明显，这是由于在大部分顶管施工完成后，对地层起到了加固支护作用，减小了后续顶管施工引起的土体变形。

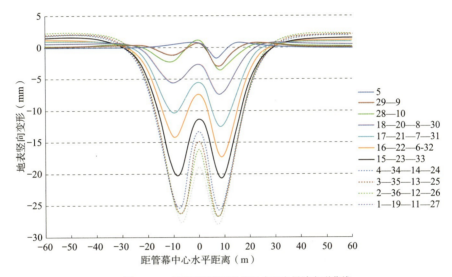

图4.2-35 管幕不同顶进阶段地表竖向累计变形曲线

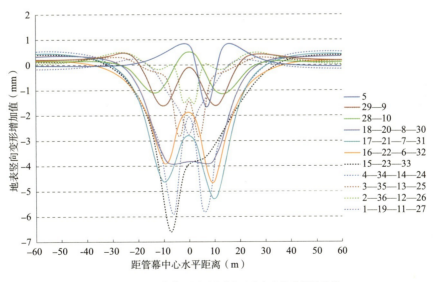

图4.2-36 管幕不同顶进阶段地表竖向位移增量曲线

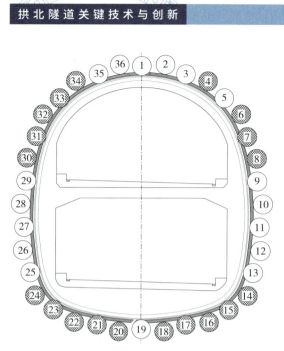

图 4.2-37　管幕土体累计变形增量较大的管道

由图 4.2-36 不同顶进阶段地表竖向位移增量曲线同样可知，管幕初始顶进阶段（5号—29号—9号—28号—10号顶管施工），每一顶管工况完成后地表竖向位移最大增量均小于 3mm；而在全面顶进阶段，特别是 18 号—20号—8号—30号、17号—21号—7号—31号、16号—22号—6号—32号、15号—23号—33号和4号—34号—14号—24号顶管施工完成后（图 4.2-37），地表最大竖向变形增量较大，普遍都在 4~7mm 之间，是群管顶进土体变形增大的主要发展阶段；但是在全面顶进后期，特别是在 3号—35号—13号—25号/2号—36号—12号—26号顶管施工时，地表竖向位移最大增量均小于 3mm，也是由于已完成管道的支护作用；在最后顶进阶段，地表竖向位移最大增量表现为相同规律，都小于 3mm。

4.2.2.6　小结

通过建立管幕在不同顶进施工顺序方案条件下的有限元模型，综合对比地层变形和应力、管道最大应力和最大变形，可以得到以下结论：

（1）管幕顶进引起的土体竖向变形曲线与经验的 Peck 公式不同，表现为中心相对较小，而两侧出现范围较大的双峰曲线；管幕两侧对称顶进条件下地表竖向变形曲线也呈对称分布，而两侧非对称顶进时曲线表现为非对称，且对称顶进时引起的地表变形相对较小。虽然不同顶进顺序下地表变形曲线数值相差不大，但方案 C1 在减小地表变形方面仍有一定优势。

（2）不同顶进顺序下管幕施工地层应力变化规律基本相同，应力变化主要集中在管幕外侧较小的范围内，在距离管幕 1/2 宽度以外的范围内，应力基本保持原状土水平。管幕内部土体竖向应力影响程度大于水平应力，且内部地层应力小于同一水平位置管幕外侧，说明管幕起到支护作用。

（3）与 C1 方案管幕各管道最大应力和最大变形基准值相比，其他顶进方案虽然部分管道应力和变形均有减小,但是剩余管道的应力和变形增加值更显著,同样说明C1方案是较为合理的顶进方案。

(4)管幕初始顶进阶段由于顶进管道数量少,地表竖向变形和增量较小,由单峰沉降槽曲线逐渐变为双峰沉降槽曲线。地表变形迅速发展阶段主要集中在顶管数量较多的全面顶进施工阶段,沉降曲线由不对称的双峰型变为对称双峰沉降曲线。在全面顶进阶段后期和最后顶进阶段,由于已施工管道的支护加固作用,沉降值增加不明显。

4.3 曲线顶管管幕关键技术研究

4.3.1 富水复合软土地层顶管设备选型

拱北隧道通过口岸段受控因素众多,沿线地面建筑多为桩基基础;地层软弱松散、施工易致地层扰动、变形;沿线地理位置特殊、环保景观要求高;施工控制困难,如施工控制不当,会引起临近构筑物变形过大影响其正常使用,极易产生不良的社会影响。而顶管设备选型适当与否将直接影响施工安全及工程进度。

工程地质条件不同,顶管设备适用范围也不同。针对不同的地质特点,选择与之相适应的顶管设备类型,才能保证工程施工的顺利进行和设备利用的最大化。一旦选错机型和施工工法,不仅影响施工进度,且极易发生开挖面坍塌、地层沉降和塌陷、涌水涌砂等事故。

类似于拱北隧道管幕工程曲线顶管施工的施工环境,可供选择的顶管机机型只有两种,即土压平衡顶管机和泥水平衡顶管机。土压平衡与泥水平衡顶管机关于切削面稳定、地层适应性、抵抗水压、施工对土体的扰动等方面的对比,见表4.3-1。

土压平衡与泥水平衡顶管机适用性对比 表4.3-1

比较项目	土压平衡顶管机		泥水平衡顶管机	
	简要说明	评价	简要说明	评价
开挖面稳定	通过保持土舱压力来稳定开挖面	良	泥浆在压力的作用下向地层中渗透形成泥膜来稳定切削面	优
地层适应性	在砂性土等透水性地层中要采取特殊措施	良	泥膜能够有效地维持开挖面稳定	优
抵抗水压	靠土舱压力及泥土的不透水性能抵抗水压	良	靠泥水在开挖面形成的泥膜和泥水压力抵抗水压	优
土体扰动	保持土舱压力、控制推进速度、维持切削量与出土量相等	良	控制泥浆质量、压力及推进速度、保持进、排泥量的动态平衡	优

续上表

比较项目	土压平衡顶管机		泥水平衡顶管机	
	简要说明	评价	简要说明	评价
渣土处理	直接外运	简单	进行泥水分离处理	复杂
施工场地	占用施工场地较小	良	要有较大的泥水处理场地	差
工程成本	减少了泥水处理设备及泥浆泵	低	增加泥水分离设备，费用较高	高

4.3.1.1 顶管机选型

（1）根据地层渗透系数选择

地层的渗透性与顶管机选型的关系如图 4.3-1 所示。一般情况下，地层渗透系数大于 10^{-7}m/s 时，选用泥水平衡顶管机；地层渗透系数小于 10^{-7}m/s 时，选用土压平衡顶管机。因此，若地层以富水的砂层、砂砾层为主时，适宜选用泥水平衡顶管机。其他地层或地层组合则适宜采用土压平衡顶管机。

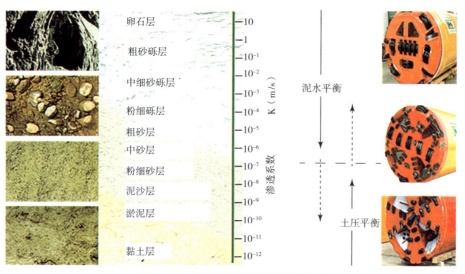

图 4.3-1　地层渗透性与顶管机选型的关系

拱北隧道管幕施工主要穿越的地层有砂层、淤泥质黏土层、粉质黏土层等，根据土工试验，各类地层的渗透系数统计结果如表 4.3-2 所示。从地层的渗透系数来看，黏土层的渗透系数较小，砂层的渗透系数较大，考虑到顶管机需具备在不同地层中顶进的能力，宜选用泥水平衡顶管机。

拱北隧道管幕施工主要穿越地层的渗透系数　　　　　表 4.3-2

地层代号	分层名称	渗透系数（m/s）
③-3	粉砂/中砂/粗砂/圆砾/砾砂	$8.74 \times 10^{-6} \sim 1.17 \times 10^{-3}$
④-3	淤泥质黏土/粉质黏土	$3.10 \times 10^{-10} \sim 1.20 \times 10^{-6}$
⑤-1	粉质黏土/粉土	1.89×10^{-7}
⑤-2	粉砂/中砂/粗砂/砾砂/圆砾	$6.72 \times 10^{-6} \sim 8.17 \times 10^{-4}$
⑤-3	粉质黏土/淤泥质粉质黏土	$2.17 \times 10^{-10} \sim 9.06 \times 10^{-8}$
⑥-2	粗砂/砾砂	$4.19 \times 10^{-4} \sim 6.32 \times 10^{-4}$

（2）根据岩土颗粒进行选择

一般情况下，当岩土中的粉粒和黏粒的总量达到 40% 以上时，通常会选用土压平衡顶管机；相反，则选择泥水平衡顶管机较为适宜。粉粒的绝对大小常以 0.075mm 为界。以拱北隧道某钻孔取样为例，其岩土颗粒粒径分布如图 4.3-2 所示。无论是砂层还是黏土层，小于 0.075mm 岩土颗粒所占比例都很小。其中，砂质黏性土所含粉粒最多，为 20.9%；砾砂层中所含粉粒最少，为 5.7%。从穿越地层岩土颗粒粒径分布来看，涉及地层所含颗粒的粒径绝大部分都在 0.075mm 以上，因此，宜选用泥水平衡顶管机。

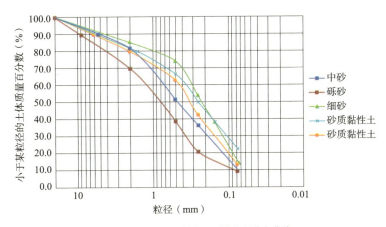

图 4.3-2　某钻孔取样岩土颗粒粒径分布曲线

此外，考虑到拱北隧道管幕工程位于拱北口岸区域，地表建筑物及管线、设备对地表变形控制要求极高，泥水平衡顶管机较土压平衡顶管机对周围环境的扰动相对较小，因此泥水平衡顶管机也是最优选项。

4.3.1.2 刀盘选型研究

泥水平衡式顶管机主要由壳体、刀盘、刀盘驱动系统、纠偏装置、顶进系统和泥水循环系统等部分组成。其中刀盘由前刀盘、刀盘支架（包括主板、副板和辅助板）和刀具组成。刀盘是顶管机中最关键的组成部分，它直接与岩土接触，用以切削工作面的土层及挤压破碎岩石，使管道顺利顶进。因此，刀盘选型决定了顶管工程能否顺利实施。

刀盘选择是一个十分复杂的过程，不但受复杂多变的地层性质的影响，还取决于切削刀盘的技术参数和管道直径大小等因素。

（1）刀盘选型考虑因素

①地层因素

刀盘选择的影响因素中起决定作用的是掘进地层的强度。不同的地层将决定不同的刀盘形式和破碎工具的选择。根据文献可将地层分为无黏性松散地层、黏性软地层、硬岩层、复杂地层（介于破碎地层和较硬的地层之间）。

②刀盘形式

刀盘主要用于切削土体，在顶管机的最前部，有多个进料槽的切削盘体。根据地层情况不同，顶管机可以配备不同形状和结构形式的切削刀盘。某些结构的切削刀盘除了可以进行工作面的掘进之外，还具有平衡土压力的作用。切削刀盘可分为以下三种：车轮式切削刀盘、挡板式切削刀盘、岩石切削刀盘。

③刀盘开口率

刀盘开口率是刀盘板面开口部分所占面积与刀盘面板总面积的比值。在黏性土层条件下掘进，刀盘的开口选择很重要，在满足刀盘结构强度、刀具布置的条件下，尽可能增大刀盘开口率。辐条式刀盘开口率可达60%，切削下来的土渣可以顺利进入土仓，特别是开口尽量靠近刀盘中心部位，防止土渣黏结成泥饼，使土渣易于流动，提高开挖效率。但在地下水位以下且水压较大的情况下，应尽量减小开口率，以保证工作面的稳定。

④破碎工具

为了破碎工作面上的岩石或泥土，在切削刀盘上须镶嵌合适的破碎工具，破碎工具选择恰当与否是取得良好技术和经济效果的关键。一般情况下，在固定破碎工具的支座被损坏之前，要对其进行定期检查和更换。通常，由于刀盘周边（外缘）破碎工具的位移比中间部位的大，所以周边的破碎工具往往磨损比较严重，故需频繁更换。在非正常磨损情况下，必须考虑改变破碎工具的布置方式。破碎工具可分为凿形齿、刮削齿、圆形切削齿、滚刀。

在设计刀盘时，为了确保后续的排渣工作顺利进行，必须对地层中可能存在的孤石、漂石和障碍物给予充分的考虑。通常情况下，这些大块的石头或障碍物首先要经过进土口的分选，所有无法进入顶管机的粒径较大的石块，必须通过切削刀具的进一步破碎或者由刀盘将其挤入周围孔壁。切削刀具能否独自完成碎岩工作，一方面取决于岩石所处的地层情况，另一方面还决定于切削刀具的类型、排布方式及其运行轨迹等。

采用泥水平衡式顶管施工时，可以借助碎石装置将石块按照输送系统所要求的大小进行破碎，因此这种顶管机的应用范围可以扩大到含有较大石块的非均质地层。根据文献资料，切削刀具不适合破碎木头。表4.3-3列出了不同类型的切削刀具的应用范围及其相互组合的可能性，同时还介绍了碎石装置对地层（按照DIN 18300进行的地层分类）的适应性。

不同类型的切削刀具的组合使用及碎石装置应用 表4.3-3

地层类型	合适的切削刀具
易破碎土层：无黏性到弱黏性的砂层和卵砾石层等	刮削齿
较难破碎土层：（1）砂层、卵砾石层、淤泥层和黏土层的混合地层；（2）弱~中塑性黏性土层	刮削齿，凿形齿 刮削齿，凿形齿和中心切削具
难破碎土层：（1）含有直径>63mm的颗粒组分并且含有体积为0.01~0.1m³孤石或漂石的易破碎或较难破碎土层；（2）含有直径>63mm的颗粒组分且含有体积为0.1~1.0m³孤石或漂石的易破碎或较难破碎土层	刮削齿，凿形齿，盘形滚刀和小型碎石装置 刮削齿，凿形齿，盘形滚刀和大型碎石装置
易破碎的岩石层或相当的土层：（1）严重破碎、裂隙的软或风化性岩层；（2）相当于岩层的坚硬或硬化的黏性或无黏性土层	滚刀（盘形或牙轮） 圆形切削具 清扫齿
难破碎岩层：结合强度很高的微裂隙和微风化岩层	滚刀（盘形或牙轮） 圆形切削具

对于泥水平衡式顶管机，其破碎室中平衡压力的调节主要是通过泥浆泵控制进出的平衡介质的量来实现的。因为这样的平衡压力调节系统对突然发生的平衡泥浆漏失的调节能力很差（如遇到复杂地层或非均质地层时），经常会出现工作面坍塌和地表沉降等问题。所以，大部分的切削刀盘都设计成像挡板或岩石切削刀盘一样，几乎是封闭状的。这样，当需要的时候，在泥浆平衡的基础上，可以对工作面附加一个机械平衡作用。泥浆式顶管机的应用范围见表4.3-4。

泥浆式顶管机的应用范围　　　　　　　　表 4.3-4

地　层	地层类型（或性质）		说　明	刀盘类型
一般地层	淤泥层	$N \leq 30$	当 $N<3$ 时，需要采取辅助措施以保证顶进方向的可控性	带凿形齿和刮削齿的挡板式刀盘（标准刀盘）
	黏土层	$N \leq 30$		
	砂层	$N \leq 50$		
稳定的硬地层	硬化淤泥层	$N >30$	泥浆	带刮削齿的三翼辐条式刀盘（标准刀盘）
	硬化黏土层	$N >30$	—	
	砂层	$N >50$	风化的花岗岩	
砂层和卵砾石层	DN/ID 250~500	最大的卵砾石直径 ≤ 50 mm，且粒径 ≥ 10 mm 颗粒的含量 $\leq 20\%$	当渗透系数 $k >10^{-2}$ m/s 时，需要采用相应的辅助措施	带凿形齿和盘状滚刀的挡板式刀盘（标准刀盘）
	DN/ID 600~2400	最大的卵砾石直径 ≤ 75 mm，且粒径 ≥ 30 mm 颗粒的含量 $\leq 30\%$		
含有孤石、漂石的砂层和卵砾石层	DN/ID 250~500	卵砾石直径 ≥ 50 mm 的颗粒的含量 $\leq 30\%$	—	
	DN/ID 600~2400	卵砾石直径 ≥ 10 mm 的颗粒的含量 $\leq 30\%$		
岩层以及含有大块孤石、漂石的地层	漂石地层	颗粒大小和含量超出上述范围	—	带盘状滚刀的岩石切削刀盘（用来破碎地层中的孤石、漂石以及中硬岩层）
	岩石层	单轴抗压强度 ≤ 150 N/mm^2，且石英（SiO_2）的含量 $\leq 70\%$	盘状滚刀的寿命决定着施工长度	带刮削齿的四翼车轮式刀盘（用于软岩层）带盘状滚刀和牙轮滚刀的岩石切削刀盘（应用于硬岩层）

（2）拱北隧道复合地层顶管刀盘选型分析

①刀盘形式选择

鉴于拱北隧道工程位于地下水位以下，水压力较大，这种情况下，由于车轮式切削刀盘前部的切削端面大部分时间处于敞开状态，对工作面不能构成平衡作用，故这种刀盘形式不适用。而岩石切削刀盘的设计主要是针对需要穿越岩石层的顶管工程，本工程穿越地层主要为淤泥、黏性土和砂砾土层，故岩石切削刀盘也不适用。因此，主要考虑采用挡板式切削刀盘。其不仅具有破碎作用，还可以实现对工作面的平衡作用，且对土层具有筛分作用，对于粒径过大的石块，首先在破碎室外的工作面上对其进行破碎，后通过破碎室排出。

②破碎工具选择

刀盘上配备的破碎工具主要形式有凿形齿、刮削齿和滚刀。凿形齿一般适用于无黏性的松散地层，如砂层、卵砾石层、淤泥层以及介于这些地层之间的过渡型地层。黏性地层不宜采用这种凿形齿，因为在切削过程中黏土将被挤压成团。

刮削齿具有多种不同形式，刮削齿的破碎原理是以刮削破碎为主，适用地层主要是黏性软地层，如黏土层、软弱页岩层和黏土质淤泥层等，但是也可以应用于无黏性的松散地层。

滚刀可以用来破碎硬岩层或者位于软地层中的孤石和漂石等。当刀盘直径<2500mm时，考虑到几何学的原因，在刀盘的周边（即所谓的保径区域）要采用锥形的切削滚刀，目的是形成所需的超挖量（或环状空间）综合地层条件和超挖的考虑。

拱北隧道工程穿越多层复合软土地层，且以黏性土层为主，因此刀盘应配备刮削齿。考虑到浅层人工填土中可能存在孤石和建筑垃圾等障碍物，加之顶管机需具备破碎工作井混凝土墙的能力，因此还需要安装滚刀。最终采用如图4.3-3所示的复合型刀盘。

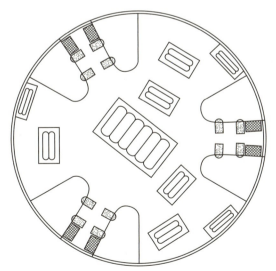 

图4.3-3　复合型刀盘

4.3.2 组合曲线顶管管幕精度控制技术

拱北隧道管幕相邻顶管间距仅为 355~358mm，由于挤土效应，后顶管会对先顶管道空间位置产生影响，任一根顶管轨迹如果偏离设计值过多，都会影响后续冻结施工冻结圈厚度和止水效果，甚至可能占据相邻顶管位置，导致无法按设计轨迹形成完整的顶管管幕。在充分利用顶管机自身导向系统的基础上，创新性地提出三阶段小间距复合曲线顶管精度控制技术。通过采用曲线始发直顶技术、UNS 系统结合人工校核的导向纠偏措施以及曲线顶管精确接收三线控制法等技术，成功将曲线顶管施工精度控制在 ±50mm 以内，满足了曲线顶管施工精度要求。

4.3.2.1 曲线直顶技术

拱北隧道曲线管幕施工无论是自西向东顶进还是自东向西顶进，都存在曲线始发的问题。顶管的曲线始发对姿态的控制要求很高，施工操作过程中稍有失误都有可能导致超限，甚至顶管无法完成。此外，曲线始发可能会使顶管机偏向始发密封圈一侧，导致始发密封圈失效。因此，无论缓和曲线始发还是圆曲线始发，对于曲线顶管施工都是难点。

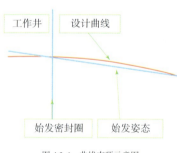

图 4.3-4 曲线直顶示意图

为此，顶管施工中始发阶段采取曲线直顶技术。顶管机的始发沿曲线的割线方向顶进，待顶管机完全进入土体后再开启纠偏油缸，逐步调整姿态，用比设计曲线更小半径的实际曲线来拟合设计曲线，使之进入正常掘进状态，如图 4.3-4 所示。

4.3.2.2 UNS 导向 + 人工校核

管幕顶管精度控制测量主要包括两个方面：掘进机标靶测量及管节轨迹测量。通常情况下，顶管机通过自身配套的 UNS 导向系统（图 4.3-5）实时控制顶进轨迹，利用掘进机机头标靶空间位置来反映轨迹变化。开始顶进前，把相应管幕对应的轨迹参数输入到 UNS 系统内，作为初始顶进的参数。初始参数设置分 3 个部分：激光标靶参数设置（Electronic Laser System，ELS）、高度传感器设置（Hydrostatic Water Leveling，HWL）、激光陀螺仪（Gyro Navigation System，GNS）。通过 ELS 参数设置可以确定机器的状态，与设计值比较，如有偏差进行及时调整；HWL 高度传感器实时反映顶进过程中高程变化，指导操作人员动态调整操作参数；通过 GNS 系统输入对应管幕曲线要素，确定管幕走向，指导顶进作业。

曲线顶管管幕设计与施工关键技术　第 4 章

图 4.3-5　UNS 导向系统

单纯 UNS 导向系统精度仅为 1mm/m，随着顶进距离的增加，其累计偏差可能增大。该工程精度要求极高，顶进过程中，除了实时观察 UNS 导向系统显示的机头位置外，每顶进 20m 管道，采用支导线法对机头标靶的三维坐标（图 4.3-6）进行 1 次人工校核测量，同时对管节轨迹的水平偏差、垂直偏差及里程进尺三要素进行复核。为保证观测数据的可靠性，同时缩短观测时间，采取在工作井的地下连续墙上架设支架，设置为强制对中器，布设两个起始控制点。随着顶管的推进，在管节的某些位置也安装强制对中点。顶管施工过程中，根据测量结果对 UNS 参数随时进行纠偏调整。

图 4.3-6　人工复核测量

4.3.2.3　三线控制法

为确保工作井的防渗性能，两工作井的接收（始发）面支护结构形式设计为钢筋混凝土墙、素混凝土墙和高压旋喷加固区，故在工作井混凝土墙外侧还施工有一道素混凝土墙。为合理选择素混凝土墙破碎的时机，减少素混凝土破碎时大块混凝土存在的概率，同时控制接收精度，控制机头按照预计方案进入接收舱，在始发段制定了三线控制法。三线控制法指：减速（顶进）线、破墙线、顶进终止线，见图4.3-7 a）。

减速线位于距离素混凝土墙50cm的位置。当机头刀盘顶进至素混凝土墙剩余50cm时，控制刀盘顶进速度，尽可能控制素混凝土墙破碎时的厚度，越薄越好，防止大块混凝土通过机头进入接收舱。

破墙线是指机头顶破素混凝土墙线。影响破墙线的因素有素混凝土强度、顶推力大小、泥水压力等。0号（试验管）、5号管破墙线离素混凝土墙面分别为30cm、22cm，现场试验证明，减速线的制定有效控制了破墙提前发生的概率，试验管破素混凝土墙后预留的混凝土块厚度20~30cm，见图4.3-7 b）。

a）管道上的三线位置

b）破墙残余素混凝土

图4.3-7 顶管接收控制

顶进终止线是指机头完全进入前舱，过渡段通过孔口管法兰时，处于密封舱位置。顶进终止线一方面可以有效地控制机头进入接收舱的长度，避免因机头进入接收舱过长导致接收舱门破坏，另一方面可避免因机头不到位导致1号管节无法到达指定位置，从而给后续施工带来不必要的麻烦。

4.3.2.4 精度控制主要施工措施

（1）曲线顶管始发阶段精度控制措施

①顶管始发防"磕头"措施

顶管始发的施工环节相当关键，顶管穿墙时要防止掘进机头下跌。在穿墙初期，因入土段较小，掘进机头的自重仅有两点支撑，其中一点是导轨，另一点是端头始发密封圈。因此，在顶管始发的过程中，为防止机头悬空下坠，其始发的坡度通常要比顶管设计的轴线高 0.2%。拱北隧道工程中，孔口管内还铺设一滑板，以便机头平滑过渡到掌子面，如图 4.3-8 所示。

此外，拱北隧道为曲线顶管，管接头为承插口设计，可偏转一定角度。在始发阶段，为避免"磕头"，保证曲线顶管始发的精度，建议前面四节钢管采用刚性连接，即将管节之间的螺栓拧紧，待通过始发段之后再松开。

② 顶管始发防机头扭转措施

顶管始发过程中，掘进机头容易发生扭转。因为掘进机头刀盘转动时会对前方土体产生扭矩，根据相互作用原理，土体对掘进机也会产生反向扭矩。由于掘进机周边的土体摩擦力与导轨间的摩擦力均很小，故掘进机周边土体的摩擦力与导轨间摩擦力产生的反抗扭矩小于刀盘前方土体产生的扭矩，此时掘进机头极易产生扭转。尤其在本工程中，由于掘进机头在前方需破碎素混凝土墙，此时产生的扭矩更大。为克服此现象，防止掘进机头产生较大的扭转，在顶进环后推支座处加设一防扭转装置，见图 4.3-9。

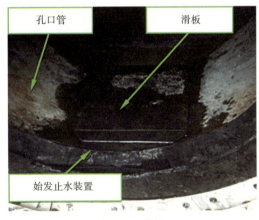

图 4.3-8 滑板

图 4.3-9 防扭转装置

顶管机在始发平台上就位以后，对顶管机的姿态进行认真的复核，保证顶管机顺利通过洞门。由于导轨的铺设，顶管机在始发平台上基本沿直线顶进，必要时可以通过顶进油缸来调节顶管机的始发姿态。

③ 顶管始发防顶管机倒退措施

管道顶进初期，由于顶管机正面主动土压力远大于顶管周边的摩擦力和与导轨间

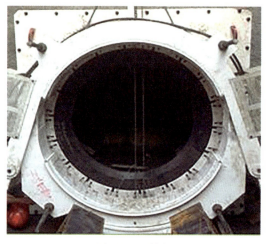

图 4.3-10 管刹

的摩擦力的总和，因此极易产生顶管机反弹，引起顶管前方土体不规则坍塌，使顶管机再次推进时方向失控和向上爬高。所以在管节安装时，为防止管节后退，安装管刹，如图 4.3-10 所示。

④单井联测与井内联测

a. 始发端与接收端导线联测

顶进工作开始前，始发端与接收端所用导线要进行联测，结果符合要求后进行平差计算，按平差后坐标作为计算依据，用来指导后续施工。

b. 井内联测

始发端与接收端导线联测后，需要将坐标传递至工作井内。试验管施工时采用后方交会法测量，在井壁上布设 4 个控制点，置反射镜于工作平台上，后视 4 个控制点建设，建站完成后按支导线法向前施测。全面顶管阶段采用井内投点法向管内传递坐标和高程。

（2）曲线顶管顶进阶段精确控制措施

曲线顶管管节连接控制：

管幕纵向接头采用 F 形接头形式，通过管幕端头焊接 20mm 厚法兰和 40 块 20mm 厚纵向加劲板的形式形成管幕承口和插口，以适应管节之间偏转的需要。为了提高受力的均匀性，同时为了保持管节之间的开口度，根据管节之间的张角，在承口与插口法兰之间设置木质垫块。

4.3.2.5 曲线管幕精度控制结果

（1）贯通精度

0 号试验管和 5 号管贯通点坐标偏差见表 4.3-5 和表 4.3-6。

0 号试验管最终横向贯通误差为 −5mm，纵向贯通误差为 2mm，高程方向贯通误差为 +4mm；5 号管最终横向贯通误差为 34mm，纵向贯通误差为 8mm，高程方向贯通误差为 −9mm，精度控制均满足小于 50mm 的要求。

0 号管贯通点坐标偏差　　　　　　　　　　表 4.3-5

项　目	X	Y	H	里　程	偏距（mm）
东工作井	2457948.771	453328.829	−0.798	K2+642.823	0.009
西工作井	2457948.766	453328.827	−0.802	K2+642.825	0.004
偏差值（mm）	−5	2	4	−2	5

5 号管贯通点坐标偏差　　　　　　　　　　表 4.3-6

项　目	X	Y	H	里　程	偏距（mm）
东工作井	2457978.608	453580.796	−3.114	K2+388.517	3
西工作井	2457978.574	453580.788	−3.105	K2+388.532	−29
偏差值（mm）	34	8	−9	−15	32

（2）顶进轨迹精度

0 号试验管和 5 号管顶进完成后，通过测量，复核其轨迹线如图 4.3-11 和图 4.3-12 所示。由图可得，0 号试验管在顶进过程中水平最大偏距为 77mm，高程最大偏距为 37mm；5 号管在顶进过程中水平最大偏距为 58mm，高程最大偏距为 32mm。除少数测点外，顶管轨迹绝大多数位置偏差均小于 50mm。可见顶进轨迹整体精度控制较好，满足施工要求。

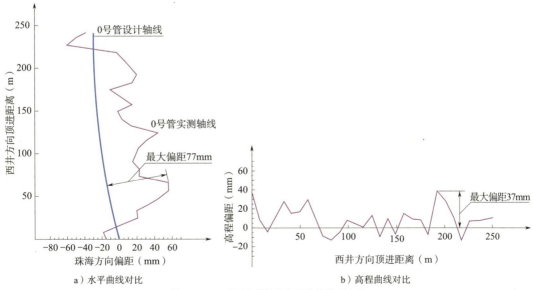

图 4.3-11　0 号试验管轨迹与设计轴线对比图

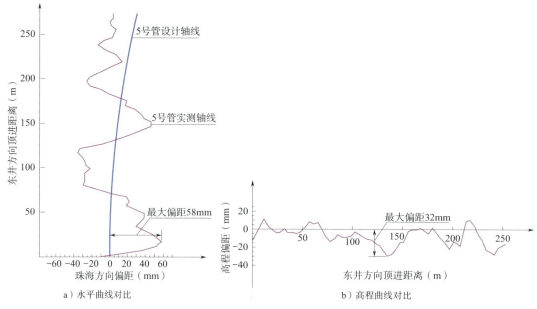

图 4.3-12　5 号管轨迹与设计轴线对比图

为评估后顶管道对先顶管道位移的影响，5 号管完成后又对 0 号试验管的轨迹进行了测量，并与之前的轨迹曲线进行对比，如图 4.3-13 所示。5 号管顶进施工完成后，0 号试验管产生的最大偏移量为 12mm，平均偏移量为 4mm。结果表明，后顶管对先顶管的轨迹精度影响较小，可以忽略不计。

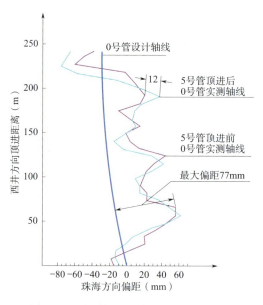

图 4.3-13　后顶管 5 号对先顶管 0 号轨迹影响

4.3.3 高水压顶管安全始发、接收技术及管节接头密封性

由于施工场地水文地质条件复杂，整个管幕均位于地下水水位线以下，地下水丰富，底部管道周围地下水位接近30m，地下水压力高达0.3MPa；加之施工主要穿越地层为粉质黏土、淤泥质粉土等软土以及中粗砂等易流失地层，一旦顶管始发装置、管节接头或接收舱的密封失效，则可能导致涌水涌砂，甚至造成地表塌陷。因而需要预先对拟采用的顶管始发装置、管节接头和接收装置进行可靠性验证。

为此，拱北隧道管幕工程建立了室内顶管密封性测试实验系统，采用与现场施工相同的管道和装置，对顶管的顶进与接收过程进行模拟，最后观察记录始发装置、管节接头和钢套管接收装置的密封性能，验证其密封性并提出改进意见。

与此同时，采用数值模拟方法对管节接头的密封性能进行模拟，为曲线钢顶管接头结构优化提供依据。通过分析曲线顶管施工过程中接头橡胶圈的受力特性，结合室内顶管密封试验，综合评价其密封效果。

4.3.3.1 顶管室内密封性试验

（1）试验系统

在试验室内建立1：1全尺寸顶管密封模型试验系统。试验装置由管道系统、反力系统、注浆系统、加压系统和试验监测记录系统组成，如图4.3-14所示。管道系统由测试管节、外密封套管、简化接收舱和洞口止水装置组成，各部件通过螺栓连接，便于拼装拆卸。测试管为3节，其接头结构与实际顶管施工管道完全相同。试验中通过向测试管与外套管之间的空隙注浆加压模拟实际顶管施工管节所承受的泥浆压力和地下水压力，测试接头密封性，并通过安装在管节内部的泥浆压力表和摄像头实时记录注浆压力和接头密封状况。

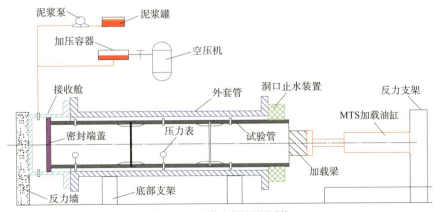

图4.3-14 顶管密封性测试系统

（2）试验过程

试验中通过在接头水平两侧安装不同厚度的木垫片实现管节偏转，共进行3组密封试验，包括1组直线管节密封试验和2组管节偏转密封试验，如表4.3-7所示。

密封试验工况　　　　　　　　　表4.3-7

编号	试验内容	水平木垫片厚度差（mm）	管节偏角（°）
1	直线管节密封试验	0	0
2	偏转密封试验一	7.5	0.265
3	偏转密封试验二	60	2.12

试验开始之前，首先在试验管与外套管的空隙注满水，检验系统各部分密封状况。为模拟实际顶管施工管道周围泥浆环境，采用与现场施工相同的润滑泥浆置换水，利用空压机加压。试验设计每一级泥浆压力为0.1MPa，保持30min，泥浆压力加至0.4MPa（高于现场最大水压力）。

（3）试验结果

由于采用的双层橡胶圈结构的洞口始发止水装置密封性很好，在整个试验过程中未发生明显泄漏，说明其可以承受现场0.3MPa的水压力密封要求，可以保证现场顶管始发施工安全。

①管节接头密封试验结果

各组密封性检测结果如表4.3-8所示。在直线管节密封检测中，泥浆压力加至0.4MPa，管节接头未出现泄漏，仅在接头焊缝处出现少量泄漏，如图4.3-15 b）所示，建议后续管节加工过程中加强焊缝的质量检测控制。管节偏转0.265°密封试验中，同样泥浆压力加至0.4MPa，管节接头未出现持续、明显泄漏，通过安装在管节接头处摄像头实时记录如图4.3-15 a）所示，仅在泥浆加压初期接头顶部出现短暂少量泄漏，其原因是试验中多次调整管节偏角，导致接头鹰嘴橡胶圈被来回错动，出现安装不到位的现象，一定程度上影响了接头密封装置的密封性能。后期随着泥浆压力增加，橡胶圈变形调整到合适位置，管节密封良好。

管节密封检测结果　　　　　　　表 4.3-8

编号	检测内容	泥浆压力（MPa）	保压时间（min）	接头密封情况
1	直线管节密封试验	0.1	30	无泄漏
		0.2		
		0.3		
		0.4		
2	0.265°偏转密封试验	0.1	30	泥浆加压初期短暂泄漏，后期无明显泄漏
		0.2		
		0.3		
		0.4		
3	2.12°偏转密封试验	0.1	0	大量泄漏，密封失效

a)

b)

图 4.3-15　管节接头密封情况

因此，工程中采用两道鹰嘴橡胶密封圈的管节接头在安装和顶进偏转条件下可以满足现场耐水压 0.3MPa 的密封要求。在管节偏转 2.12°密封试验中，泥浆压力加至 0.1MPa 后，接头出现大量泄漏，如图 4.3-16 所示，泥浆压力无法保持，说明该偏角条件下，管节密封失效。

图 4.3-16　管节偏转 2.12°接头泄漏情况

②钢套管接收装置密封试验结果

试验接收舱密封检测记录见表4.3-9。接收舱的接合面"T"字形区域（图4.3-17）为主要泄漏区，在泥浆压力仅为0.1MPa的情况下即发生泄漏；当泥浆压力达到0.3MPa时，4个"T"字形位置出现少量泥浆泄漏，螺栓孔处也出现少量泄漏情况；泥浆压力达到0.4MPa时，泥浆开始喷涌（图4.3-18），接收舱失去密封能力。"T"字形区域密封出现问题的原因是接合面加工误差，无法完全贴紧，成为泥浆泄漏的通道。

钢套管密封检测结果　　　　　　　　　　　　　　　　表4.3-9

泥浆压力（MPa）	保压时间（min）	密封情况
0.1	30	接合面"T"字形区域有少量泄漏
0.2	30	接合面"T"字形区域有少量泄漏
0.3	30	"T"字形区域有少量泥浆泄漏，螺栓孔处有少量泄漏
0.4	0	泥浆喷涌

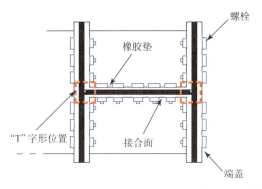

图4.3-17　接收舱"T"字形区域

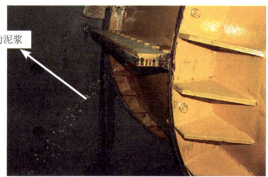

图4.3-18　泥浆压力达到0.4MPa时"T"字形位置出现喷浆

(4) 装置改进建议

以上试验结果表明，始发止水装置和管节接头密封能力超过 0.4MPa，满足现场高水压施工要求，但是接收舱试验过程中一直存在泄漏，且压力达到 0.4MPa 后密封失效，现场施工过程中可能发生失效的风险。可通过以下措施提高其密封性：一是提高接收舱加工和拼装精度，减小接合面之间的缝隙；二是寻找在高水压环境下，较橡胶垫或环氧树脂密封效果更好的密封材料，拼装结合面提前进行封堵；三是对洞口间隙进行有效封堵，尽量防止泥浆过多地流入接收舱。

加工精度主要指的是钢套管各拼装部件几何尺寸、螺栓孔对齐状况和焊接状况等。这些方面精度提高能够减小拼装过程中对部件的强行改造（如烧孔、扩孔等），减小拼装后的缝隙。拼装精度主要是指拼装过程中各位置的对准以及密封橡胶垫的切割尺寸。要特别指出的是，橡胶垫尺寸对"T"字形位置密封影响极大。当垂直对接的两道橡胶垫在拼装过程中产生缝隙后，补救措施很难确保这些缝隙被完全封堵。最后，当缝隙不可避免地产生后，就需要一种耐高压、防水、快速成型而且便于清除的密封材料对这些缝隙进行堵漏，以确保接收舱的密封可靠性。在现场接收舱密封试验中，试验人员通过在"T"字形区域设置小片橡胶垫，较好地解决了该位置的密封问题。

4.3.3.2 曲线钢顶管接头橡胶圈结构优化研究

目前曲线钢顶管管节设计尚无成熟规范。为实现接头偏转的要求，接头结构参考混凝土管承插接口，使用的楔形橡胶圈结构和尺寸也类似。但在拱北隧道工程试验管施工阶段，出现了管节安装困难、接头橡胶圈安装过程中破坏而引起接头漏水的现象，说明管节接头以及橡胶圈的设计不合理，需要进行优化。

因此，针对曲线钢顶管接头结构设计不合理的实际问题，为满足拱北隧道管幕工程施工过程中接头密封性，采用 ABAQUS 有限元软件建立管节接头数值模型，模拟优化前后接头的安装过程，分析接头橡胶圈的应力、接触压力和安装力，为曲线钢顶管接头结构优化提供依据。

(1) 管节接头结构

工程采用的管节长度为 4m，接头结构如图 4.3-19 所示，管体由 20mm（或 24mm）厚钢板卷制焊接形成，两端为 F 形承插口，由 20mm 厚法兰和 40 块 20mm 厚纵向加劲板焊接构成，相邻管节通过螺栓连接。为保证高水压条件下接头密封性，安装有两道鹰嘴形橡胶密封圈，如图 4.3-20 和图 4.3-21 所示。为防止接头顶进过程中应力集中，承插口法兰之间设置有缓冲木垫片，施工过程中相邻管节最大偏角为 0.265°。

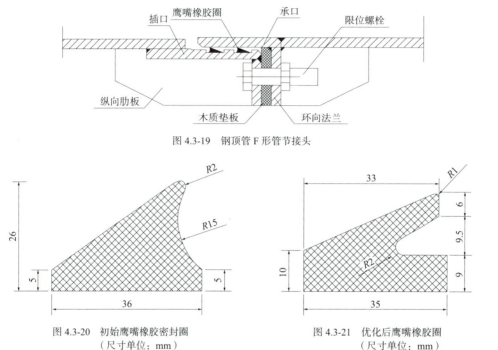

图 4.3-19　钢顶管 F 形管节接头

图 4.3-20　初始鹰嘴橡胶密封圈
（尺寸单位：mm）

图 4.3-21　优化后鹰嘴橡胶圈
（尺寸单位：mm）

（2）管节接头数值模型

采用 ABAQUS 软件建立管节接头平面应变模型如图 4.3-22 和图 4.3-23 所示。图 4.3-22 为初始设计接头模型，图 4.3-23 为优化后接头模型，其中承插口材料为 Q235 钢材，橡胶圈材料为邵氏硬度 42 的氯丁橡胶。考虑到钢材弹性模量远高于橡胶，其内力和变形可忽略不计，为简化模型，可将承插口等效为解析刚体。为模拟橡胶圈与承插口的接触特性，在承插口各面与橡胶圈各面之间建立接触关系，并且对橡胶圈各面建立自接触。管节安装过程通过对承插口参考点 RP1 施加水平向右位移模拟实现。

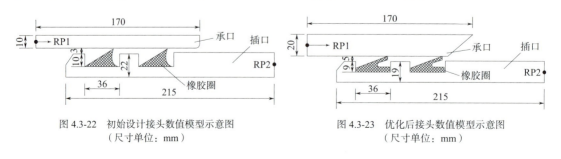

图 4.3-22　初始设计接头数值模型示意图
（尺寸单位：mm）

图 4.3-23　优化后接头数值模型示意图
（尺寸单位：mm）

（3）结果分析

初始设计接头进行模拟过程中，由于承插口间隙仅为3mm，橡胶圈压缩变形过大，模拟过程不收敛，也说明了接头初始设计不合理。当间隙增加到5mm后才得到合理的模拟结果，因此在分析接头安装力、橡胶圈接触压力和橡胶圈应力时，以初始接头在5mm间隙下的结果与优化后接头结果进行对比分析。

①管节安装力分析

管节接头优化前后安装所需的单位长度安装力随安装长度变化曲线如图4.3-24和图4.3-25所示。初始设计接头单道橡胶圈在安装过程中安装力先增大后减小，但优化后安装力表现为先增大后略微减小、而后继续增大的现象。二者安装力均表现为在橡胶圈安装完成后保持稳定，且第2道橡胶圈安装所需安装力大于第1道橡胶圈安装力。优化后接头最大安装力约为初始设计接头安装力的50%，说明优化的接头结构合理，便于管节安装，避免了安装力过大导致橡胶圈破坏。

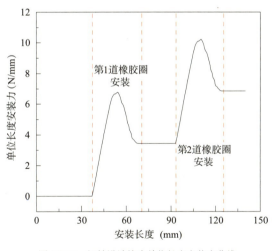

图4.3-24 初始设计接头单位长度安装力曲线

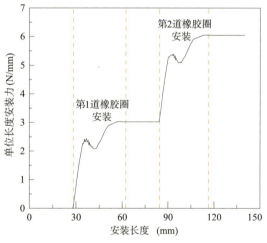

图4.3-25 优化后接头单位长度安装力曲线

②橡胶圈应力分析

优化前后接头橡胶圈的应力云图如图4.3-26和图4.3-27所示。鹰嘴橡胶圈唇口部位和顶部与接头接触区域均存在应力集中。优化后橡胶圈最大拉应力约为初始设计接头橡胶圈的41.8%，且应力集中区域明显减小。同样表明优化后的鹰嘴橡胶圈结构合理，安装过程中不会出现橡胶圈破坏的情况。

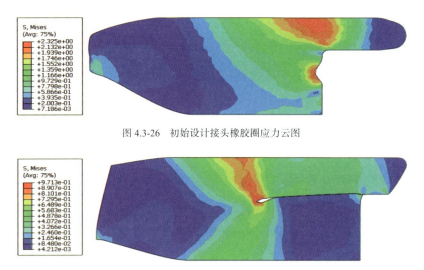

图 4.3-26　初始设计接头橡胶圈应力云图

图 4.3-27　优化设计接头橡胶圈应力云图

③橡胶圈接触压力分析

接头优化前后橡胶圈的接触压力云图如图 4.3-28 和图 4.3-29 所示。橡胶圈接触压力主要分布在顶部和底部，这两个面上的接触压力决定了橡胶圈的密封性，优化前后橡胶圈顶面和底面接触压力曲线如图 4.3-30 和图 4.3-31 所示。由图可知顶部接触长度大于底部接触长度。初始设计接头橡胶圈底部最大接触压力略大于顶部，达到 2.05MPa；而优化后接头橡胶圈最大接触压力出现在顶部，为 0.839MPa，二者最大接触压力均大于现场 0.3MPa 施工水压力密封要求，证明优化后接头橡胶圈密封性可以满足现场施工需求。

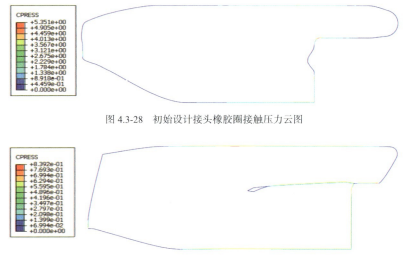

图 4.3-28　初始设计接头橡胶圈接触压力云图

图 4.3-29　优化后接头橡胶圈接触压力云图

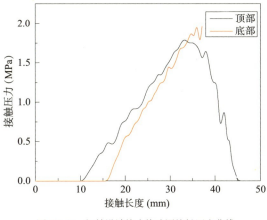
图 4.3-30 初始设计接头橡胶圈接触压力曲线

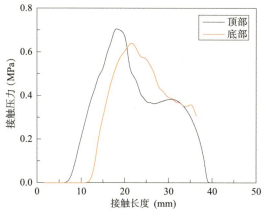
图 4.3-31 优化后接头橡胶圈接触压力曲线

4.3.3.3 曲线顶管管节接头密封性数值模拟

由于曲线顶管顶进时管节之间存在偏角，因而除了如图 4.3-19 所示的管节直线安装状态，还存在如图 4.3-32 和图 4.3-33 所示的偏转状态。管节接头弯曲内侧橡胶圈压缩，密封效果加强，反之，管节接头弯曲外侧，承插口张开，橡胶圈回弹甚至脱离，密封能力急剧减弱甚至失效，为密封薄弱区。因此，评价曲线顶管管节接头密封性必须考虑管节偏转的影响。以下采用 ABAQUS 有限元软件建立曲线顶管管节接头模型，分别模拟管节直线安装、偏转 0.265°、偏转 1° 及偏转 2.12° 的情况，并采用管节外侧橡胶圈的接触压力来衡量接头的密封效果。

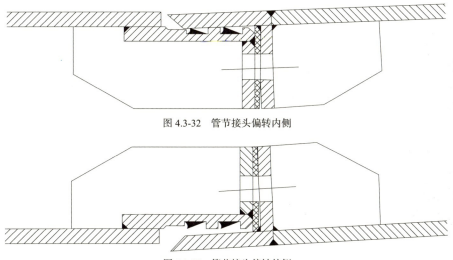

图 4.3-32 管节接头偏转内侧

图 4.3-33 管节接头偏转外侧

（1）管节接头偏转数值模型

接头直线安装模型如图 4.3-23 所示，而接头偏转模型如图 4.3-34 所示。在直线模型基础上通过改变承插口参考点角位移模拟管节偏转。整个模拟过程分为四步：

①接头直线安装，承口参考点施加水平向右位移 140mm。

②接头偏转 0.265°，在承口参考点施加 0.265° 角位移。

③接头继续偏转到 1°，承口参考点角位移增加到 1°。

④接头偏转 2.12°，承口参考点角位移施加 2.12°。

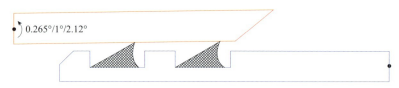

图 4.3-34　管节接头偏转模型

（2）结果分析

①橡胶圈应力分析

不同接头偏转条件下橡胶圈的应力云图如图 4.3-35~ 图 4.3-38 所示。由图可知鹰嘴橡胶圈唇口部位和顶部与接头接触区域为主要应力集中区域。0°、0.265°、1° 和 2.12° 偏角下橡胶圈最大应力随着接头偏角增大表现为先增大后减小，第一道橡胶圈由于接头偏转受到轻微压缩，应力略有增大，第二道橡胶圈随着接头偏角增大，间隙逐渐增大，橡胶圈压缩变形减小，应力随着急剧减小。

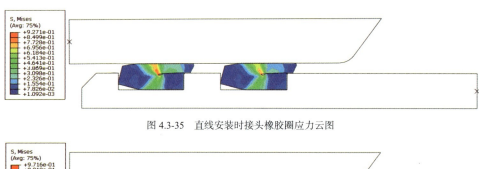

图 4.3-35　直线安装时接头橡胶圈应力云图

图 4.3-36　接头偏转 0.265° 橡胶圈应力云图

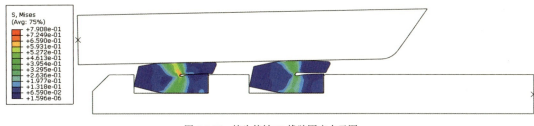

图 4.3-37　接头偏转 1° 橡胶圈应力云图

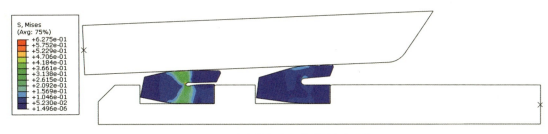

图 4.3-38　接头偏转 2.12° 橡胶圈应力云图

②橡胶圈接触压力分析

不同接头偏转条件下橡胶圈接触压力云图如图 4.3-39~ 图 4.3-42 所示。由于存在局部接触压力集中，橡胶圈各面接触压力随着偏角的增加也表现为先增大后减小。由于橡胶圈接触压力主要分布在顶面和底面，根据数值模拟提取的接触压力数值，得到两橡胶圈接触压力分布曲线，如图 4.3-43~ 图 4.3-46 所示。

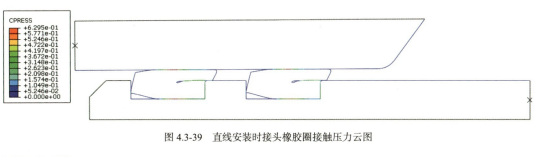

图 4.3-39　直线安装时接头橡胶圈接触压力云图

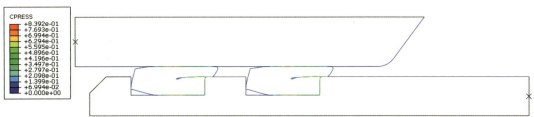

图 4.3-40　接头偏转 0.265° 橡胶圈接触压力云图

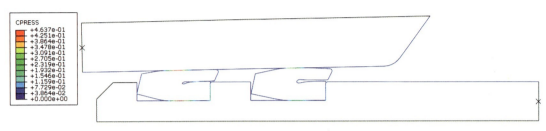

图 4.3-41　接头偏转 1° 橡胶圈接触压力云图

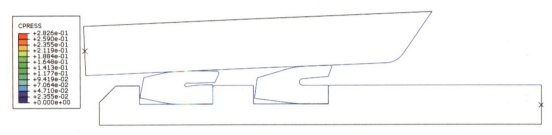

图 4.3-42　接头偏转 2.12° 橡胶圈接触压力云图

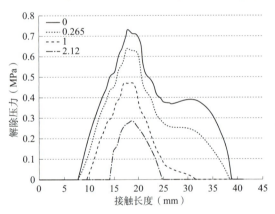

图 4.3-43　不同接头偏角第一道橡胶圈顶部接触压力曲线

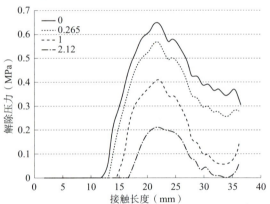

图 4.3-44　不同接头偏角第一道橡胶圈底部接触压力曲线

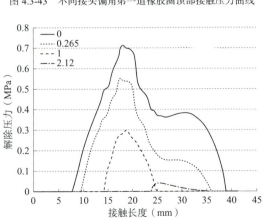

图 4.3-45　不同接头偏角第二道橡胶圈顶部接触压力曲线

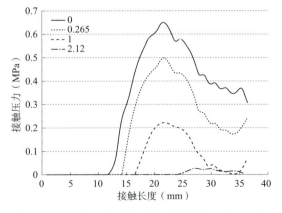

图 4.3-46　不同接头偏角第二道橡胶圈底部接触压力曲线

由图可知，两道橡胶圈底部接触压力均小于顶部接触压力，因此橡胶圈底部最大接触压力决定了橡胶圈的密封性能。接头偏转条件下，第一道橡胶圈接触压力大于第二道，橡胶圈接触压力和接触长度随着管节偏角增大而减小。两橡胶圈在直线安装和偏转 0.265° 时最大接触压力均大于 0.4MPa，满足现场密封要求。

与密封试验对比，当接头偏角增加到 2.12° 时，虽然数值模拟结果显示第一道橡胶圈接触压力为 0.21MPa，大于 0.1MPa 泥浆压力，但密封试验中发生了泄漏。这是由于多次调整接头偏角，导致橡胶圈发生局部破坏，引起泄漏。

（3）现场管节接头优化效果

优化后的管节接头及现场施工使用情况如图 4.3-47 所示。由图可知，除了连接泥浆管路过程中残留在管内的少量泥浆外，管内无明显积水，说明优化后管节密封性能满足现场施工需求，因此后续施工均采用优化后的接头结构。同时结合管节偏转数值模拟结果，当管节偏角大于 1° 时，橡胶圈的接触压力小于 0.3MPa，在现场最大水压力条件下，存在泄漏的风险。因而在实际施工中，通过管节接头限位螺栓，将管节最大偏角限制在 1° 以下。

图 4.3-47　现场优化后的管节接头及使用情况

4.3.3.4　小结

通过室内顶管密封性试验以及 ABAQUS 数值模拟等方法，解决了高水压条件下顶管始发装置、管节接头和接收装置的密封性难题，并得到如下结论：

（1）室内足尺顶管密封试验结果表明，洞口止水装置和管节接头在 0.3MPa 泥浆压力下未发生泄漏，可以满足现场施工要求。接收舱的"T"形接合面为密封薄弱部位，在高水压条件下存在泄漏的风险。因此，应通过提高接收舱加工和拼装精度以减小接合面间隙并对拼装接合面采用密封材料填充等。

（2）管节接头橡胶圈密封性数值模拟研究表明，初始设计采用体积较大的鹰嘴橡胶，虽然理论上压缩变形更大，密封性更好，但是由于在安装过程中容易发生应力集中而破坏，反而出现安装不到位且容易泄漏的现象。而经过优化后的橡胶圈不仅避免了应力集中，且降低了安装力，在保证橡胶圈完整性的同时改善了密封性能。数值模拟和室内密封试验结果均表明，优化后的接头橡胶圈在 0.265° 管节偏转条件下可以满足现场 0.3MPa 压力的密封要求。

（3）管节接头偏转数值模拟结果表明，当管节偏角大于 1° 时，橡胶圈接触压力小于现场最大水压力 0.3MPa，存在密封失效的风险。建议实际顶管施工时，将管节最大偏角限制在 1° 以下。

4.3.4 复合地层曲线顶管泥浆制备及控制技术

为保证顶管工程顺利、安全进行，必须有效控制顶进阻力的增长，确保顶管机掘进面及上部地层的稳定。对于泥水平衡顶管施工而言，这两个方面都是通过选择合适的泥浆来实现的。根据在顶管施工中实际发挥的作用，顶管施工中所用泥浆可分为两类：一类是用于维持掘进面及上部地层稳定的泥浆，称之为泥水平衡泥浆；另一类是用于降低管道与地层之间的摩阻力，减少管段上部地层沉降的泥浆，称之为减阻泥浆。

4.3.4.1 泥水平衡泥浆

（1）泥水平衡泥浆的作用

顶进施工时，刀盘在切削岩土体的过程中破坏了地层原始的平衡，在没有外部支撑的情况下，掘进面容易发生坍塌并引起上部地层塌陷，造成工程事故。刀盘前端受力见图 4.3-48。在泥水平衡顶管施工中，掘进面的稳定是通过注入适量的泥水平衡泥浆来实现的。浆液在注入掘进面前端后，在压力作用下深入地层一定深度后停止渗透，从而形成一个密闭的泥浆罩将掘进机刀盘及掘进面完全罩在里面。泥浆罩与自然地层之间存在一个压力差，该压差的存在一方面迫使地下水远离掘进面，另一方面，给掘进面土体施加一个作用力，对掘进面的稳定具有十分积极的作用。

顶进施工中，合理的方案是针对不同的地层，使用适当的顶进速度，并控制注浆量与排浆量，以使泥浆罩与掘进机同步向前推进，使掘进机刀盘时刻处于泥浆罩的保护中，从而实现刀盘前端掘进面的稳定。

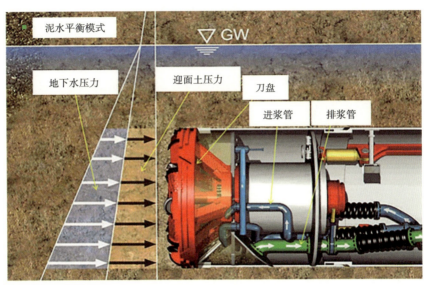

图 4.3-48　刀盘前端受力示意图

（2）泥水平衡泥浆方案

泥浆方案包括两方面：一是注浆参数确定；二是泥浆性能指标及配方确定。

①注浆参数确定

注浆参数主要为注浆量，注浆量的确定与刀片掘进速度及地层性质密切相关。在泥水平衡顶管施工中，刀片切削下来的岩土体在与注入的泥浆混合后通过渣浆泵排出。要维持工作面的安全与稳定，必须使注入泥浆量与排出的渣浆量维持一定的平衡关系。当注入量大于排出量时，多余的泥浆将在压力作用下在地层中过度渗透，引发冒浆。且大量切削下来的岩土体在刀盘前端积压，一方面造成顶进力及刀盘扭矩增大，另一方面，地层在过大的顶进力作用下会发生变形隆起。当注入量小于排出量时，刀盘切削速度跟不上抽吸速度，在胶结性差或松散性地层，地层岩土体在抽吸作用下被过度排空，刀盘前端处于失压状态，容易引起上部地层的塌陷，造成严重的工程事故。

②泥浆性能指标及配方确定

泥水平衡泥浆性能指标主要取决于地层的渗透性。渗透性越大，要求泥浆的黏度越大。此外，由于拱北隧道工程地下水为海水，对泥浆性能破坏较大，从利于泥浆回收、节约成本等方面考虑，对浆液要进行一定的抗盐处理。工程地质资料显示，试验管穿越地层为粗砂、砾砂地层，泥质含量少，地下水丰富，其主要难点在于：砂层渗透性太强，刀盘泥浆注入后迅速漏失，无法保持刀盘前端稳定的泥浆压力；粗砂、砾砂地层结构松散，地下水丰富，刀盘前端及管道周围在泥浆无法有效封堵砂层孔隙时，地下水因施工扰动，将引起砂层的运动，形成流砂，易出现地面塌陷、机头方向失控等问题；另一方面，刀盘前端注入的泥浆在混合切削下来的土屑后，容易遭受地下海水的破坏，使泥浆性能变坏，增加现场泥浆维护的难度和成本。结合大量的工程实践总结及室内试验，对于不同地层推荐的泥浆性能指标及推荐的泥浆配方如表4.3-10所示。

不同地层对应的泥水平衡泥浆性能要求及配方 表 4.3-10

地层类型	工程特点描述	泥浆性能要求	泥浆黏度（s）	推荐的泥浆配方
粉细砂	地层空隙、孔隙大，地层胶结弱，掘进面稳定性差，在地下水丰富的情况下，地层在大泵量抽吸时容易产生土体损失	泥浆宜具有较好的抗漏失性能	30~35	1m³ 水 +40kg 膨润土 +0.4 kg CMC
中砂			35~45	1m³ 水 +50kg 膨润土 +0.5 kg CMC
粗砂			45~65	1m³ 水 +50kg 膨润土 +0.75 kg CMC
砾石			> 65	1m³ 水 +50kg 膨润土 +1.0 kg CMC
黏土层	掘进面稳定性好，但黏土颗粒在吸水膨胀后黏性增大，容易造成切削刀盘泥包，引起掘进困难	注入的浆液以清水为主，可加入适量的絮凝剂，以防止黏土包裹掘进机刀盘	< 30	清水 +HPAM（水解聚丙烯酰胺）
淤泥层	掘进面稳定性差，地层在大泵量抽吸时容易产生土体损失，且淤泥容易造成排渣管堵塞	注入的浆液以清水为主，可加入适量的絮凝剂，防止排浆泵压力过大	< 30	清水 +HPAM（水解聚丙烯酰胺）

注：CMC- 羧甲基纤维素。

4.3.4.2 减阻泥浆

（1）减阻泥浆的作用机理

顶管施工过程中，顶进力是影响工程成败的主要因素之一。通过对顶进力的分析可以发现，已顶进管道与地层直接的摩阻力是顶进力的主要组成部分，且随着顶进距离的延长而不断增长。管道与地层之间的摩阻力主要受管道外径、管道材料、地层性质、顶进长度、顶管轨迹及浆液性能等因素影响。

良好的减阻效果是通过往管道与地层之间环状间隙注入膨润土泥浆来实现的，其作用原理如图 4.3-49 所示。膨润土泥浆注入后，首先在隧洞浅层区域渗透一定深度，随着渗透深度的加大，所需的注入压力不断增大，当注入压力升高到一定值并维持稳定时，表明环状间隙充满了润滑浆液，可以停止注浆。

实际施工中，通常希望减阻泥浆渗透量尽量小，一方面可以减少泥浆使用量，另一方面可以减少泥浆在渗透过程中对地层结构造成的渗透破坏，导致地面开裂或隆起。群管顶进施工中，由于相邻顶管间距很小，渗透范围的控制极为重要，原则上要求泥浆渗透深度不大于两管外壁间距的一半，如图 4.3-50 所示。

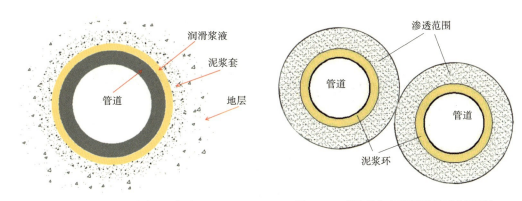

图 4.3-49　润滑减阻示意图　　　　图 4.3-50　群管顶进时减阻泥浆渗透范围界限

（2）减阻泥浆方案

通过上述分析，在管道与隧洞之间的环状间隙形成完整的泥浆环及泥浆套是保证有效减阻的前提。地质资料显示，试验管穿越地层主要为粗砂、砾砂地层，泥质含量少，地下水丰富，局部地区为黏土或淤泥。其造成的挑战主要是砂砾层孔隙大、渗透性太强，泥浆极易发生漏失，注浆量大幅度增加，且要求后续施工时频繁补浆。

润滑泥浆注入管道与隧洞的间隙后，由于无须循环流动，只需使其长时间地保持在环状间隙内，就可以维持很好的润滑作用。因此，润滑泥浆设计时，主要考虑三点：

①足够的黏度，使泥浆在高渗透性砂层能保持长时间不漏失；

②良好的触变性，使泥浆注入后能迅速变成凝胶状，有效堵塞砂层孔隙；

③具有优良的抗盐水能力。

结合上述要求，在粗砂、砾砂层中，泥浆的马氏漏斗黏度应不低于 60s。通过室内试验，确定的泥浆配方为：$1m^3$ 淡水 +50kg 复合膨润土 +0.8~1kgPAC-HV。

上述减阻泥浆方案，对于致密黏土、淤泥质土均可适用。若地层渗透性较砂层更强，则应考虑添加堵漏剂等材料。

（3）泥浆减阻效果

为综合试验该泥浆配方的性能，以管道单位面积的平均摩阻力这个指标参数进行分析评价。以 0 号试验管为例，总的顶进力如图 4.3-51 所示，最大顶进力不超过 2000kN。根据 0 号试验管的施工工艺参数，可得到图 4.3-52。

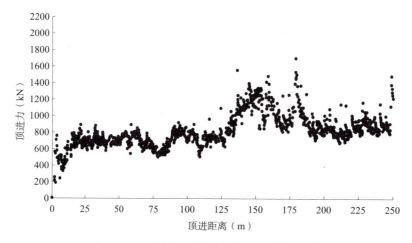

图 4.3-51　0 号试验管实测顶进力随顶进距离变化曲线图

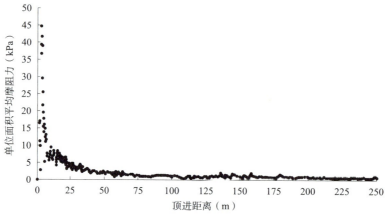

图 4.3-52　0 号试验管单位面积平均摩阻力随顶进距离变化曲线图

当顶进距离在 0~8m 时，单位面积的摩阻力较大，最大值达到 44.67kPa，该阶段没有使用润滑泥浆，此时管道周围单位面积的摩阻力较大；当顶进距离超过 8m 之后，0 号试验管开始使用润滑泥浆，随着顶进距离继续增加（8~20m），由于管道周围还未形成稳定的泥浆套，泥浆的润滑性能尚未完全发挥，泥浆的减阻效果并不是很明显；随着顶进距离进一步增加（20~40m），泥浆的润滑性能显著提高，管道周围单位面积的平均摩阻力急剧减小；当顶管施工稳定后（顶进距离超过40m），管道周围单位面积的平均摩阻力减小至2kPa；随着顶进距离的继续增加，泥浆的润滑性能继续得到较好的发挥，单位面积的平均摩阻力稳定在1kPa。

综上所述，0号试验管所采用的泥浆配方具有良好的效果，泥浆的润滑性能得到很好的发挥，大大地减小了0号试验管施工所需要的顶进力。

4.4 曲线顶管管幕施工关键技术

拱北隧道暗挖段下穿拱北口岸限定区域，地理环境复杂，是国内第一座采用曲线管幕法施工的隧道，曲线管幕施工是拱北隧道暗挖段成功与否的关键。根据第三方咨询单位编制的安全风险评估报告，拱北隧道管幕施工阶段的风险等级为Ⅲ级，属于高风险水平。管幕施工过程中容易发生的顶进方向失控、地表沉降（隆起）量过大、管幕透水、顶进过程的精度控制等对管幕能否按设计轨迹形成有重要的影响。

4.4.1 顶管施工部署

4.4.1.1 总体施工方案

结合前期科研成果，拱北隧道管幕施工分三阶段实施。设备采用定制的1200c型顶管机，泥水平衡顶进工艺；管节工厂集中预制，龙门吊吊装到位；分阶段分区顶管施工，泥浆动态循环系统处理泥浆。

第一阶段：试验管（2根，0号和5号），工作井开挖至试验管高程后，搭建平台，进行试验管顶进。

第二阶段：中框架处（4根，9号、10号、28号和29号），中间四根顶管在中框架施作前完成。

第三阶段：群管顶进（31根），管幕顶进东、西井互为始发、接收，各配置两台顶管机，上半断面东井始发，下半断面西井始发。

顶管施工顺序如图4.4-1所示。

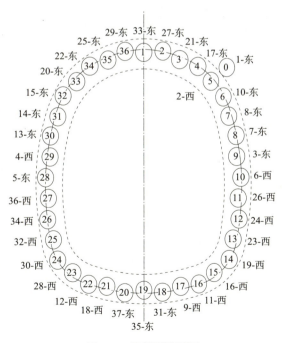

图4.4-1 管幕顶管顺序图

4.4.1.2 资源配置

（1）施工人员安排

如图 4.4-2 所示。

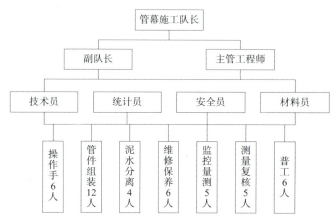

图 4.4-2 管幕队组织机构图

（2）机械、设备配置

管幕施工共配备 4 套顶管机。如表 4.4-1 所示。

单根顶管主要施工机械、设备配备表　　表 4.4-1

序号	设 备 名 称		规格型号、产地、功率	单位	数量
1	主要设备	顶管机	海瑞克 AVN1200TC	台	1
2		中继间	10×600kN	个	1
3		接收舱	5.2m×1.9m	套	1
4		洞口止水装置	海瑞克配套设备	套	1
5		管刹	海瑞克配套设备	个	1
6		泥水分离器	45kW·h+55kW·h	套	2
7		离心机、絮凝机	海瑞克配套	套	1
8		膨润土站	23.5 kW·h	台	1
9		泥浆泵	55 kW·h	台	4
10		泥浆搅拌站	自制	台	2
11	辅助设备	吊车	1000kN	台	1
12		龙门吊	20T	台	2
13		施工平台	5×12.7m	个	2

续上表

序号	设 备 名 称	规格型号、产地、功率	单位	数量
14	辅助设备	装载机	柳工 CLG855N	辆	2
15		通风机	9-19A 型高压离心式 11kW	台	2
16		电焊机	BI-500	台	8
17		污水泵	7.5kW	台	2
18		注浆泵	SYB50-45	台	2
19		滤油机	—	台	1

（3）材料配置

如表 4.4-2 所示。

单根顶管主要材料配备表　　　表 4.4-2

序号		材料名称	规格型号	单位	数量
1	泥浆系统	膨润土	易钻	t	14
2		非开挖专用膨润土	DW-HDD	t	10
3		水解聚丙烯酰胺	HPAM	t	5
4		氢氧化钠（片碱）	—	t	3
5		碳酸钠（纯碱）	—	t	3
6	顶进系统	管节	20mm 厚	节	64
7		木质垫块	20mm 厚	套	63
8		橡胶圈	鹰嘴型	个	126
9		螺栓	M33	套	2500
10		支架	3mm 角钢	个	738
11	辅助系统	膨润土管	DN32　2.8m	个	32
12			DN32　1.2m	个	64
13		电缆	$3 \times 240mm^2 + 2 \times 120mm^2$ 铜芯电缆	m	300
14		泥浆管	DN125	m	600
15		通风管	$\phi 200mm$ pvc 管	m	540

续上表

序号	材料名称	规格型号	单位	数量
16	辅助系统	导丝管	ϕ40mm 管	个	1476
17		球阀	ϕ40mm	个	1476

（4）劳动力安排

如表 4.4-3 所示。

施工队伍及任务划分表　　　表 4.4-3

序　号	队伍名称	人数（人）	主要工程项目
1	管幕施工队	120	管幕顶进施工
2	注浆施工队	45	注浆
合计		165	—

4.4.2　顶管施工工艺流程

顶管施工工艺流程见图 4.4-3。

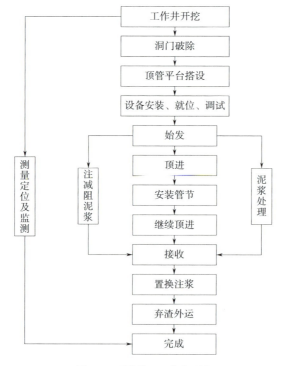

图 4.4-3　顶管施工工艺流程图

4.4.3 管节加工技术

拱北隧道顶管管节主要由以下几部分组成：管身、管节承口（承口结构圈、承口法兰、承口加劲肋板）、管节插口（插口结构凹槽、插口法兰、插口加劲肋板）、止水橡胶圈、限位螺栓和木质垫板。

（1）管节承口：管节承口由承口结构圈、承口法兰、承口加劲肋板组成（图4.4-4）。承口法兰为含有连接承插口螺栓孔钢板圆环，承口加劲肋板为管节承口传力结构，因为管节连接处应力集中，必须通过加劲肋板均匀地传递到管身上。承口结构圈由钢板卷制而成，承口结构圈一端平齐，一端设置大坡口，这样便于管节安装，承口结构圈椭圆度要控制在较小的范围内（一般椭圆度小于5mm）。各部件由数控火焰切割机床加工而成，能够精准控制管节承口的结构尺寸。

图4.4-4 管节承口图

管节承口组装：首先搭设一个水平平整的施工拼装平台，可采用厚钢板铺设。将承口法兰摆放在施工拼装平台上，承口结构圈套放在承口法兰外，承口法兰外圈为精准的圆环，采用油压千斤顶将承口结构圈调圆并点焊固定，直至承口结构圈椭圆度小于5mm后再满焊。承口加劲肋板待组装管节时将管节承口与管身焊接在一起。

（2）管节插口：管节插口由插口结构凹槽、插口法兰、插口加劲肋板组成，插口法兰为含有连接承插口螺栓孔钢板圆环，插口加劲肋板为管节承口传力结构，因为管节连接处应力集中，必须通过加劲肋板均匀地传递到管身上。插口结构凹槽先由钢板卷制形成毛坯件，椭圆度要控制在较小的范围内（一般椭圆度小于5mm）。各部件由数控火焰切割机床加工而成，能够精准控制管节插口的结构尺寸。如图4.4-5所示。

图4.4-5 管节插口图

管节插口组装：首先搭设一个水平平整的施工拼装平台，可采用厚钢板铺设。将插口法兰摆放在施工拼装平台上，插口结构凹槽毛坯件套放在插口法兰外，插口法兰外圈为精准的圆环，采用油压千斤顶将插口结构凹槽毛坯件调圆并点焊固定，直至承口结构圈椭圆度小于5mm后，再与插口加劲肋板一起满焊形成插口毛坯件。插口毛坯件整体在铣车机床上铣车成形，待插口铣车温度冷却后仔细检测结构尺寸，有偏差时再次铣车加工。

（3）管节：管节由管身、管节承口和管节插口组成，采用二氧化碳保护焊进行焊接连接。管节承口和插口应与管身平齐，不得出现歪扭现象，否则对管节传力不利；管节承插口螺栓孔与管身的吊耳要在同一条直线上，这样吊起安装时该管节螺栓孔会与上一管节螺栓孔一一对应，方便管节安装。如图4.4-6所示。

（4）止水橡胶圈：止水橡胶圈用来阻挡管节间连接处的渗水，可用"V"形止水橡胶圈或"O"形止水橡胶圈。其中"V"形止水橡胶圈在管节偏转形成曲线顶管时，受压侧会被挤压挡住渗水的通道，另一侧会自动张开也能挡住渗水的通道，因此"V"形止水橡胶圈止水效果更好。如图4.4-7所示。

图4.4-6 加工完成的管节

图4.4-7 安装完成的止水橡胶圈

（5）木质垫板：木质垫板采用松木质垫板，要求具有较好的抗压能力和一定的变形能力，尺寸大小略小于法兰尺寸。由于加工精度的原因，管节承插口往往无法达到完全平整，在管节承插口之间安装木质垫板能很好地分散应力，在管节偏转形成曲线顶管时，内侧会有较大的挤压变形，另一侧则变形较小。木质垫板厚度设计为 2cm，垫板放入承口后采用扎带穿过螺栓孔绑扎牢固。详见图 4.4-8。

图 4.4-8　环向木垫板

（6）限位螺栓：限位螺栓是连接两个管节的螺栓，螺栓直径比螺栓孔小 5mm 左右。顶管施工顶进时要求限位螺栓不要拧紧，方便管节偏转，待顶进工程全部结束后再拧紧全部限位螺栓。承插口法兰上设置有 20 个螺栓孔，采用 M33 限位螺栓进行连接。顶进过程中，螺栓保持松弛状态，预留 7mm 空隙，从而保证管节的开口度和管道的曲线轨迹符合设计要求，并在贯通后逐一拧紧。详见图 4.4-9。

图 4.4-9　螺栓连接孔布置图

（7）鹰嘴橡胶圈：管节承口与插口单边间隙只有 5mm，施工中需对承口端加工 45°坡口，才能将插口鹰嘴橡胶圈挤压后安装进承口槽内。鹰嘴橡胶圈安装在插口上，插入前需在承插口上均涂抹润滑脂，以免插入时橡胶圈损坏。详见图 4.4-10。

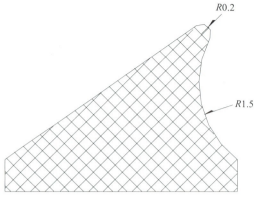

图 4.4-10 鹰嘴橡胶圈

4.4.4 施工前准备

4.4.4.1 交通、水、电

顶管所需材料、设备运至两侧工作井,通过工作井上方两部 20T 门吊吊运至工作井施工平台上,顶管管件亦通过龙门吊吊装至顶进轨道上(图 4.4-11)。

图 4.4-11 管节吊装

施工用水从市政管道(ϕ100mm)接入。东工作井配备 1300kV·A 变压器,西工作井配备 1600kV·A 变压器(每台顶管机需要 450kV·A)。

4.4.4.2 雨棚

为保证雨季正常施工,并做好防台措施,结合工作井现场条件,在井口处设置雨棚。其中东工作井雨棚长 36m、宽 30m、高 12.8m；西工作井雨棚长 28m、宽 30m、高 12.8m，见图 4.4-12。

图 4.4-12　工作井雨棚

4.4.4.3　顶进平台

根据工作井现场条件，采用型钢搭设顶管施工平台。平台长度 12.7m，宽度 5m，由 2 根 HN800×300 型钢作为主梁，主梁上方用 20a 工字钢焊接骨架并覆盖钢板作为平台，见图 4.4-13。

图 4.4-13　施工平台

4.4.4.4　泥浆循环处理系统

结合顶管机功效，每个工作井配置泥浆池 3 个，其中 1 个备用（30m³）。采用泥水分离机对顶管施工产生泥浆进行分离，处理能力 300m³/h。泥浆经处理后产生的泥浆回泥浆池循环，产生的固体弃渣运输至指定场地，见图 4.4-14、图 4.4-15。

图 4.4-14　泥浆池、泥水分离设备

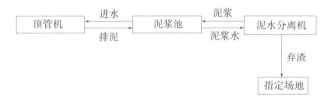

图 4.4-15　泥浆循环处理系统

4.4.4.5　各种管件的加工

顶管施工管件包括：孔口管、管节、中继间、接收套筒等配套管件。见图 4.4-16~图 4.4-18。

图 4.4-16　孔口管

图 4.4-17　中继间

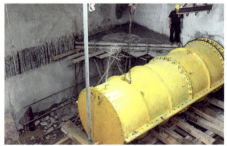

图 4.4-18　接收舱

4.4.5 顶管始发技术

4.4.5.1 始发阶段概述

从顶管机推进油缸推动机头出发，直至启动纠偏油缸，属于始发阶段。

受轨道、地连墙、加固土体的影响，为便于始发段曲线顶管操作，始发段采用分段曲线直顶，曲线直顶长度为12.8m（3.4m+1.0m+4.2m+4.2m），见图4.4-19。

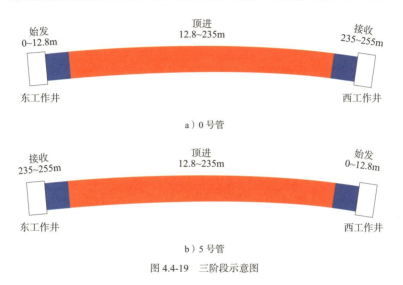

图 4.4-19 三阶段示意图

4.4.5.2 配套设备安装

为保证密封效果，始发端与孔口管连接部位采用始发密封圈。在管节安装时，为防止管节后退，安装管刹。见图4.4-20。

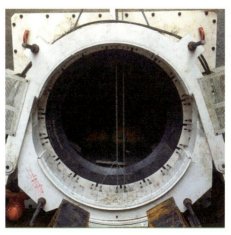

图 4.4-20 始发井密封圈、管刹

4.4.5.3 线形控制

始发段采用曲线直顶的方式,轨道、孔口管、设计轴线均需处在同一条轴线上。

4.4.5.4 泥浆

泥浆分为两类:泥水平衡泥浆和触变泥浆,具体作用及控制指标见表 4.4-4 和图 4.4-21。

泥浆作用及控制指标一览表　　　　　　　表 4.4-4

序号	名　称	作　用	控 制 指 标
1	泥水平衡泥浆	(1)泥水平衡:在顶进施工中,刀盘不断切削岩土体,打破地层的原有平衡,在泥水平衡顶管施工中,刀盘前端土体平衡的维持是通过往刀盘前端注入合适的浆液来实现的。浆液在注入刀盘后,维持其一定的压力,在掌子面形成泥浆护套,维持泥水平衡,保证土体稳定。 (2)悬浮、携带土渣:泥浆作为松散土渣的介质,把顶进过程中形成的泥渣通过泥浆携带至泥浆处理系统	黏度和相对密度:泥水平衡泥浆黏度根据不同地层进行适当的调整,试验管阶段泥浆黏度不小于40s,泥浆相对密度控制范围1.03~1.27。根据地层变化做动态调整
2	触变泥浆	减阻润滑:触变泥浆要求具有优良的触变性能,即在流动过程中阻力小,利于泥浆迅速分布到环空各个部位;在注浆停止后,泥浆可以快速变为凝胶状,流动阻力瞬间提高,从而减少泥浆漏失,使环空能长时间充满泥浆,降低推进油缸推力,更好地控制掘进精度	触变泥浆参数:本试验漏斗黏度控制为不小于50s

图 4.4-21　泥水平衡泥浆

4.4.5.5 始发段姿态控制

始发时为防止机头悬空下坠,在孔口管内铺设滑板(图 4.4-22),以便机头平滑过渡到掌子面。

破碎素混凝土墙过程中,由于机头扭矩较大,为防止盾体产生过大偏转,在顶进环后推支座处加设一防偏转装置,见图 4.4-23。

图 4.4-22 滑板图

图 4.4-23 防偏转装置

4.4.5.6 初始参数设置

初始参数设置分三个部分：激光标靶参数设置（ELS）、高度传感器设置（HWL）、激活陀螺仪（GNS）。

通过 ELS 参数设置可以确定机器的状态，与设计理论值比较，如有偏差及时进行调整；HWL 高度传感器实时反映顶进过程中高程的变化，指导操作手及时调整操作；通过 GNS 系统输入管道曲线要素，确定管道走向，指导顶进操作。

4.4.5.7 顶进参数

遵循泥水平衡原理，通过表 4.4-5 分析得出以下结论：

（1）推进速度与开挖舱泥水压力随着地质情况的变化需要进行不断的调整。

（2）顶进时，泥水舱压力大于自然水土压力约 0.2bar 为宜。

始发段顶进参数分析表   表 4.4-5

序号	累计进尺（m）	推进速度（mm/min）	自然水土压力（bar）	开挖舱泥水压（bar）	刀盘的工作压力（bar）	进浆量（m³/h）	排浆量（m³/h）	主顶力（kN）	地质条件
1	1.2	5~23	0.30	0.35	90~100	102	110	200~400	素混凝土墙
2	6.9	20~80	0.43	0.45	100~130	102	118	300~700	旋喷桩加固段
3	12.5	110~251	0.43	0.65	120~140	98	115	400~700	富水砂层

4.4.6 群管顶进技术

4.4.6.1 顶进阶段定义

掘进机头始发完成后,通过建立泥水平衡,依靠推进油缸的推力,将机头和管节顶进地层中,并使其沿着设计轴线推进,在推进的同时通过携渣泥浆不断出渣。

4.4.6.2 管节连接

管幕纵向接头采用F形接头形式,通过管幕端头焊接20mm厚法兰和40块20mm厚纵向加劲板的形式形成管幕承口和插口,以适应管节之间偏转的需要。接头加工F形承口先由钢板卷成外径1620mm、宽170mm的管件,然后在钢板制水平台上采用螺旋千斤顶调整管件与承口法兰相对位置进行校圆,承口椭圆度小于4mm后使用CO_2气体保护焊焊接牢固。F形插口先按设计尺寸卷成圆筒状管件,然后同承口加工方法一样,把管件、法兰、肋板采用CO_2气体保护焊焊接拼装成插口毛坯件,最后整体上铣车床加工割槽成F形插口。详见图4.4-24。

图4.4-24 F形插口制作工艺

管节连接时在前方管节承口先垫入木质垫板,后方管节插口处安装鹰嘴形橡胶圈(图4.4-25),旋转后方管节使法兰螺栓孔对应,用主千斤顶把后方管节缓慢顶入前方管节,顶进到位后拧上限位螺栓。

 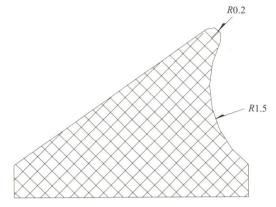

图 4.4-25　鹰嘴橡胶圈

鹰嘴橡胶圈安装完成后，由于橡胶圈厚度较大，原设计承插口的坡口较小，安装时难度较大。可对坡口进行调整，使之满足施工要求。

施工过程中，密封圈无渗水现象。

在承插口法兰上设置 20 个螺栓孔，采用 M33 限位螺栓进行连接。顶进过程中，螺栓保持松弛状态，预留 7mm 空隙，以保证管节的开口度和管道的曲线轨迹符合设计要求。顶管贯通后，逐一拧紧。见图 4.4-26。

图 4.4-26　螺栓连接孔布置图

4.4.6.3　管内配套部件的安装

膨润土分配器属于膨润土润滑设备的执行元件，用于施工过程中补充触变泥浆，润滑管壁，降低推进油缸推力。作用原理见图 4.4-27。

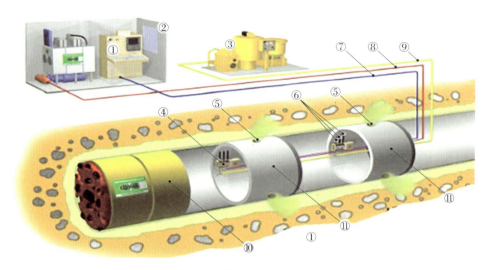

图 4.4-27　膨润土站工作原理图

①-控制室；②-工作容器；③-膨润土设备；④-膨润土分配器；⑤-膨润土喷嘴；⑥-膨润土喷嘴的膨润土管路；⑦-控制导线；⑧-压缩空气供应管路；⑨-膨润土供应管路；⑩-掘进机；⑪-产品管道

膨润土分配器从第一节管开始，每四节管安装 1 个，3 个注浆口呈 120° 均布。顶进过程中，第一个分配器随着进尺同步注浆。其余分配器根据推进油缸推力变化，适时启用补充注浆（图 4.4-28）。

顶管机运行配套设施管线有：管线支架、液压油管、数据线、气压管、进排浆管、膨润土管等管件，见图 4.4-29。

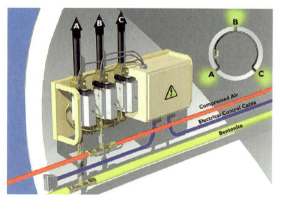

图 4.4-28　膨润土分配器工作示意图

图 4.4-29　管道内管线敷设图

4.4.6.4　不同地质条件下顶进参数及姿态控制

不同地质条件下的控制要点见表 4.4-6。顶进参数以 0 号试验管为例，见表 4.4-7。

不同地质条件下控制要点　　　　　　　　　　　　　　　　　　　　　　　表 4.4-6

序号	地质情况	特点	顶进时控制要点	建立泥水平衡难易程度	注意事项
1	素混凝墙	强度高、稳定性好	顶进速度	容易	控制主顶油缸推力,不易过大
2	搅拌桩加固区域	强度较高、稳定性好	顶进速度	容易	建立泥水平衡后正常顶进
3	砂层	强度低、稳定性差	泥水平衡	较容易	控制进排浆量、观察出渣量
4	富水砂层	强度低、稳定性差	泥水平衡	难	控制进排浆量、泥水平衡泥浆黏度变化
5	淤泥、淤泥质黏土层	强度低、稳定性较差	泥水平衡	较难	适时调整泥水平衡泥浆、防止机头被黏土包住

试验管顶进参数一览表（0 号管）　　　　　　　　　　　　　　　　　　表 4.4-7

序号	管节编号	进尺（m）	刀盘的工作压力（bar）	开挖舱泥水压（bar）	推进速度（mm/min）	主顶推力（kN）	地质条件
1	0	0~2.438	1.3	0.3	90	250	孔口管
2	1~2	2.438~10.051	90~120	0.43	10~120	400~700	素混凝土、旋喷桩
3	3~14	10.051~60.355	100~130	0.65	147~366	520~740	富水砂层
4	15~36	60.355~153.275	120~160	0.65~0.8	33~190	560~1200	中细砂、回填土
5	37~42	153.275~178.996	99~128	0.65~0.75	310~350	900~1400	富水砂层
6	43~53	178.996~223.868	120~144	0.65~0.85	90~158	860~1540	砂层、粉质黏土、回填土
7	54~59	223.868~248.398	120~140	0.85~0.95	223~330	940~1140	淤泥质黏土、砂层
8	60~61	248.398~256.807	127~133	0.65~0.9	11~38	1700~2100	素混凝土、旋喷桩、粉质黏土
9	62	256.807~259.525	0	0.43	60~85	700~860	接收舱

分析：地质条件是试验管顶进的主要影响因素。

地层转换时需注意：

①砂层进入黏土层时，在砂层中正常推进时，发现刀盘工作压力、开挖舱推进压力持续升高，泥浆流量降低，大幅度降低推进速度也不能解决，可以判断地层中出现了黏土，将泥水循环阀门转换为黏土阀门，冲刷刀盘，调节推进速度和泥浆泵转速，维持工作压力稳定即可。

② 黏土层进入砂层时，在泥土中推进发现刀盘工作压力一直下降，增加推进速度依然如此，说明地层中黏土成分减少，过度冲刷掌子面，应立即关闭黏土阀门，调整推进速度和泥浆泵转速，维持工作压力稳定即可。

4.4.6.5 泥浆

泥浆性能的主要控制指标：黏度与相对密度。

触变泥浆为一次性消耗浆液，泥浆性能确定后，受顶进距离及地质条件变化的影响较小，其性能指标：黏度 ≥ 50s，相对密度 1.03~1.05。

泥水平衡泥浆受顶进距离及地质条件变化的影响较大，需要对控制指标做相应的调整。

（1）黏度

试验管顶进过程中，泥浆的黏度在顶进前与顶进后会随着地质条件的不断变化出现不同的变化，见表4.4-8。

泥水平衡泥浆黏度统计表　　　　表4.4-8

序号	管节编号	泥浆黏度（s）		地质情况	泥浆黏度变化情况
		顶进开始	顶进结束		
1	1~10	65~50	35~45	富水砂层	降低
2	11~18	46~67	43~90	砂层含少量黏土	增大
3	19~28	37~53	37~56	砂层	基本不变
4	29~35	37~48	48~76	砂层含黏土	增大
5	36~40	52~90	53~135	粉质黏土层、淤泥层	增大
6	36~46	45~60	47~66	砂层	基本不变
7	47~52	35~58	46~108	粉质黏土层、淤泥层	增大
8	43~59	38~47	38~45	砂层	基本不变
9	60~61	36~39	41~49	搅拌桩加固层	增大

（2）相对密度

随着顶进距离增大，泥水平衡泥浆的相对密度不断增加，进而会降低泥浆的携渣能力，特别是黏土层中。如果泥浆相对密度过大，容易造成进、排泥浆失衡，从而导致顶进面压力过大，引起地表隆起。泥浆相对密度大小的适用性还取决于泥浆泵的功率大小，如果泥浆泵的功率够大，而携渣运距又不是很远，泥浆相对密度偏大时，具有一定的经济性。

试验管施工过程中，泥水平衡泥浆的相对密度控制在 1.03~1.3。

4.4.6.6 中继间

试验管平均长度 256.025m，中继间安装于机头后 50m 左右，在推进油缸顶力超过 4500kN 时启用，起到传递推进力的作用。中继间由 10 个油缸并联组成，可提供的最大推力为 6500kN，见图 4.4-30。

图 4.4-30 中继间

试验管顶进过程中，0 号管推进油缸最大推力 2100kN，5 号管推进油缸最大推力 2960kN，均为接收段破除素混凝土墙时的最大推力，正常推进过程中最大推力约 1600kN，顶进过程中均未启用中继间。

顶管施工属于暗挖工程，存在很大的不确定性。特别是曲线顶管，地处杂填土层，遇到大块孤石等障碍物时，如果主油缸推力不足，在未安装中继间的情况下，易导致顶进失败。所以，虽然中继间的加工、安装、拆除费时、费工，但为了保证顶管施工的顺利进行，作为储备，中继间的安装还是必要的。

4.4.6.7 设备的维保

配备专业的维保工班，按照生产厂家提供的维保大纲加强维保；在施工过程中跟踪检查、定期进行维护保养。机器运行前，进洞检查机器刀盘润滑油脂数量、泥浆泵油脂数量是否充足,是否存在漏油、漏浆等。接收贯通完成后对机器进行全面检修、维护,见图 4.4-31。

图 4.4-31　设备维保

4.4.7　顶管接收技术

4.4.7.1　接收阶段定义

为了精确进行接收,在机头离接收舱一定距离时,必须进行机头的姿态调整。从开始姿态调整至顶进终止属于接收阶段,见图 4.4-32。

图 4.4-32　机头接收

4.4.7.2　姿态调整

顶管推进至接收段时,对顶管机的位置进行精确的测量,明确掘进机中心轴线与隧道设计中心轴线的相对位置,同时对接收孔中心进行复核测量,确定顶管机的贯通姿态并制定掘进纠偏计划。

在考虑顶管机的贯通姿态时注意两点:一是顶管机贯通时的中心轴线与隧道设计轴线的偏差,二是接收孔中心位置的偏差。对机头的姿态进行调整、纠偏时要逐步进行,每一节纠偏量不宜过大。

4.4.7.3 接收舱

接收舱采用16mm钢板制作,内径为1880mm,总长5.3m,由稳压管、前舱、中舱、尾舱(密封舱)及附属闸阀(注浆阀、排浆阀、稳压管阀等)等几部分组成。见图4.4-33。

图 4.4-33 接收舱

为了控制机头的姿态,需在孔口管、密封舱、中舱、前舱内铺设滑板,机头进入孔口管后可以平滑过渡到接收舱内。见图4.4-34。

图 4.4-34 接收舱内布设方式

机头进入接收舱并关闭后,通过注浆阀,把接收舱填满泥水平衡泥浆,然后关闭注浆阀,打开稳压管闸阀。

4.4.7.4　三线控制法

详见 4.3.2.3 节。

4.4.7.5　接收密封

接收密封包括接收舱的密封和开舱前泥浆置换。

接收前必须保证接收舱各连接件之间处于密封状态。各部件之间采用橡胶密封圈进行密封连接。如图 4.4-35 所示。

图 4.4-35　接收密封圈

开舱前泥浆置换注浆目的是防止因接收舱打开后泄压,引起环空浆液的流失,进而避免地层内水土流失,防止土体发生分层沉降。顶管完成后,管外侧存在 20~30mm 间隙,其间由触变泥浆充填。为防止触变泥浆失水后造成地基沉降,需对其进行置换注浆。置换浆液为水泥浆,注浆压力 0.5MPa,由触变注浆孔注入。进浆口相邻两侧的出浆孔安装限制阀,排出置换出的减阻泥浆。待排浆孔排出泥浆主要为水泥浆时停止注浆,再由相邻孔注浆,分段依次进行。

4.4.7.6　管幕回填

在管幕冻结管及监测元件安装完成后,采用 C30 自密实微膨胀混凝土进行填充。前期先填充奇数管,融沉注浆完成后再填充偶数管。管幕回填施工流程为:管幕施工完成→冻结管路及监测元器件安装→焊接封堵钢板→安装泵送管和泵车→泵送混凝土→排气孔出浆→关闭排气→继续泵送混凝土→压力达到设计要求停止泵送混凝土→关闭止流阀→拆除、清洗输送管及输送泵→填充结束→通过排气端检查混凝土密实性，必要时进行补充注浆（图 4.4-36、图 4.4-37）。

图 4.4-36　泵送管安装图

图 4.4-37　泵车、管道连接

选用型号为 SY5128THBc-8 的车载泵，额定输出压力 28MPa。该型号混凝土泵送设备具有输出压力大、输送量大、机动性能好等优点。泵送管采用 ϕ125mm 钢管，安装至封堵钢板上部，并在封堵钢板顶部预留 ϕ100mm 排气孔，管道安装完成后，回填混凝土。

4.4.8　顶管施工监控量测

4.4.8.1　监测原则

施工监测是一项系统工程，是信息化施工、技术管理的重要组成部分。归纳起来有 5 条原则：可靠性原则、多层次监测原则、重点监测关键区的原则、方便实用原则、经济合理原则。

4.4.8.2　监测主要项目

依托现场试验管顶进试验，需要监测的试验数据包括土体监测、管道受力及空间位置监测、顶进施工参数监测、注浆参数监测。除了上述试验数据，还需在顶管管道周围土体取样以及进行钢套管接收技术试验。

4.4.8.3　曲线顶进参数监测

监测项目及控制指标见表 4.4-9。

监测项目及控制指标表   表 4.4-9

序号	监测项目	监测内容	控制范围	报警值	监测仪器
1	UNS 测量系统	方位角	±5mm	—	全站仪
		高程	±5mm	—	全站仪
2	掘进机偏差	坐标	±50mm	±30mm	掘进机测量系统
		高程	±50mm	±30mm	掘进机测量系统
3	管幕曲线偏移	水平偏差	±50mm	±40mm	全站仪、水平尺
		高程偏差	±50mm	±40mm	全站仪、水平尺
4	管节接头张角	钢管接头内、外侧间隙差值	设计值 ±3mm	±5mm	钢尺

（1）顶管机 UNS 导向系统

拱北隧道顶管掘进配备的 UNS 导向系统指向精度为 1mrad。管幕顶进时，随着进尺增加，测量系统误差逐渐累积，因此每掘进一段距离，需进行人工测量修正。

掘进前 30m 为始发段，方向控制最为关键，需要增加校核次数，规定每掘进 8m 校核 1 次。正常掘进段每天校核不少于 1 次，每进尺不大于 20m 必须校核 1 次。距接收井 20m 为接收段，每 8m 校核 1 次。

（2）掘进机偏差

掘进机导向系统配备了自动纠偏模块，可以实现掘进机沿预设路线前进，自动纠偏系统可以通过参数设置，满足纠偏过程"勤纠、缓纠"的要求。但遇到地、层突变或遇障碍物时，可能会出现纠偏系统无法控制掘进机行进方向的情况，此时需要人工纠偏。

顶管机配备的测量系统能直接显示出掘进机实时姿态，并可预测纠偏操作效果。人工纠偏时，可以将方向回归划分为四个过程来实现：

①稳定方向，通过纠偏操作，使掘进机向产生偏差方向行进的趋势变缓，直至保持与设计轨迹平行。

②保持轨迹平行掘进一段距离。该段行走的长度根据偏差大小而定，一般偏差为 3~4cm 时，这段距离在 4m 左右即可。

③开始回归。在掘进机平行于设计轨迹稳定行进一段距离之后，方向开始向设计轨迹调整，切忌回归速度太快，甚至掘进机越过设计轨迹朝相反的方向再次偏差。回归速度控制在 5mm/m 以内，机头距设计轨迹 2cm 时，调整掘进机方向与设计轨迹平行。

④掘进机与设计轨迹偏差不大时，小幅度纠偏，缓慢调整掘进机至设计轨迹。

另外，地层复杂多变时，不同地层中的纠偏效果以及顶进速度对纠偏的影响需通过试验管试验并总结后确定。

4.4.8.4 顶力监测

掘进机后方主油缸推力可直接由推力压力表读取。

拱北隧道工程机组配置的后方主油缸最大顶进力为7000kN，计算试验管最大顶进力为4300kN。为了施工安全及便于处理意外情况，需要设置1个中继间，中继间最大顶进力6000kN。

在顶进开始阶段，启用后方主油缸，中继间不启用。

当后方主油缸顶进力达到4500kN时，启用中继间。

4.4.8.5 泥水平衡压力监测

掘进掌子面泥水压力监测：通过安装在掘进机泥水舱位置的土压表，可直接读取当前位置的泥水压力。

掘进时泥水控制压力应略大于掘进机位置的土压与水压力。一般控制在比当前深度土压力大0.05MPa左右。

4.4.8.6 掘进机出土量监测

管幕每掘进1m，按照原状土计算出土量约为2.1m^3。但是原状土经过扰动，再由泥水分离设备提取后，体积会变大。

从试验管始发开始，按照特定米数统计出渣量，找出弃渣量与理论出土量之间的关系，以指导后续施工。弃渣量略小于理论出土量，才能保证机头前方不出现坍塌；出土量过小，则会引起地面隆起。

4.4.8.7 设备参数监测

（1）刀盘扭矩监测

按照设备性能及以往施工经验，掘进机正常顶进时，刀盘扭矩应控制在设计值的60%~70%，掘进速度过慢容易造成掌子面土体塌方或者导致地表沉降过大。

刀盘扭矩突然发生变化，扭矩值不稳定，很可能遇到了障碍物。

（2）液压、电器部分监测

定期对掘进机的液压、电器部分进行维护，确保各仪表处于正常工作状态。

工作状态时仪表参数不得超过限定值，发现仪表显示异常应立即停机排除。

4.4.8.8 土体扰动监测

通过对试验管顶进过程中地面沉降的监测、沿线土体分层沉降和分层水平位移的监测，孔隙水压力的监测，绘制施工过程各测点数据变化图，对土体沉降、土体变形及孔隙水压力变化的时效特性、施工参数影响进行分析，以合理优化施工参数，从而为曲线管幕施工方案及施工参数优化提供依据：

（1）曲线顶管施工过程中地面沉降、土体分层沉降、分层水平位移、孔隙水压力的变化规律。

（2）施工参数对土体分层沉降的影响，包括顶进速度、切口水压、注浆参数。

土体扰动监测示意图如图4.4-38所示。

4.4.8.9 管道应力应变监测

在0号管顶进施工过程中，监测在不同顶进段和穿越不同地层时管道的受力情况。主要包括测试管道应力应变、管道的侧向摩阻力等。其中管道的侧向摩阻力主要通过顶进操作平台读取。管道内力测试主要包括管道纵向和环向应力的测试，通过在管道纵向和环向安设钢弦式钢筋应力传感器，监测环向和纵向的钢筋应力值。

管道应力应变监测示意图如图4.4-39所示。

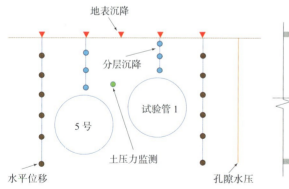

图4.4-38　土体扰动监测示意图

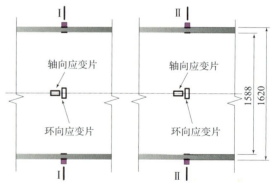

图4.4-39　管道应力应变监测示意图（尺寸单位：mm）

4.4.9　突发事件处理

4.4.9.1　始发接收过程涌水处置

（1）始发密封圈喷水、喷浆

中板以上部位的顶管始发过程及后续顶进比较顺利，中板以下特别是最下端几根顶管在始发过程中出现始发密封圈法兰之间渗水、冒浆现象，严重影响顶管的始发及后续顶进施工。

原因分析：通过分析始发密封圈的工作原理及其连接装置，发现始发密封圈法兰处漏水的直接原因是顶管始发过程中，地层高压水反压机头致使管节整体后退。管刹启动后，管节带动管刹后退，管刹拉动始发密封圈法兰产生拉应力，造成法兰间橡胶板不均匀压缩，在高水压作用下引起喷水、喷浆现象。

处理措施：调整管刹固定位置，在始发面内衬墙上植入拉杆，代替始发密封圈固定法兰，避免管刹后退引起始发密封圈法兰间产生拉应力，从而避免了始发过程密封圈喷水、喷浆。

（2）相邻孔口管涌砂、涌水

顶管接收过程中，当机头破除素混凝土墙时，发现相邻管的孔口管出现渗漏水现象，严重的地方出现涌砂、涌水。

原因分析：由于管幕频繁始发、接收，相邻管之间扰动较大，当顶管机头破除素混凝土墙时，地层水通过顶管管壁涌入地连墙与素混凝土墙之间的夹缝，击穿夹缝中存在的土体，造成相邻管涌砂、涌水。

处理措施：调整施工顺序，由原来的边顶边破地连墙调整为先行集中破除剩余未完成管的地连墙。每破除一根，及时采用水泥浆液进行填充封闭，待把剩余管地连墙破除全部完成后再进行顶进施工。

（3）优化接收止水装置

为防止接收过程出现涌水，设置有两道止水帘幕，分别在前舱两端。第一道为钢板刷止水帘幕，使其有足够的承压能力承受管节外壁的水土压力，防止水土流失；第二道采用橡胶止水帘幕止水。双道止水帘幕能更加有效地止水，防止涌水、涌砂、涌泥病害的发生。接收装置两道止水帘幕之间的前舱设有注浆管，顶管机到达接收位置停机后立即注入马丽散（一种注浆材料），形成止水环。

4.4.9.2 顶管机头抱死处置

顶管施工过程中，由于区域地层严重失水和管节润滑泥浆大量流失，同时为控制地表塌陷实施的较大规模地表深孔注浆，容易导致土体包裹管道，管周土体可能被水泥浆固结，管外壁摩阻力大大增加，管道被困，顶进受阻。在增加后背顶力、逆向开挖拉拔、顶部开窗等方案均无效时，可采用中继套管顶推方案。

（1）方案简述

将顶管机后方既有管道的第二个和第三个管节间 F 形接头脱开，套入外径 1000mm 的小直径管节，千斤顶置于小直径管节后方，将顶管机及其后方既有的第一和第二个管节向前方顶出，直至管道达到设计长度，既有的第二、三个管节间用小直径管节实现连接。小管节与既有第二个管节之间采用异形承插口 F 形接头连接，在既有第三个管节之间焊接 2 道止水密封装置，并在后方适当位置设置后背反力法兰作为千斤顶的反力座。机后保留两个管节是为了满足配套管道和设备的空间需要，既有第三个管节起后方管道轨迹不变，提供顶进反力，待所有设备安装完成后，调试设备，连接管节，顶推小管节直至管道满足设计长度。

（2）施工流程

施工流程：安装轨道→运输配件→焊接承口法兰及肋板→焊接密封法兰→安装密封圈→运输管节及油缸至工作面→安装后背法兰及肋板→安装顶进油缸及顶推环→安装管线→调试设备→对接管节→顶进→接收→管线拆除。

（3）关键技术

①管道内水平运输

既有管道净空小，为保证施工安全，提高运输效率，管道内敷设 2 根 [100mm 槽钢作为轨道实现有轨运输。

②异形承插口 F 形接头

在既有管道第二节管承口肋板前端 200mm 处，安装外径 1574mm、内径 760mm、厚 20mm 的法兰，双面焊接牢固，并在前端加焊 24 块加强肋板，背面法兰焊接外径 1000mm、长 150mm、厚 20mm 承口，异形承插口对接形式。

③止水密封装置

为防止既有管道的第二、三管节分离后泥浆流入管节内部，在第三管节内壁与小直径管节外壁间安装两道止水密封装置，间距 300mm。安装顺序：法兰焊接→加筋肋板焊接→第一道橡胶板安装→第二道橡胶板安装→固定法兰安装→拧紧固定螺栓。为保证密封效果，两道密封圈安装完成后，中间预先注满密封油脂，记录两道密封圈的位置，以保证顶进过程中可向其中持续注入油脂。

④后背反力法兰

为给顶进油缸提供足够反推力，需在管节内部安装后背反力法兰，法兰采用厚 20mm

钢板制成，并于后端加焊24块肋板。

⑤千斤顶及顶推环

千斤顶油缸通过轨道运输至小直径管节后方，采用导链等起重设备安装至正确位置，与后背法兰连接牢固并调试好角度。同时，其前端安装好顶推环，再连接管线，调试完成后即可开始顶进（图4.4-40）。

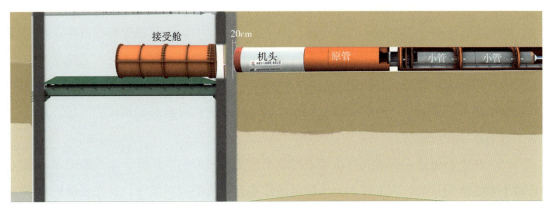

图4.4-40 中继套管顶推方案示意图

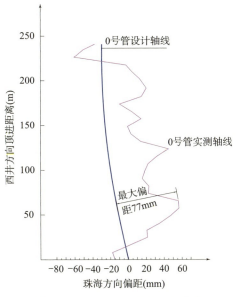

图4.4-41 0号试验管顶进轨迹曲线图

4.4.9.3 预设纠偏、造偏方案及措施

为验证设备性能，在试验管施工阶段设置主动造偏试验项目，计划20m范围顶管机机头偏移轴线7cm，然后验证在偏移7cm的情况下，顶管机需要多长距离可以纠偏，恢复至正常轨迹。

实施方案：

在顶管顺利顶进40m时，启动主动造偏，在顶进至60m时偏移最大值为77mm，达到预设偏移量，开始进行纠偏作业。通过试验发现，该设备纠偏能力较强，在机头偏移77mm情况下，通过人工纠偏在25m顶进距离内可以达到正常顶进轨迹。见图4.4-41。

4.4.9.4 遇障碍物

填土层中可能存在块石、回填渣土等障碍物。遇到障碍物后，掘进参数会发生变化，比如切削扭矩不稳定、循环浆流速不正常、短时间内顶力变大等。拱北隧道工程选

用的顶管设备具有一定的破碎能力,遇到障碍物可以尝试以下处理方法:

(1)遇到后可先尝试放慢速度,注意扭矩变化情况,根据扭矩大小调节推进速度,将石块慢慢磨碎,防止顶速过快导致刀盘被卡死。

(2)但是在遇到粒径比掘进机直径小的块石,因为块石周围地层较软,或者被循环泥浆浸泡后变软,石块可能会随着刀盘滚动,无法被破碎。随着刀盘前方石块的堆积,推力很快增大并破坏掌子面土体,甚至造成地面隆起。

(3)遇到桩基等无法破碎的障碍物,或者上述情况中无法破碎的堆积石块,掘进机配套了可开启舱门排除障碍物装置,在遇到无法破碎的障碍物时可进行人工排除。

(4)带压开舱作业,是在对刀盘前方土体加固处理后,在保证刀盘前方地层满足气密性要求条件下进行的。对掌子面的加固,可通过掘进机刀盘部位预留的注浆孔插管向掌子面前方压注胶结物。

(5)在土压舱建立合理的气压来平衡掌子面的土压力与水压力,达到稳定掌子面防止地下水渗入的目的。人工进入土压舱带压作业有严格的限制条件,首先要保证地层的气密性,或者加固后具有气密性,掌子面不能出现股状水流,其次是气压值不能太大,保证进舱作业人员的安全。

(6)当障碍物较大或材质特殊难以开舱处理时,可考虑从地面开挖斜井或竖井至顶进掌子面,排除障碍物后回填,继续顶进。

4.4.9.5 顶进掌子面坍塌失压

掘进掌子面坍塌的主要原因有几个方面:①泥水压力设定不合理,压力值偏低,泥水压力不足以支撑掌子面土体压力。此时刀盘处于非正常切削状态,切削扭矩小。②循环泥浆密度小,黏性低,起不到护壁效果。③掘进速度太慢,泥水对掌子面土体冲刷时间过长导致掌子面土体流失。

预防措施:①首先要保证循环浆液的质量,在掘进开始之前需要配制膨润土泥浆,浆液密度控制在 $1.05kg/m^3$ 以上,向前掘进一段距离后,渣土中的黏粒会改善泥浆性能,可以直接使用。②泥水控制压力应略大于掌子面土体压力。③掘进过程中扭矩不能太小,一般控制在设计值的 60%~70%,可以提高掘进速度来控制扭矩值。

处理措施:①地面注浆加固法。在施工管幕上方通过竖孔压注水泥浆。②掘进机开舱后,通过压力舱向掌子面注浆加固土体。

注浆完成后,注浆管路需要清除。

进行掌子面加固时，为避免浆液填充掘进机后方的管外环形间隙，将管道固结抱死，在注浆加固过程中，需要对掘进机机头及后方位置进行同步注入减阻浆，使得掘进机形成的环形空隙被减阻浆液充填，防止掘进机被加固浆液包裹。

4.4.9.6 顶管机卡死

遇到大块石、孤石等，操作手处理不慎可能会导致掘进机刀盘卡死。

解决办法：操作手试着正反转运转，并注意观察切削扭矩与机内电机、液压系统发热情况，对于一般的刀盘卡死这种方法可以解决。

若正反转仍无法启动刀盘，这时刀盘已被卡死，操作手可尝试将掘进机铰接处的纠偏油缸全部伸出，纠偏油缸千斤顶行程6cm，这时相当于掘进机伸长了6cm，然后将纠偏油缸缩回，再试着运转，反复几次可以解决刀盘卡死的问题。

掘进机内部结构如图4.4-42所示。

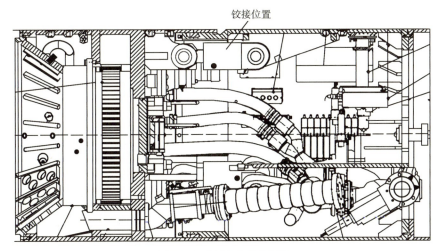

图 4.4-42 掘进机内部结构图

4.4.9.7 曲线失控

曲线方向失控包括管道上浮及管道向曲线外侧偏移。

经计算，管道在润滑浆液中的浮力为12kN/m。因拱北隧道工程钢管管节之间均为承插口柔性连接，在管幕顶进阶段可能会出现严重上浮现象。

直接克服上浮力的办法是在管道中增加配重，待管外置换注浆完成后将配重块取出。

另一种解决办法是预留管道上浮量，必须通过试验来确定。在通过试验管获取上浮量时，应取得该量随时间的变化规律，监测点在管道纵向上可按照 30~40m 设置，只监测该固定位置的管道高程变化，监测点不随管道顶进而移动。监测频率每天 1 次。

曲线顶管过程中，由于管道后方顶力与曲线段管道正面所受的承载力不在同一直线上，二者形成管道偏转的力矩。管道曲线外侧的土体不足以克服偏转力时，管道便向曲线外侧偏移。

解决办法如下：

（1）管道侧向偏移量的大小与管道顶力（轴向力）和管道外壁土体性质有关。管道顶力越小，偏转越小，管壁外土体承载性能越好，管道偏移越小。

对管幕进行全线减阻补浆，减小管幕曲线顶进力，使曲线外偏移拱力释放，减小管幕外偏移量。

（2）通过连接螺栓及楔形垫块，调节管幕外偏移量过大处管幕 F 形承插口的偏转角度，调节曲线偏移外拱力的分布情况，使管道沿预定曲线行进。

4.4.9.8　沉降超限

顶管施工过程中，经监测发现某位置沉降超过警戒值，应立即停止施工，分析原因，采取处理措施。

（1）沉降超限的原因主要有以下几种：

①泥浆套压力值不够，或者浆液配比不合理，浆液渗透流失导致管外环状间隙收缩变形，引起地表沉降。处理措施可以通过调整泥浆配比、改善注浆方式，调整注浆压力，修复管外的泥浆套。

②掘进面泥水压力控制不当引起地表沉降。通常是由于掘进面泥水压力太低，在土压力作用下掌子面土体失稳，部分土体未经刀盘切削直接进入排泥系统排出，出现掌子面土体流失，引起地表沉降。

（2）解决办法如下：

①防止沉降量继续扩大。

在后续顶进中增加泥水压力值，使掘进机掌子面的泥水压力略大于土压力，使前方土体保持平衡状态；保持减阻注浆压力，及时补浆以填充掘进过程中产生的土体间隙。

②补救措施。

在实时监测地面沉降值情况下，从顶部施工完成管幕注浆孔向外压管注浆，控制注浆压力及注浆量，减小沉降值。

4.4.9.9　泥水循环系统堵塞

产生原因有几个方面：

（1）排泥泵效率低下，流量不足，排泥管道内浆液流速太低而出现沉淀。

（2）掘进机停机之前没有将管道内渣土冲洗干净，停机后造成管道内板结沉淀。

（3）顶进速度太快，排泥管道内的循环液浓度太大，循环液不足以携带这些钻屑，于是在流动的管道内出现结块现象，最终堵塞管道。

解决办法：

（1）出现管道堵塞后首先将掘进机内的进排泥阀关闭，然后利用管道换向装置反复更换进泥、排泥管道水流方向，对于局部堵塞，反复冲洗几次可以解决。

（2）堵塞比较严重时，需要对管道进行局部拆除。一般需要拆除的部位是：排泥管道最低位置；排泥管道转弯处的水流下游位置；排泥管道有上下起伏时的较低位置。

4.4.9.10　曲线管幕施工总结

曲线管幕工程历经现场工艺试验、中板部位顶管和群管顶进三个施工阶段。自2013年6月开始，至2015年5月结束，历时2年。配置泥水平衡顶管机4台，完成了37根曲线管幕顶管，计9541延米，创造了单根顶管日进尺56m和最短施工周期9天的记录。如图4.4-43所示。

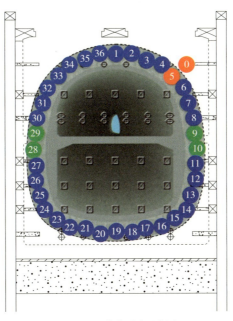

图4.4-43　管幕形成示意图

根据监测数据，形成的管幕轨迹准确，地表沉降可控。如图 4.4-44、图 4.4-45 所示。

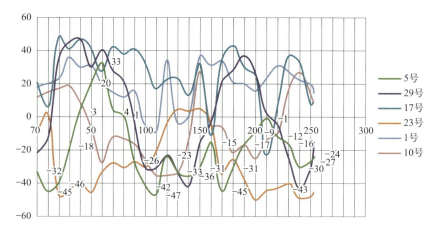

图 4.4-44　管幕实施精度均控制在 ±50mm 内

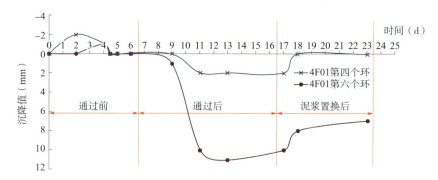

图 4.4-45　土体分层沉降曲线（影响范围 ±10mm）

CHAPTER 5 第 5 章
管幕冻结设计与施工关键技术

5.1 管幕冻结设计

拱北隧道管幕冻结施工的主要目的是使用冷冻加固的方法，将顶管间的土体变为冻土，和顶管一起形成密闭的帷幕，为隧道开挖构筑提供封水条件。管幕冻结体系，管幕为主要受力结构，冻土帷幕主要起顶管间防水的作用，其受力要求较低。由于穿越环境敏感地带，对控制冻土冻胀的影响要求较高，因此，冻土帷幕的厚度不宜过大，需实施动态控制冻结，并对冻土帷幕进行严格的温度监测，以监测数据指导冻土施工。

设计主要依据如下：

（1）《煤矿井巷工程质量验收规范》（GB 50213—2010）。
（2）《煤矿井巷工程质量检验评定标准》（MT 5009—1994）。
（3）《旁通道冻结法技术规程》（DG/T J08-902—2006）。
（4）《拱北隧道冻土物理力学性能试验研究报告》（中科院武汉岩土所）。
（5）《拱北隧道管幕冻结法施工冻胀变形初步研究报告》（同济大学土木工程学院）。
（6）《拱北隧道管幕冻结法冻结效果数值模拟初步研究报告》（同济大学土木工程学院）。

5.1.1 人工冻土物理力学性能

通过对地层中土样进行人工冻土物理力学性能的测定与土工试验，可以获得如下主要认识：

（1）土体比热介于 1.34~1.56J·g^{-1}·K^{-1} 之间；低温下土体的导热系数较常温下土体有所提高，常温下土体导热系数介于 1.066~1.537kCal/mh℃之间，低温下土体导热系数介于 1.51~2.060kCal/mh℃之间，土体的导热系数与温度间有较好的线性相关性；不同地层的结冰温度介于 –1.8~–0.4℃之间。

（2）不同地层冻土的冻胀力介于 0.73~0.93MPa 之间，冻胀率介于 1.08%~3.41% 之间，属弱冻胀土。

（3）冻土的单轴抗压强度与冻结温度呈现一定的线性规律，且增幅明显。冻结温度每下降一度，冻土强度平均增大 0.093~0.282MPa。其中全风化花岗岩单轴抗压强度较小，其在 –10℃时其单轴抗压强度为 1.29MPa。

（4）冻土弹性模量总体上随冻结温度的降低而增大，相关性良好。冻结温度每下降一度，弹性模量增大 2.504~9.318MPa。其中，填土层及 28.3~60.3m 处地层冻土弹性模量较小，最小值约为 40MPa，应该严格控制冻结的变形。

（5）冻土泊松比均随冻结温度的降低而减小，基本上随温度变化呈线性相关性；随着冻结温度的降低，冻土强度提高，但冻土的应变减小，工程中应将冻土的应变控制在 4%~8% 以内，保证冻结处于弹性状态。

（6）蠕变试验表明：在应力水平较低条件下，冻土蠕变基本上属于稳定性蠕变，当应力水平较高时，则属于非稳定性蠕变。

（7）三轴试验的结果表明：冻土抗剪强度随冻结温度降低、围压增大有明显的增大，工程上可通过强化冻结来提高冻土帷幕的稳定性。

5.1.2 冻土帷幕设计

拱北隧道工程冻结的主要作用是管幕间止水，因此冻土帷幕的厚度必须满足两个要求：

（1）冻土帷幕的最小厚度必须满足顶管间封水的要求。

（2）冻土帷幕的最大厚度必须满足地表变形对土体冻胀的要求。

拱北隧道工程对地表变形控制要求严格。冻土壁越厚，冻土体积越大，冻土对地面建筑的冻胀影响越大，地表的冻胀隆起量和冻土的体积成正比关系。根据相关工程经验和顶管间相互的位置关系，需将顶管间的土体全部冻结形成冻土帷幕方可满足顶管间的封水要求，故冻土壁设计厚度为 2m，且须对顶管管间土体预先进行注浆改良，以控制冻土帷幕的冻胀效应。

5.1.3 冻结管路布置

为动态控制冻土帷幕的体积,在横断面上采用圆形冻结管+异形冻结管+限位管的组合布管方式。采用在奇数顶管内两腰部分布置两根 $\phi 133mm$ 冻结管作为开挖之前的主要冷源,在靠近顶管外边缘的位置布设加热管来控制冻土帷幕形成的范围(厚度),而在偶数顶管内布设异形冻结管(用125角钢焊接在管壁上),在土体开挖后开启冻结,以抑制开挖过程中空气对流对冻土的削弱作用(图5.1-1)。

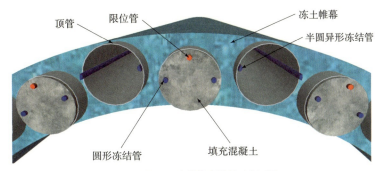

图 5.1-1 冻结管路横断面布置图

在纵向方向,奇数顶管内,通过冻结管内设置供液管,两根冻结管形成3个独立的冻结回路如图5.1-2所示。回路1长度约为63m,回路2长度为128m,回路3长度为64m。偶数顶管内,由干管和16组独立的回路(每四个管片内的异形冻结管通过高压橡胶管连成一组)通过电控三通球阀分别控制16个冻结区域。

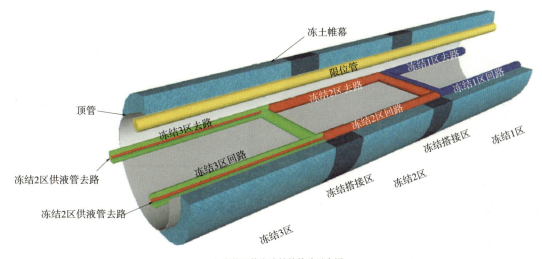

a)奇数顶管内冻结管管路示意图

图 5.1-2

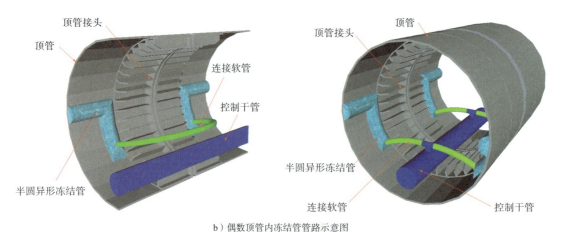

b）偶数顶管内冻结管管路示意图

图 5.1-2　冻结管管路纵向布置示意图

5.1.4　冻结分区

结合隧道内暗挖方案，在环向和纵向分别分段分区进行冻结施工。如图 5.1-3 所示，在横断面上将冻土帷幕分为 A 区（上导洞部分）、B1 区、B2 区、B3 区（开挖 2~4 台阶）、C 区（隧道底部仰拱部分）五个区域（图 5.1-3）。纵向上分为 1 区、2 区、3 区三个区域。其中冻结 1 区、3 区长度约为 84m，冻结 2 区长度约为 88m。而根据管路设置回路 1 长度约为 63m，回路 2 长度为 128m，回路 3 长度为 64m，这样实际操作时冻结 1 区、3 区和冻结 2 区可以保证 20m 的搭接长度。

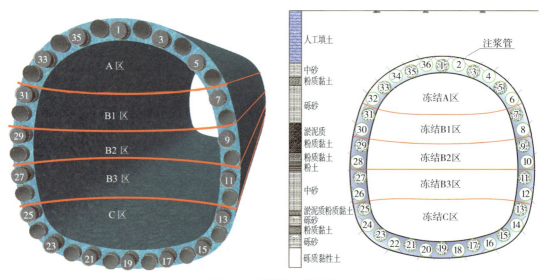

图 5.1-3　冻结横断面设计图

5.1.5 冻结的主要技术指标和需冷量

（1）冻结盐水温度：积极冻结期 −30~−25℃；维护冻结期 −25~−22℃。

（2）冻结壁的平均温度：−8℃。

（3）冻结器内盐水流量为 6~8m³/h。

（4）最大需冷量：约 4794.15kW。

以上参数应根据施工监测结果予以调整。

5.1.6 土体预注浆改良

为减少土体冻胀融沉对地表的影响，降低前期工作井施工以及顶管施工对原地层产生的扰动风险，需在冻结施工前对管幕间土体进行预注浆改良。

（1）改良预注浆范围

①靠近工作井段落热交换较大，可能会影响冻结圈的形成及厚度。为了改善该段落的冻结效果，提高冻结防水的安全性，在靠近工作井32m范围（异形冻结管1区、2区、15区、16区）进行全断面土体改良注浆，如图5.1-4、图5.1-5所示，预注浆加固圈厚度为2.5m，加固圈范围从管幕内轮廓线到外轮廓线外0.5m。

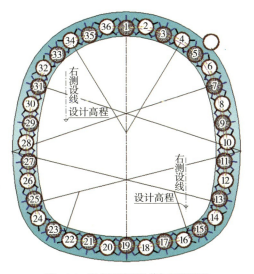
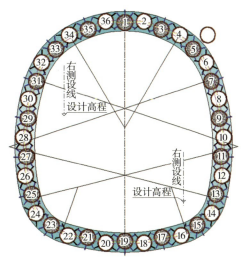

图 5.1-4 重点区域预注浆加固范围图　　图 5.1-5 普通区域预注浆加固范围图

②暗挖段 YK2+487.000~YK2+547.000 靠近风雨廊，为严格控制该区域的地表变形，其预注浆范围与靠近工作32m区域的注浆方案一致。预注浆加固圈厚度为2.5m，加固圈范围从管幕内轮廓线到外轮廓线外0.5m。

③其他区域按全断面进行土体改良注浆，预注浆加固圈厚度为 2m，加固圈范围从管幕内轮廓线到外轮廓线。

④对于特殊区域，如发生过涌水险情等薄弱部位，进行局部加强预注浆，加固圈厚度为 3m，加固圈范围从管幕内轮廓线内 0.5m 到外轮廓线外 0.5m，如图 5.1-6 所示。

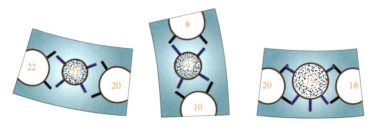

图 5.1-6　特殊区域局部预注浆加固范围示意图

（2）注浆材料

注浆材料建议采用水泥—水玻璃双液浆（$c:s=1:1$，$c:w=1:1$，35 波美度）。

（3）注浆控制标准

注浆采用双控指标，即注浆压力与注浆量进行双控制。其中，中板以上注浆压力不大于 1.5MPa，中板以下注浆压力不大于 2MPa。

（4）注浆检测

注完浆 24h 后通过检查孔检查注浆效果，以无明显渗流为目标。局部注浆存在缺陷的部位通过预留孔进行补充注浆，以达到注浆效果。

5.1.7　解冻和融沉设计

5.1.7.1　地层解冻

当隧道结构施工基本完成并停止冻结后，可自然解冻，也可采用强制解冻措施。在盐水箱内设盐水加热器，对低温盐水进行加热，用热盐水循环对冻结壁进行强制解冻。盐水温度宜控制在 50~70℃。在顶管内利用顶管泥浆套的注浆孔，进行跟踪式融沉注浆。

强制解冻相对自然解冻可以更好地控制融沉注浆和结构受力，且强制解冻可大幅度缩短工期，避免长期注浆导致成本过高。通过方案比选，推荐采用强制解冻方案。

5.1.7.2　地层融沉注浆设计

融沉补偿注浆配合冻结壁强制解冻同时进行，根据监测的强制解冻速度及隧道沉降量确定注浆频率，每孔每次注浆压力大于 0.5MPa 时则停止注浆。融沉补偿注浆材料为水泥—水玻璃双液浆，结合监测、监控数据，遵循少量多次的原则。注浆压力不得大于 2 倍静水压力。单孔单次注入量一般为 0.2~0.5m³。浆液配比为：水泥浆水灰比 1∶1，水玻璃 30~45 波美度，模数 2.8~3.2。注浆顺序配合强制解冻由下而上进行，使浆液均匀地由结构底部向上部扩展，提高注浆效果，改善结构受力。

（1）注浆时间：融沉补偿注浆应在所处地层温度达到冰点以上后进行。

（2）注浆压力：为防止隧道结构受到影响，应选用小压力、多注次的方式，注浆压力一般为 0.2~0.5MPa。

（3）注浆顺序：注浆遵循先下部、后上部的原则，使加固的浆液逐渐向上扩展，避免死角，改善结构底部土体，提高充填效果。融沉补偿注浆与冻结壁的强制解冻顺序相配合，做到解冻与注浆同步进行。

（4）注浆结束标准：注浆是否结束根据沉降监测反馈的信息和最大注浆压力进行判断。当隧道隆起 2mm 时应暂停注浆；在冻结壁已完全融化且未注浆的情况下，实测隧道沉降持续 1 个月。每半个月不大于 0.5mm，可停止融沉补偿注浆。注浆施工结束后，注入双液浆封堵注浆管。

5.1.8 冻结监测与动态控制

根据敏感区域地层冻结要求施工可靠性高的特点，冻结管路系统设计要便于控制和维护。为此，在系统管路上必须安装测量温度、流量与压力等状态参数的检测仪表，并设置控制阀门，以随时监控冻结系统运行，提高系统可靠性。

在测温管及顶管内的适当位置布设温度测点，实现冻结帷幕的可视化，预报、判断冻结帷幕的发展状态，并通过限位管控制冻土帷幕的范围。

拱北隧道工程采取动态控制冻结，需实时依据监测数据调整冻结运行参数。选用"一线总线系统"进行监测，监测内容包括管间冻土帷幕温度、顶管内管壁温度、冻结盐水及加热盐水去回路温度、流量和压力。

测温管通过顶管管壁上已有的泥浆套装置进行设置，每隔大约 16m（隔 4 个管节）设置一圈测温管。测温管横断面布置如图 5.1-7 所示，主要是监控冻土帷幕的发展厚度，保障冻土帷幕的封水安全，并以此判断是否需要开启加热限位管。

由于冻结冷量是通过顶管管壁传递给土体的，因而监测顶管内温度可有效判断设备运行温控状态和冻土帷幕的温度变化状态。顶管内温度传感器的布置如图 5.1-8 所示，沿隧道纵向方向每隔 16m（即每隔 4 个管节）布设一圈监测点。

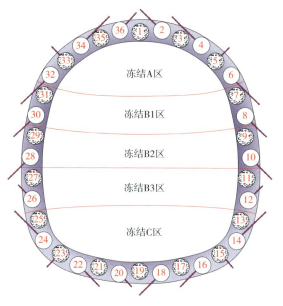

图 5.1-7 监测管方案布置

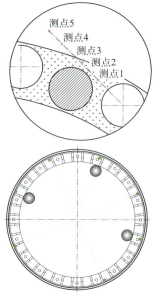

图 5.1-8 监测点位置示意图

5.2 管幕冻结关键技术研究

5.2.1 管幕冻结法冻结方案验证

5.2.1.1 数值分析

（1）目的

通过数值模拟方法研究冻结管在目前最有可能的布置条件及方式下产生的温度场分布情况（瞬态温度场），以期获得温度场性状发展规律，为实际施工方案的确定提供指导和依据，同时也为确定有效的冻胀、融沉控制方法提供依据。

具体来说，应解答如下问题：

①能否形成有效的冻土帷幕以保证封水的有效性，并预计冻土帷幕达到各设计厚度所需的冻结工期。

②考虑开挖后，是否会由于热扰动较大而导致冻土帷幕恶化进而影响到冻结帷幕的封水能力。

③考虑开挖前及开挖后冻土帷幕的发展情况，为研究施工中及施工后可能出现的冻胀、融沉现象提供参考依据。

④研究以限制冻土体积为手段的冻胀融沉控制方法，并确定相关参数，例如冻土限

位管法、盐水温度/流量控制法、间歇冻结法等。

（2）内容

由于管幕冻结法温度场的分析研究存在变量多样性和影响程度的不确定性，研究应采用循序渐进、由简入繁的方法，先二维后三维。二维研究即不考虑温度场的纵向发展，简化为平面导热问题。具体来说，首先研究局部管幕的发展规律，得出一些基本结论后利用开挖面对称的特性再扩展到二维开挖半平面的模拟研究，最后再考虑纵向温度场发展进行三维温度场的性状发展研究。

分析研究局部管幕发展规律，通过研究温度场的发展状况来考察冻结管的布置方式是否合理，并确定各控制参数。冻结方案的布置简图如图 5.2-1 所示，图中路径 E-G-H-I-F 即开挖轮廓。左顶管浇灌混凝土，冻结管与限位管皆悬空于此浇灌有混凝土的顶管；右顶管为空顶管，加强管是与之共一边的异形管。在积极冻结期间（开挖前），只使用左顶管的冻结管；在维护冻结阶段（开挖期间），使用限位管循环较高温度盐水防止管幕上方冻土发展过大。利用加强管循环与冻结管等温的冷盐水来保证开挖后开挖面稳定。

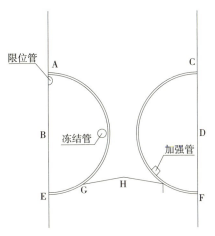

图 5.2-1 二维局部管幕温度场模型（简图）

（3）数值手段及方法

由于土在冻结过程中存在着复杂的相变，因此应考虑相变，利用大型有限元软件 ANSYS 对上述局部模型进行瞬态温度场分析。

如前所述，本研究现阶段着重分析管幕中相邻顶管间冻土的发展规律，在充分考虑边界条件的情况下，合理选用对称性两半顶管作为研究模型，如图 5.2-2 所示。由于此前没有拱北隧道各土层的相关热物理学试验数据，本书研究暂利用长江隧道联络通道工程中的冻土土层数据，给出数值模拟中土体所用参数，旨在对管幕冻结工法的冻结效果进行定性分析。长江隧道联络通道工程土层岩性与拱北隧道相似，符合相似性要求。

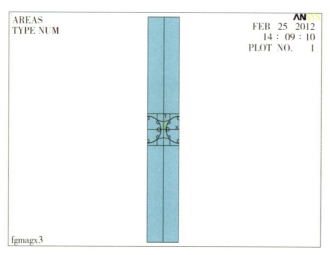

图 5.2-2　二维局部管幕有限元模型

模型总长为 12m，宽度为 1.69m，其中上下边界设为恒温 23℃，即初始土体温度。经试算，上下边界距顶管有足够距离，恒温边界对冻土帷幕的影响可忽略不计。依据对称性，左右边界设为绝热边界。

（4）研究结果及分析

①积极冻结阶段（开挖前）冻土帷幕变化情况

冻结时间与冻土帷幕发展厚度的数值关系，列于表 5.2-1。

冻结时间与冻土帷幕厚度关系表　　表 5.2-1

冻土帷幕的单侧厚度	冻结时间（天）	冻结时间差值（天）
左边界（混凝土填充）0.72m	21	28
右边界（仅空气）0.72m	49	
左边界（混凝土填充）0.9m	38	27
右边界（仅空气）0.9m	65	
左边界（混凝土填充）1.2m	73	20
右边界（仅空气）1.2m	93	

显然，此种冻结布置方案，在上述设定模型下是完全可以有效地达到所需的冻土帷幕厚度，如图 5.2-3、图 5.2-4 所示。冻结时间差值的变化充分说明了钢（钢管幕）这种导热系数较高的材料对冻结效果的积极影响。

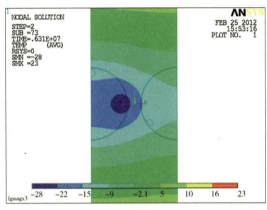

图 5.2-3　左边界冻土帷幕单侧厚度 1.2m 时的温度云图

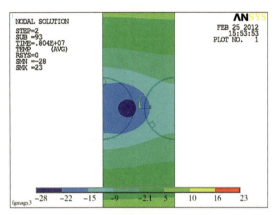

图 5.2-4　右边界冻土帷幕单侧厚度 1.2m 时的温度云图

②维护冻结阶段（开挖后）冻土帷幕变化情况

选取施工中最可能出现的 3 种情况分别进行开挖模拟，即积极冻结 38 天、积极冻结 70 天、积极冻结 93 天。考虑限位管（循环 10℃及 28℃热盐水）以及加强管（循环 –28℃冷盐水）开启的情况下进行温度场模拟，依次考察上述情况下进行开挖并维护冻结 40 天后（经试算，维护冻结 40 天左右温度场即基本稳定）冻土帷幕变化情况。各情况下初始（开挖前）温度云图与稳定后温度云图如图 5.2-5~图 5.2-13 所示。

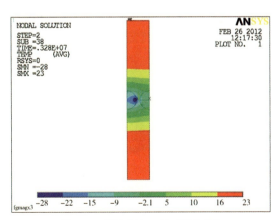

图 5.2-5　积极冻结 38 天时温度云图

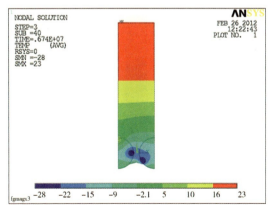

图 5.2-6　积极冻结 38 天开挖，维护冻结 40 天后（限位管温度为 10℃）温度云图

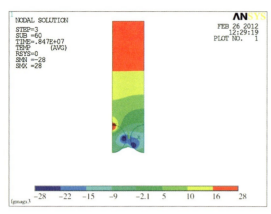

图 5.2-7　积极冻结 38 天开挖，维护冻结 40 天后
（限位管温度为 28℃）温度云图

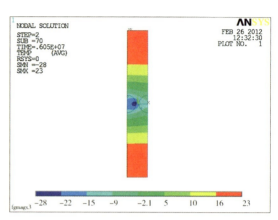

图 5.2-8　积极冻结 70 天时温度云图

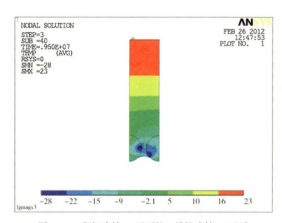

图 5.2-9　积极冻结 70 天开挖，维护冻结 40 天后
（限位管温度为 10℃）温度云图

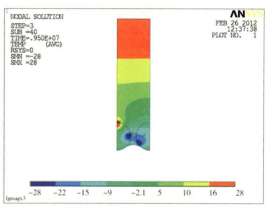

图 5.2-10　积极冻结 70 天开挖，维护冻结 40 天后
（限位管温度为 28℃）温度云图

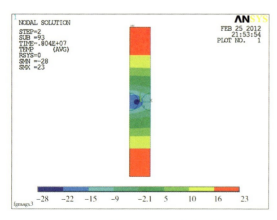

图 5.2-11　积极冻结 93 天时温度云图

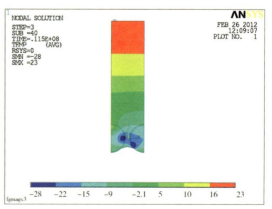

图 5.2-12　积极冻结 93 天开挖，维护冻结 40 天后
（限位管温度为 10℃）温度云图

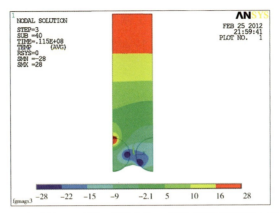

图 5.2-13　积极冻结 93 天开挖，维护冻结 40 天后（限位管温度为 28℃）温度云图

可以看出限位管的作用是十分显著的，它有效抑制了温度场的持续发展。显然，28℃的限位管较 10℃时更为有效，但是对冻结关键区域的不利影响也更大；加强管的使用充分保证了冻土关键区域在限位管的热盐水循环下仍能够保持较低温度，并使得冻土区域在维护冻结到一定时间后达到动态平衡，保障了冻土的稳定性及开挖的安全性。通过限位管及加强管的使用，保证了冻土帷幕稳定性的同时又限制了冻土帷幕厚度的无限制发展，从而有效避免了冻胀融沉问题。

不同温度下的限位管对冻土帷幕厚度的影响是有较大区别的。由于加强管及冻结管的作用，在维护冻结到一定的时期后，冻土处于动态平衡，其厚度趋于稳定。需要说明的是，开挖面位于冻结管内侧，开挖热扰动与冻结管的供冷达到动态平衡。冻结管会起到遮挡作用，故而此热扰动对开挖面外侧冻土帷幕厚度影响并不十分明显。若维护冻结时间过长、盐水温度得不到有效调节时，冻胀问题应该要被着重考虑，包括由此引起的融沉。为了避免此种不利情况的出现，利用混凝土顶管中的限位管循环一定温度的热盐水来抑制冻土的发展，模拟结果表明是切实可行的。考虑到模拟时未考虑隧道开挖后的纵向传热，计算方法在对流的处理上较为简化等，我们在空顶管中近开挖面的地方设置了加强管，作为施工中预留的应急措施。这样可以充分保证关键区域的冻土，并在施工中留有一定的安全余量，从而充分保证施工安全。

（5）结论

①在只有混凝土顶管中的冻结管工作的情况下，积极冻结 38 天左右，就可以形成较为有效、稳定的冻土帷幕，并且随着冻结时间的增加，冻土帷幕厚度逐渐加大。

②考虑到开挖后冻土帷幕的发展情况，在混凝土顶管中设置了循环热盐水的限位

管。从上述模拟结果看,成功达到了抑制冻土帷幕过度发展的作用。

③考虑到以上计算中进行了较多简化,特别是对空气管幕对流传热以及开挖后纵向传热的简化,在空顶管中布置了异形加强管,预留较多的安全储备以应对施工中的突发事件。模拟结果表明加强管对冻土关键区域的稳定性起到了至关重要的作用,从而有效保证施工作业的进行。

综上所述,管幕冻结法能够有效形成稳定的止水帷幕,在施工中辅以限位管、加强管等调控措施可以有效防止冻胀、融沉的发生,由此说明管幕冻结法这一特殊的冻结方法是可行且可靠的。

5.2.1.2　室内模型试验

(1) 模型试验目的

模型试验是地下工程结构设计及施工中研究结构温度场、应力场、位移场的主要手段之一。其优点是在较短的时间重现冻结过程,在可控条件下进行变参数研究。

管幕冻结法旨在提供临时挡土与隔水的作用,降低施工对地面活动及地下管道的影响。其中,冻结法的作用主要是防止管幕之间形成透水通道,即起到"管间止水"的作用。国内外尚无该工法的工程先例,所以有必要进行模型试验来验证其冻结效果,并且解决以下四个问题:管幕间能否形成有效的冻土封水帷幕、施工热扰动对冻土弱化作用大小、抵御弱化有何对策、如何治理冻胀。总结起来是两方面的问题:一是冻结效果的问题,二是冻结效果控制方法的问题。模型试验将针对这两方面展开研究。

(2) 模型试验设计与实施

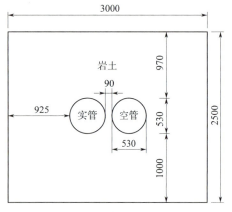

图5.2-14　土池设计断面示意(尺寸单位:mm)

拱北隧道管幕冻结段长达255m,考虑成本因素,模型试验只进行局部模拟。模型管幕长为8m;根据几何相似比,管幕管间距应为88.32mm(试验中实际取为90mm);冻结管直径应为39.75mm(根据市售型号微调至42mm);异形管选用30mm×30mm的角钢。试验土池尺寸最终设计为长8m、宽3m、高2.5m;管幕水平放置在高1.0m(以管幕底部为准)的位置,并与土池长边平行(图5.2-14)。

试验采用液氮—盐水制冷系统,即由液氮来为循环冷盐水降温。监测点断面布置如

图 5.2-15 所示。

在实际工程中盐水温度降至既定范围后，其值一般不会轻易调整。按照温度相似比，根据实际工况，将盐水温度设置在 $-30 \sim -26℃$。

为获得开挖前和开挖并施作衬砌这两个阶段在不同条件下的温度场情况，在模型设计时将管幕分为 4 段，模型管幕长为 8m，2m 为一段，分段开挖并施作衬砌（表 5.2-2）。

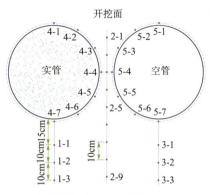

图 5.2-15 测点断面布置示意图

试验分组情况 表 5.2-2

试验分组		起止时间
开挖并施作衬砌	第 1 组	从开始冻结至第一次开挖前
	第 2 组	从加强管开启 4 天后到第一次开挖（第③段开挖）并浇筑
	第 3 组	从第 2 组试验结束至第二次开挖（第②段开挖）并浇筑
	第 4 组	从第 3 组试验结束至第三次开挖（第④段开挖）并浇筑

（3）结果分析

测点温度随冻结时间的变化如图 5.2-16 所示。

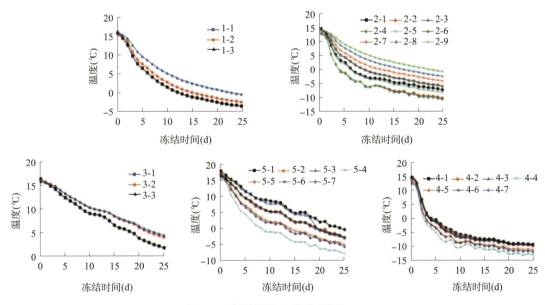

图 5.2-16 测点温度—时间关系曲线

冻土与管幕搭接范围随时间变化曲线如图 5.2-17 所示，管幕冻结效果温度云图如图 5.2-18 所示。

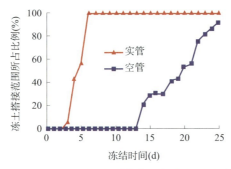

图 5.2-17　冻土与管幕搭接范围随时间变化曲线

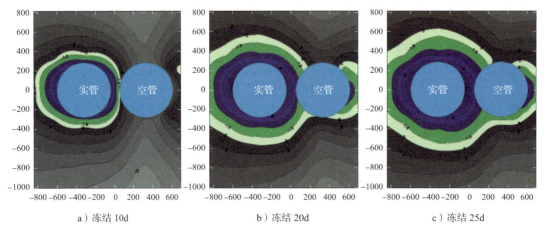

图 5.2-18　管幕冻结效果温度云图

（4）研究结论

在不同冻土厚度、限位盐水温度及加强管开启与否的条件下，试验中分别对各种工况进行模拟。根据测温数据，对未开挖阶段、开挖阶段、衬砌施作阶段的冻结效果进行了详细的分析。同时，对抵御冻土弱化、控制冻胀的方法进行了讨论，论证了冻结方案的正确性，得出结论：

①在未开挖阶段，冻结一定时间后，冻土帷幕已能覆盖实管整个管壁以及空管管壁大部分范围，已具备较好的封水能力。空管管周的封水路径晚于实管形成，空管管壁处的封水性在冻结前期较弱，冻土与空管搭接长度的增长速度慢于实管处。同时，实管靠隧道外部的一侧形成较大体积的冻土，其冻胀效应不容小视。

②开挖热扰动对冻土的影响范围有限，影响主要集中在顶管圆心连线以内的部分，

且距开挖面越远，温升越小。开挖热扰动的影响程度与开挖面裸露时间有关，开挖面裸露时间过长，管间冻土帷幕温度逐渐上升接近冰点，冻土与顶管搭接长度较小，风险较大；裸露时间较短时，管间冻土帷幕温度虽然升高，但冻土与顶管搭接长度基本没有变化，有利于管间封水。开挖面裸露，对冻土帷幕有不利影响，在实际工程中应尽量减少裸露时间，以尽快转入下一步工序。

③初衬施作过程中，混凝土水化热对管间冻土的温度场有较为明显的影响。其中，距离开挖面越近的部位，其温度上升幅度越大，且温升过程持续时间越短。但混凝土水化热对冻土的影响范围有限，两管圆心连线外侧的部位，温升并不明显。同时，混凝土的水化热对冻土与顶管的搭接长度并不会产生太大影响，对管间冻土的封水性影响有限。

④第一层混凝土浇筑（初衬施作）以后，空气不再与开挖面接触。因有初衬混凝土相隔，开挖面热扰动大大减小。在第二层混凝土浇筑（二衬施作）后，空气带来的热扰动更加小了。加强管开启后，可很好地起到加强冻结效果的作用。距加强冻结管越近的测点，初始降温速度越快，并且最终降温幅度也越大。同时，由于冻土体积主要在开挖一侧增加，因此，冻胀效应不严重。

⑤对于管间大部分测点，加强冻结管的降温效果能够抵消开挖和施作衬砌带来的温升；对于距开挖面较近的点，加强冻结管的效果虽不足以抵消开挖和施作衬砌带来的热扰动，但仍能保证施作衬砌最不利状态下的温度仅比加强冻结前有较小的增加。这可以说明，本试验所采用的加强冻结方案效果良好，具有可行性。同时，通过试验结果提出了合理的加强冻结管启动时间。

⑥限位管开启后，距限位管越近的测点，温升幅度越大。限位管的使用对控制实管靠隧道外部一侧的冻土厚度具有显著作用，对管间中垂线上的冻土厚度有一定的限制作用，对空管靠隧道外部一侧的冻土厚度几乎没有限制作用。由于限位管距离管间大部分部位距离较远，因此对管间封水带来的负面影响有限，危害性小。即限位管的使用既可以很好地控制冻胀效应，同时又不弱化冻土帷幕的封水能力。

⑦根据对不同限位盐水温度（14℃、18℃和28℃）下冻土帷幕形状考察，可得出结论：限位盐水温度越低，实管管壁靠隧道外部一侧的冻土覆盖范围越大；在不同限位盐水温度下，虽然实管管壁靠隧道外部一侧冻土退化明显，但空管管周与冻土搭接长度变化较小，几乎不受限位管影响。

⑧通过试验提出了施工中用于确定限位盐水温度的公式，根据拟选用限位盐水温度

可计算出实管靠隧道外部一侧的管壁未与冻土搭接的长度,即能够提前判断该限位盐水温度对封水路径的影响,对该温度下限位管危害性进行定量的识别。

综上,试验验证了设计冻结方案(常规冻结管、加强冻结管和限位管布置方式)的正确性和可靠性,设计冻结方案可确定为工程实施方案。冻结方案实现了"冻起来,抗弱化,限冻胀"的基本目标,可确保有效封水且冻胀最小。设计冻结方案在冻结、加强、限位等方面的控制方法正确,控制方案灵活。模型试验获得了最佳控制参数,可为工程实施提供重要的参考依据。

5.2.1.3 现场原型试验

(1)原型试验目的

通过数值计算及模型试验对管幕冻结法的设计理念及其封水的可靠性进行了大量研究,且研究成果也直接应用于工程方案和设计中。在数值计算及模型试验研究的基础上,利用现场原型试验,对管幕冻结法在现场情况下的冻结效果以及冻结控制进行更进一步的探索。

(2)原型试验内容

现场试验采用一根较早完成的工程管(5号管)和一根试验专用管(0号管)进行(图5.2-19)。鉴于试验不具备开挖条件,故该试验主要从冻结方案和冻结控制方法两个方面展开,通过尝试多种冻结模式,从而对管幕冻结法冻结方案与工艺优化以及冻结方案的动态控制方法进行研究。

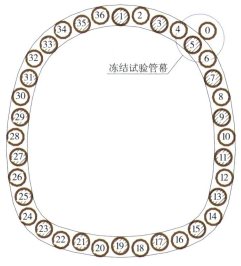

图 5.2-19 管幕横截面布置图

①积极冻结

积极冻结期间主要利用圆形主力冻结管和异形加强冻结管来形成冻土帷幕。结合管幕中各类冻结管的布置情况，现场试验主要对实管单独冻结模式、实管与空管协同冻结模式、实管为主、空管为辅的冻结模式以及空管单独冻结模式进行研究。

实管单独冻结模式即仅开启实顶管内圆形主力冻结管进行冻结，用来验证圆形主力冻结管单独工作情况下的冻结效果；实管与空管协同冻结模式则是利用圆形主力冻结管以及异形加强管同时开启来达到最大冻结强度的冻结模式，从而保证冻土帷幕在较短时间内迅速形成；实管为主、空管为辅的冻结模式则是在圆形主力冻结管单独冻结模式下，适时开启加强管来提高冻结强度。这种实管为主、空管为辅的冻结模式作为一种优化的冻结模式，其冻结效果以及时间控制也值得试验探索；空管单独冻结模式则用来考察仅仅开启空顶管内的异形加强管时的冻结效果。

②维护冻结期控制冻结

"抗弱化、控冻胀"的设计理念对冻土帷幕厚度的可控性提出了较高要求。由于试验条件无法满足开挖要求，所以仅对"控冻胀"提出的热控限位和冷控限位两种控制方案进行试验对比研究。

冻土热控限位即采用实顶管内限位管循环温度较冻土帷幕高的限位盐水，带走冻土冷量的方式，以控制隧道外侧冻土帷幕的发展；冻土冷控限位则是通过升高冻结系统内冻结盐水温度或者对圆形主力冻结管进行开关控制实现间歇冻结，来减小冷源提供的冷量，从而达到控制冻土帷幕厚度的效果。

总体来说，热控限位是通过另外在冻结区提供热源吸收冷量来实现限位控制；而冷控限位则是采用减小单位时间内冻结系统提供的冷量这一方式来实现对冻土帷幕的控制。

（3）原型试验设计

①试验管段

根据管幕冻结法的冻结方案以及现场的实际情况，对冻结试验所采用的 5 号实管以及 0 号空管进行如下布置：5 号管内布设圆形冻结管以及限位管，并采用微膨胀混凝土填充；0 号管里面则布置异形加强管（图 5.2-20）。

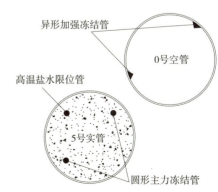

图 5.2-20　试验管幕内冻结管布置图

管幕纵向方向，在隧道轴线的缓和曲线段采用了 15 节顶管，并在不同管节上分别进行不同的冻结试验。同时，为了减小工作井对冻结试验的影响，试验管节从东工作井向内第七根管节算起。图 5.2-21 中明确显示了管节的试验段位置以及管段划分。

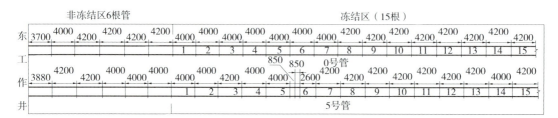

图 5.2-21　冻结区顶管管节分布图（尺寸单位：mm）

②冻结试验设计

结合试验内容，以维护阶段控制冻结的控制模式为基准，整体将试验分为三大类模式：冻土非限位冻结模式、冻土热控限位模式以及冻土冷控限位模式。

冻土非限位模式主要是积极冻结完成后，任由冻土继续发展；冻土热控限位模式则是在积极冻结完成后，开启限位管，采用热控限位的方式控制冻土发展；冻土冷控限位模式则是在积极冻结完成后，采用冷控限位的方式来控制冻土帷幕厚度。

在这三大类冻结模式的基础上，结合积极冻结阶段的各种冻结模式组合，同时考虑土体注浆改良以及空管内是否安装保温板的影响，可以将试验分为如表 5.2-3 所示的 14 种情况。

冻结试验各类冻结模式　　　　　　　　　　表 5.2-3

冻结模式	编号	冻结模式名称
模式 A：冻土热控限位	A1	实顶管与空顶管协同冻结 -限位管限位模式
	A2	实顶管为主空顶管为辅冻结—限位管限位模式
	A3	实顶管单独冻结—限位管限定模式
模式 B：冻土非限位	B1	实顶管单独冻结模式
	B2	实顶管与空顶管协同冻结模式
模式 B：冻土非限位	B3	实顶管与空顶管协同冻结（加强管保温）模式
	B4	实顶管与空顶管协同冻结（注浆改良）模式
	B5	实顶管为主空顶管为辅冻结（加强管保温）模式
	B6	实顶管为主空顶管为辅冻结（注浆改良）模式

续上表

冻结模式	编号	冻结模式名称
模式 C：冻土冷控限位	C1	实顶管与空顶管协同冻结—冻结管冷控限位（注浆改良、空顶管全保温）模式
	C2	实顶管与空顶管协同冻结—冻结管冷控限位模式
	C3	实顶管与空顶管协同冻结—冻结管冷控限位（空顶管全保温）模式
	C4	实顶管与空顶管协同冻结—冻结管与加强管冷控限位模式
	C5	空顶管单独冻结模式

为节省试验费用和时间，考虑管幕顶管管节基本长度为4m，每种冻结模式仅布置在一根顶管管节中。同时，0号空管内的管节与管节之间安装有密封装置来阻止空气流动，减小管节之间的相互影响。

③监测方案

温度是反映冻土帷幕情况以及冻结效果的主要参量，所以试验中主要监测盐水温度（实管内圆形冻结管盐水去回路温度、限位管盐水去回路温度、加强管各独立回路的去回路温度）、管幕温度（实管、空管的管内壁温度、实管内混凝土和空管内空气温度分布）以及土体温度（管幕外侧土体温度）。

试验采用"一线总线"测温系统。主要通过在冷冻站盐水干管去回路、限位管盐水去回路、加强管各独立回路布置温度测点，采用盐水测温传感器监测盐水温度；管幕温度以及土体温度则需要在每节管段中部布设测温电缆，共计15个断面。每个断面的测温点布置如图5.2-22所示。以"C1-N-3"说明测点编号含义："C1"表示电缆编号、"N"表示管节编号、"3"表示相应电缆的测温点编号。

（4）试验结果分析

对管幕冻结法的14种冻结模式以及

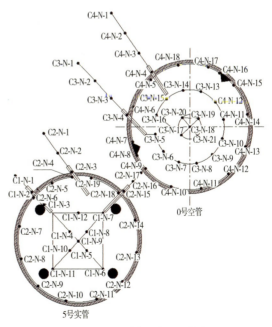

图 5.2-22 测点断面布置示意图

6 种解冻模式进行了现场原型试验，试验运行历时 5 个月，得到大量数据。经过数据分析，在"冻起来"和"控冻胀"两方面以及解冻方面取得了一系列成果。现简要介绍其中主要结论。

① "冻起来"

管幕间冻土是止水帷幕封水成败与否的关键部位，所以该区域测点温度变化直接反映了管幕间"冻起来"的效果。图 5.2-23 给出了管间测点 C2-N-16 在两种冻结模式下积极冻结阶段的温度变化曲线。

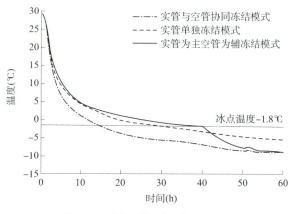

图 5.2-23　管间土体温度变化（C2-N-16）

在实管与空管协同工作的冻结模式下，管间土体能在短时间内迅速降温，10 天左右管幕间便有冻土出现；20 天左右便能实现交圈，形成封闭的止水帷幕；在积极冻结 60 天完成时，冻土帷幕发展成管间凸起的鼓包状 [图 5.2-24 a)]。这主要是由于圆形主力冻结管与异形加强冻结管共同工作下，两管间区域冻结强度较大而引起的。这种冻土帷幕非均匀的轮廓提高了顶管之间止水的安全性。

相比于实管与空管协同工作的冻结模式，冻结强度较低的实管单独冻结模式下的冻土形成就相对较慢。30 天左右管间测点才达到冰点（图 5.2-23），而两管间冻土则需要积极冻结 45~50 天才能实现交圈，形成封水路径。同时，根据图 5.2-24 b) 中积极冻结 60 天后的云图，可以看出空管内空气以及空管上部土体降温效果较差，且仅有靠近管间冻土附近区域温度降至冰点以下，而在空顶管上部区域并没有形成冻土。

通过对比在实管与空管协同工作的冻结模式与实管单独冻结模式下积极冻结 60 天后冻土发展情况 [图 5.2-24 a)、图 5.2-24 b)]，可以凸显出空管内异形加强管对冻结帷幕形成的重要性。异形加强管不但加强了管幕之间的冻结强度，同时也保证了空管上方冻土形成。

试验中还对异形加强管滞后开启的实管为主、空管为辅的冻结模式进行了模拟。图 5.2-23 给出了异形加强管滞后 39 天开启试验的管间土体温度变化曲线。在开启加强管后，管间土体降温速率有了明显提升，且在积极冻结束时，该区域温度与实管与空管协同工作的冻结模式下的温度相当。同时，图 5.2-24 c）中积极冻结 60 天后温度云图的对比也说明了在积极冻结 60 天结束时，该加强管滞后开启的模式也能达到与实管和空管协同工作的冻结模式相同的冻结效果。所以，采用实管为主、空管为辅的冻结模式，不但能够保证冻土帷幕的安全性，同时也能实现分段冻结，降低施工成本。

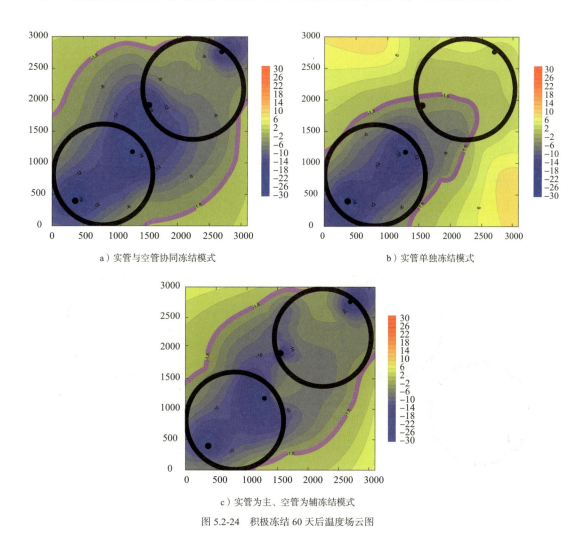

a）实管与空管协同冻结模式　　b）实管单独冻结模式

c）实管为主、空管为辅冻结模式

图 5.2-24　积极冻结 60 天后温度场云图

② "控冻胀"

由于实管与空管协同工作的冻结模式下冻土厚度不断扩张，需要采取控制冻结方案来实现"控冻胀"的效果。试验针对热控限位和冷控限位两种控制方案进行试验对比研究。

热控限位是通过在限位管内循环"高温"（2~8℃）盐水向冻结区提供热源吸收冷量来实现限位控制。该方案热源区域性集中的特点也使得控制效果在限位管附近更为明显。图5.2-25 a）中给出了限位管开启后20天时温度云图，与未开限位管的图5.2-24 a）相比，仅有限位管区域温度场受到明显控制，而其他距限位管较远区域的冻土则未发生明显变化。这说明了热控效果不但具有局部性特点，同时该限位方案对其他部位温度场的影响较小。所以，热控限位对于控制实管外侧局部冻土发展较快的情况效果较好。

冷控限位则是通过调整冻结盐水温度实现。由于调整了整个冻结循环的冷量供给，这种控制方案可以对整个冻结区域的冻结效果进行控制。通过图5.2-25 b）中冷控限位20天后的云图与未进行限位控制的图5.2-24 b）对比可以证实这一结论。同时，温度场的温度梯度较控制前期也发生了较大变化。所以，冷控限位不但能够实现对冻土帷幕厚度的控制，同时也能达到调整整个温度场温度梯度的效果。所以，当管幕冻结施工过程中冻土帷幕较厚或冻土帷幕边界发展较快时，建议采用冷控限位的方法进行整体限位控制。

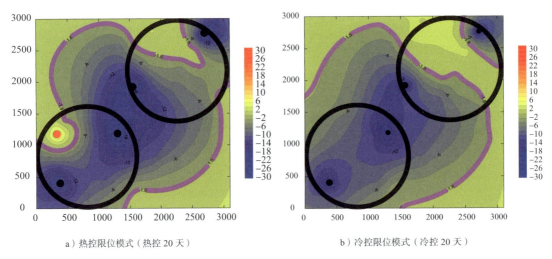

a）热控限位模式（热控20天）　　　　b）冷控限位模式（冷控20天）

图5.2-25　限位控制效果

（5）研究结论

①在实顶管与空顶管协同冻结模式下的管幕冻结可快速形成较厚的冻土帷幕，形成中间鼓出的冻土轮廓，提高了管幕之间的止水可靠性，实现"冻起来"的目的。实顶管单独冻结模式由于没有异形加强管的冷量补充，冻结效果差，难以形成较厚的冻土帷幕厚度。

②实管为主、空管为辅的冻结模式不但能够保证冻土帷幕的安全性，同时也能实现分段冻结，降低施工成本。施工中建议采用该冻结模式进行积极冻结阶段的分段冻结施工。

③热控限位影响范围较小，仅局限于实顶管附近，适用于控制实顶管外侧局部发展较厚的冻土；而冷控限位对整个冻结帷幕可以较好地起到"控冻胀"的效果。

5.2.2 管幕冻结法冻土帷幕性状及控制方法

5.2.2.1 各类型冻结管冻结效果

通过模型试验和现场原型试验对三种冻结管形式，即圆形主力冻结管、异形加强冻结管和高温盐水限位管的冻结控制效果进行研究，掌握这三种冻结管的工作规律。

（1）圆形主力冻结管

①圆形主力冻结管试验方案

圆形主力冻结管放置在实管内，提供主要冷源以形成管幕冻土帷幕。主要考察圆形主力冻结管的冻结效果是否满足设计要求以及是否能够在60天内形成可靠的冻土帷幕。

②圆形主力冻结管冻结效果分析（图 5.2-26）

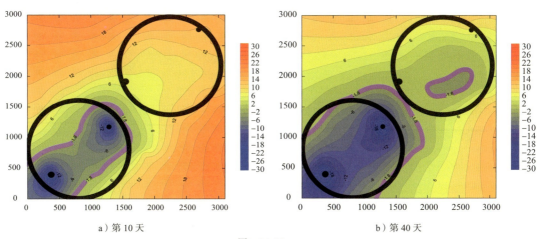

图 5.2-26

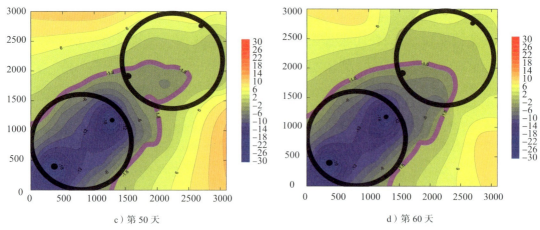

c）第 50 天　　　　　　　　　　　d）第 60 天

图 5.2-26　实顶管单独冻结模式—管幕及周围土体温度随时间变化云图

圆形冻结管的冻结效果分析基于现场原型试验。

a. 两管间冻土在积极冻结期第 45~50 天交圈，形成封水路径。

b. 实顶管内部在圆形主力冻结管的作用下温度降至冰点以下，在实顶管外靠近两管间部位能形成约 20cm 厚的冻土。而在实顶管外侧未形成冻土，实顶管靠近管间冻土一侧全部被冻土包裹。

c. 空顶管内部在圆形主力冻结管的作用下降温效果较差，仅靠近管间冻土附近区域温度降至冰点以下，在空顶管外侧未形成冻土，空顶管靠近管间冻土一侧仅 1/2 区域被冻土包裹。

d. 空顶管内部温度波动较大，尤其人员进出导致空气流动会产生较大热扰动。

e. 经过 60 天积极冻结期，冻土帷幕厚度不能满足设计要求，尤其空顶管附近冻土厚度更小。

（2）异形加强冻结管

①异形加强冻结管控制效果试验方案

异形加强冻结管的模型试验包含在管幕冻结法大型物理模型试验之中，本次模型试验在初步设计的基础上进行设计与实施，采用两根钢管进行局部试验。

②异形加强冻结管冻结效果分析

在异形加强冻结管试验中，前期仅开启圆形主力冻结管和限位管，待冻土帷幕已有较大体积且体积增长和温度场变化非常缓慢（接近稳定）时，开启空管内的异形加强冻结管。其目的在于突出异形加强冻结管的效果（图 5.2-27）。

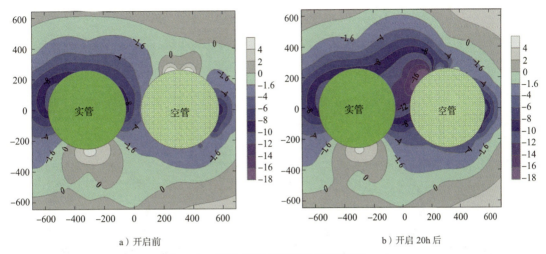

a）开启前　　　　　　　　　　　b）开启 20h 后

图 5.2-27　异形加强冻结管冻结效果温度云图

结合管幕冻结大型物理模型试验，对异形加强冻结管的冻结效果及使用方法进行分析后，得出如下相关结论：

a. 异形加强冻结管降温效果明显。离异形加强冻结管越近的区域受影响越大，主要集中在空顶管周围及两管之间距异形加强冻结管较近的区域。其影响表现在前期降温速度越快，最终降温幅度也越大。

b. 异形加强冻结管能抵御开挖和施作衬砌带来的热扰动。因此，适当提前开启异形加强冻结管，形成良好的冻土帷幕后开挖更安全。

（3）高温盐水限位管

①高温盐水限位管控制效果试验方案

高温盐水限位管通过提供热源带走管幕冻土帷幕中多余的冷量，限制冻土发展。在冻结方案设计时，考虑到实顶管冻结效果较好，其外侧冻土发展较快，在实顶管内部靠近外侧部位设置了限位管，作为管幕冻土中的热源，如图 5.2-28 所示，主要起到限制隧道外侧冻土发展的作用，尤其是实顶管外侧的冻土。

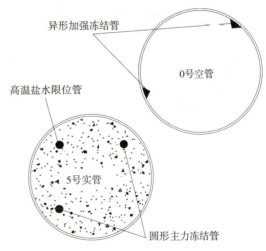

图 5.2-28　试验管幕冻结管布置

限位管控制效果的现场试验过程为：先在试验初期调节限位盐水温度至2℃，待管幕及周围冻土温度场趋于稳定后，再次上调限位盐水温度至8℃，待管幕及周围冻土温度场趋于稳定后，再关闭高温盐水限位管，观察分析管幕及周围冻土温度场的恢复情况。

②限位管的控制效果分析（图5.2-29）

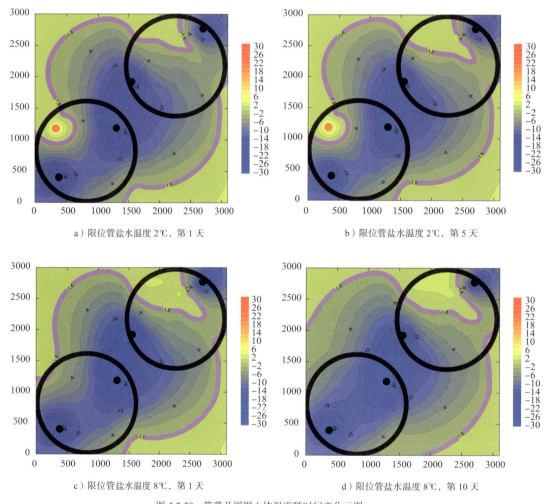

a）限位管盐水温度2℃，第1天　　　　b）限位管盐水温度2℃，第5天

c）限位管盐水温度8℃，第1天　　　　d）限位管盐水温度8℃，第10天

图5.2-29　管幕及周围土体温度随时间变化云图

a. 采用限位管控制管幕间冻土的发展是可行的。

b. 当采用限位管对管幕及周围土体进行控制时，其影响范围主要为实顶管周围冻土（局部影响），尤其是离限位管较近的区域。

c. 限位管对实顶管上方靠近两管间区域的冻土影响较小，可以抑制两管间冻土温度的上升和冻土帷幕厚度的发展，但是对空顶管内部及空顶管上方冻土基本没有影响。

d. 限位管盐水温度 8℃时的限位作用比 2℃时更明显，实顶管正上方融化冻土体积更大，但同时对实顶管内部温度场影响也增大。这两种限位盐水温度对两管间冻土均未产生不利影响。

e. 建议在实际施工过程中，当实顶管外侧冻土发展较快时，限位管盐水温度取 2℃，以减缓冻土边界发展速率；当实顶管外侧冻土厚度超过设计值时，限位管盐水温度取 8℃，使冻土边界缓慢退缩。

5.2.2.2 帷幕性状动态控制

管幕冻结施工过程中，为限制冻土过度发展，以达到控制冻胀融沉的目的，可通过冻土热控限位和冻土冷控限位两大类方法，对冻土帷幕性状进行动态控制。

其中，冻土热控限位模式下，主要针对不同限位盐水温度（2℃、8℃）对管幕冻结温度场的影响以及限位停止后管幕冻结温度场的恢复情况进行研究；冻土冷控限位模式下，考察将冻结盐水温度依次升高至 −25℃、−22℃后的管幕冻结温度场变化以及冻结盐水温度恢复至 −30~−28℃后管幕冻结温度场的恢复情况。

从测点温度—时间曲线、冻土帷幕厚度、管幕及周围土体温度云图三个方面对试验数据进行分析，得到以下冻土帷幕动态控制的规律：

（1）冻土热控限位属于局部限位控制。主要是对实顶管内部及实顶管周围冻土影响较大，尤其是离限位管较近的区域。

①冻土热控限位主要能够融化实顶管外侧冻土，防止实顶管外侧冻土发展过厚，同时也能抑制两管之间冻土帷幕厚度的发展。但是冻土热控限位也能够大幅度提高实顶管内部的局部温度，尤其是限位管附近温度上升幅度明显，同时减缓两管间冻土降温速率。不过对空顶管内部及空顶管外侧冻土基本没有影响。

②限位盐水温度 8℃时产生的作用比限位盐水温度 2℃时更明显，实顶管外侧融化冻土面积更大，但是同时对实顶管内部温度场影响也增大。限位盐水温度 8℃时能直接减小冻土帷幕厚度，而限位盐水温度在 2℃时能大幅度减小冻土帷幕厚度增长速率。但是在这两种限位盐水温度下，均未对两管间冻土产生不利影响。

③限位管关闭后管幕及周围土体温度场 7 天后能够迅速恢复，仅实顶管外侧冻土恢复较慢。

（2）冻土冷控限位属于整体限位控制。冻土冷控限位对整个管幕及周围土体温度场均有不同程度影响，而且离圆形主力冻结管和异形加强冻结管越近，即离冷源越近，冻结盐水温度的变化对其影响越大。

①当冻结盐水温度升高后，对实顶管内部与两管之间冻土影响最大，对实（空）顶管外侧靠近两管间区域离冷源较近处冻土影响次之。

②冻结盐水温度为 –25℃和 –22℃时均能很好地抑制冻土帷幕边界的扩展，并且逐渐回缩。但冻结盐水温度为 –25℃时管幕及周围土体温度上升幅度比 –22℃时更小。

③当冻结盐水温度由 –22℃恢复至 –30~–28℃后 7 天内，实顶管内部、两管之间冻土、实顶管外侧冻土能迅速恢复至冻土冷控限位试验初期升温前的温度，甚至略微降低；空顶管外侧且靠近两管间区域，仅离冷源较近处冻土温度才能恢复，离冷源较远处冻土温度恢复较慢；而空顶管外侧冻土温度并不会恢复，温度基本维持稳定。

根据上述结论，给出建议如下：

（1）管幕冻结施工过程中，当实顶管外侧冻土发展较快时，可采用冻土热控限位方法进行局部限位控制。采用这种方法对实顶管内部温度场有较大影响，但是对两管间与空顶管影响较小。

（2）限位盐水温度 8℃时限位效果比 2℃时更好。虽然限位盐水温度 8℃时对管幕及周围土体温度场影响比 2℃时大，但是对两管间与空顶管影响不大。若实顶管外侧冻土发展过大，而两管间及空顶管外侧冻土厚度没达到设计要求仍需要继续发展时，可采用限位盐水温度 2℃。此时冻土帷幕厚度继续增大，但幅度减小。

（3）管幕冻结施工过程中，当冻土帷幕较厚、冻土帷幕边界发展较快时，可采用冻土冷控限位方法进行整体限位控制。采用这种方法时，冻结效果越好的区域温升越明显，但是对封水性没有影响。

（4）单就控制冻胀融沉、限制冻土发展来说，冻结盐水温度为 –25℃即可满足要求，同时对管幕及周围土体温度场影响相对较小。而冻结盐水温度为 –22℃时，各区域温度上升幅度较大，且在试验 7 天后仍然上升。

5.2.3 冻土帷幕解冻规律

衬砌施工完成后的解冻阶段，若不采取注浆等措施，地表将相应发生融沉现象。对自然解冻和强制解冻的规律加以研究，考察哪种解冻方式更适合，从而为融沉控制方法提供参考。

通过对自然解冻与强制解冻相结合的解冻方式和仅自然解冻两种不同解冻方式进行了分析，结论如下：

（1）当空顶管的保温措施及防通风措施解除后，无论采取哪种解冻方式，空顶管内部温度均迅速升高。

（2）自然解冻温度升高主要集中在前4天，空顶管上方和实顶管上方的温度均在冰点（-1.8~0℃）附近，这表明前期自然解冻效果显著。当冻土温度升高接近冰点后，自然解冻温升速率明显减缓，主要是相变潜热较大。

（3）在强制解冻时，实顶管上方和空顶管上方冻土融化是由内而外。在自然解冻时，空顶管上方冻土融化也是由内而外。

（4）对于实顶管外围冻土，强制解冻速率明显优于自然解冻速率。但对于空顶管外围冻土，当空顶管内防通风措施解除后，空顶管内部温度会迅速升高，两种解冻方式在解冻速率上没有大的区别。

5.2.4　管幕冻土组合结构抗渗及力学性能

采取管幕冻结法冻结后形成的钢管—冻土帷幕复合结构受力特征以及可能发生的破坏模式鲜有学者进行研究，因此，该复合结构的受力特性尚未十分明了，施工时对于工程安全的判断难以把握，施工安全得不到保障。建设单位依托拱北隧道工程背景，对钢管—冻土帷幕这种复合结构的受力特征进行了研究，找出可能出现的破坏模式，为工程施工提供一定的安全指导，杜绝安全隐患。

5.2.4.1　模型试验

按照相似比缩小实际复合结构承载模型，进行模型试验。对模型加载，并记录复合结构位移，观察位移随荷载变化的曲线，找出位移随荷载变化的特征。模型试验在不同的温度下进行，得到不同温度下复合结构承载力与跨中位置冻土及钢管位移曲线，了解不同温度下复合结构的承载性能。

（1）试验方案设计

①力学模型的简化

拱北隧道工程中，隧道边开挖边支护，因此实际工程的受力模型为相邻两道支撑之间的钢管—冻土复合结构。取其中一段复合结构分析，其本质可以看成两端约束，中间受均布荷载的梁。

隧道开挖后钢管—冻土复合结构共同承担的围岩压力是均布荷载，然而在室内试验中,均布荷载的施加难以实现。为更有效地获得试验结果,可将荷载等效成一个跨中集中荷载。如图 5.2-30 所示。

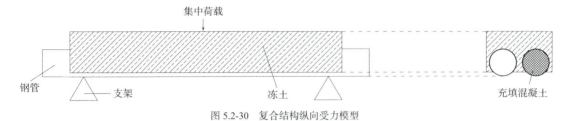

图 5.2-30 复合结构纵向受力模型

由于简支结构应力分布及变形较为直观,因此试验模型的支架可做成简支形式。此模型受力后挠度最大的地方为跨中位置,因此可在跨中位置处设置三个位移计,分别用来测量施加荷载后复合结构中空、实钢管以及管间冻土的挠度变化情况。

②复合结构的破坏形式

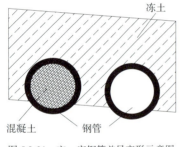

图 5.2-31 空、实钢管差异变形示意图

复合结构受力破坏应该从三个方面来考虑:一是构成复合结构的两种材料在受力时各自内部有无破坏发生,二是两种材料在共同受力情况下是否能协调变形,接触面有无脱开的情况发生,三是两种材料在共同受力的情况下接触面上是否发生滑移。冻土在强度以及刚度等方面相比于钢管要小得多,加之管间的冻土较薄,因此在材料的破坏方面主要取决于冻土的破坏。在冻土材料强度满足要求的同时,检验复合结构是否出现脱开以及滑移破坏。如图 5.2-31 所示。

③试验参数的选取

见表 5.2-4。

模型试验参数的选取　　　　　　　　　　　表 5.2-4

影响参数	选取情况	影响参数	选取情况
冻结管的布置	否	钢管内充填混凝土	一根充填,另一根不充填
冻结管的形状	否	钢管外径	50mm
两钢管间距	30mm	钢管壁厚	0.5mm
上覆冻土厚度	40mm	钢管长度	250mm
下部冻土到两管圆心连线	15mm	冻土温度	$-5℃$、$-10℃$、$-15℃$ 以及 $-20℃$

续上表

影响参数	选取情况	影响参数	选取情况
钢管表面粗糙度	否	冻土含盐量	不含盐
荷载	超过实际工程		

④试验内容

模型试验主要探究在不同温度下复合结构受荷载时钢管与冻土变形协调性。试验设计温度为 –5℃、–10℃、–15℃以及 –20℃四个温度，每个温度下做两个试样，共计 8 个试样，进行 8 次试验。

（2）试样制作与试验装置

由于拱北隧道段所处地层大部分为③-3 以及⑤-2 的砂土层，因此试验所用冻土采用重塑砂土，含水率为 28.5%。

试样包括空心钢管、填充混凝土后的实心钢管以及包裹钢管的重塑砂土，如图 5.2-32 所示。

图 5.2-32　脱模后的承载力试验试样

模型试验在 WDT-100 微机控制冻土单轴压缩试验机上进行，该试验机与普通单轴压缩试验机最大的不同是能提供一个与试样温度一样的密闭环境进行试验。试验装置最大加载能力 100kN，精度 1%。

（3）试验结果分析

钢管—冻土复合结构在受荷载时共同变形，若两种材料变形不协调，则两种材料会脱开，钢管与冻土之间会产生缝隙，可能会形成透水通道，这样冻土帷幕的封水效果就得不到保证。在实际工程中，相邻两钢顶管分别为空心钢管和充填混凝土的实心钢管，刚度差异很大，在受荷载时会产生差异变形，导致管间的冻土不仅受到围岩的压应力，还会受到因差异变形带来的剪应力，因此要求冻土具有良好的跟随变形能力。而冻土又是一种特殊的材料，其力学性质随温度呈现一种动态的特性，为了找出冻土跟随钢管变形的最佳温度，试验设计了4个温度值（实际工程中冻土帷幕温度均在该范围内）。通过试验与分析，可得到如下结论：

①对比4个温度下的试验结果，当温度为 −10℃时，在位移曲线出现分叉前，复合结构跨中发生的位移最大，随着温度降低，复合结构跨中发生的位移减小。说明温度越低，冻土刚度越大，跟随变形能力越差。但冻土温度较高时，冻土强度较低，冻土可能会由于自身强度不够而发生破坏。

②温度越低，冻土刚度越大，因此复合结构的整体刚度增加，在相同荷载下整体结构跨中变形越小，且空、实两管的差异变形越小，说明冻土承载力随温度下降而增强。

③4个温度试验过程中，实心钢管位移自始至终随着荷载呈线性变化，说明实心钢管只发生弯曲变形，没被"压扁"。在冻土温度较高时，空心钢管变形随荷载呈现非线性，说明空心钢管不仅发生弯曲变形，还被"压扁"；当冻土温度较低时，非线性程度减弱，说明钢管弯曲变形在整个变形中占的比例较大。因此，冻土温度越低，强度越高，刚度越好，对空心钢管能起到一种"保护"作用。

④将假定钢管与冻土脱开时（位移曲线出现分叉时）的试验荷载换算为实际工程等效荷载后发现，各个温度下钢管与冻土疑似脱开时的荷载都远远大于实际工程中复合结构可能受到的荷载，因此在实际工程中基本不会出现钢管与冻土因变形不协调而导致两者脱开的破坏情况。

⑤冻土温度较高（−5℃和 −10℃）时，刚度较小，空心钢管位移较大，被压扁的程度较大，推测加入空心钢管压扁量进行修正后结果可能会有一定的影响；但是在冻土温度较低（−15℃甚至 −20℃）时，刚度较大，空心钢管位移较小，压扁量较小，推测加入空心钢管压扁量进行修正后结果与试验结果差别不大。

综上所述，就钢管—冻土变形协调性而言，实际工程中冻土帷幕的平均温度不是越低越好，也不是越高越好，应综合考虑冻土帷幕强度、复合结构两种材料跟随变形能力等。建议冻土帷幕平均温度控制在 −15~−10℃范围内。然而，在其他冻土温度下，实际荷载远小于可能发生钢管—冻土脱离的极限荷载，并且管幕初支约束条件优于实验条件，故实际工程条件下不会发生钢管—冻土接触面的脱离破坏。因此，工程中出现的冻土温度均为安全温度。

（4）试验小结

通过模型试验，得到了空心钢管、实心钢管以及管间冻土三者位移随荷载变化的曲线。试验过程中，实心钢管的位移曲线一直保持线性；而空心钢管呈现非线性，说明试验过程中空心钢管发生了"压扁"变形；随着变形的增加，管间冻土在位移达到一定值时，不能跟随钢管变形，而与钢管脱离，此时可认为复合结构发生破坏。但是试验结果没有考虑到空心钢管"压扁"变形量，因此需要对数值模拟的结果进行修正。

冻土跟随钢管变形的能力明显与温度有关。在试验温度范围内，不是温度越高或者温度越低，冻土跟随钢管变形的能力就越好，而是在一个合适的温度时，冻土跟随钢管变形的能力最强，实际工程中设计冻土帷幕的平均温度时需要考虑到这点。

5.2.4.2 接触面剪切试验

在冻土与钢管接触面上的点，应力可分解为径向应力 σ_r 和切向应力 τ_θ。冻土的冻着力使冻土与钢管黏合在一起，但若受力时切向应力超过极限冻着力，冻土与钢管之间便会发生滑移，复合结构发生滑移破坏。为了了解钢管—冻土复合结构接触面力学特性，应对钢管—冻土复合结构进行接触面剪切试验。

根据工程实际开挖界限，管幕内冻土开挖至暴露出钢管的一部分，而管幕外冻土帷幕发展充分以后横截面边缘近似为直线，因此以一根钢管及其周围的部分冻土为一个单元，取出一个单元进行受力分析，受力情况如图 5.2-33 所示。

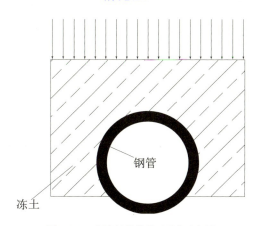

图 5.2-33 复合结构横截面受力示意图

（1）试验方案设计

①力学模型的简化

在钢管与冻土接触面上，各点的径向应力 σ_r 和切向应力 τ_θ 大小未知，因此接触面上哪点会发生滑动或破坏不能确定。针对这种情况，可选取不同角度下的点进行复合结构的剪切试验。根据摩尔—库伦准则，得到发生滑动时径向应力 σ_r 与切向应力 τ_θ 所绘的包络线，然后根据包络线来判断复合结构的两种材料是否发生滑动。本试验选取三个有代表性的角度：30°、45° 和 60°。复合结构的剪切模型如图 5.2-34 所示。

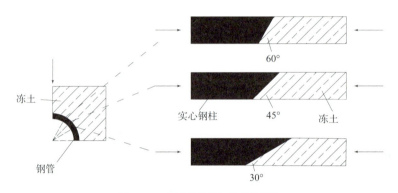

图 5.2-34　复合结构剪切模型示意图

②试验目的

钢管—冻土复合结构接触面剪切试验主要是通过不同剪切角度的试样，获得钢管与冻土在不同法向应力状态下的极限切应力大小。据此绘制 σ_r-τ_θ 曲线，得到两种材料接触面上的剪切强度包络线，并对其进行拟合，得到拟合公式。然后结合数值计算，以获得的剪切强度包络线为破坏准则，判断当复合结构被施加不同荷载时接触面上的所有点是否会发生滑移。最后，通过不同温度下复合结构接触面剪切试验获得不同温度下两种材料接触面上的剪切强度包络线，进行比较。

③试验参数的选取

见表 5.2-5。

接触面剪切试验参数选取　　表 5.2-5

影响参数	选取情况	影响参数	选取情况
剪切角度	30°、45°、60°	冻土温度	−10℃、−15℃、−20℃、−25℃
荷载	发生破坏时的极限荷载	钢柱表面光洁度	与模型试验相同

④试验内容

复合结构接触面剪切试验主要研究复合结构在不同温度下接触面上黏聚力的大小,绘制不同温度下的σ_r-τ_θ包络线。分为30°、45°、60°三个剪切角度,试验设计温度分别为 –10℃、–15℃、–20℃、–25℃,每个剪切角度做两个试样,共计24个试样。

试验次数统计与分类见表5.2-6。

试验内容统计　　表5.2-6

试验内容		温度（℃）				试验次数
		–10	–15	–20	–25	
接触面剪切试验	30°	2	2	2	2	8
	45°	2	2	2	2	8
	60°	2	2	2	2	8

（2）试样制作

复合结构接触面剪切试验需考虑30°、45°、60°三个剪切角度,因此需制作三个特殊钢柱,其一侧表面要切割成与法向面夹角分别为30°、45°、60°。利用套筒在钢柱上方加入重塑好的砂土,振捣密实。试样制作好后,放入冰箱养护,待土冻结后,将套在外面的钢管拆卸掉,拆卸后的试样如图5.2-35所示。

图5.2-35　剪切面各角度下试样

（3）试验结果分析

钢管—冻土复合结构两种材料在接触面上任意一点都有可能发生滑移，导致复合结构破坏。这里对实际工程中钢管—冻土复合结构的复杂应力状况进行了分析与简化，接触面上不同点的应力差别主要体现在法向应力与切向应力上，因此判断两种材料在接触面上某一点是否发生滑移，只需知道这一点的法向应力与切向应力是否在复合结构接触面上剪切强度包络线的外侧。若是，则可以判断两种材料在这点上发生了滑移；若不是，则可以判断两种材料在这个点上没有发生滑移。针对不同温度下，三个不同接触面角度的试样进行试验后，得到如下结论：

①钢管—冻土复合结构剪切强度包络线在每个温度下都近似为一条直线，可用线性关系式拟合 σ_r 与 τ_θ 的关系，且拟合出的关系式可作为该温度下构成复合结构的两种材料在受荷载时是否发生滑移的判断标准。

②对每个温度下的钢管—冻土复合结构剪切强度包络线进行线性拟合后发现，不同温度下每条包络线基本平行，故斜率基本相同，说明温度对复合结构接触面上两种材料间的摩擦角影响很小。

③包络线的截距随温度降低而线性增加，说明接触面上两种材料间的黏聚力随温度降低而线性增加。

（4）试验小结

通过钢管—冻土接触面剪切试验，得到不同温度下接触面剪切强度的包络线以及剪切强度包络线的拟合公式。各温度下剪切强度的包络线都近似为一条直线，且斜率差别不大，说明温度对复合结构接触面上两种材料间的摩擦角影响很小。对接触面上两种材料间的黏聚力与温度的关系进行拟合后发现，黏聚力随温度降低而线性增加。剪切强度包络线的拟合公式可用来作为判断接触面上两种材料是否发生滑移的依据。

5.2.4.3 钢管—冻土复合结构力学特性的有限元分析

采用有限元软件 ANSYS 对钢管—冻土复合结构受荷载后的力学性能进行有限元数值模拟。通过对比试验结果，选择最接近实际情况的材料参数，提高数值模拟的准确性。首先选择相应的破坏准则，考察实际工程中钢管—冻土复合结构在不同荷载条件下最可能的破坏形式，了解复合结构的受力特性。

（1）有限元建模

钢管—冻土复合结构力学特性的数值模拟模型采用三维模型，主要结构包括钢管、管内混凝土以及钢管周围的冻土。

实际工程中相邻两管"一空一实",空心钢管与填充混凝土的实心钢管交错排布。为减少边界效应的影响,以连续三根钢管及周围冻土为最小考察模型,中间钢管为空心,其余两根填充混凝土。各参数的选取直接影响到 ANSYS 数值计算结果的准确性,因此计算参数需按照实际情况取值,才能最大限度地接近实际情况。

(2)复合结构接触面破坏分析

复合结构接触面上的破坏形式可分为两种,一种是钢管与冻土变形不协调导致钢管与冻土脱开,另一种是钢管与冻土接触面上黏聚力不够而发生剪切滑移。

①钢管与冻土变形协调性

模型试验获得了管间冻土位移曲线以及空、实钢管平均位移曲线。若复合结构只发生刚性变形,管间冻土位移曲线应该和空、实钢管平均位移曲线重合;若二者发生分叉,则可认为钢管与冻土因变形不协调而脱开。但是试验中空心钢管不仅发生弯曲变形,也被压扁了,因此忽略空心钢管压扁所产生的位移而单纯以底部位移来判断钢管与冻土是否脱开是不准确的。而空心钢管压扁的变形量在试验中难以测得,且数值计算模拟钢管的位移与试验数据较为吻合,因此加入数值计算中空心钢管压扁变形的结果,将试验中所得管间冻土的位移扣除由数值计算得到的空管压扁产生的变形,再来与试验中得到的空、实两管平均位移曲线进行对比,看是否会发生分叉。

不同温度下钢管与冻土脱开时,复合结构发生的位移都不同,且荷载也不相同,因此可考察实际工程中钢管与冻土脱开时的极限位移及所受的极限荷载与温度的关系。钢管与冻土脱开时,复合结构的极限位移与极限荷载并不是单纯随着温度升高或降低,而是在 $-10℃$ 时达到最大值。说明此温度下冻土跟随钢管变形的协调性最佳。因此,在实际工程中,从变形协调性出发,尽可能保持钢管—冻土复合结构接触面上的温度接近 $-10℃$。

然而实际工程荷载远小于可能发生钢管—冻土脱离的极限荷载,且实际工程中约束条件优于试验中的约束条件,故实际工程条件下不会发生钢管—冻土接触面的脱离破坏。因此,工程中出现的冻土温度均为安全温度。

②接触面剪切强度

复合结构接触面破坏还包括接触面剪切破坏。因此,实际模型需计算接触面上的法向应力与切向应力,计算所得的结果与剪切试验所得的剪切强度包络线进行对比,看复合结构接触面上是否会发生剪切破坏。

从前文分析判断来看，-10℃时钢管与冻土变形协调性最佳，因此可认为是工程上最合理的温度，实际工程中的冻土帷幕平均温度要尽量接近此温度，故取 -10℃ 为例进行实际模型计算。实际模型取 10m 长，实际工程中隧道最大埋深处约为 10m，故实际工程中最大水土压力为 0.2MPa。

-10℃时复合结构接触面剪切强度包络线拟合公式为：

$$\tau = 0.512\sigma + 0.149$$

当荷载为 0.2MPa 时，接触面上最大切应力为 0.115MPa，最大切应力处法向应力为 0.111MPa。此温度下黏聚力 c 恒大于最大切应力，故在此法向应力与切向应力下，复合结构接触面上不会发生剪切破坏。

若荷载继续增加到 0.4MPa，接触面上所有点的切向应力都在剪切强度包络线之下，说明此荷载下接触面上不会发生剪切破坏。

荷载继续增加至 0.6MPa，接触面上有部分点的切向应力已经在剪切强度包络线之上，说明此荷载下接触面上会发生剪切破坏。实际情况下，由于钢管可能发生锈蚀，表面摩擦力会增加，因此能承受的荷载会更大。

（3）管间冻土应力分析

由于相邻两根钢管间距较小，管间冻土较薄，加上相邻两管"一空一实"，刚度不同，受荷载时会产生差异变形，对管间冻土稳定更加不利。若管间冻土所受应力较大而超过冻土极限强度，则会发生破坏，管幕冻结法的止水效果就会大打折扣，因此有必要分析管间冻土的应力状态。-10℃时钢管与冻土变形协调性最佳，因此可认为是工程上最合理的温度，实际工程中的冻土帷幕平均温度要尽量接近此温度，故取 -10℃ 为例进行实际模型计算。

实际工程中水土压力大约为 0.2MPa，因此，数值计算中施加一个 0.2MPa 的面荷载，此时冻土帷幕第一主应力与第三主应力结果如图 5.2-36、图 5.2-37 所示。

由于空心钢管会被压扁，因此管间冻土 x 方向上会受到空心钢管的挤压，产生较大的压应力。而管间冻土的下端跟随钢管变形，产生了拉应力。y 方向上，由于压应力较大，管间冻土一直处于受压状态，在下端靠近实心管的一侧出现了拉应力，但拉应力较小。从管间冻土 x、y 方向上的应力分布云图来看，管间冻土较安全，基本不会发生破坏。

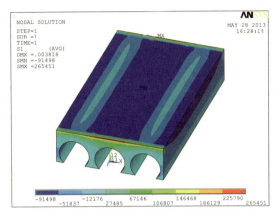 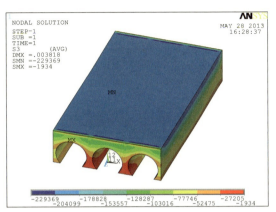

图 5.2-36　第一主应力分布云图　　　　图 5.2-37　第三主应力分布云图

有限元计算中一般采用 V. Mises 屈服准则，算出等效应力，然后与极限强度进行对比，若等效应力超过极限强度，则可认为冻土帷幕破坏。根据《港珠澳大桥珠海连接线拱北口岸人工冻土物理力学参数试验报告》，温度为 −10℃时细砂抗拉强度为 1.01MPa。对结果进行分析后发现，用 V. Mises 准则换算后的等效应力最大值比 1.01MPa 要低，冻土帷幕应力尚未达到冻土极限强度，因此管间冻土不会发生破坏。

（4）数值分析小结

通过 ANSYS 有限元软件对试验模型以及实际工程进行了数值计算，与试验数据相结合，得到如下结论：

①结合数值计算中空心钢管被"压扁"的形变量，对 5.2.4.1 节及 5.2.4.2 节的试验结论进行了修正，当复合结构发生的位移较小时，修正前后结果非常相近；但在温度较高、荷载较大时，修正前后结果有很大区别。

②通过 4 个温度条件下钢管与冻土脱开时复合结构的位移以及承受的荷载比较可知，试验温度范围内，钢管与冻土脱开时复合结构的极限荷载与位移不是单纯随温度变化递增或递减，而是在 −10℃时钢管与冻土协调变形能力最佳，因此实际工程中冻土帷幕平均温度要尽可能接近 −10℃。

③因空心钢管被压扁产生横向位移，管间冻土在 x 方向上受到空心钢管的挤压，产生较大压应力。实际工程中，需考虑钢管变形对管间冻土的挤压作用，若钢管刚度不够，产生较大横向变形，则可能会使管间冻土发生破坏。

④荷载较小时，钢管—冻土复合结构接触面上切向应力尚在剪切强度包络线以下，管间冻土应力也远小于冻土极限强度。随着荷载增加，接触面上切向应力增大，管间冻

土应力也增大,此时切向应力超过剪切强度包络线,但管间冻土应力尚在极限强度以下,因此复合结构最先可能出现的破坏形式是由于接触面上钢管与冻土黏聚力不够而产生的剪切破坏。

5.3 管幕冻结施工关键技术

冻结法是一种风险很大的工法,稍有不慎便可酿成大祸。根据第三方安全风险评估报告,拱北隧道管幕冻结法施工的要点在于保证封水效果的安全、可靠,并控制冻胀与融沉量。对冻结施工进行的风险评级结果显示,冻结施工风险等级为Ⅲ级(高度风险),必须采取处理措施以降低风险。

管幕冻结施工包括制冷设备、冻结管路、冷冻站等安装、调试、运行、维护和监测,以及隧道开挖完成后的解冻、融沉跟踪注浆等关键环节。

5.3.1 冻结管路安装施工关键技术

5.3.1.1 顶管内管路角度定位方法

冻结管路的精确安装是有效保证控制冻结效果的基础,焊接安装前首先必须准确定位放线。将水平尺横放卡在顶管的顶部,调整水平尺,使其气泡位于水平尺正中,用直角尺配合水平尺,确定顶管内的最高点。如图 5.3-1 所示。

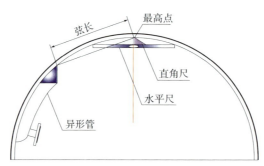

图 5.3-1 顶管内最高点确定方法

根据管路设计角度,在图纸上模拟出管路外边线距离顶管内壁最高点的弦长。用卷尺量出该长度,确定出一个管外边线上的点。用此方法,依次确定异形管外边线上的 3 个点和圆形管支架的位置弦长,然后用石笔或墨斗弹线画出管路控制线,异形管和圆形管的外边线放线示意见图 5.3-2、图 5.3-3。然后根据异形管尺寸及弯角转向画出异形管的外轮廓线,为下一步异形管安装焊接施工提供便利。

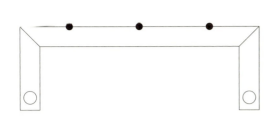
图 5.3-2　异形管边线放样点

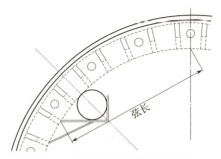
图 5.3-3　圆形管支架位置控制弦长点

5.3.1.2　顶管内材料及设备运输方法

顶管内空间狭小、内部湿滑，管材和小型设备运输十分困难。综合考虑管节法兰尺寸及冻结干管布置情况，设计加工简易滑轮小车 + 轨道，用来运输管材和小型设备，大大提高工作效率。如图 5.3-4、图 5.3-5 所示。

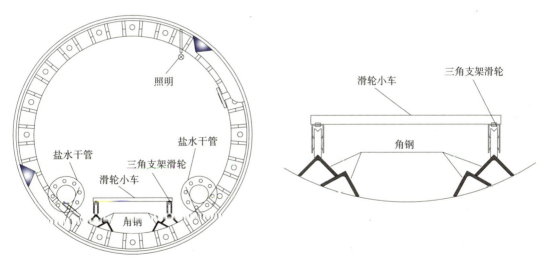

图 5.3-4　顶管内简易轮车位置图　　　　　图 5.3-5　简易轮车大样图

（1）异形管焊接

异形冻结管采用∠12.5°角钢在顶管内壁进行直接焊接。其安装分横直段和 L 形弯头段焊接。

根据设计要求，按每 4 节异形管用橡胶软管连接成一组，形成 16 个独立组，每根偶数管内盐水干管安装 16 个电控三通阀控制 16 组盐水回路。管路连接前预制好高压橡胶管接头构件，按连接顺序依次为：高压橡胶管进水管、连接管及出水管。

每个顶管内部安装完成检漏合格后，管内干管全部做保冷层施工。

顶管内壁常有凸凹不平处，有锈迹、注浆污染及油污等杂物，焊接时需将顶管面清理打磨干净，焊接不能夹渣、气孔、漏焊等，需满足致密性要求。

（2）圆形管安装

设计对充填混凝土内的冻结管和限位管安装有精确的位置要求，安装前需在管内放线，做好标志。然后在顶管管节法兰处焊接管路支撑支架，架设管路并拼装完成。拼装时用标准螺栓进行管路连接，法兰之间安装橡胶密封垫。

每根顶管管路安装完成后进行压力试验。压力试验采用地面泵循环送水，检查顶管内管路是否有水渗漏。试压不合格的，从外观进行检查，标定出漏水位置，并重新连接或焊接加固，再次试验直至合格为止。

5.3.2 冷冻站安装施工关键技术

5.3.2.1 冻结站内的布置

根据设计供冷量和供冷回路设计要求，拱北隧道管幕冻结工程分别在东、西工作井施工区域各配置一处冻结站。其中，东区冻结站主要供异形冻结管A、B、C区及圆形冻结管1区，总需冷量约2123.45kW；西区冻结站主要供圆形冻结2区、3区，总需冷量约1128.26kW。

东区冻结站内的主要设备：冷冻机组17台，清水泵15台，盐水泵10台，冷却塔30台，清水箱（5.0m×3.5m×0.63m）15个和盐水箱（4.0m×2m×1.26m）5个，盐水管路与清水管路等（图5.3-6）。

图5.3-6 东区冻结站

西区站内的主要设备：冷冻机组 8 台，清水泵 7 台，盐水泵 4 台，冷却塔 14 台，清水箱（5.0m×3.5m×0.63m）7 个和盐水箱（4.0m×2m×1.26m）2 个，盐水管路与清水管路等（图 5.3-7）。

图 5.3-7　西区冻结站

盐水管路、清水管路与机组之间采用法兰连接，要合理地布置安装阀门，利于平时开启与关闭操作，同时又要便于维护。盐水干管采用法兰盘连接，相邻管路法兰盘要错开，进出水管要有温度计插座，下部要按坡度要求用方木垫实。

冷冻机组灌充氟利昂前要进行压力试验和抽真空，确保压力试验合格后进行充氟利昂操作，否则会引起制冷剂大量泄漏。

如图 5.3-8、图 5.3-9 所示。

5.3.2.2　干管与集、配液管的安装

东区冻结站包括：异形管冻结 A、B、C 区，圆形冻结管冻结 1 区，限位管 1、2 区。其中异形冻结管干管为 6 条 ϕ219mm×6mm 螺旋焊管管路（三去三回）；圆形冻结管干管为 2 条 ϕ133mm×4.5mm 无缝钢管管路（一去一回）；限位管干管为 2 条 ϕ133mm×4.5mm 无缝钢管管路（一去一回）。为满足冻结集配液圈压力分布合理，减少管路连接长度的需要，每条盐水干管均分为两根集配液圈。如图 5.3-10~图 5.3-12 所示。

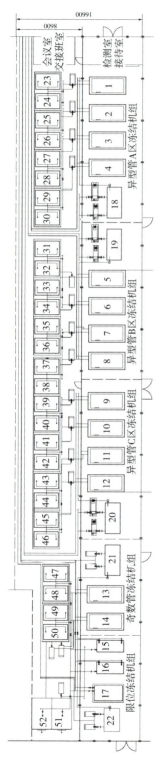

图 5.3-8 东区冷冻站设备及管路总图

注：1-1 号压缩机组；2-2 号冷却塔；3-3 号压缩机组；4-4 号压缩机组；5-5 号压缩机组；6-6 号压缩机组；7-7 号压缩机组；8-8 号压缩机组；9-9 号压缩机组；10-10 号压缩机组；11-11 号压缩机组；12-12 号压缩机组；13-13 号压缩机组；14-14 号冷却塔；15-15 号压缩机组；16-16 号压缩机组；17-17 号压缩机组；18-1 号盐水箱；19-2 号盐水箱；20-3 号盐水箱；21-4 号盐水箱；22-5 号盐水箱；23-1 号冷却塔；24-2 号冷却塔；25-3 号冷却塔；26-4 号冷却塔；27-5 号冷却塔；28-6 号冷却塔；29-7 号冷却塔；30-8 号冷却塔；31-9 号冷却塔；32-10 号冷却塔；33-11 号冷却塔；34-12 号冷却塔；35-13 号冷却塔；36-14 号冷却塔；37-15 号冷却塔；38-16 号冷却塔；39-17 号冷却塔；40-18 号冷却塔；41-19 号冷却塔；42-20 号冷却塔；43-21 号冷却塔；44-22 号冷却塔；45-23 号冷却塔；46-24 号冷却塔；47-25 号冷却塔；48-26 号冷却塔；49-27 号冷却塔；50-28 号冷却塔；51-29 号冷却塔；52-30 号冷却塔。

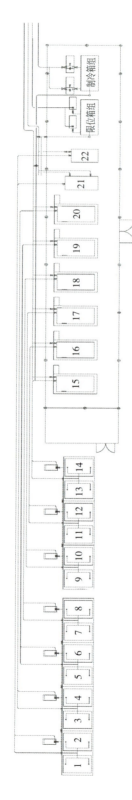

图 5.3-9 西区冷冻站设备及管路总图

注：1-1 号冷却塔；2-2 号冷却塔；3-3 号冷却塔；4-4 号冷却塔；5-5 号冷却塔；6-6 号冷却塔；7-7 号冷却塔；8-8 号冷却塔；9-9 号冷却塔；10-10 号冷却塔；11-11 号冷却塔；12-12 号冷却塔；13-13 号冷却塔；14-14 号冷却塔；15-1 号压缩机组；16-2 号压缩机组；17-3 号压缩机组；18-4 号压缩机组；19-5 号压缩机组；20-6 号压缩机组；21-7 号压缩机组；22-8 号压缩机组。

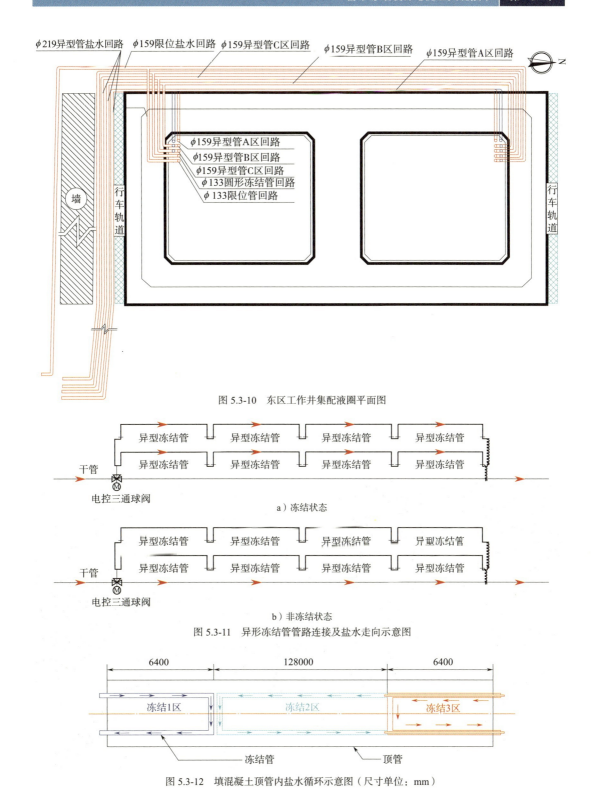

图 5.3-10 东区工作井集配液圈平面图

a）冻结状态

b）非冻结状态

图 5.3-11 异形冻结管管路连接及盐水走向示意图

图 5.3-12 填混凝土顶管内盐水循环示意图（尺寸单位：mm）

西区冻结站包括：圆形冻结管冻结 2 区、3 区，限位管 3 区。其中，圆形冻结管干管为 2 条 $\phi 219mm \times 6mm$ 螺旋焊管管路（一去一回）；限位管干管为两条 $\phi 133mm \times 4.5mm$ 无缝钢管管路（一去一回）。为了满足冻结集配液圈压力分布合理，减少管路连接长度的需要，每条盐水干管均分为两根集配液圈。如图 5.3-13、图 5.3-14 所示。

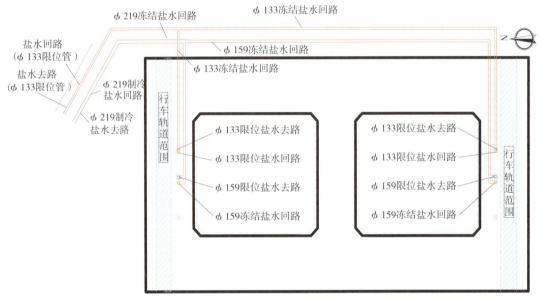

图 5.3-13　西区工作井集配液圈平面图

图 5.3-14　盐水干管现场图片

5.3.2.3 保温施工

冻结系统中所有低温部位均需进行保冷层施工,包括冷冻机组、盐水箱、盐水泵、盐水干管及集配液管等。

保温材料盐水箱选用聚苯乙烯泡沫塑料板,厚度为80mm,在保冷层外贴铝箔反光纸;管路及机组选用橡塑保温板,保冷层顶管外厚度至少为60mm,顶管内为30mm,保冷层外面用塑料薄膜包扎(图5.3-15)。

图 5.3-15 管路保温措施

5.3.3 制冷监测系统施工关键技术

5.3.3.1 监测点的布置与安装

测温孔设计在22根顶管内,每根顶管32个断面,总计704个测温孔。每个顶管内壁都有32个环向测温断面,设计探点共9984个,加上顶管外安装的探点,约10280个。

顶管内的测温孔结构:有与顶管壁焊接的$\phi 60mm$孔口管(L=10cm),外接DN50球阀+$\phi 60$密封盒(L=12cm),孔口管内安装$\phi 32mm$钢管作测温管,如图5.3-16、图5.3-17所示。

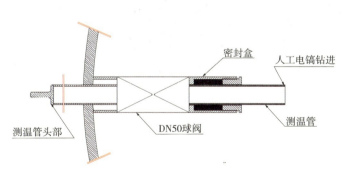

图 5.3-16 测温管结构图

图 5.3-17 测温管断面布置图

5.3.3.2 监测项目

拱北隧道管幕冻结工程采取动态控制冻结,既要保证顶管间冻土帷幕封水的安全,同时为避免地表变形过大也要严格限制冻土体积,因而需依据监测数据实时调整冻结运行参数。冻结监测是实施动态控制冻结的关键环节,是后续工程顺利施工的前提和保证，对整个工程的施工有重要意义。冻结监测项目包括冻土帷幕温度及厚度、顶管内管壁温度、冻结盐水及限位管盐水去回路温度、流量和压力的监测等。具体如下：

（1）积极冻结阶段：监测冻土帷幕温度及厚度，监测圆形冻结管去回路盐水的温度、流量和压力，顶管内管壁温度，盐水水位。

（2）动态控制阶段：监测冻土帷幕温度及厚度，监测圆形冻结管去回路盐水的温度、流量和压力，限位管去回路温度、流量和压力，顶管内管壁温度，盐水水位。

（3）开挖加强冻结阶段：监测冻土帷幕温度及厚度、圆形冻结管去回路盐水温度、流量和压力，异形冻结管去回路盐水温度、流量和压力，顶管内管壁温度，盐水水位。

（4）解冻阶段：监测冻结帷幕温度和顶管管壁温度的变化过程。采用强制解冻时，增加热盐水温度、流量、压力和盐水水位监测等。

如图 5.3-18~ 图 5.3-21 所示。

图 5.3-18　布设测点传感器支架

图 5.3-19　盐水去回路管道

图 5.3-20　典型测面温度时程曲线

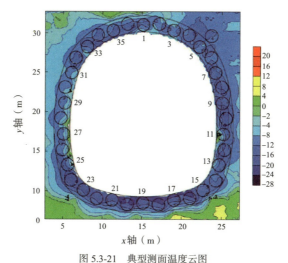

图 5.3-21 典型测面温度云图

5.3.3.3 监测的时期和频率

监测时期：从冷冻站开始运作到隧道施工结束，冻土解冻完成后结束监测。

监测频率：冻结系统内监测频率为每 2h 记录一次；监测采取自动监测，未开挖前 1 次/天，开挖期 3 次/天，必要时，根据需要调整监测频率。

5.3.4 制冷设备运转条件

5.3.4.1 气密性及水密性试验

异形冻结管焊接完成后，须进行气密性试验（图 5.3-22），管路满足 0.8MPa 的压力保持 45min 为验收合格。所有管路及设备安装完成后，进行水密性试验，满足水泵出水口水压 0.6MPa 维持 24h 即验收合格。

图 5.3-22 气密性及水密性检测

5.3.4.2 溶解氯化钙

盐水（氯化钙溶液）相对密度为 $1.26 \times 10^3 \sim 1.27 \times 10^3$。提前制作一个氯化钙融化箱，融化箱内充入一定的清水，打开箱内循环泵进行融化氯化钙处理，盐水达到浓度后，开启水泵注入制冷系统盐水箱，打开盐水管阀门逐个送入盐水干管和冻结管内，直至盐水系统全部充满为止；溶解氯化钙时要除去杂质，盐水泵入口要有密目网。如图 5.3-23 所示。

特别注意事项：整个顶管内所有管路必须充填盐水，否则，余留清水的管路在开始冻结后会冻结结冰，造成后期无法循环盐水。

5.3.4.3 机组充氟

首先进行制冷系统的检漏和氮气冲洗，在确保系统无渗漏后，抽真空并充氟。充氟时，要多观察，按照机组参数进行充氟利昂作业（图 5.3-24），防止过充和少充。

图 5.3-23 溶解氯化钙

图 5.3-24 注入氟利昂

5.3.4.4 机组加油

先关闭油粗过滤器进口和油精过滤器出口的管道截止阀，将加油管连在油粗过滤器前的加油阀上，启动机组中的油泵，油经加油阀、油粗过滤器、油泵及单向阀进入油冷却器，油充满油冷却器后流入油分离器，直至油分离器中的油面到达上视液镜中心时，停止加油。

当机组内已有制冷剂需补充加油时，首先应停机，关闭吸排气阀，通过油分离器放空阀卸压至 0.1~0.2MPa，再按初次加油方法加油。

5.3.4.5 试运转

首先打开清水系统，慢慢打开阀门，调节循环量，正常后，再打开盐水系统，慢慢调整流量和系统压力。两个系统正常后，再逐个启动冷冻机组。

试运转时，要随时调节压力、温度等各状态参数，使机组在有关工艺规程和设备要求的技术参数条件下运行。冻结施工过程中，定时检测盐水温度、盐水流量和冻结壁扩展情况，必要时调整冻结系统运行参数。冻结系统运转正常后进入积极冻结阶段。如图 5.3-25~ 图 5.3-28 所示。

图 5.3-25　机组调试

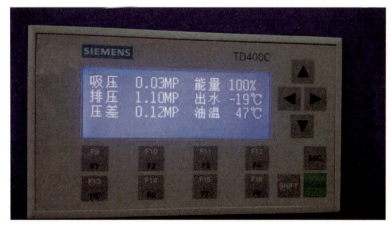

图 5.3-26　制冷参数调试

图 5.3-27　制冷机组调试蒸发器正常　　　　图 5.3-28　冷却塔系统通水调试

5.3.5　冻结期制冷参数调控

根据设计要求，拱北隧道工程分区、分段冻结，各部位盐水总路的温度、各管路的盐水流量以及异形管的开启状态均可以进行动态调整。

根据暗挖施工方案，为避免冻土体积过大，采取纵向分区和横向分台阶进行冻结施工，在横断面上将冻土帷幕分为 A 区，B1、B2、B3 区，C 区 5 个区域。在未开挖前，开启填充混凝土顶管（实心管）内的圆形冻结管中 1 区、2 区、3 区去回路，冻结 70 天后，再开启异形管（空心管）冻结 20 天，经检测，冻结帷幕厚度达到设计要求之后开始开挖。开挖断面分 5 台阶 14 分部，每台阶开挖循环为 80cm 加工字钢支撑，紧跟初衬施工。二次衬砌距离初期支护面为 5m，开挖导洞顺序为 1 部至 14 部，每个导洞在上一个导洞完成 10m 后施工，待二次衬砌完成后施工中板及三次衬砌。待东、西区工作面各开挖 84m 后，1 区、3 区二衬施工完成，满足封水条件后停止 1 区、3 区冻结。在冻结过程中，当冻土帷幕厚度超过设计限值或地表冻胀监测超出允许范围时，启用限位管限制冻土帷幕的发展。

5.3.5.1　异形管开启状态调整

根据冻结需要，开启异形管 A 区、B 区、C 区的制冷循环。约 80 天后，为节省电量，陆续关闭异形管 16 个冻结区的中间 8 个冻结区。35 天后，为确保开挖过程中冻结壁的安全，陆续开始开启全部异形管参与冻结循环。

5.3.5.2 盐水温度调整

圆形管从 2016 年 1 月 12 日开始盐水循环，然后逐渐进入积极冻结状态。积极冻结期，降低盐水温度，加快冻结速度，圆形管制冷盐水温度在 –27~–26℃范围，异形管制冷盐水温度在 –30~–28℃范围。冻结期范围内，根据各处地表监测数据及温度监测数据综合分析，为控制冻胀作用引起的地表变形，冻结期内各处温度均有不同程度的调整。至开挖贯通、初衬施工完成后，各循环盐水温度均有所回调，圆形管制冷盐水温度在 –24~–22℃范围，异形管制冷盐水温度在 –27~–22℃范围。

2017 年 5 月 25 日，结合地表变形数据，为控制冻胀导致地表隆起过大，决定采取冷控措施，调整东区圆形管总去路温度，由 –25.8℃调升至 –24.5℃。温度调整后，各处土体温度普遍回升，地表隆起变形得到明显抑制。如图 5.3-29 所示。

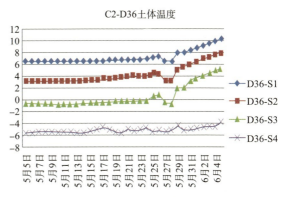

图 5.3-29　冷控效果时程曲线（温度）

5.3.5.3 盐水流量调整

可通过调节盐水泵出水压力来调整该冻结区的总流量。冻结过程中，根据冻结温度监测数据分析，调节某一冻结区的盐水流量，从而控制该区的盐水制冷效果，以加强或减弱冻结速率。结合地表监测数据分析，也可通过调节盐水流量，以控制地表变形速率。

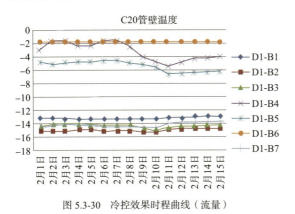

图 5.3-30　冷控效果时程曲线（流量）

2017 年 2 月 10 日，为控制地面变形，对 A 区 1 号、3 号、5 号、31 号、33 号、35 号共 6 根上部顶管的 $\phi 89$ 管路盐水流量进行调整，由之前的 6~8m³/h 调整为 3~5m³/h。如图 5.3-30 所示，第 20 测面 1 号顶管调整流量后 5 天，温度最高回升 0.75℃，有效地遏制了外围冻土的急剧扩张。如图 5.3-30 所示。

5.3.5.4 限位管调整

开启奇数号管（空心管）内的限位管，通过循环高温或常温盐水带走冷量，从而限制冻土向冻结壁外围的过度扩张，进而减少冻胀。

可通过开启奇数管内的限位管，通过循环高温或常温盐水带走冷量，从而限制冻土向冻结壁外围的过度扩张，进而减少冻胀。

为控制冻结2区范围内的地面变形，2016年11月9日，开启3号、33号、7号、9号、11号、27号、29号7根顶管的2区限位管，进行限位盐水循环。循环开启后，盐水温度由常温逐渐降低，至11月11日，去路温度为−4.5℃，回路温度为−6.0℃，并趋于稳定。从温度监测数据看，开启限位管后，管壁温度累计回升8℃左右，土体温度最高回升2.8℃并趋于稳定。如图5.3-31所示。

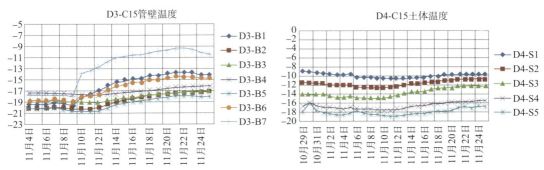

a）D3管壁累计最高升温7.6℃，土体累计最高升温2.7℃

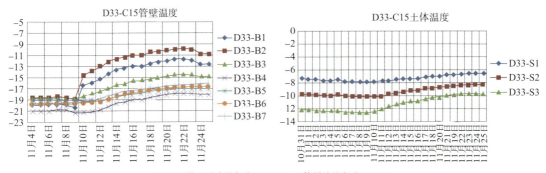

b）D33管壁累计最高升温8.1℃，土体累计最高升温2.9℃

图5.3-31　管壁温度及土体温度

5.3.6 开挖前冻土帷幕判断

2016年6月10日，积极冻结约5个月后，东工作井开始试验开挖，冻结整体帷幕基本形成。除个别部位外，仅剩东、西区顶部位置依然存在温度较高区域。经地质勘探查明，这两部位存在市政雨水管、给水管等大直径管路，影响冻结效果，局部需采取加强冻结措施。经试验开挖观测，冻土内部冻土较厚，冻结情况良好。截至开挖结束，整体冻结帷幕安全可靠，未存在管间帷幕破坏、突水的情况。如图 5.3-32 所示。

图 5.3-32　东区试开挖情况

5.3.7　解冻及融沉注浆关键技术

根据口岸暗挖冻结工程施工方案及现场实际施工进展情况，选定 2 号、36 号、34 号顶管的东区 16~32m 范围进行解冻试验。2016 年 10 月 12 日，关闭 D36、D2 第 2 组（东区 16~32m）异形管电动阀；10 月 16 日，关闭 D34 第 2 组（东区 16~32m）异形管电动阀。10 月 18 日东区 B-1（左）导洞发现漏水。出现漏水后，温度急剧上升，至 19 日最高温度达 18.9℃。根据现场温度监测数据显示漏水点为 1 号管、36 号管间 6、7 号管节，位于 3、4 监测断面附近。如图 5.3-33 所示。

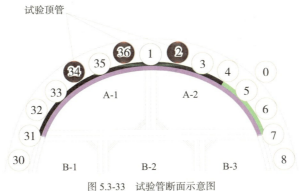

图 5.3-33　试验管断面示意图

结合此次现场停冻试验，证明冻土对管间封水起到关键作用，初支与二衬不能起到防水的作用。为确保口岸暗挖段隧道施工质量，并保证口岸周边建筑物的安全，立即停止解冻试验，同时针对管间透水进行注浆处理。采用双液浆对漏水区域进行注浆处理，具体分为两种注浆方式：一是通过管幕预留的土体改良注浆管进行注浆，二是通过在二衬安装注浆管进行注浆处理。恢复管幕顶部的异形冻结管，延长停冻时间。注浆过程中做好对隧道变形监测、冻土温度监测及口岸地表沉降监测，建立安全风险应急预案。10月28日，顶部顶管大部分测点温度明显下降至0℃，冻结壁完成了恢复。

5.3.7.1 解冻顺序

三衬结构施工完成前开始同步清理冻结A区（32号~36号，1号~6号）顶管，三衬结构施工完成后开始解冻A区（关停1号~4号冷冻机组，停止A区异形管循环，关闭A区圆形管管路）。选择冻结A区作为试验部位，同时也是最先解冻部位，然后依次解冻冻结C区（13号~25号）顶管（关停9号~12号冷冻机组，停止C区异形管循环，关闭C区圆形管管路），最后解冻冻结B区（7号~12号，26号~31号）顶管，停止B区冻结系统，即停止余下的所有冷冻机组。冻结A区32号~36号顶管进行自然解冻试验，1号~6号顶管进行强制解冻试验，如图5.3-34所示。

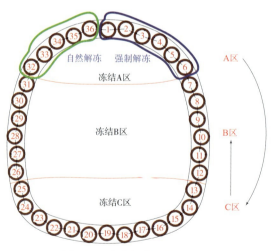

图5.3-34 解冻顺序示意图

2017年8月23日，超强台风"天鸽"（16级，52m/s）在珠海市正面登陆，致使海水上涌进入拱北隧道，隧道底部被淹，冻结C区提前解冻。此时隧道下层三次衬砌和中板全部完成，顶部衬砌已完成130m。受台风影响，冻结效果加速弱化，地表开始由隆起状态全部表现为沉降，月变化量为 4.7~12.9mm。

5.3.7.2 注浆安排

冻结 A 区解冻的同时，进行 A 区顶管的注浆工作，控制地表沉降。同时准备清理冻结 C 区（13 号~25 号）顶管，清理后依次填充 20 号、18 号、24 号、14 号 4 根顶管，保留 16 号、22 号顶管进行解冻后注浆，以控制结构沉降。冻结 C 区清理完成后清理 B 区（7 号~12 号，26 号~31 号）顶管，完成后依次用混凝土填充偶数号管（空心管），填充同时依次解冻 B 区的偶数号顶管。在冻结 C 区、冻结 B 区的施工过程中，冻结 A 区的注浆施工一直同步进行。如图 5.3-35 所示。

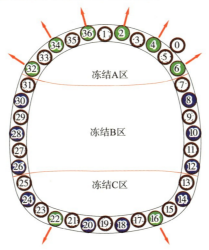

图 5.3-35　注浆顶管位置示意图

5.3.7.3　注浆系统布置

为有效地控制解冻融沉对口岸地表及建筑物的影响，确保融沉注浆工作有效，施工时在两端工作井各布置两台注浆机，两端同步注浆，如图 5.3-36、图 5.3-37 所示。

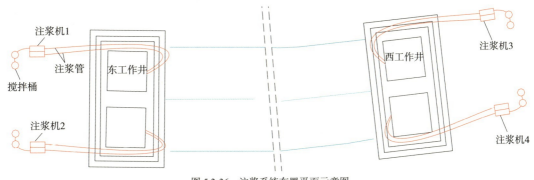

图 5.3-36　注浆系统布置平面示意图

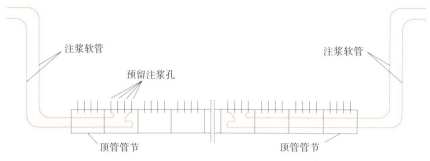

图 5.3-37 顶管内注浆示意图

5.3.7.4 注浆方式

根据口岸内不同区域冻胀隆起量的大小，合理分配不同部位的注浆量。拱北口岸内连接珠海口岸与澳门关闸口岸的风雨廊是口岸区域的重要构筑物，人流量极大，保证其安全性是沉降控制的重中之重。根据土体及顶管内的测温数据密切监控冻土融化，平衡注浆，做到注浆量与融沉量相统一。

5.3.8 制冷系统拆除

冻结停冻后，拆除冷冻站房制冷设备，待强制解冻后拆除盐水系统。

盐水的处理：待冷冻结束后，对管道内的氯化钙溶液进行专业处理，经检验达到环保排放标准后排入污水系统。

偶数号顶管内的管路处理：偶数号管内的保温板、隔热帘幕等拆除后，撤出管外，运离施工现场。

5.3.9 冻结施工对工程影响分析

冻胀机理：冻结时土体产生的原位冻胀以及水分迁移造成的冻胀，是地表产生冻胀隆起的主要因素。顶部管幕因覆土埋深浅，水源补给丰富，口岸地表局部出现了较大的冻胀。自 2016 年 1 月开始冻结施工，截至 2017 年 6 月，口岸区东区地表冷冻、注浆期间地表最大隆起量约 330mm。但解冻施工完成、跟踪注浆结束后，地面很快稳定下来（图 5.3-38）。

5.3.10 管幕冻结监控量测技术

拱北隧道管幕冻结工程地理位置特殊、环境敏感，隧道施工影响区域地表及建筑物变形控制极其苛刻。冻结法作为管间止水的主要措施，必须确保在管幕外侧形成可靠的冻土帷幕，而冻土帷幕的形成与发展与土体温度息息相关，因此冻结过程中与温度有关的监测显得尤为重要。选择合理监测方案是能否准确、高效采集温度信息、判断冻土体发展的关键。

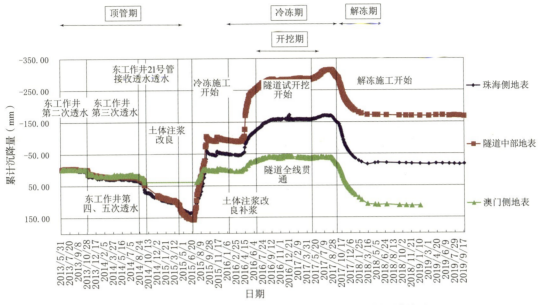

图 5.3-38 口岸区域典型位置（距东工作井 60m）地表累计变形曲线图

5.3.10.1 土体、管壁温度监测方案

（1）监测系统

拱北隧道冻结监测采用远程监测"一线总线"系统，用于盐水去回路温度、管壁和土体温度监测。该系统包括硬件和软件两部分，其中系统硬件包括传感器、一次性仪表、数据采集模块、远距离数据传输模块、计算机、打印机等。

监测系统采用 RS485 总线外置分布式数据采集系统，采用 LTM-8520 隔离型 RS232/485 转换器。将 RS485 网络接口转换为计算机可以识别的 RS232 接口，采用 LTM-8303 智能型温度采集模块，数据采集模块与计算机通过 RS485 通信。

按照测点位置的需要，把若干个数字温度传感器封装在耐低温套装内制成电缆形式（即测温电缆），数字温度传感器的理论测温范围是 −55~125℃。根据测点的设计，把测温电缆置入测温孔中，测温电缆通过专用接口接入"一线总线"系统构成冻土测温网络。

监测系统软件采用自主研发的温度远程采集软件，可在计算机界面上设置温度监测频率，还能观测不同测点的温度在时间和空间上的变化曲线以及测点温度的实时变化值。监测系统具备数据储存、各测点传感器的信息维护等功能。该远程监测系统示意图如图 5.3-39 所示。

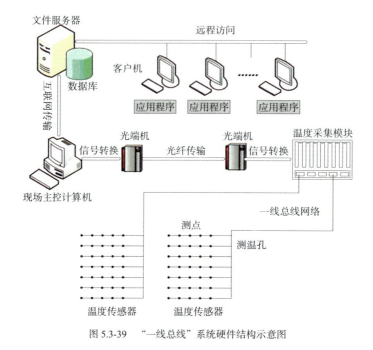

图 5.3-39 "一线总线"系统硬件结构示意图

（2）监测区域划分

在隧道横断面上，为了合理分配温度数据采集模块的负荷，同时为便于长期冻结过程中灵活检修冻结监测设备，按照"东西分区，多管合并"的分区原则，将隧道横断面按管幕编号分为4个大区，分别为监测A区、监测B区、监测C区、监测D区，示意图如图5.3-40所示。

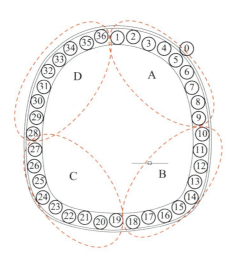

图 5.3-40 监测分区示意图

沿隧道纵向，在全程255m长距离上共设置32个监测断面，自东工作井向西工作井依次按C1~C32进行编号，每两个顶管管节设一个监测面，相邻测面之间距离约为8m，C1~C16接入东区模块，C17~C32接入西区模块。管幕纵向测面布置情况如图5.3-41所示。

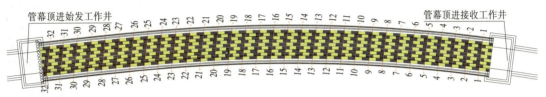

图5.3-41　纵向32个监测面分布示意图

为集中管理测温模块，在每一监测区域内选取一根空顶管统一存放该区测温电缆及模块，统一由LTM8663读取监测。东、西区测面的电缆接入相应监测区域内模块中，每一监测区域内东西两部分模块输出的RS-485信号通过符合EIA-485标准的屏蔽双绞线汇总到一起。这样从4个监测大区中各拉出1根总线分别接入地面西区监测室内的4台计算机中，每一台计算机负责一个大区的温度数据采集、汇总、分析工作。如图5.3-42所示。

图5.3-42　温度监测控制室

各区所包含的管幕情况如表5.3-1所示。

各监测区域管幕编号　　　　　　　　　表5.3-1

监测区域	管幕编号	模块存放位置
A区	1#、2#、3#、4#、5#、6#、7#、8#、9#	6#
B区	10#、11#、12#、13#、14#、15#、16#、17#、18#	14#
C区	19#、20#、21#、22#、23#、24#、25#、26#、27#	24#
D区	28#、29#、30#、31#、32#、33#、34#、35#、36#	32#

注：#表示顶管编号。

（3）测点布置

拱北隧道冻结管壁温度测点在32个监测断面位置处环向布置在36根顶管内壁，测温电缆内部的温度传感器通过预先焊接在顶管内壁上的螺母与管壁保持密贴，以真实反映管壁温度情况。测温电缆现场图片如图 5.3-43 所示。

其中奇数号顶管（实顶管）各测面上设有 7 个管壁测点，偶数号顶管（空顶管）各测面上设有 6 个管壁测点，总计 7488 个管壁测点。环向测点从限位管后面的测点开始按顺时针方向进行编号，分别为 Dn-m-01~Dn-m-07，其中，"D" 表示顶管，"n" 表示顶管编号（0~36），"m" 表示测面编号（1~32），例如 D31-16-2 表示 31 号顶管第 16 测面的第 2 个测点。

奇数实顶管由于要填充混凝土，为保证测温元件的正常使用，防止泵送混凝土过程中过

图 5.3-43　测温电缆现场图片

大的冲击力造成温度传感器的破坏，在布设测温电缆及固定传感器过程中务必达到两个要求：①环向管壁温度传感器完全布置在顶管节段的法兰盘之后；②向外传输温度信号的电缆沿顶管纵向完全布置在圆形冻结管之后。具体管壁测温点定位如图 5.3-44 所示。

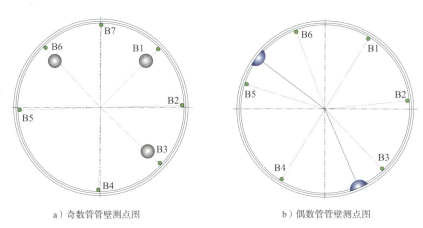

a）奇数管管壁测点图　　　　　　　　　b）偶数管管壁测点图

图 5.3-44　管壁测点位置分布图

土体温度测点布设在所有偶数空顶管及部分奇数实顶管（5 号、15 号、23 号、33 号）中，在这些顶管内部各监测断面处，利用钻机向土体中按设计开设土体测温孔，某一测面处的土体测温传感器与该处管壁测温传感器共用一根测温电缆向外传输到数据采

集模块之中。土体测温点数目总计 2488 个，横断面上各顶管土体测温孔开设方向及测温点位置如图 5.3-45 所示。

图 5.3-45　土体测温点位置分布图

5.3.10.2　盐水温度、流量监测方案

（1）去、回路盐水温度监测

冻结系统的盐水温度监测采用数字温度传感器布置在盐水循环管路上，如图 5.3-46 所示。各顶管内冻结管循环盐水温度监测通过在各个顶管管口处支管上布设温度传感器，如图 5.3-47 所示。所有盐水温度监测全部纳入计算机监测系统自动连续采集数据库之中。

图 5.3-46　盐水干管温度监测

图 5.3-47　顶管内支管温度监测

（2）循环盐水流量监测

循环盐水管路的流量监测系统独立于温度监测系统，采用 TUF-2000H 型超声波流量计进行监测，现场安装情况如图 5.3-48 所示。作为一种外缚式监测方法，通过将传感器直接贴敷在被测盐水管道的外表面即可实现流量监测，具有与管径无关、安装简单、无压力损失等特点。理论最大流速可达 64m/s，流速分辨率能够达到 0.001m/s。

图 5.3-48　超声波流量监测示意图

5.3.10.3　数据分析及止水效果评价

拱北隧道冻结工程从 2016 年 1 月 12 日开始，首先在西区工作井进行部分管幕盐水试循环，奇数实顶管中圆形冻结管最先开启。在隧道横断面上，冻结管由靠近地表管幕内向下方依次逐渐开启，至 3 月 2 日所有圆形冻结管全部进入工作状态。4 号和 6 号内的异形加强管于 3 月 10 日率先开始循环盐水，其余偶数空顶管内的异形冻结管也在随后逐渐开启使用。随着冻结过程的进行，循环盐水温度逐渐下调至 –30~–25℃。至 2016 年 5 月 10 日冻结圈基本形成，6 月 2 日在东区工作井进行暗挖段试开挖，6 月 20 日正式开挖，积极冻结阶段结束。冻结监测工作从 2 月 21 日开始读取第一次温度数据，3 月 1 日开始进入稳定监测状态。下面使用的温度数据取自稳定监测开始到隧道开挖这一阶段，即 3 月 1 日至 6 月 20 日。

（1）顶管纵向温度分析

由于顶管数目较多，从 36 根顶管中选择靠近上部的 1 号和 4 号顶管进行纵向温度分析，隧道下方其他位置的顶管相对于所选的这两根顶管受到地表高温影响较小，温度降低情况更好。这里选取积极冻结期间内的三个时间节点作为对比，分别为 3 月 1 日、4 月 20 日和 6 月 17 日。

顶管纵向各个测面上环向贴壁存在 6 个或 7 个管壁测温点，为了研究整根顶管从 C1 测面到 C32 测面的温度分布情况，选取各测面的最大值、最小值，同时计算该测面所有测点的温度平均值用以作图。其中最大值反映了某一测面仍然存在的最高温度，可以作为判断冻结薄弱位置的参考值，而平均值反映了某一测面的总体冻结情况，可以更加直观地了解这一测面的温度发展情况。图 5.3-49 a）~ c）分别展示了这两根顶管在三个时间点的纵向温度分布曲线。

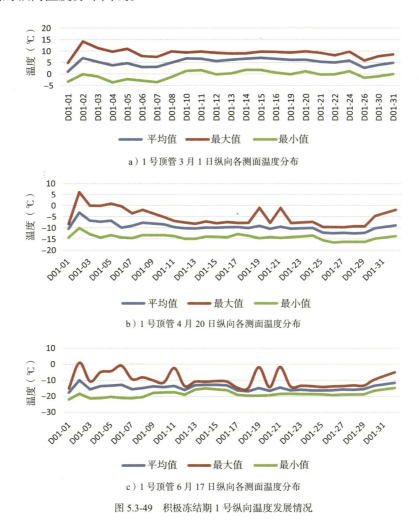

a）1 号顶管 3 月 1 日纵向各测面温度分布

b）1 号顶管 4 月 20 日纵向各测面温度分布

c）1 号顶管 6 月 17 日纵向各测面温度分布

图 5.3-49　积极冻结期 1 号纵向温度发展情况

1 号顶管处于管幕的拱顶部位，距离地表最近，由图 5.3-49 可以看出：在顶管纵向各测面上温度最大值分布有所不同，且温度差异随温度降低而发生变化。在积极冻结早期如图 5.3-49 a）所示，当整体温度较高时，各测面温度分布相对平稳，随着冻结过程的进行，温度逐渐降低，各测面上温度最大值分布出现了更多的异常值，如图 5.3-49 b）中的 C2、C19、C21 测面，图 5.3-49 c）中的 C2、C6、C11、C19、C21 测面所示。1 号顶管是奇数实顶管，填充混凝土主要依靠从顶管一端进行泵送，施工很难保证内部混凝土处处达到密实状态，而那些出现混凝土空洞的位置在循环盐水不断降温的过程中导热能力则会较差，另外，顶管外侧土体性质、地下水活动情况等都会造成在纵向上温度分布不一致的情况。

1 号顶管纵向上平均温度分布相对均匀，随着冻结过程的进行，从 3 月 1 日的 5℃ 逐渐降低至 6 月 17 日的 –15℃ 左右，在开挖前已降至足够低的温度，说明奇数实顶管温度发展情况较好，达到了预期的冻结效果。

4 号顶管为最先开启异形加强管的两根顶管之一，图 5.3-50 反映了其在积极冻结早、中、后期三个时间点的纵向温度分布情况，与上面奇数实顶管 1 号顶管类似，在冻结早期如图 5.3-50 a）整体温度较高时，各个测面差异不大，温度分布均匀。随着冻结过程的进行，在冻结中后期如图 5.3-50 b）、c）所示，管内温度分布出现两端高、中间低的现象。

a）4 号顶管 3 月 1 日纵向各测面温度分布

b）4 号顶管 4 月 20 日纵向各测面温度分布

图 5.3-50

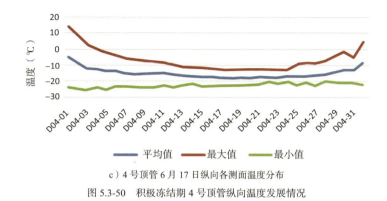

c）4 号顶管 6 月 17 日纵向各测面温度分布

图 5.3-50　积极冻结期 4 号顶管纵向温度发展情况

4 号顶管为空管，顶管内降温主要依靠空气传热，而空气流动对于温度降低非常不利，尽管在空管两端以及管内每 5~8m 设置隔温泡沫板防止空气流动，但由于人员进出施工作业等原因，顶管两端的密封效果很难达到理想状态，端部受到两端工作井内高温影响严重，所以温度分布呈现出如图 5.3-50 所示的"两端高、中间低"的状态。除端部以外，在 6 月 17 日，4 号顶管所有测面平均温度都已降至 –10℃以下，必须要做好两端的保温密封措施，才能实现全断面温度均处于较低的负温状态，保证顶管外冻土体的强度及封水效果。

（2）测面温度随时间变化分析

由上面分析可以知道，纵向上靠近顶管中间位置的测面温度发展受外界影响最小，这里选择 9 号和 14 号（一空一实）两根顶管的 C15 测面监测数据，分析温度随时间的变化。数据采集时间区间为 3 月 1 日至 6 月 20 日。

由图 5.3-51 a）可以看出，对于奇数实顶管，在积极冻结期间管壁温度总体处于下降趋势，早期的温度下降速度要大于后期的下降速度，–10℃之前温度降低速度约为 0.48℃/d，–10℃之后温度降低速度约为 0.2℃/d。从 5 月 10 日开始出现了一段时间测点温度略微回升的现象，这是由于位移变形数据反映出监测 A 区 8 号顶管及 D 区 32 号顶管上方地表变形较大，为控制冻胀的影响，现场进行了降低循环盐水流量和回调盐水温度的做法，以应对管幕外冻土体积的过分发展。总体来看，奇数管内因为填充混凝土的存在，在冻结过程中测点温降趋势基本能与循环盐水温降趋势保持一致，符合之前设计方案对奇数管冻结效果的预期。

由图 5.3-51 b）可以看出，14 号顶管管壁温度在积极冻结过程中温降曲线存在明显的分界点，该顶管中异形加强冻结管于 2016 年 3 月 16 日开始循环低温盐水，从 3 月 18 日之后，温度下降速度明显高于之前。这说明对于偶数空顶管，在只依靠奇数顶管中的圆形冻结管工作进行降温时，空顶管内管壁温度速度下降速度较慢。提前开启异形加强冻结管，能够使空管管壁温度迅速降低，这对于较早的在管幕外侧形成可靠冻结帷幕具有重要意义，符合冻结课题研究关于异形加强冻结管在积极冻结中发挥重要作用的结论。

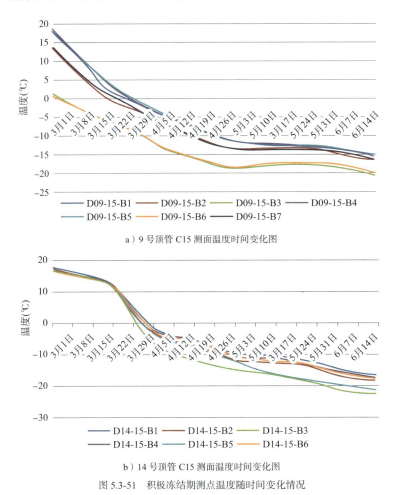

图 5.3-51　积极冻结期测点温度随时间变化情况

（3）土体测点温度分析

拱北隧道冻结工程土体测温点布设在由顶管内部开向管外土体的测温孔之中，土体温度直观反映了顶管外侧冻土发展情况，对于判断冻结帷幕厚度是否达到设计值具有重要意义。选取 14 号顶管 C15 测面的土体测温点进行分析，该测面共 5 个土体测温点，按与 14 号顶管距离由远及近分别编号为 S1、S2、S3、S4、S5，土体测温孔由 14 号顶管斜向上开向 13 号顶管，具体测温点布置情况如图 5.3-52 所示。

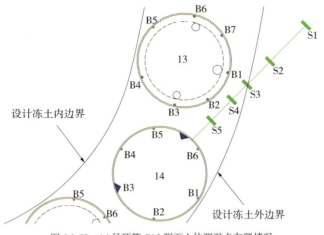

图 5.3-52 14 号顶管 C15 测面土体测温点布置情况

选取上面 5 个土体测温点从 3 月 1 日至 6 月 20 日的温度数据,绘制其随时间的变化曲线,如图 5.3-53 所示。

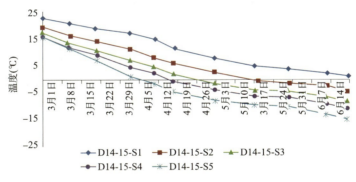

图 5.3-53 14 号顶管 C15 测面土体温度随时间变化情况

由图 5.3-53 可以看出,在整个积极冻结阶段,所有土体测温点温度均保持一定的下降趋势,在同一时间点,随着测点和 14 号顶管之间的距离减小,温度越来越低。而且可以发现,在冻结早期只开启实管内圆形冻结管时,土体测点除了最远处的 S1,其余测点均保持相近的降温速度,14 号顶管中的异形冻结管开启之后的一段时间内,先是 S5 测点温度迅速出现较大的降低趋势,然后其余各测点温度降低速率也相应提高。

结合图 5.3-52 可知,S3 测点位于设计冻土外边界轮廓线上,通过该点温度值即可判断 14 号顶管外侧冻土发展是否达到设计指标。由图 5.3-53 可以发现,在 6 月 20 日,S3 测点温度已降至 $-8℃$,地质资料显示该地区土体结冰温度约为 $-1.8℃$,这可说明 14 号顶管位置在开挖前管幕外侧冻土发展情况已经完全达到设计要求。不仅如此，由监测数据可知，距离管幕最远的 S1 测点在冻结后期温度也已降低至 0.8℃，这对于形成可靠的管间止水帷幕是非常有利的。

（4）全断面温度云图分析

为了更加直观地显示全断面上的冻土发展情况以判断冻结效果，及时发现冻结薄弱区区域、冻土过分发展区域，及时制定应对措施，结合全局坐标系下各测点的设计坐标，利用全断面上各个测点的温度监测值，采用 Surfer 绘图软件对隧道全断面进行温度云图绘制。限于篇幅，这里以 6 月 19 日的温度数据为基础，在纵向上选择三个测面进行全断面温度云图的绘制。所选的三个测面为 C2、C15 和 C30，温度云图如图 5.3-54 所示。

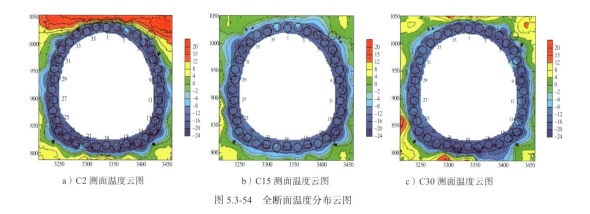

a）C2 测面温度云图　　　b）C15 测面温度云图　　　c）C30 测面温度云图

图 5.3-54　全断面温度分布云图

由图 5.3-54 可见，截至 6 月 19 日，总体上隧道纵向各断面上温度发展情况较好，沿隧道开挖轮廓的设计冻土 2m 线已基本被低温蓝色区域覆盖，说明经过积极冻结阶段之后，在管幕周围形成了较厚的冻土帷幕，冻土完全填充了顶管之间的间隙并且在全断面上达到交圈状态。

对比图 5.3-54 a）、b）、c）也可以发现，C2 测面和 C30 测面上部管幕外侧冻土发展情况要次于 C15 测面，特别是 C2 测面，管幕上方 2m 线附近仍存在少量绿色区域，说明这里的土体温度还处于 0℃，管幕外侧冻土体发展不充分。相比之下 C15 测面全断面上管幕被冻土体包围，冻结效果非常好。C2 测面和 C30 测面处于隧道两端，出现这一现象主要是因为管幕上部冻土发展受地表高温影响严重，而且如果顶管管幕两端保温密封措施不到位，冻土发展还要受到工作井内高温空气对流带来的弱化影响。

5.3.11　管幕冻结施工质量安全控制技术

5.3.11.1　冷冻设备安装及试车

（1）冷冻机组安装要求

冷冻机组由螺杆压缩机、电动机、联轴器、气路系统、油路系统、控制系统和设备、系统间的连接管路等组成。要求设备安装牢固，各管路开关启停操作灵活方便，机组密封性达标。

（2）清水泵、盐水泵安装要求

①泵的吸入管路和输出管路应有独立支架，不允许管路重量直接由泵承受。泵轴与电机旋转方向应一致。

②泵的吸入口不宜过高，要高于清、盐水箱底 20cm 左右。

③泵的吸入口必须安装滤网，防止杂物吸入管路内。

④泵与管路结合处必须牢固，密闭性需符合要求。

（3）冷却塔安装要求

①冷却塔基础应保持水平，要求支柱与基面垂直，各基面高差不超过 ±1mm。中心距允许差为 ±2mm。

②冷却塔进、出水管及补充水管应单独设置管道支架，避免将管道重量传递至塔体。

③冷却塔管道、填料表面、集水盘等污垢及塔内残留物应清洗干净。

④风机叶尖与风筒内壁径向间隙应保持均匀，其间隙为 $0.0075D$（D 为风机直径），但最小间隙不应小于 8mm；叶片安装角度应一致。

⑤风机接线盒应密封、防腐；引线须下弯，以防水、汽进入盒内；试运转时，当电流超过额定电流时应立即停机，宜控制在 0.90~0.95 的额定值。

（4）干管与集、配液管的安装要求

管路安装好后，需采用水压试漏，检测管路安装密封性能，采用盐水泵循环水进行压力试验，盐水泵压力控制在 0.4MPa（偶数管内 0.6MPa），检查管路无渗漏方为合格。

（5）保温工程

冻结系统中所有低温部位均需进行保冷层施工。在安装异形冻结管的管幕内，每 4 节顶管两端用保温板形成隔热帘幕，减少内部空气流通，进而影响各区域冻结效果。

上述检查项目合格后按照以下步骤整机试车：打开清水循环系统—调节循环量—打

开盐水系统—调整流量和系统压力—确认系统运行正常—逐一启动冷冻机组—确认冻结系统运转正常—进入积极冻结阶段。

5.3.11.2 冷冻管安装质量验收

（1）异形管内管路铺设安装质量要求

①异形管焊接焊缝符合标准；16个分区位置准确。

②供液干管管道内应光洁平整、无杂物、油污；管道无渗水。

③电控三通阀安装应牢固，启闭灵活，与管道轴线垂直；分区位置准确。

④管路压力试验符合设计要求（0.5MPa气密性试验无渗漏）。

⑤供液干管与异形管胶管连接过渡平滑，弯头弯向相邻冻结圆管的方向。

⑥异形管路位置偏差不大于15°，异形管分区长度误差不大于0.2m。

（2）圆形管内管路铺设安装质量要求

①管道铺设安装必须稳固，管道安装后应线形平直。

②管道内应光洁平整、无杂物、油污；管道无渗水。

③闸阀安装应牢固、严密，启闭灵活，与管道轴线垂直。

④管路压力试验符合设计要求（0.5MPa气密性试验无渗漏）。

⑤圆形管管路位置偏差不大于5°，冻结圆管距管幕法兰偏差<3cm。管路安装精度验收以弦长换算角度检查偏差情况，公式为 $\alpha = 2\arcsin(L/2R)$。

⑥冻结管分区位置误差不大于0.2m，限位管分区位置误差不大于0.2m。

冷冻管路质量验收分三次完成，即安装质量、气密性检查、保温层。

5.3.11.3 温控元件安装质量验收

温控元件分32区，线路要求沿冷冻管路成束缠绕布设。温控元件布设于法兰盘后，采取相应保护措施，防止混凝土在填充过程中产生破坏。混凝土填充施工前进行温控系统开机测试，分为东区和西区两个测试区域，每个区域16个断面，填充工作开始前确保每个元件正常工作。

5.3.11.4 冷冻施工安全管理

（1）施工前对顶管内的空气质量进行检测，当含氧量低于20%、CO_2浓度高于0.5%、CO高于24ppm、氧化氮高于0.025%等其他有害气体超标时，禁止人员进入施工。

（2）潜在的火灾危险源主要部位：临时配电点、电气设备等处，设置ABC类干粉

灭火器或 CO_2 灭火器。灭火器符合使用场所的条件要求，且不得失效。

（3）进入顶管内施工的用电设备，必须采取 TN-S 接零保护系统，进入顶管电缆至设备配电箱原则上不允许有接头，如有接头应采用防水专用接头。

（4）冻结期间，操作或检修盐水管路和阀门时，佩戴橡胶手套，防止低温盐水冻伤。

（5）主电源配电采用双回路电源供电，东、西区冷冻站低温盐水箱均配置液氮应急制冷循环系统。

（6）低温盐水箱设置盐水液面报警系统，各盐水管道派专人定时巡查，防止冷冻期间低温盐水渗漏。

（7）开挖期间加强顶管管幕内外、暗挖区域巡查，及时上报温度监控云图，分析冷冻薄弱点。

（8）其他常规安全管理按照拟订方案执行。

5.3.12 融沉注浆施工质量控制

施工前，通过 A 区进行解冻试验，验证强制解冻和自然解冻的合理性，并获取解冻及注浆施工参数。解冻试验要求暗挖段隧道三次衬砌全部完成，且无明显渗漏水后方可开始。根据土体内温度测点分析及地面沉降监测信息，合理确定注浆部位，分配注浆量，及时注浆以控制地面变形。

5.3.12.1 强制解冻

选择 1 号、3 号顶管进行循环热盐水解冻，选取 2 号、4 号、6 号顶管进行强制通风并加热盐水进行强制解冻。热盐水夫路温度控制在 30~70℃，强制解冻采取间歇式运行模式。

5.3.12.2 自然解冻

选择 32 号、33 号、34 号、35 号、36 号顶管进行自然解冻。试验开始前打开洞口保温板，拆除管内保温材料等，自然通风，开启不加热盐水循环解冻。根据土体内温度变化及地面沉降监测信息，及时调整解冻方式。

5.3.12.3 注浆方式

注浆过程中，横向以隧道中轴线为对称点左右管道同时平衡注浆，纵向按照每间隔 8m 利用两个注浆孔注浆。理论平均融化速度为 40mm/d，单孔注浆量不超过 0.121 m^3/d。注浆压力不超过理论水压的 2 倍，采取低压、多次的循环注浆方式，防止注浆量超标引起地表隆起、漏浆等事故。

5.3.12.4 监控量测报警值

根据土体及顶管内的测温数据密切监控冻土融化，做到注浆量与融沉量相统一。累计报警值可作为预警参考，以冻胀发生后的变形量为控制标准。数据异常时，应在核实数据准确无误的前提下，向各参建单位报警，启动相应的应急预案。见表 5.3-2。

融沉跟踪注浆监测项目及报警阈值　　　　表 5.3-2

序　号	监测项目	累计报警值	日报警值
1	地表沉降	−30~10mm	±5mm
2	隧道沉降	±10mm	±3mm
3	隧道收敛	±20mm	±3mm
4	建筑物沉降	±20mm	±3mm
5	管线沉降	±10mm	±3mm

5.3.12.5 融沉注浆施工安全管理

（1）作业人员进入顶管内实行登记制度，必须两人同行，穿好防护服，配备通信设备、应急头灯、氧气瓶。工作井洞口和口岸地面设置专职安全员，与管内作业人员保持信息畅通。

（2）顶管开始注浆前必须解除顶管内隔热帘幕，提前向管内机械送风，施工作业期间必须保证通风正常。

（3）管内环境潮湿，严禁私拉电线，应采用低压蓄电式照明系统。

（4）大规模解冻开始前，应先进行管内除冰，确保冷冻管不渗漏，逐一检查预留注浆管端帽，防止解冻期间涌水涌砂，东西区顶管端头设置安全门，做好应急措施。

（5）注浆区域横向以隧道中轴线为对称点，纵向每 8m 为一区段对称平衡注浆。安排专人进入口岸内巡查，防止地表冒浆，影响口岸内正常作业或造成恐慌。

（6）注浆期间严格控制注浆压力，加强地面监测，及时分析注浆压力及注浆量合理与否。控制注浆速度，多次循环注浆，遇注浆压力骤升应立即停止作业。

（7）东、西区工作井和口岸各安排一位联络员，所有进入顶管作业人员均须携带对讲机，保证内外联系通畅。

（8）其他常规安全管理按照拟定方案执行。

第 6 章
CHAPTER 6
超大断面软土隧道暗挖设计与施工关键技术

6.1 隧道暗挖设计与计算

拱北隧道暗挖段开挖断面 336.8m²，埋深仅 4~8m，从上到下穿越的地层主要有人工填土、淤泥、淤泥质粉质黏土、粉质黏土、粉砂、中砂、砾砂，且地下水位高。

结合地质水文特点，隧道暗挖段采用三次衬砌结构。主要的设计依据如下：

（1）《工程结构可靠性设计统一标准》（GB 50153—2008）。
（2）《混凝土结构耐久性设计规范》（GB/T 50476—2008）。
（3）《地下工程防水技术规范》（GB 50108—2008）。
（4）《钢结构设计规范》（GB 50017—2003）。

6.1.1 衬砌结构形式及参数

（1）结构形式

仰拱及侧墙为圆弧形，衬砌整体为椭圆形。隧道上半断面采用半径为 600m 及半径为 890m 的三心圆，侧墙采用半径为 2000m 的大半径曲线，仰拱为半径 1780m 的曲线，采用半径为 300m 的小半径圆弧与侧墙连接。仰拱开挖深度约 3.2m。详见图 6.1-1。

（2）结构参数

见表 6.1-1。

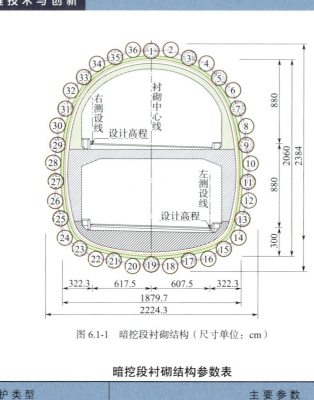

图 6.1-1 暗挖段衬砌结构（尺寸单位：cm）

暗挖段衬砌结构参数表　　　　　　　　　　　　　　　表 6.1-1

支护类型		主要参数
初期支护	钢筋网	φ8mm 钢筋，双层布置
	型钢	22b 型钢，间距 0.40m
	喷射混凝土	C25 喷射混凝土，厚 30cm
	临时支撑	HK400b 型钢，间距 1.2m
二次衬砌	模筑混凝土	30cm 厚模筑混凝土，混凝土强度等级 C35
仰拱填充	仰拱填充	C15 混凝土
防水	防水	防水卷材
三次衬砌	三衬	60~150cm 厚防腐蚀钢筋混凝土，混凝土强度等级 C45

6.1.2 暗挖开挖设计

对于地质较差的大断面隧道，特别是对于像拱北隧道这种对周围环境影响要求严格的隧道施工，一般都采用分部开挖法。常用的分部开挖法有 CD 法、CRD 法及双侧壁导坑法等。

CD 法是先开挖隧道一侧，并施作临时中隔墙壁，当先开挖一侧超前一定距离后，再分部开挖隧道另一侧的隧道开挖方法。CD 法主要适用于地层较差或不稳定的岩土体中，且地表变形要求严格的地下工程施工。当CD法不能满足要求时，可在CD法的基础上加设临时仰拱，即所谓的CRD法。CD法和CRD法以台阶法为基础，将隧道断面从中间分成4~6个部分，每一部分开挖并支护后形成独立的闭合单元。各部分开挖时，纵向间隔的距离根据具体情况确定。

CD法和CRD法具有如下优点：①各部封闭成环时间短，结构受力均匀，变形小；②施工时变大跨为小跨，步步封闭，每步开挖扰动范围相对较小；③适用于较差地层。

双侧壁导坑法也称为眼镜工法，是指先开挖隧道两侧的导坑，进行初期支护之后，再分部开挖剩余部分的施工方法，其实质是将大跨度分成3个小跨进行作业。施工时，应先开挖两侧的侧壁导洞，在导洞内按正台阶法施工，当隧道跨度大而地质条件较差时，上台阶也可采用中隔墙法或环形留核心土法开挖，开挖后及时施工初期支护结构，在初期支护的保护下，逐层开挖下台阶至基底，并施工仰拱。

双侧壁导坑法主要适用于地层较差、断面很大及单侧壁导坑超前台阶法无法满足要求的大断面隧道工程。

拱北隧道开挖面积达336.8m²，结构周长65m，开挖宽度18.8m、开挖高度20.6m，且隧址区工程地质及水文地质条件较差，周围环境复杂，对地层变形控制要求严格，应采用分部多台阶法开挖。结合暗挖段管幕顶管的布置情况，为便于后续中板施工，设计采用五台阶十四部开挖方案（图6.1-2）。另外，为改善结构受力状态，控制地表变形，根据经验，设计采用竖直隔墙和水平直撑的形式。

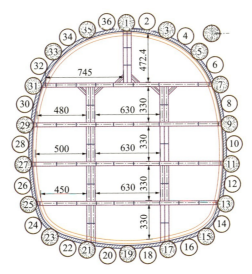

图6.1-2 暗挖段隧道开挖分部情况图（尺寸单位：cm）

采用双侧壁导坑法施工时，一般要求各导洞错开一定距离，考虑到拱北隧道暗挖段断面超大，采用的是多台阶分部开挖法，工序较多，如果进度太慢反而会增大地层变形量。对于拱北隧道隧址区这种软弱不稳定地层，在管幕环+冻结止水帷幕超前支护作用下，应快速施工，这是减小地层变形的最有利方法。

各导洞开挖后应紧跟施作第一层衬砌和相应位置的临时支撑结构，待有条件施作第二层衬砌结构时应及时施作。

隧道施工临时支撑通常采用工字钢、H型钢、钢管等，拱北隧道暗挖断面达18.8m×20.6m，多台阶分步开挖法台阶高度达3.5m左右，对临时支撑的强度及刚度要求较高。由于暗挖段导坑及台阶多，工序复杂，为加快施工进度，提高临时支撑的利用率，临时支撑采用快速拼装体系。针对隧道开挖支护全过程受力计算中临时支撑的受力特点，结合拼装效率及与初期支护钢支撑连接的需要，临时支撑采用HK400b型钢。

临时支撑的纵向间距为1.2m，临时支撑按图纸要求由生产厂家预制，现场根据节段编号进行拼装。水平支撑根据需要在翼缘两侧间隔23cm均匀打孔，见图6.1-3。

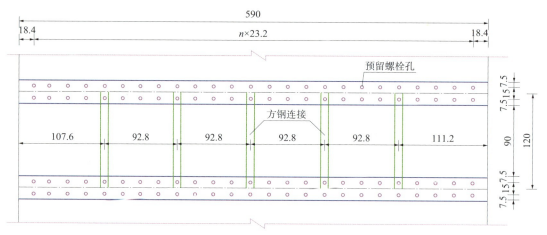

图6.1-3　HK400b型钢水平支撑布置图（尺寸单位：cm）

竖向临时支撑与水平临时支撑通过接头连接，接头采用两块钢板（35.2cm×14.3cm×2.4cm）与型钢焊接，并用梯形翼板对接头处进行加强焊接，以便通过4个M30螺栓与水平支撑连接。水平临时支撑之间也采用接头连接，接头处焊接钢板，但其连接形式和竖向支撑与水平支撑的连接方式稍有不同，接头之间通过6个M30螺栓连接，见图6.1-4。

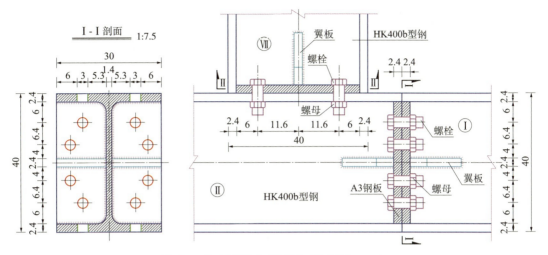

图 6.1-4　临时支撑接头连接形式（尺寸单位：cm）

6.1.3　结构计算

对拱北隧道暗挖段开挖方案进行数值仿真计算，采用有限差分法对暗挖施工过程进行动态三维数值仿真，从初期支护和临时支护的受力和变形及洞周位移等方面分析隧道支护体系安全性，了解隧道围岩及支护结构在施工过程中的动态变化，掌握其受力与变形特征，按照《公路隧道设计细则》（JTG/T D70—2010）对支护结构的安全与稳定性进行评价。

根据经验及公路隧道设计规范，本次计算对三层衬砌采用荷载结构模型，对第一层衬砌、第二层衬砌及临时支护结构安全性分析采用地层结构模型。

6.1.3.1　初期支护及临时支护安全性分析

（1）计算参数

各工况支护结构的设计参数如表 6.1-2 和表 6.1-3 所示。

土层物理力学参数表　　　表 6.1-2

土　层	层厚（m）	c（kPa）	φ（°）	重度（kN/m³）	变形模量（MPa）
素填土	5.8	20	10.5	18.5	8.5
淤泥质土	3	20	14	16.9	4.7
粉质黏土	5	36	18	19.9	5
淤泥质土	3	20	14	16.9	4.7
粗砂	2.5	2	35	18	15
粉质黏土	5	36	18	19.9	5

续上表

土 层	层厚（m）	c（kPa）	φ（°）	重度（kN/m³）	变形模量（MPa）
砾砂	4.5	5	35	18	24.7
砂、砾质黏性土	5.8	48	20	18.5	7
全风化花岗岩	5.8	24	32	18	9
强风化花岗岩	9.6	13	32	18	10

隧道支护参数表　　　　表 6.1-3

超前支护	衬砌结构			临时支护	
	第一层衬砌	第二层衬砌	第三层衬砌	钢拱架	喷射混凝土
大管幕冻结止水	C25喷混凝土，厚30cm I22b钢拱架	C35模筑混凝土，厚30cm轻型钢架	C50钢混凝土，拱部厚60cm，边墙为变截面60~145cm，仰拱厚70cm	H40b，间距1.2m	厚40cm

（2）计算模型建立

本次计算使用基于有限差分算法的岩土工程专用软件，对该法施工的全过程进行动态数值仿真，从初期支护和临时支护的受力和变形、洞周位移等方面分析隧道支护体系安全性，了解隧道围岩及支护结构在施工过程中的动态变化，掌握它们的受力与变形特征，为设计提出优选方案。

本次计算模型尺寸为：横截面方向横向为120m，每边60m，竖向为59.08m，其中顶部取至地表，地下水位取至地表下2m，模型由7904个单元和16110个节点构成。采用多台阶分部开挖法，共分成六个台阶及左、中、右三个导坑。

计算模型如图6.1-5、图6.1-6所示。

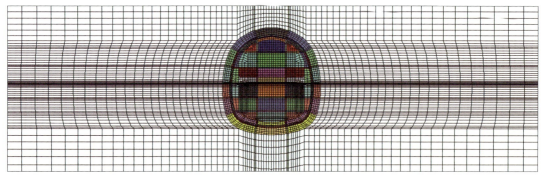

图 6.1-5　开挖前模型图

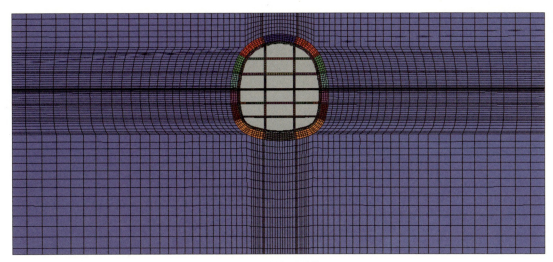

图 6.1-6 临时支撑拆除前模型

（3）监测点布置图

计算过程中，将对结构特征点进行位移、内力监测，主要特征点有：

①位移监测点

如图 6.1-7 所示。

②应力监测点

如图 6.1-8~ 图 6.1-10 所示。

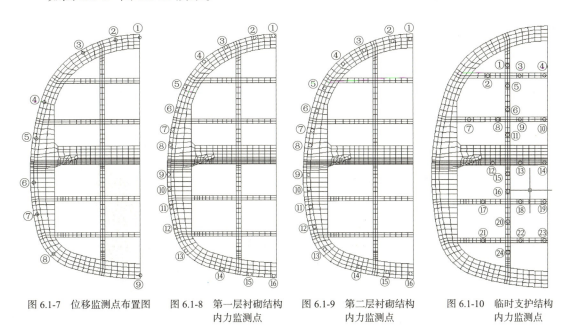

图 6.1-7 位移监测点布置图　　图 6.1-8 第一层衬砌结构内力监测点　　图 6.1-9 第二层衬砌结构内力监测点　　图 6.1-10 临时支护结构内力监测点

(4）计算结果分析

计算过程中，对结构特征点进行位移、内力监测，主要特征点有：

①第一层衬砌结构受力分析

见表 6.1-4。

第一层衬砌各监测点内力计算结果　　　　　　　　　　　　表 6.1-4

监 测 点	轴力（kN）	弯矩（kN·m）	安全系数
1	−182	−2.4	20.7
2	−307	−1.3	12.2
3	−380	−2.2	9.9
4	−343	−0.2	10.9
5	−841	4.3	4.5
6	−663	0.5	5.7
7	−649	−0.7	5.8
8	−768	−10.7	4.9
9	−528	−1.8	7.1
10	−529	2.9	7.1
11	−668	2.7	5.6
12	−847	−1.6	4.4
13	−501	−0.5	7.5
14	−153	−4.5	23.5
15	−261	−5.9	14.1
16	175	−7.3	19.0

②第二层衬砌结构受力分析

见表 6.1-5。

第二层衬砌各监测点内力计算结果　　　　　　　　　　　　表 6.1-5

监 测 点	轴力（kN）	弯矩（kN·m）	安全系数
1	−295	1.1	12.7
2	−241	0.6	15.5

续上表

监 测 点	轴力（kN）	弯矩（kN·m）	安 全 系 数
3	−253	1.1	14.8
4	−405	2.0	9.3
5	−193	1.5	19.4
6	−94	−0.2	40.1
7	91	−1.8	41.1
8	545	−9.8	6.9
9	−16	0.2	235.2
10	−28	−0.1	132.7
11	86	−0.5	43.6
12	259	−4.5	14.5
13	50	−0.3	74.5
14	6	0.1	652.9
15	17	0.2	222.6
16	−13	0.3	272.1

③临时支护结构受力分析

见表6.1-6。

临时支护结构各监测点内力计算结果　　　表6.1-6

监 测 点	轴力（kN）	弯矩（kN·m）	安 全 系 数
1	−244	−32.5	3.7
2	−524	−10.7	9.5
3	−804	−18.1	6.2
4	−321	−53.1	1.9
5	−728	−26.1	6.6
6	−284	−37.9	3.2
7	−812	6.9	6.2
8	−540	−25.0	8.6
9	−914	−52.0	4.8

续上表

监 测 点	轴力（kN）	弯矩（kN·m）	安全系数
10	−575	−74.2	1.7
11	−384	−55.5	2.0
12	−265	−34.5	3.6
13	−478	−28.5	9.1
14	−187	−26.4	4.3
15	−1244	−5.3	4.0
16	−437	−58.1	2.1
17	24	−38.5	1.6
18	−355	−54.5	2.0
19	−251	−33.7	3.6
20	−564	−74.7	1.6
21	−77	−43.7	1.6
22	−379	−43.4	3.3
23	−198	−27.5	4.2
24	−816	−97.1	1.4

由上述各表中的计算结果可知：隧道第一层衬砌、第二层衬砌及临时支护结构设计参数能够满足施工期间安全性要求。

6.1.3.2 三次衬砌计算

拱北隧道由于地下水与海水存在连通，从混凝土耐久性出发，不需考虑初期支护受力，按三次衬砌完全承受100%水土荷载（仰拱处考虑第二层衬砌参与受力）验算其结构安全性。根据规范，对三次衬砌结构进行了多种工况下的安全性分析论证。下面分别介绍正常使用极限状态下和承载能力极限状态下的计算情况。

（1）计算条件

①计算理论：荷载—结构模式。

②计算程序：采用 ANSYS 计算程序。

③荷载确定：只考虑主要荷载，即水、土压力和结构自重，地震条件下考虑地

震荷载。

④由于隧道断面大，埋深浅，围岩压力按全土柱考虑，另加 30kPa 的路面荷载。

⑤根据《公路隧道设计规范 第一册 土建工程》（JTG 3370.1—2018）附录 E，计算浅埋情况下的垂直压力与水平压力。

⑥围岩及衬砌材料的物理力学指标按现场实测选取。

⑦计算中考虑复合衬砌背后完全回填密实，考虑仰拱与衬砌共同作用；计算均假定衬砌背后围岩能提供径向弹性反力。

⑧有关衬砌结构强度和偏心矩要求，参照《公路隧道设计规范 第一册 土建工程》（JTG 3370.1—2018）第九章规定办理。

⑨配筋按照《公路隧道设计规范 第一册 土建工程》（JTG 3370.1—2018）附录 K 计算。

（2）计算参数

①土体参数见表 6.1-2。

②结构设计参数见表 6.1-7。

三次衬砌结构设计参数　　表 6.1-7

围岩级别	三次衬砌		
	拱部	边墙	仰拱
V	60cm 厚 C50 钢混凝土	85~145 cm 厚 C50 钢混凝土	70 cm 厚 C50 钢混凝土

（3）计算模型

如图 6.1-11 所示。

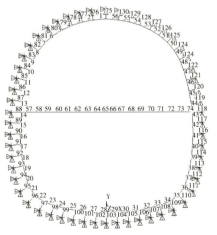

图 6.1-11　三次衬砌计算特征点布置图

（4）正常使用极限状态计算结果

如表 6.1-8 和图 6.1-12 所示。

计算结果　　　　　　　　　　　　　　　表 6.1-8

节　点	衬砌厚度（m）	轴力（kN）	弯矩（kN·m）	剪力（kN）
1	0.60	−1669.9	55.5	55.1
2	0.60	−1676.0	2.0	23.7
3	0.60	−1691.8	−11.2	−3.5
4	0.60	−1718.0	5.2	−30.9
5	0.60	−1753.9	51.2	−50.8
6	0.60	−1795.6	118.3	−2.0
7	0.60	−1833.2	130.4	66.2
8	0.60	−1861.5	66.1	136.0
9	0.60	−1878.0	−76.6	199.4
10	0.60	−1905.3	−291.1	112.4
11	0.85	−1942.4	−411.0	−53.8
12	1.08	−1996.6	−347.6	−235.3
13	1.25	−2067.3	−84.8	−430.7
14	1.40	−2611.8	1334.5	633.2
15	1.45	−2642.3	640.1	437.7
16	1.45	−2686.7	159.1	218.5
17	1.34	−2753.0	−82.5	−28.5
18	1.15	−2839.8	−54.0	−300.7
19	0.95	−2945.5	273.0	−596.9
20	1.00	−3119.5	925.4	−695.1
21	1.00	−3385.0	1680.7	−198.3
22	1.00	−3496.9	1885.1	399.0
23	1.00	−3428.2	1430.3	900.7
24	1.00	−3435.0	420.3	762.3

续上表

节　点	衬砌厚度（m）	轴力（kN）	弯矩（kN·m）	剪力（kN）
25	1.00	−3459.4	−439.3	552.8
26	1.00	−3480.8	−1068.9	358.5
27	1.00	−3497.5	−1484.9	176.8
28	1.00	−3508.3	−1701.3	4.5
29	1.00	−3502.8	−1726.2	−47.0
30	1.00	−3494.6	−1696.8	−220.8
31	1.00	−3480.5	−1475.9	−401.6
32	1.00	−3461.6	−1056.0	−594.5
33	1.00	−3440	−424	−802
34	1.00	−3436	437	−937
35	1.00	−3514	1446	−429
36	1.00	−3410	1898	177
37	1.00	−3150	1692	683
38	0.95	−2975	936	589
39	1.15	−2878	284	294
40	1.34	−2799	−43	25
41	1.45	−2737	−74	−217
42	1.45	−2693	164	−431
43	1.40	−2660	638	−624
44	1.25	−2112	418	442
45	1.08	−2034	−66	248
46	0.85	−1970	−335	67
47	0.60	−1923	−404	−101
48	0.60	−1895	−289	−186
49	0.60	−1876	−80	−120
50	0.60	−1845	59	−49

续上表

节　点	衬砌厚度（m）	轴力（kN）	弯矩（kN·m）	剪力（kN）
51	0.60	−1804	121	21
52	0.60	−1759	108	71
53	0.60	−1721	41	52
54	0.60	−1692	−4	25
55	0.60	−1674	−19	−3
56	0.60	−1665	−3	−30
57	1.00	−1299	−942	−375
58	1.00	−1299	−577	−338
59	1.00	−1299	−252	−301
60	1.00	−1299	36	−263
61	1.00	−1299	285	−221
62	1.00	−1299	470	−178
63	1.00	−1299	615	−134
64	1.00	−1299	728	−87
65	1.00	−1299	795	−40
66	1.00	−1299	816	3
67	1.00	−1299	798	47
68	1.00	−1299	735	94
69	1.00	−1299	625	141
70	1.00	−1299	484	184
71	1.00	−1299	303	223
72	1.00	−1299	57	260
73	1.00	−1299	−227	297
74	1.00	−1299	−548	334

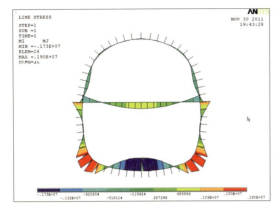
a）弯矩图

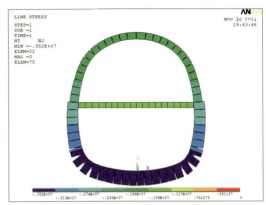
b）轴力图

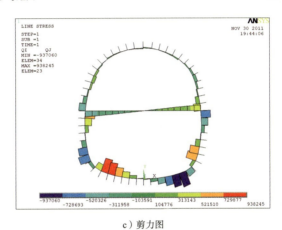
c）剪力图

图 6.1-12 三次衬砌计算结果

分析上述计算结果可知：三次衬砌承担 100% 荷载，隧道周边围岩弹性抗力系数达到 6MPa/m 时，衬砌结构最大轴力为 3514 kN，最大弯矩为 1898kN·m，结构最不利受力位置出现在隧道两侧墙角和仰拱处。

（5）承载能力极限状态计算结果

见表 6.1-9 和图 6.1-13。

承载能力极限状态计算结果　　　　　　　　　　　　　　表 6.1-9

节　点	衬砌厚度（m）	轴力（kN）	弯矩（kN·m）	剪力（kN）
1	0.60	−2099.0	−13.2	64.1
2	0.60	−2111.8	−78.5	12.7
3	0.60	−2140.8	−79.5	−31.1

续上表

节　　点	衬砌厚度（m）	轴力（kN）	弯矩（kN·m）	剪力（kN）
4	0.60	−2186.4	−32.8	−72.4
5	0.60	−2246.8	58.7	−100.6
6	0.60	−2317.3	180.6	−35.8
7	0.60	−2381.9	230.0	60.3
8	0.60	−2431.2	172.2	164.4
9	0.60	−2459.4	−1.8	264.5
10	0.60	−2496.5	−287.7	169.3
11	0.85	−2544.0	−470.3	−29.5
12	1.08	−2608.1	−433.7	−248.3
13	1.25	−2688.5	−156.5	−486.2
14	1.40	−3259.3	1349.8	785.0
15	1.45	−3285.2	488.5	536.5
16	1.45	−3326.9	−101.2	258.7
17	1.34	−3395.6	−387.0	−53.7
18	1.15	−3490.7	−330.7	−397.3
19	0.95	−3611.3	102.5	−770.9
20	1.00	−3820.8	946.3	−902.8
21	1.00	−4153.8	1929.4	−298.3
22	1.00	−4300.8	2243.3	439.1
23	1.00	−4225.4	1744.6	1066.3
24	1.00	−4234.4	552.6	905.7
25	1.00	−4263.8	−464.7	656.0
26	1.00	−4289.6	−1207.7	423.7
27	1.00	−4309.8	−1695.5	206.2
28	1.00	−4323.1	−1944.3	0.2
29	1.00	−4315.7	−1964.7	−42.1
30	1.00	−4305.0	−1940.5	−249.7

续上表

节 点	衬砌厚度（m）	轴力（kN）	弯矩（kN·m）	剪力（kN）
31	1.00	-4287.3	-1687.7	-466.6
32	1.00	-4264.0	-1196.4	-697.5
33	1.00	-4237	-451	-945
34	1.00	-4231	568	-1103
35	1.00	-4316	1759	-470
36	1.00	-4178	2256	275
37	1.00	-3850	1942	889
38	0.95	-3640	960	762
39	1.15	-3528	117	391
40	1.34	-3441	-316	50
41	1.45	-3377	-374	-257
42	1.45	-3335	-93	-529
43	1.40	-3306	489	-775
44	1.25	-2733	411	499
45	1.08	-2645	-134	262
46	0.85	-2571	-418	43
47	0.60	-2513	-462	-157
48	0.60	-2475	-285	-251
49	0.60	-2444	-5	-148
50	0.60	-2392	165	-42
51	0.60	-2325	219	55
52	0.60	-2251	169	121
53	0.60	-2188	47	93
54	0.60	-2140	-43	52
55	0.60	-2109	-88	8
56	0.60	-2094	-84	-40
57	1.00	-1554	-968	-375

续上表

节　点	衬砌厚度（m）	轴力（kN）	弯矩（kN·m）	剪力（kN）
58	1.00	−1554	−603	−338
59	1.00	−1554	−278	−301
60	1.00	−1554	10	−264
61	1.00	−1554	260	−221
62	1.00	−1554	444	−178
63	1.00	−1554	590	−134
64	1.00	−1554	703	−87
65	1.00	−1554	770	−40
66	1.00	−1554	792	3
67	1.00	−1554	774	47
68	1.00	−1554	711	94
69	1.00	−1554	602	141
70	1.00	−1554	460	184
71	1.00	−1554	280	222
72	1.00	−1554	34	259
73	1.00	−1554	−250	297
74	1.00	−1554	−571	334

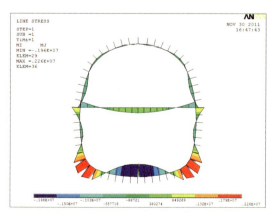

a）弯矩图　　　　　　　　　　b）轴力图

图 6.1-13

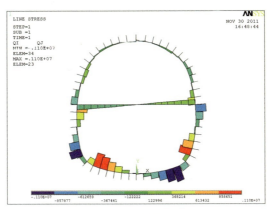

c）剪力图

图 6.1-13　三次衬砌计算结果

分析上述计算结果可知：承载能力极限状态条件下，衬砌结构最大轴力为 4323.1kN，最大弯矩为 2256kN·m，结构最不利受力位置出现在隧道两侧墙角和仰拱处。

6.1.3.3　计算分析结论

采用有限元法和有限差分法，对拱北隧道暗挖段初期支护结构、衬砌结构及临时支护结构安全性进行的分析计算结果表明，给定的设计参数是安全可行的。对于第一层衬砌结构，计算其所受最大弯矩为 −10.7kN·m，最大轴力为 847kN，最小安全系数为 4.4；对于临时支护结构，计算其所受最大弯矩为 −97.1kN·m，最大轴力为 1244kN，最小安全系数为 1.4；第二层衬砌受力较小，最小安全系数为 6.9，比较安全；对于第三层衬砌结构，考虑其在运营期间承受全部水土荷载，特别是仰拱区域，承受的水压较大，设计时应适当增加配筋量，提高其强度。

6.1.4　监控量测

拱北隧道暗挖段采用复合式衬砌结构，将现场监控量测项目列入施工组织设计，并在施工中认真实施。通过对隧道—围岩受力、变形监测，判断隧道和围岩是否稳定和安全，评定支护结构设计的合理性，从而指导施工，反馈设计，及时变更设计，使得设计和施工配合更紧密，节省工程造价。量测计划应根据隧道的围岩条件、支护类型和参数、施工方法及量测目的进行编制。同时应考虑量测费用的经济性，并注意与施工的进程相适应。监测实施措施主要如下：

（1）地表沉降及隆起

管幕顶进过程中，由于超挖的影响，地面会产生下沉；之后管幕冻结及解冻又会产生隆起及融沉；隧道开挖后，地层中的应力扰动区延伸至地表，围岩力学形态的变化在很大程度上反映于地表沉降，且地表沉降可以反映隧道开挖过程中围岩变形的全过程。隧道暗挖段的地表变形反映了管幕施工、冻结施工及隧道开挖对地表的综合影响。当地表变形超过允许值时，必须采取相应措施，直至满足要求。

为了解和掌握隧道浅埋段上方地层的沉降量与变化规律及其对环境的影响，必须对地表沉降情况进行严格的监测和控制。通过对预先埋设的沉降点进行观测，将测得的地表沉降数据进行计算、整理和收集，并根据施工的具体情况，分阶段绘出沉降曲线，对其进行分析、研判。

（2）拱顶下沉

拱顶下沉量测值是反映隧道安全和稳定的重要数据，是围岩和支护系统力学形态变化的最直接、最明显的反映，易于实现量测信息的反馈。

（3）净空收敛

隧道开挖后，周边点的位移也是围岩和支护结构力学形态变化最直接、最明显的反映，净空的变化（收缩和扩张）是围岩变形最明显的体现，是监视隧道安全施工的重要手段。通过量测数据的分析与处理，确定支护结构的稳定状态。

如图 6.1-14 所示正常曲线，位移的变化随时间和距掌子面距离向前推进而渐趋稳定，说明围岩处于稳定状态，支护系统是有效、可靠的；图中所示的反常曲线，出现了反弯点，说明位移出现反常的急骤增长现象，表明围岩和支护体系呈不稳定状态，应立即采取相应的工程技术措施。

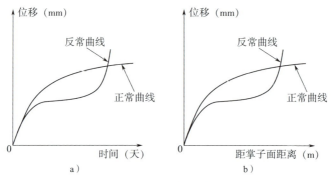

图 6.1-14　时间—位移曲线图和距离—位移曲线图

（4）围岩压力和接触应力

把测点布设在具有代表性的隧道断面的关键部位上，并对各测点逐一进行编号。根据每次所测得的各测点频率读数，依据压力盒的频率—压力标定曲线直接换算出相应的压力值。根据压力值绘制压应力—时间曲线图，在隧道横断面图上按不同的施工阶段，以一定的比例把压力值点画在各压力盒分布位置，并以连线的形式将各点连接起来，成为隧道围岩压力分布形态图，以此了解作用于喷混凝土层与围岩之间的径向压力或作用于初支与二次衬砌之间的接触应力。

（5）钢支撑内力

通过测量施工过程中初支结构钢支撑结构内力情况，根据钢支撑应变值绘制钢支撑应变随时间变化曲线。在钢支撑横断面图上，以一定的比例把应变值点画在各应变计分布位置，并以连线的形式将各点连接起来，形成钢支撑应变分布状态图。

（6）钢筋内力

监测实施成果可做以下应用：

①根据周边位移、拱顶下沉量测成果确定最佳衬砌施作时机。

衬砌和仰拱的施作受时间因素影响很大，直接关系到衬砌结构的安全。过早施作将使衬砌承受较大的围岩压力，过晚可能导致初期支护破坏。

②准确分析变形原因，有针对性地调整支护参数。

通过周边位移、拱顶下沉的量测，特别是利用高精度全站仪可测出每个测点水平及垂直位移（判定位移的优势方向），有利于分析变形原因，使支护参数调整更具针对性；在监测过程中，若发现净空位移量过大或收敛速度无稳定趋势时，根据原设计思路和实际情况，对结构采取补强措施。

③确定支护系统稳定性，及时预报险情。

④根据应力、压力量测成果评价支护设计安全度。

经过对各种量测数据联合反分析计算后，若发现初期支护或二次衬砌结构安全系数较大，则可对下一阶段与此地质类型相近的支护参数作适当调整。见表6.1-10。

监控量测方案表　　　　　　　　　　　　表 6.1-10

序号	监测项目	监测仪器	监测频率
1	地表沉降	全站仪	正常情况下：1次/2天 特殊情况下：1~2次/天
2	隧道拱顶下沉	WILD-N3精密水准仪、铟钢尺、挂尺等	
3	隧道净空收敛	数显式收敛计	
4	钢支撑内力	VW-1型频率接收仪、钢筋应力计、应变计、压力盒等	

续上表

序号	监测项目	监测仪器	监测频率
5	二衬钢筋应力	VW-1型频率接收仪、钢筋应力计、应变计、压力盒等	正常情况下：1次/2天 特殊情况下：1~2次/天
6	围岩与接触压力		
7	地质和支护状况观察	地质罗盘及规尺等	与开挖同步

6.2 暗挖关键技术研究

6.2.1 离心机试验

在众多物理模型试验中，离心机模型试验是模拟城市地铁开挖应用较广的一种方法。其基本原理是将土工模型置于高速旋转的离心机中，让模型承受重力加速度的离心加速作用，从而对模型缩尺带来的土工构筑物自重损失进行补偿。离心机试验模拟相比常规模拟更有优点，它也常常应用于隧道施工模拟当中。在离心机模拟隧道施工的过程中，通常采用排液法，即在高速离心转动的隧道模型中，排出与地层损失相应体积的代土溶液，来模拟隧道施工造成的地层损失。本次试验中采用的方法即为排液法。

6.2.1.1 模型工况设计

试验中采用的模型箱尺寸为 90cm×70cm×70cm，试验中加速度确定为 80g，因此 80 作为本次试验的离心模型率。

模拟开挖时在管幕和衬砌之间加一层薄膜，共形成 1 圈 10 块液囊，并用 10 个电磁阀控制 10 块液囊分块排液。试验开始前向囊内注满代土液，需要排液时就打开该块液囊对应的电磁阀。如图 6.2-1~ 图 6.2-3 所示。

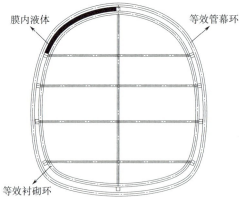

图 6.2-1 排液法模拟示意图

图 6.2-2 贴膜后的衬砌

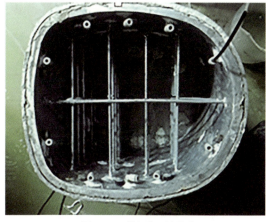

图 6.2-3 排气孔、输液孔

试验中取 1%、2% 地层损失率作为研究对象。

试验共设四组平行试验,分别着重观测不同管幕条件与地层损失率的情况下,地表沉降变形规律、管幕加冻土环变形情况以及桩基础沉降和变形情况。试验工况汇总见表 6.2-1。对应各分块排液时间见表 6.2-2。1% 地层损失率分块排液顺序图如图 6.2-4 所示。

工 况 划 分 表　　　　　　表 6.2-1

工 况	是否有桩基础	是否有管幕	地层损失率
工况 1	无	有	1%
工况 2	有	有	1%
工况 3	有	有	2%
工况 4	有	无	1%

1% 地层损失率分块排液时间表　　　　　　表 6.2-2

编 号	时间（s）	编 号	时间（s）
第一块	16	第二块	16
第三块	16	第四块	16
第五块	20	第六块	20
第七块	8	第八块	20
第九块	20	第十块	8

图 6.2-4　1% 地层损失率分块排液顺序图

6.2.1.2　试验小结

（1）以五台阶十部开挖方案为例，通过离心机试验初步结果显示，管幕群能够起到良好超前支护作用下，隧道开挖引起地表沉降最大为 1~2cm；而当管幕群无法起到良好超前支护作用时，隧道开挖引起地表沉降最大在 3~4cm。两者之比在 30%~45% 之间。

（2）同时从沉降分布形式看，由于五台阶十部开挖方案为非对称开挖形式，从而引起地表沉降槽为显著非对称形式，非对称最大沉降点发生在隧道的右侧，根据离心机试验位移监测点布置情况，试验中最大沉降点在隧道右侧 9.6m 位置附近。因此在施工过程中，建议选取隧道中心轴线右侧部分测点为地表沉降安全控制点。

（3）对于深部地层位移，从位移方向上来看，隧道正上方处由于拱顶下沉，位移方向向下，拱底处由于位移较小，方向以朝向拱底方向为主，说明施工完成后拱底向上隆起，但是位移较拱顶沉降小。

（4）前期随着隧道上方土体开挖，正上方的土压力减小，两侧土压力对隧道的挤压作用加强，从而导致隧道断面在侧向上受压更明显，隧道左右两侧将产生相对较大的横向挤压变形，施工中应对此密切关注；随着开挖部逐渐下移，两侧土压力释放，隧道由主要横向受压变为纵向受压，拱顶沉降效果将更为明显，开挖后期应做好对洞内拱顶沉降的监测。

（5）管幕+冻土超前支护圈主要以承受轴力为主，成拱效应较明显，各工况下隧道上部受力较大；对于无管幕的情况下，可以看出等效衬砌环相比于外部的冻土+管幕环其轴力与弯矩值均较小（除拱底处明显增大外），这主要是由于衬砌环内部有支撑体系共同承担受力，而管幕环独自受力，所以衬砌环承受的轴力及弯矩较小。

（6）随着地层损失率的增大，桩基础沉降显现出不同的规律，在开挖初期，不同地层损失率下土体均相对于桩基础产生竖向沉降；开挖后期，在低地层损失率下，土体与桩基础基本不产生相对位移，而在高地层损失率下，土体与桩基础相对位移持续增大，土体产生更大的竖向沉降。土体的相对沉降将产生负摩阻区域，降低桩基础承载力。

6.2.2　浅埋超大断面暗挖法隧道开挖方案比选分析

考虑到结构安全、施工可行性及环境影响等因素，针对拱北隧道工程提出了四种可能的开挖方案。为保证隧道结构和施工安全，分别采用 MIDAS 和 ABAQUS 通用软件对四种施工方案进行了数值模拟计算，在此基础上对隧道开挖方案开展比选分析。

6.2.2.1　开挖比选方案介绍

如图 6.2-5 所示，四种开挖比选方案主要在开挖台阶数（五台阶或四台阶）、开挖部数（八部、十部或十五部）、开挖顺序、衬砌及临时支撑等支护结构体系刚度上存在着差异，支护结构体系设计参数也不尽相同，如表 6.2-3 所示。

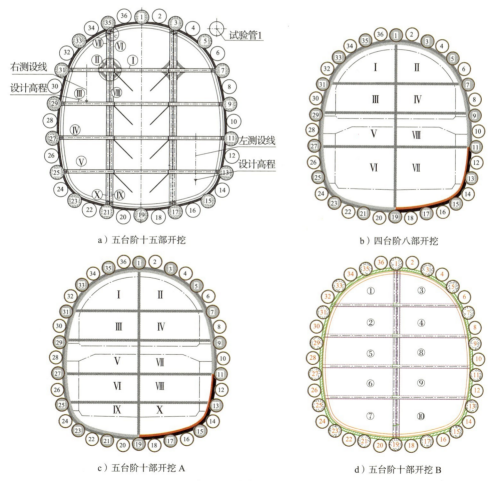

图 6.2-5　隧道开挖方案示意图

开挖支护结构体系设计方案 表 6.2-3

支护类型		开挖方案			
		五台阶十五部方案	四台阶八部方案	五台阶十部方案 A（与五台阶十五部相同）	五台阶十部方案 B（与四台阶八部相同）
弧形止水钢板		无	厚度 1cm	无	厚度 1cm
初期支护	钢筋网	A8 钢筋，双层布置	A10 钢筋，单层布置，网眼规格 20×20	A8 钢筋，双层布置	A10 钢筋，单层布置，网眼规格 20×20
	型钢	22b 工字钢，间距 0.4m，与管幕焊接，纵向连接 16 工字钢	22b 工字钢，间距 0.40m，与管幕焊接，纵向连接 16 工字钢	22b 工字钢，间距 0.4m，与管幕焊接，纵向连接 16 工字钢	22b 工字钢，间距 0.4m，与管幕焊接，纵向连接 16 工字钢
	喷射混凝土	C25 喷射混凝土，厚 30cm	C30 喷射混凝土，厚 30cm	C25 喷射混凝土，厚 30cm	C30 喷射混凝土，厚 30cm
	临时支撑	HK400b 型钢，间距 1.2m	HM250×175 型钢，间距 1.2m，A50 锁脚锚管长度 3m，纵向连接方钢，临时竖撑设超前支撑小导管 A50，间距 40cm	HK400b 型钢，间距 1.2m	HM250×175 型钢，间距 1.2m，A50 锁脚锚管长度 3m，纵向连接方钢，临时竖撑设超前支撑小导管 A50，间距 40cm
二次衬砌		格栅拱架模筑 C35 混凝土	钢筋网：A10 钢筋，单层布置	格栅拱架模筑 C35 混凝土	钢筋网：A10 钢筋，单层布置
			型钢：22b 工字钢，间距 0.40m，与管幕、初支焊接，纵向连接 16 工字钢		型钢：22b 工字钢，间距 0.40m，与管幕、初支焊接，纵向连接 16 工字钢
			混凝土：模筑 C35，厚 30cm		混凝土：模筑 C35，厚 30cm
仰拱填充		C15 混凝土	C15 混凝土	C15 混凝土	C15 混凝土
防水		防水卷材	防水卷材	防水卷材	防水卷材
三次衬砌		60~219cm 厚防腐蚀钢筋混凝土，混凝土强度等级 C45	60~219cm 厚防腐蚀钢筋混凝土，混凝土强度等级 C45	60~219cm 厚防腐蚀钢筋混凝土，混凝土强度等级 C45	60~219cm 厚防腐蚀钢筋混凝土，混凝土强度等级 C45

从上表的支护结构设计刚度可以看到，四台阶八部开挖方案增大了每一步的开挖体量，但是相反，减小了初衬临时支撑的结构刚度，存在一定的安全隐患，这在后续数值计算中将详细说明。

6.2.2.2 MIDAS 数值模拟计算

本次针对两种支护条件、四种开挖顺序方案下，对隧道开挖进行数值模拟研究，同时考虑管幕与冻土效应，主要就位移与支护结构内力进行对比。针对有限元分析手段，数值模型的建立以及参数的选取将对结果产生较为重要的影响。对四种开挖方案采用相同的问题域进行模拟，模型宽 200m，深度 50m，基本可忽略边界效应对计算结果的影响。如图 6.2-6 所示为五台阶十五部开挖方案对应的数值分析模型网格图。

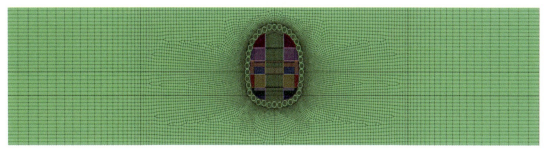

图 6.2-6　五台阶十五部开挖数值分析模型网格图

四种方案数值模型的土体参数选取及管幕模拟方法均一致，除钢支撑的拉压刚度取值略有不同外，其余支护结构参数完全相同。土体参数和支护结构参数选取如表 6.2-4 和表 6.2-5 所示。为尽量考虑管幕层对开挖的影响，对钢管幕采用梁单元进行单独模拟。开挖过程中，采用荷载释放系数模拟其空间效应，大部分开挖块荷载释放系数为：土体开挖步设为 0.05，添加初衬步设为 0.25，添加二衬步设为 0.3，初衬二衬共同受力作用步设为 0.4。

土 体 参 数 表　　　　表 6.2-4

土体编号	本构模型	材料参数
地层 1-1	修正摩尔—库伦	$\rho=1.8\text{g/cm}^3$，$E_{50}=3\text{MPa}$，$E_{ur}=9\text{MPa}$，$\varphi=5°$，$c=10\text{kPa}$
地层 1-2	修正摩尔—库伦	$\rho=1.8\text{g/cm}^3$，$E_{50}=3\text{MPa}$，$E_{ur}=9\text{MPa}$，$\varphi=15°$，$c=20\text{kPa}$
地层 2	修正摩尔—库伦	$\rho=2.0\text{g/cm}^3$，$E_{50}=6\text{MPa}$，$E_{ur}=18\text{MPa}$，$\varphi=27°$，$c=0.1\text{kPa}$
地层 3	修正摩尔—库伦	$\rho=2.0\text{g/cm}^3$，$E_{50}=4\text{MPa}$，$E_{ur}=12\text{MPa}$，$\varphi=20°$，$c=17\text{kPa}$
冻土层	弹性	$\rho=2.0\text{g/cm}^3$，$E=200\text{MPa}$

支护结构参数表　　　　表 6.2-5

支护编号	材料模型	材料参数	开挖方案
初衬	弹性	$\rho=2.5\text{g/cm}^3$，$E=38.33\text{GPa}$	四种方案均为一致
二衬	弹性	$\rho=2.5\text{g/cm}^3$，$E=39.83\text{GPa}$	

续上表

支护编号	材料模型	材料参数	开挖方案
三衬	弹性	$\rho = 2.5\text{g/cm}^3$，$E = 33.50\text{GPa}$	四种方案均为一致
管幕	弹性	$\rho = 2.5\text{g/cm}^3$，$E = 210\text{GPa}$	
钢支撑	弹性	$\rho = 7.85\text{g/cm}^3$，$EA_{横撑} = 4021920\text{kN}$，$EA_{竖撑} = 8314320\text{kN}$	五台阶十五部、五台阶十部A
		$\rho = 7.85\text{g/cm}^3$，$EA = 1146600\text{kN}$	四台阶八部、五台阶十部B

根据各个方案的开挖顺序和支护类型进行精细化数值模拟，提取结构位移和内力结果进行对比分析。

对比四种开挖方案对应的最终沉降槽，如图6.2-7所示，可以看出，五台阶十五部开挖方案由于对称开挖沉降槽呈对称分布，其余开挖方案，五台阶十部与五台阶八部开挖方案均呈现出较为明显的非对称成槽特性。同时，比较得知，五台阶十五部最大沉降量最小，五台阶十部A方案沉降量最大，两者差值在2cm以内。

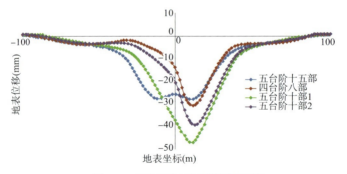

图6.2-7 四种开挖方案最终沉降槽对比

图6.2-8展示了四种开挖方案在完成开挖支护之后的管幕总位移云图。模拟结果显示，若采用五台阶十五部方案，管幕在施工过程中，拱顶部位的位移量显著小于拱底位置。管幕群最大位移发生在拱底位置，最小位移发生在左侧腰部。四台阶八部开挖方案管幕群整体位移模式与五台阶十五部方案类似。与五台阶十五部方案不同的是，四台阶八部开挖方案为非对称开挖，因此导致管幕群位移在初始开挖过程中呈现较为显著的非对称分布。五台阶十部工况与四台阶八部工况管幕群变化规律类似，只是在量值上有一定差异。五台阶十部工况对应管幕群位移要略小于四台阶八部工况位移。

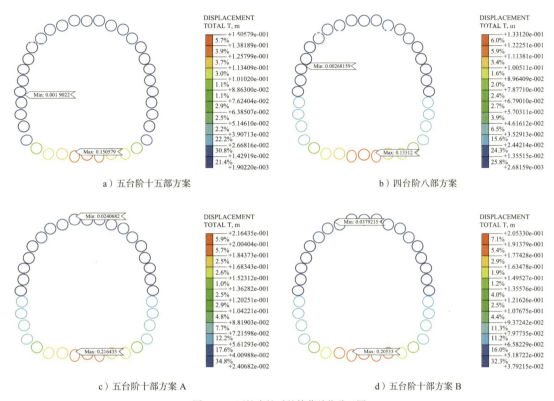

图 6.2-8 开挖支护后的管幕总位移云图

针对上述四种开挖比选方案，对支护结构体系在每一工况条件下最大衬砌内力、支撑内力、支撑变形进行对比分析，结果详见表 6.2-6。

四种比选方案支护结构体系极值比较 表 6.2-6

项　目	五台阶十五部	四台阶八部（比方案1增加比）	五台阶十部A（比方案1增加比）	五台阶十部B（比方案1增加比）
衬砌最大弯矩（kN·m）	182.2	659.6（262%）	532.5（192%）	617.6（239%）
衬砌最大轴力（kN）	−968.3	−1438（42%）	−1068.2（10.3%）	−1437.1（48.4%）
临时支撑轴力（kN）	−515.3	−1011.4（96%）	−530.4（2.9%）	−858.1（66.5%）

综上所述，不同开挖方案条件下，隧道的变形和受力特性如下：

（1）地层位移

采用五台阶十五部开挖时，开挖过程中地表隆起最大值为 3cm，由于三衬自重应力作用，最终地表产生沉降，最大值为 3cm；采用四台阶八部开挖时，开挖过程中地表隆起最大值为 5cm，由于三衬自重应力作用，最终导致最大沉降为 3.5cm；采用五台阶十步（A、B）开挖，开挖过程中地表隆起最大值为 4cm，最终沉降为 4~4.5cm。

（2）临时支撑最大轴力

五台阶十五部开挖时，轴力最大值为 –515.3kN；四台阶八部开挖时，轴力最大值为 –1011.4kN（增加 96%）；五台阶十部 A 方案开挖时，最大轴力为 –530.4kN（增加 2.9%）；五台阶十部 B 方案开挖时，最大轴力为 –858.1kN（增加 66.5%）。

（3）衬砌最大轴力

五台阶十五部开挖时，衬砌最大轴力为 –968.3kN；四台阶八部开挖时，衬砌最大轴力为 1438kN（增加 48%）；五台阶十部 A 方案开挖时，衬砌最大轴力为 –1068.2kN（增加 10.3%）；五台阶十部 B 方案开挖时，衬砌最大轴力为 –1437.1（增加 48.4%）。

（4）衬砌最大弯矩

五台阶十五部开挖时，最大弯矩为 182.2kN·m；四台阶八部开挖时，最大弯矩为 659kN·m（增加 262%）；五台阶十部 A 方案开挖时，最大弯矩为 532.5kN·m（增加 192%）；五台阶十部 B 方案开挖时，最大弯矩为 617.6kN·m（增加 239.9%）。

（5）衬砌支护结构最大变形

五台阶十五部开挖时，最大变形值为 206mm；四台阶八部开挖时，最大变形值为 191.5mm（增加 –7.0%）；五台阶十部 A 方案开挖时，最大变形值为 216.6mm（增加 5.1%）；五台阶十部 B 方案开挖时，最大变形值为 204.9mm（增加 –0.5%）。对比四种开挖方式，其衬砌支护结构最大变形基本保持一致。

（6）临时支撑支护结构最大变形

五台阶十五部开挖时，最大变形值为 259mm；四台阶八部开挖时，最大变形值为 259.6mm（增加 0.2%）；五台阶十部 A 方案开挖时，最大变形值为 229mm（增加 –11.6%）；五台阶十部 B 方案开挖时，最大变形值为 253.4mm（增加 2.2%）。对比四种开挖方式，其临时支撑支护结构最大变形基本保持一致。

（7）管幕结构最大变形

五台阶十五部开挖时，最大变形值为 206.6mm；四台阶八部开挖时，最大变形值为 191.9mm（增加 –7.1%）；五台阶十部 A 方案开挖时，最大变形值为 216.4mm（增加 4.7%）；五台阶十部 B 方案开挖时，最大变形值为 205.3mm（增加 –0.6%）。对比四种开挖方式，其管幕结构最大变形基本保持一致。

6.2.2.3 ABAQUS 数值模拟计算

对四种不同开挖方案采用相同的问题域进行模拟，模型宽 250m，深度 50m，基本可忽略边界效应对计算结果的影响。图 6.2-9 为五台阶十五部开挖方案对应的数值分析模型网格图。四种方案数值模型的土体和支护结构的参数选取及管幕模拟方法均一致，土体参数和支护结构参数如表 6.2-7 和表 6.2-8 所示。分部开挖时，折减 60% 待开挖土体的模量，以模拟开挖的施工效应以及施工扰动带来的影响。

图 6.2-9 五台阶十五部开挖数值分析模型网格图

土 体 参 数 表　　　　　　　　表 6.2-7

类 型		材料模型	模型参数
地层	地层1	摩尔—库伦模型	$\rho = 1.8 \text{g/cm}^3$，$E = 15\text{MPa}$，$\varphi = 5°$，$c = 10\text{kPa}$
	地层2	摩尔—库伦模型	$\rho = 2.0 \text{g/cm}^3$，$E = 30\text{MPa}$，$\varphi = 27°$，$c = 0.1\text{kPa}$
	地层3	摩尔—库伦模型	$\rho = 1.8 \text{g/cm}^3$，$E = 20\text{MPa}$，$\varphi = 20°$，$c = 17\text{kPa}$
管幕		弹性模型	$\rho = 2.5 \text{g/cm}^3$，$E = 200\text{MPa}$

支护结构参数表土体参数表　　　　　　　　表 6.2-8

类 型		材料模型	模型参数
支护	初期支护	弹性模型	$\rho = 2.5 \text{g/cm}^3$，$E = 38.33\text{GPa}$
	二次衬砌	弹性模型	$\rho = 2.5 \text{g/cm}^3$，$E = 39.83\text{GPa}$
	三次衬砌	弹性模型	$\rho = 2.5 \text{g/cm}^3$，$E = 33.50\text{GPa}$
	临时支撑	弹性模型	$\rho = 7.8 \text{g/cm}^3$，$E = 210\text{GPa}$

针对各个方案的具体开挖步骤和支护程序进行精细化数值模拟，提取结构位移和内力结果进行对比分析。

图 6.2-10 展示了不同开挖方案拆除临时支撑施加三衬后的地层位移云图。图 6.2-11 为四种开挖方案下地表沉降对比情况。可以看到，四台阶八部和五台阶十部 B 开挖方案的地表沉降最大值将近 90mm，而五台阶十部 A 开挖方案的沉降最小，为 50mm 左右。五台阶十五部方案的沉降值介于两者之间。

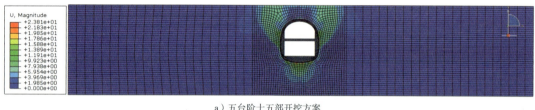

a）五台阶十五部开挖方案

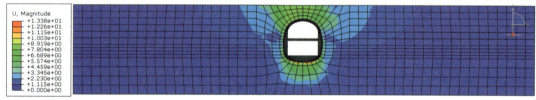

b）四台阶八部开挖方案

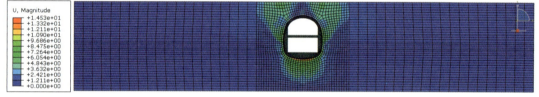

c）五台阶十部 A 开挖方案

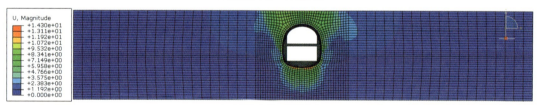

d）五台阶十部 B 开挖方案

图 6.2-10 拆除临时支撑施加三衬后地层位移云图

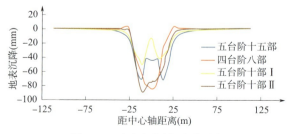

图 6.2-11 各方案地表沉降对比图

此外，对四类开挖比选方案的支护结构体系在每一工况条件下最大衬砌内力、支撑内力进行对比分析，如表6.2-9所示。

四个比选方案支护结构体系受力极值比较　　表6.2-9

项　目	五台阶十五部	四台阶八部	五台阶十部A	五台阶十部B
衬砌最大弯矩（kN·m）	1032	2541（146%）	1438（39%）	1919（86%）
衬砌最大轴力（kN）	1949	5836（199%）	2667（37%）	4077（109%）
临时支撑轴力（kN）	1121	2006（79%）	2156（92%）	2416（115%）

以上针对四种开挖工序，对隧道开挖进行数值模拟研究，并就地表位移、支护结构内力和支护结构位移进行对比，得到如下结论：

（1）地表位移

采用五台阶十五部开挖时，开挖过程中地表隆起最大值为2cm，最终沉降为7cm；采用五台阶十部A方案开挖时，开挖过程中地表隆起最大值为2cm，最终沉降为5cm；采用五台阶十部B方案开挖时，开挖过程中地表隆起最大值为1cm，最终沉降较大，达到14cm；采用四台阶八部开挖时，开挖过程中地表隆起较小，最终沉降较大，达到13cm。

（2）支护内力

支护内力分为临时支撑最大轴力、衬砌最大轴力、衬砌最大弯矩三个方面进行分析。

①临时支撑最大轴力：采用五台阶十五部开挖时，临时支撑最大轴力为1121kN；采用四台阶八部开挖时，临时支撑最大轴力为2006kN；采用五台阶十部A方案开挖时，临时支撑最大轴力为2156kN；采用五台阶十部B方案开挖时，临时支撑最大轴力为2416kN。其中，四台阶八部、五台阶十部开挖时支撑轴力均很大，但是考虑五台阶十部A方案的支护结构采用双拼H型钢，远强于四台阶八部的支护结构，因此四台阶八部的支护结构更加危险。

②衬砌最大轴力：采用五台阶十五部开挖时，衬砌最大轴力为1949kN；采用四台阶八部开挖时，衬砌最大轴力为5836kN；采用五台阶十部A方案开挖时，衬砌最大轴力为2667kN；采用五台阶十部B方案开挖时，衬砌最大轴力为4077kN。

③衬砌最大弯矩：采用五台阶十五部开挖时，衬砌最大弯矩为1032kN·m；采用四台阶八部开挖时，衬砌最大弯矩为2541kN·m；采用五台阶十部A方案开挖时，衬砌

最大弯矩为 1438kN·m，采用五台阶十部 B 方案开挖时，衬砌最大弯矩为 1919kN·m。

（3）支护结构位移

采用五台阶十五部开挖，衬砌位移最大值为 14.3cm，位于第五台阶开挖时第五台阶衬砌中部位置，临时支撑位移最大值为 14.3cm，位于第四道横撑中部；采用五台阶十部 A 方案开挖，衬砌位移最大值为 17cm，位于近拱底处，临时支撑位移最大值为 15.4cm，位于第八部开挖所加临时横撑中间位置；采用五台阶十部 B 方案开挖，衬砌位移最大值为 14.3cm，位于第十部开挖时所加衬砌中部，临时支撑位移最大值为 14cm，位于竖撑顶端；采用四台阶八部开挖，衬砌位移最大值为 13.4cm，位于近拱底处，临时支撑位移最大值为 12.4cm，出现在竖撑顶部。

对比四种开挖方式，五台阶十五部和五台阶十部 B 开挖方案的衬砌最大位移均出现在最后一台阶开挖时所加衬砌中部位置，四台阶八部和五台阶十部 A 开挖方案的衬砌最大位移均出现在最后一台阶开挖时所加衬砌近拱底处；而临时支撑位移最大值在四台阶八部和五台阶十部 B 开挖方案中均出现在竖撑顶端，在五台阶十五部和五台阶十部 A 开挖方案中均出现在各台阶横撑中部。

6.2.2.4 小结

由于开挖方案复杂，参数较多，为保证分析的合理性，分别采用了 MIDAS 和 ABAQUS 进行数值模拟研究，综合两种数值模型的计算结果得到结论如下：

（1）由于不同数值方面模拟手段的差异，采用不同方法得到的计算结果在数值上存在一定的差异，但其所表现的规律具有一致性。

（2）由于不同开挖方案开挖工序的差异，隧道施工引起的地层位移规律也出现一定的差异。综合而言，四台阶八部、五台阶十部 B 方案引起的地层位移较大。从支护结构相应的位移计算结果来看，四种方案的绝对位移值相差不多。

（3）从隧道结构衬砌受力而言，以五台阶十五部开挖方案为比较目标，五台阶十部 A 方案开挖时，衬砌弯矩增加 39%~192%，轴力增加 11%~37%；五台阶十部 B 方案开挖时，衬砌弯矩增加 86%~239%，轴力增加 48%~109%；而四台阶八部开挖时，衬砌弯矩增加 146%~242%，衬砌轴力增加 42%~199%。

6.2.3 五台阶十部开挖方案三维数值模拟分析

为了分析隧道开挖过程中隧道三维变形和受力特性，选用 ABAQUS 进行隧道开挖的三维数值模拟，不仅可以展现出管幕支撑体系的结构特性，而且能够反映岩土介质的力学特点。

6.2.3.1 模型参数

（1）基本模型几何参数

采用地层结构法建立隧道三维模型，该模型考虑了管幕施工引起的结构参数变化，能够反映管幕结构、衬砌及临时支撑的施工特点。

数值计算中，考虑实际施工过程，需将初期支护分为管幕和初衬两部分。如图 6.2-12 所示，初衬、二衬、管幕结构均呈马蹄形环状，管幕结构采用实体单元和嵌入其中的梁单元模拟，管幕与初衬、初衬与二衬之间紧密相贴。隧道内部临时支撑与衬砌相连接，将其简化为板壳结构。模型中土层按土性分为三层，土体长 150m，宽 200m，高 42.4m，模型尺寸及其坐标轴如图 6.2-13 所示。

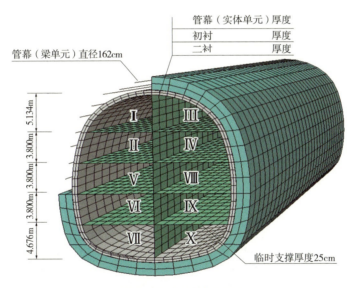

图 6.2-12 支护结构示意图

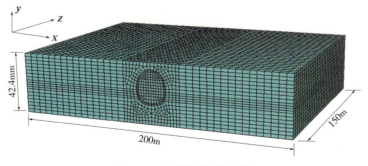

图 6.2-13 基本模型尺寸示意图

（2）周边环境的模拟

①筏式基础

在基本模型的基础上用实体单元模拟筏式基础，将其嵌入土体中，基础厚 1.40m，长 37.80m，宽 15m，基础表面作用有竖向荷载 20kPa，如图 6.2-14 所示。

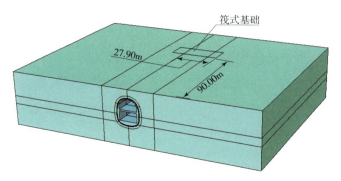

图 6.2-14　含有筏式基础的模型示意图

②桩基

在基本模型的基础上，将承台等效成长 4.08m、宽 4.08m、高 2.4m 的六面体，承台下方的沉管灌注桩等效成为截面边长 0.48m 的六面体桩，在承台上施加 120kPa 的竖向荷载，如图 6.2-15 所示。

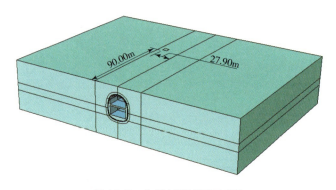

图 6.2-15　含有桩基的模型示意图

（3）模型材料参数

①土体

按照土体参数不同，将土体分为三层：最上一层为黏性土，厚 19m；中间一层为砂性土，厚 6.4m；最下层为黏性土，厚 17m。

管幕结构所在区域分为三层，采用弹性模型，取与之高度相对应土层的弹性模量和泊松比。土体在开挖前需进行注浆加固处理，注浆后土体参数有所提升。

②管幕模型

采用土层中嵌入梁单元的方法模拟管幕结构，所在土体采用弹性实体单元。梁单元截面半径取 0.81m，利用截面抗弯刚度等效的方法，将梁单元弹性模量折算为 38.7GPa。

③隧道衬砌

初期衬砌由间距 40cm 的 22b 型钢支撑和 30cm 厚的 C25 喷射混凝土构成，二次衬砌为 30cm 厚的 C35 轻钢架模筑混凝土。初衬和二次衬砌在保证截面抗弯刚度不变的前提下等效为单一材质的马蹄形环。三次衬砌为钢筋混凝土结构，采用实体单元模拟。

④临时支撑

工程中临时支撑采用 HK400b 型钢，间距 1.2m，在保证截面压缩刚度（EA）和抗弯刚度（EI）不变的前提下，将临时支撑简化成为厚 59cm、弹性模量为 5.58GPa 的壳单元模型。

⑤周边环境

筏式浅基础采用弹性模型模拟，弹性模量取 31.5GPa。桩基础承台的弹性模量取 31.5GPa，桩基经折算成正方形截面后弹性模量为 33.0GPa。

6.2.3.2 模拟施工步

数值模拟未考虑导洞开挖后土体应力释放，导洞一开挖便立即施作初衬和临时支撑，二次衬砌施作与掌子面间距始终小于 5m。根据施工方案将其分为 27 个施工步，土体开挖及结构施作顺序如下：

（1）添加梁单元管幕结构，考虑周边环境的模型添加周边结构（筏式浅基础、桩基），在周边结构上施加竖向荷载。

（2）按照从 I 导洞至 X 导洞的顺序进行台阶法开挖，导洞开挖过程中施作初衬、临时支撑，初衬和临时支撑施作 5m 后添加二次衬砌，施工进尺 10m。

（3）隧道开挖完毕后，拆除支撑，施加三次衬砌。

6.2.3.3 数值模拟结果

土体直接开挖时，土体会因掌子面失稳而无法收敛，因而需要对土体进行注浆处理，以下数值计算结果均建立在掌子面土体均经过注浆加固处理的基础上。

（1）对照组数值分析计算结果

①位移云图

根据施工设计的要求，考虑到实际工程断面（z=0）边界条件要较模型复杂，取横断面 z=10m 处，模型在关键施工步下的竖向位移云图如图 6.2-16 所示。

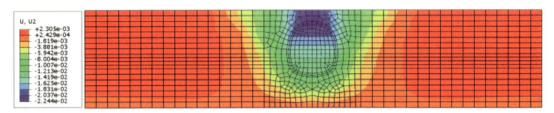

图 6.2-16　施工步序 1，断面位移云图（z=10m）

从图 6.2-16 中可以看出，管幕施作后由于自重增加，隧道上方土体出现沉降，施工步序 1 地表沉降 2.02cm，随着隧道的开挖，隧道周边土体开始呈现向上位移的趋势，地表也由初始时的沉降转入隆起，施工步序 27 地表隆起量为 5.48cm，如图 6.2-17~图 6.2-19 所示。

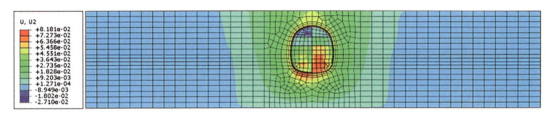

图 6.2-17　施工步序 11，断面位移云图（z=10m）

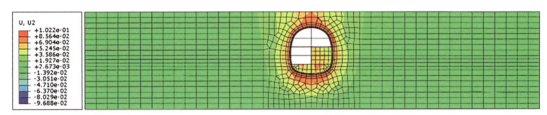

图 6.2-18　施工步序 21，断面位移云图（z=10m）

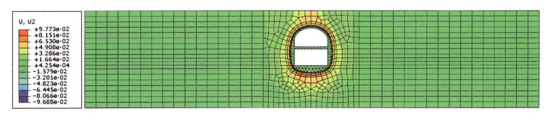

图 6.2-19　施工步序 27，断面位移云图（z=10m）

②纵向地表竖向位移图

记录隧道中心线位置地表沿纵向（z 轴方向）的沉降（隆起）值，绘制成图表，以沉降为负值、隆起为正值。由于管幕的密度大于土体，因此施工步序 1 中土体开始出现了一定的沉降，如图 6.2-20 所示。

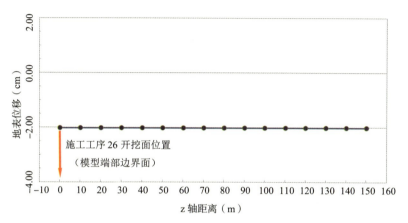

图 6.2-20　施工步序 1（管幕施工完毕），沿纵向地表竖向位移图

随着施工的进行，地表逐渐呈现上浮隆起的趋势，施工步序 26 土体开挖完成，所有二次衬砌成环，地表隆起量达到最大，从图 6.2-21 可以看出初始开挖断面 z=0 处地表位移最大，为 7.45cm。

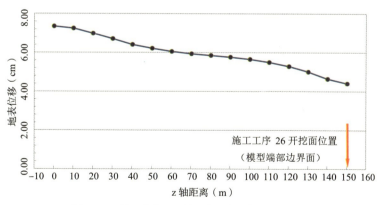

图 6.2-21　施工步序 26，沿纵向地表沉降（隆起）图

施工步序 27，拆除临时支撑三次衬砌施作完毕后，地表隆起虽然有所减少，但土体仍呈现上浮趋势，地表沿纵向隆起量如图 6.2-22 所示。

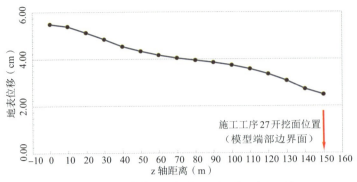

图 6.2-22　施工步序 27，沿纵向地表沉降（隆起）图

③横向地表竖向位移图

随着施工进行，地表逐渐呈现以 $x=0$ 为对称中心的隆起现象，取 $z=0$ 平面，做出横向地表竖向位移分布图，如图 6.2-23 所示。

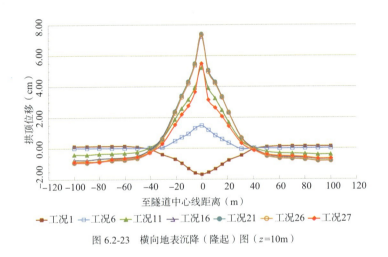

图 6.2-23　横向地表沉降（隆起）图（$z=10m$）

④衬砌内力

施工步序 26 中，将 $z=10m$ 处衬砌（初衬及二衬）和临时支撑交接处的截面内力提取出来，绘制每延米衬砌轴力、弯矩以及剪力图。竖向坐标取截面位置的相对高度，其中轴力方向以受压为正，弯矩方向以衬砌外侧受拉内侧受压为正，剪力方向以截面顺时针方向为正，截面位置及其编号如图 6.2-24 所示。

随着隧道断面开挖，由于外力发生改变，隧道衬砌将经历内力重分布的过程。比较各施工步下内力的分布情况，可以看出弯矩和剪力大体上呈现上升趋势。当进行到施工步序 26 时，弯矩已经增加到 451.8kN·m，该位置的剪力也由最初的 775.8kN 增加到 1219kN。

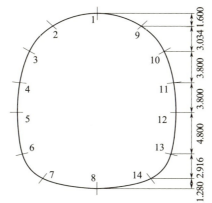

图 6.2-24　截面位置及编号示意图（尺寸单位：m）

除隧道拱顶位置外轴力均呈现增加趋势，拱顶处截面内力随着施工的进行逐渐减小，尤其是截面 2 和截面 9 尤为明显，截面 2 的轴力在施工步序 6 下，压力为 155.6kN，到施工步序 10，压力已经减小到 8.848kN，之后轴力表现为拉力。在隧道施作过程中，拱顶受到上部的土压力，衬砌竖向呈向内收敛趋势，下部的临时支撑对上部衬砌的约束作用随着开挖的进行愈加明显，因而轴力表现出由压力转变为拉力的现象。

施工步序 12 下，$z=10$m 的断面实现了二次衬砌的成环，通过弯矩图可以看出此时衬砌以外侧受压、内侧受拉为主，隧道下方两侧（截面 6 及截面 13）为内侧受压、外侧受拉（图 6.2-25）。

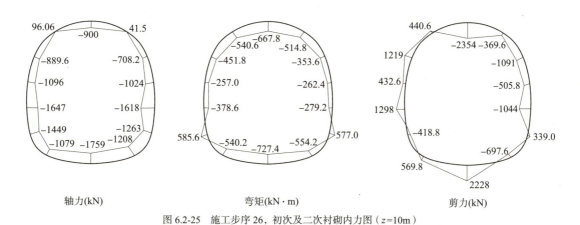

图 6.2-25　施工步序 26，初次及二次衬砌内力图（$z=10$m）

（2）考虑筏式浅基础的模型计算结果

①位移云图

筏式浅基础采用嵌固（embed）的形式和土体接触，顶部施加 20kPa 的竖向荷载。图 6.2-26 是不考虑周边环境的模型剖面竖向位移云图，隧道呈明显的上浮趋势。图 6.2-27 是考虑筏式浅基础的模型第 27 工况下 $z=90$m 剖面竖向位移云图，通过比较可以发现筏式基础所在区域的隆起量要小于周边区域，其中远离隧道的部分基础出现了沉降，筏式浅基础发生了沿 z 轴顺时针方向的转动。

图 6.2-26　不考虑周边环境的模型剖面竖向位移云图

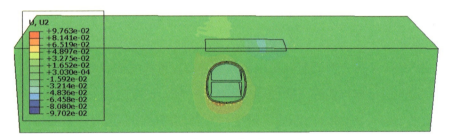

图 6.2-27　考虑筏式浅基础的模型剖面竖向位移云图

②筏式浅基础对隧道受力的影响

从图 6.2-28、图 6.2-29 可以看出，含有筏式浅基础的模型弯矩和剪力与基本模型相差较小。筏式浅基础对隧道轴力影响较大，尤其是隧道上部衬砌轴力，相较基本模型轴力增加了 10%~20%。截面 10 在基本模型中轴力为 759.2kN，在含有筏式浅基础的模型中轴力为 920.2kN，增加了 21.2%。

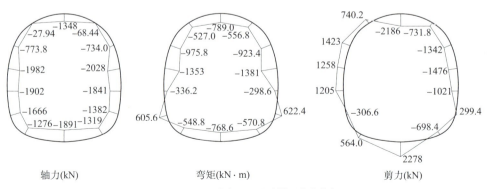

图 6.2-28　施工步序 26，基本模型内力分布

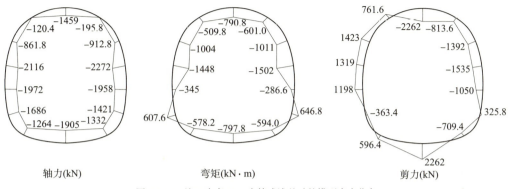

图 6.2-29 施工步序 26，含筏式浅基础的模型内力分布

筏式浅基础剪力和弯矩在施工步序 1 和施工步序 26 下的内力分布情况如图 6.2-30~图 6.2-33 所示，其中弯矩方向以基础上方受拉、下方受压为正，剪力方向以顺时针为正。从图中可以看到，距离筏式浅基础左端 10~18m 处为弯矩及剪力变化较大的区域。距离浅基础左端 14m 处的断面在隧道开挖前（施工步序 1）弯矩为 38.86kN·m，隧道开挖完毕后弯矩增加到 350.1kN·m，增加了 311.24kN·m。距离左端 16m 处的断面在隧道开挖前（施工步序 1）弯矩为 38.86kN·m，剪力由 34.89kN 增加到 310.03kN。

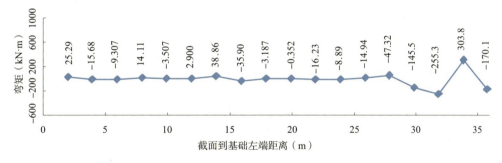

图 6.2-30 施工步序 1，筏式浅基础弯矩图

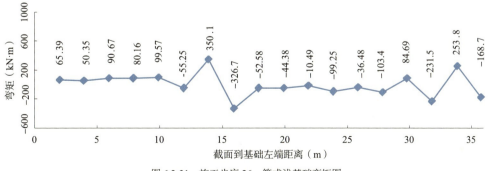

图 6.2-31 施工步序 26，筏式浅基础弯矩图

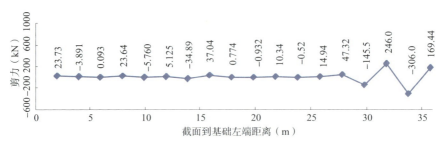

图 6.2-32　施工步序 1，筏式浅基础剪力图

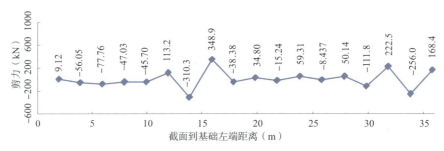

图 6.2-33　施工步序 26，筏式浅基础剪力图

（3）含有桩基的模型计算结果

①桩基竖向位移云图

如图 6.2-34 所示。

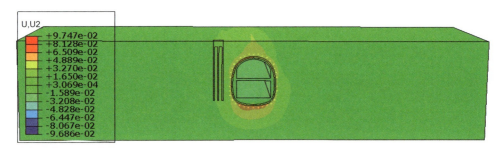

图 6.2-34　含有桩基的模型剖面竖向位移云图

②桩基竖直应力及位移云图

第 26 工况隧道开挖完毕，但尚未施作三次衬砌，土体位移达到最大值，因而桩基处于最不利的受力状态，桩基竖向应力云图如图 6.2-35 所示。从图中可以看出，右侧（即靠近隧道一侧）的桩基竖直方向应力要明显大于左侧，因而以下桩基受力分析以右侧桩基为主。同时可以看出该桩体中部偏下位置应力较大，两端应力偏小，可能是因为隧道开挖的时候，桩体受到了负摩阻力的影响。

图 6.2-36 为施工步序 26 下的桩基竖向位移云图，从图中可以看出右边邻近隧道的桩体竖直位移要大于左侧远离隧道的桩体竖直位移，并且桩体底部位移要大于桩体上部的位移值。

③桩基水平位移曲线

桩基水平位移曲线如图 6.2-37 所示，桩基顶端向左侧位移，底端向右侧位移，位移零点位于底端上方 10m 处。

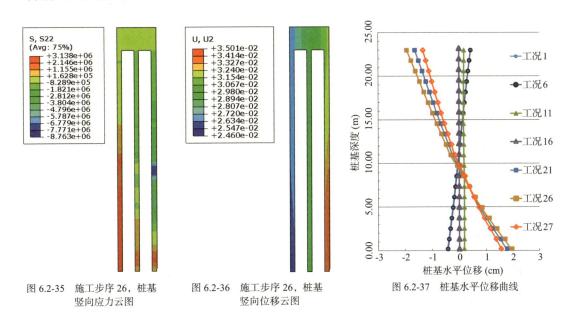

图 6.2-35 施工步序 26，桩基竖向应力云图

图 6.2-36 施工步序 26，桩基竖向位移云图

图 6.2-37 桩基水平位移曲线

④桩基对隧道结构受力的影响

如图 6.2-38、图 6.2-39 所示为土体开挖完毕后基本模型和含桩基模型内力分布图，从图中可以看出桩基对衬砌结构影响较小。

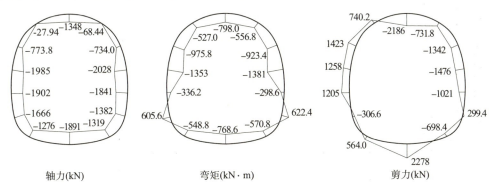

轴力(kN)　　弯矩(kN·m)　　剪力(kN)

图 6.2-38　施工步序 26，基本模型内力分布

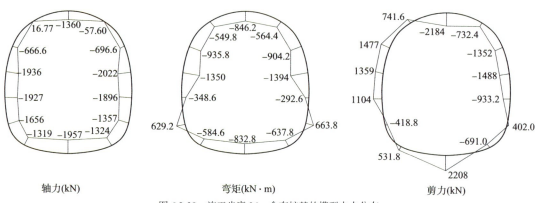

图 6.2-39 施工步序 26，含有桩基的模型内力分布

⑤桩基内力分布

桩基内力如图 6.2-40、图 6.2-41 所示，其中轴力方向以受拉为正、受压为负，桩底轴力为桩端力，弯矩方向以左侧受拉、右侧受压为正，剪力方向以顺时针方向为正。

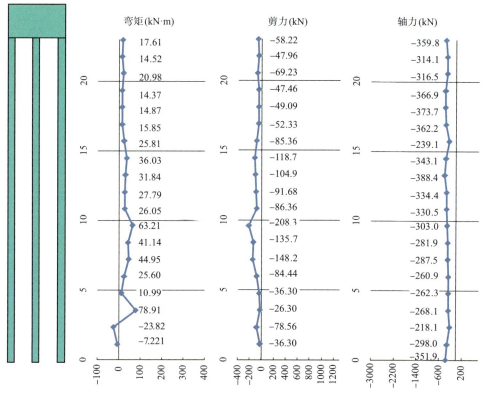

图 6.2-40 施工步序 1，桩基础内力分布图

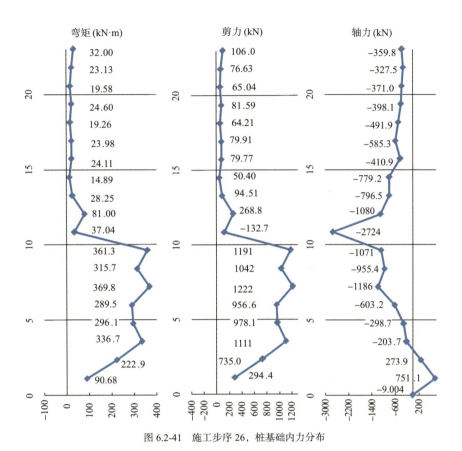

图 6.2-41 施工步序 26，桩基础内力分布

从图 6.2-40 可以看出，桩顶轴力（359.8kN）和桩端力（351.9kN）相近，且各截面轴力均处在 200~400kN，因此可以推断在施工步序 1 下，桩体以端部承载为主。结合图 6.2-35 和图 6.2-36 可以确定，在隧道开挖过程中，桩体上部受到来自土体的负摩阻力，使得距离底端 11m 处的截面轴力由 −330.5kN 增加到 −2724kN。桩底也受到了负摩阻力，桩端力由 −351.9kN 减小到了 −9.004kN，同时距离桩底 3m 以内的截面轴力表现为拉力。

由于隧道开挖，土体出现了向隧道侧的位移，带动了邻近桩基产生一定的水平位移，从而增大了桩基的弯矩和剪力。距离桩底 7m 处弯矩由 44.95kN·m 增加到了 369.8kNm，剪力由 148.2kN 增加到了 1222kN。

6.2.3.4 小结

通过三维数值模拟分析，得到隧道施工对临近构（建）筑物的影响规律如下：

（1）随着隧道的开挖，衬砌内力逐渐增加。

（2）筏式浅基础的存在使隧道衬砌上部的轴力增加了 10%~20%，筏式浅基础对衬砌弯矩、剪力以及下部隧道衬砌轴力影响较小。

（3）随着隧道开挖，筏式浅基础中部偏向隧道方向截面弯矩与剪力增长较大。距离浅基础左端 14m 处的截面弯矩由 38.86kN·m 增加到 350.1kN·m，每延米剪力由 38.86kN 增加到 350.1kN。

（4）桩基对隧道的内力分布影响较小。

（5）隧道开挖对桩基影响较大。在隧道开挖过程中，受土体负摩阻力影响，距离桩底 11m 处的截面轴力由 -330.5kN 增加到 -2724kN。同时由于隧道开挖，土体出现了向隧道侧的位移，带动邻近桩基产生了一定的水平位移，进而增大了桩基的弯矩和剪力。

6.2.4 五台阶十四部开挖参数敏感性二维数值模拟分析

由于隧道施工工艺复杂、工序繁多，在开挖过程中容易对隧道本体的稳定性及隧道周围地层扰动造成影响，因此在本节通过采用二维数值分析方法简化模拟五台阶十四部开挖方案，分析隧道开挖过程中地层及结构响应，为暗挖段隧道开挖风险提供理论支撑。

6.2.4.1 数值模型的建立

利用大型岩土工程数值分析软件 ABAQUS 对五台阶十四部开挖方案进行二维数值模拟，考虑开挖边界效应，建立如图 6.2-42 所示的隧道断面网格（宽 250m，深 50m）。其中土体采用摩尔库伦非线性模型，衬砌（包括初衬、二衬、三衬）采用弹性模型。根据研究问题范围重要性，对土体采用 CPE4R 四节点实体单元，初衬、二衬采用梁单元，三衬结构采用 CPE3 三节点实体单元。

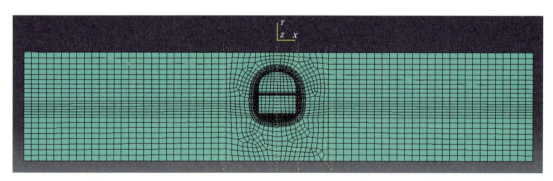

图 6.2-42 暗挖段隧道模拟网络

由于暗挖段施工时，管幕圈已形成封闭冻结环，为表征冻结整体效应以及简化数值建模过程，将管幕圈视作整体连续性环状实体单元进行模拟。

依据地质勘察报告数据，选取土体、支护结构模拟参数见表 6.2-10、表 6.2-11。

开挖数值分析土体参数表 表 6.2-10

类 型		材料模型	模型参数
地层	地层 1	摩尔—库伦模型	$\rho=1.8\text{g/cm}^3$，$E=15\text{MPa}$，$\varphi=5°$，$c=10\text{kPa}$
	地层 2	摩尔—库伦模型	$\rho=2.0\text{g/cm}^3$，$E=30\text{MPa}$，$\varphi=27°$，$c=0.1\text{kPa}$
	地层 3	摩尔—库伦模型	$\rho=1.8\text{g/cm}^3$，$E=20\text{MPa}$，$\varphi=20°$，$c=17\text{kPa}$
管幕		弹性模型	$\rho=2.5\text{g/cm}^3$，$E=200\text{MPa}$

分部开挖折减 65% 待开挖土体模量，以模拟开挖施工效应以及施工扰动带来的影响。

开挖数值分析支护结构参数表 表 6.2-11

类 型		材料模型	模型参数
支护	初期支护	弹性模型	$\rho=2.5\text{g/cm}^3$，$E=38.33\text{GPa}$
	二次衬砌	弹性模型	$\rho=2.5\text{g/cm}^3$，$E=39.83\text{GPa}$
	三次衬砌	弹性模型	$\rho=2.5\text{g/cm}^3$，$E=33.50\text{GPa}$
临时支撑		弹性模型	$\rho=7.8\text{g/cm}^3$，$E=210\text{GPa}$

6.2.4.2 数值计算结果分析

（1）地层位移

图 6.2-43 为开挖过程中地层竖向位移云图，图 6.2-44 为开挖过程中地层水平向位移云图，图 6.2-45 为开挖过程中地层整体位移云图。

在开挖过程中，土体竖向位移呈现先沉降后隆起趋势，沉降最大值出现在开挖第一导坑时上方地表位置处，量值为 4~5cm，后续地表逐渐隆起，最大值为 1~2cm。但是由于最后一步施加的三衬结构自重较重，最终土体局部地区出现沉降，最大值为 3~4cm。土体水平位移最大位置在坑底下方土体当中，说明隧道开挖对坑底土体扰动影响较大，随着断面增大，隧道两侧土体逐渐向坑底移动，需在开挖过程中引起重视。从整体位移云图上看，断面覆土较浅，未形成压力拱效应，坑底土体向上的整体位移趋势明显，二衬应尽早封闭成环。

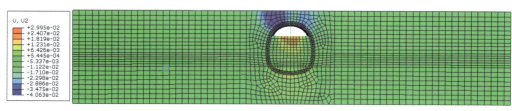

a）开挖第 1 台阶

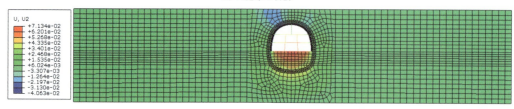

b）开挖第 3 台阶

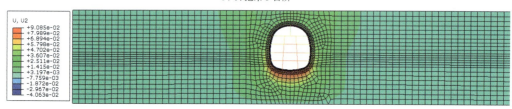

c）开挖第 5 台阶

图 6.2-43　地层竖向位移云图

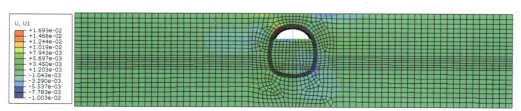

a）开挖第 1 台阶

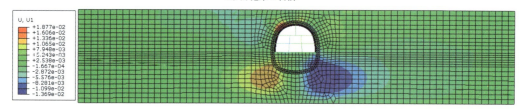

b）开挖第 3 台阶

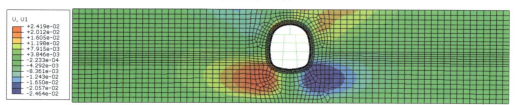

c）开挖第 5 台阶

图 6.2-44　地层水平位移云图

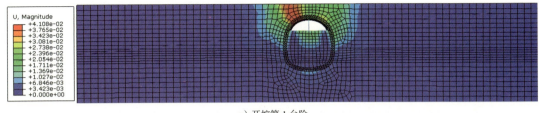

a）开挖第 1 台阶

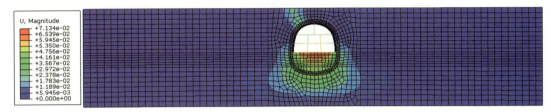

b）开挖第 3 台阶

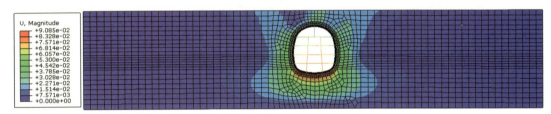

c）开挖第 5 台阶

图 6.2-45　地层位移云图

图 6.2-46 为地表沉降随着开挖进展而发生的变化示意图。开挖初期，例如开挖第五块时，地表整体最大沉降 3cm 左右；发展至开挖后期，地表逐渐形成隆起，到开挖第十四块以及拆除临时支撑时，最大隆起量 2cm 左右。后续由于三衬施筑，自重作用让地表重新出现沉降效应。

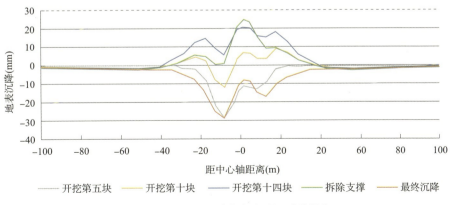

图 6.2-46　地表沉降曲线随开挖工序的影响

（2）管幕位移

由于本次模拟将管幕冻结圈整体模拟为连续环状实体，因此管幕环整体变形情况对管幕冻结圈的冻结止水效应至关重要，需要特别分析。

由于隧道在开挖初期地表产生沉降，坑底产生隆起，因此在开挖初期管幕环竖向收敛发展较快，如图 6.2-47 所示。随着开挖进一步发展，该竖向收敛呈稳定增长趋势，当开挖且三衬施工完成后，竖向收敛最大达到 5.8mm 左右。管幕冻结圈竖向收敛位移对冻结止水效果的影响程度需引起冻结施工人员的注意。

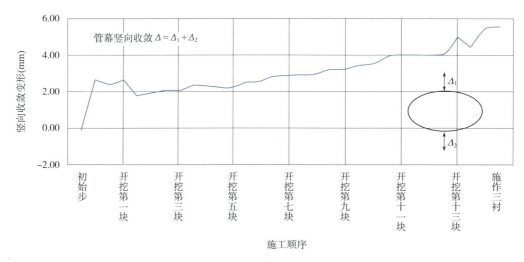

图 6.2-47 管幕圈竖向收敛位移随开挖工序的影响

（3）衬砌内力

表 6.2-12 为开挖不同块时由初衬、二衬形成的整体衬砌结构所承受的内力最大值，包括轴力与弯矩，图中的红线代表对应最大值所在的衬砌断面。由图中可以看到，衬砌的最大轴力与弯矩较多发生在衬砌第一台阶或第五台阶分块区域跨中位置，其余开挖工序时，衬砌的最大轴力与弯矩发生在临时支撑与衬砌交界处。这是由于开挖时，拱顶和拱底的衬砌跨度较大，与从力学上形成的简支梁模型在跨中内力较大的机理一致，而其余分块区域衬砌相对跨度较小，因而更接近两端固结梁的变形机理，从而导致端部支座（即临时支撑支护处）形成的弯矩较大。由表 6.2-12 可知，衬砌的最大弯矩为 893.5kN·m，发生在第四台阶开挖完毕时，第一台阶上部与竖撑交界处。最大轴力为 3018kN，发生在开挖第十四块时，边墙位于第二台阶脚底位置处，这是因为横撑刚度较大，吸收了较多轴力从而对该区域衬砌影响较大。

开挖各工序时衬砌内力极值及位置 表 6.2-12

开挖步骤	最大弯矩（kN·m）位置	最大轴力（kN）位置
开挖第一块	249.1kN·m	768.8kN
开挖第二块	418.6kN·m	687.6kN
开挖第三块	531.8kN·m	656.2kN
开挖第四块	630.4kN·m	723.5kN
开挖第五块	675.8kN·m	798.5kN
开挖第六块	681.6kN·m	845.5kN
开挖第七块	687.7kN·m	846.8kN

续上表

开挖步骤	最大弯矩（kN·m）位置	最大轴力（kN）位置
开挖第八块	755.7kN·m	956.1kN
开挖第九块	782.5kN·m	1020kN
开挖第十块	813.3kN·m	1049kN
开挖第十一块	893.5kN·m（M_{max}）	1175kN
开挖第十二块	814.4kN·m	1092kN

续上表

开挖步骤	最大弯矩（kN·m）位置	最大轴力（kN）位置
开挖第十三块	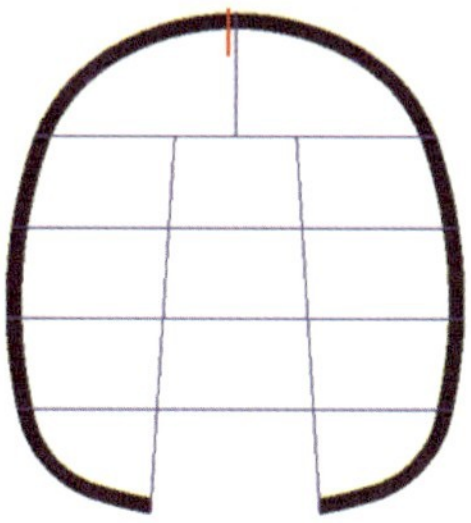 709.1kN·m	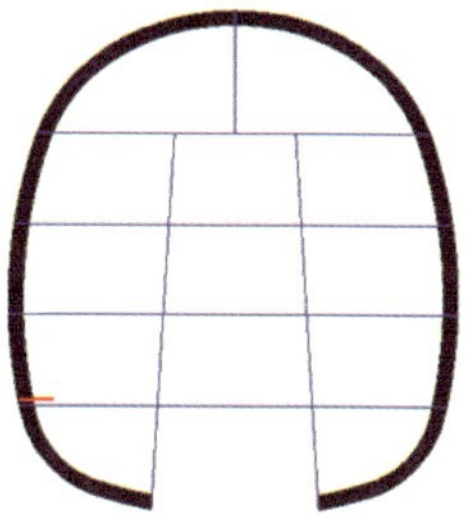 981.3kN
开挖第十四块	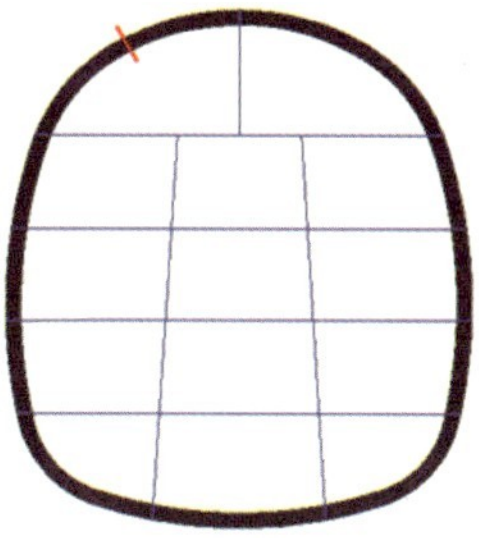 382.8kN·m	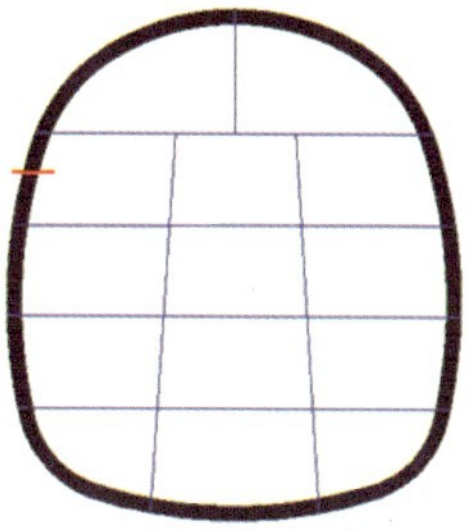 3018kN（N_{max}）
拆除临时支撑	 870.4kN·m	 2542kN
浇筑完成三衬	 871.8kN·m	 2648kN

（4）临时支撑内力

图 6.2-48、图 6.2-49 为不同开挖步序条件下的临时支撑内力图。

从临时支撑承受轴力情况来看，主要承担轴压力，且竖撑的轴压力相较横撑往往更大。最大轴压力发生在开挖第十四块接近闭合成环时的两道竖撑处，最大达到4135kN左右。第一道横撑在最后闭合成环时出现了拉力。

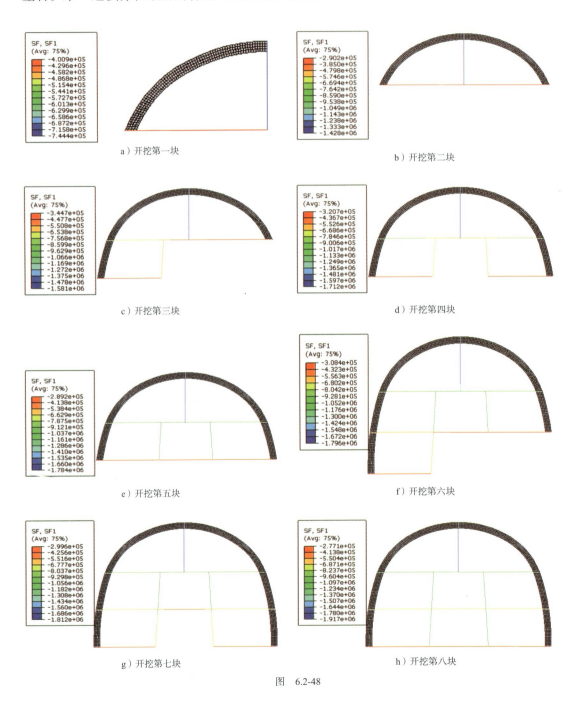

图 6.2-48

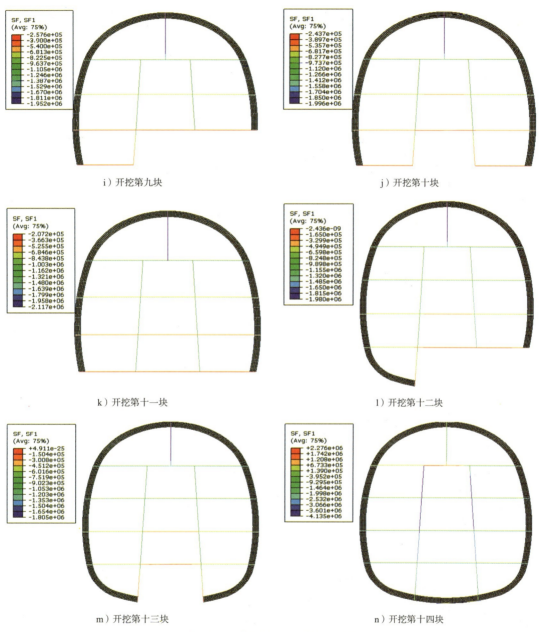

图 6.2-48 不同开挖步下支撑轴力云图

从临时支撑承受弯矩情况来看,最大弯矩发生在开挖第十四块时第一台阶横撑与第一台阶下部两道竖撑之间位置处。这是由于衬砌收敛变形在这时达到最大竖向收敛,而第一台阶的横撑承担着由上部一根竖撑向下部两根竖撑的过渡转换,因此受力较为复杂,形成较大的弯矩与剪力。

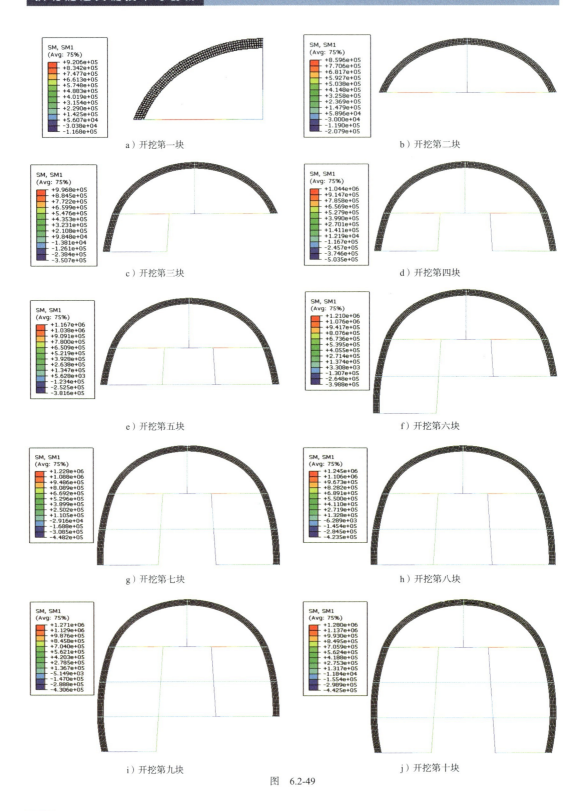

图 6.2-49

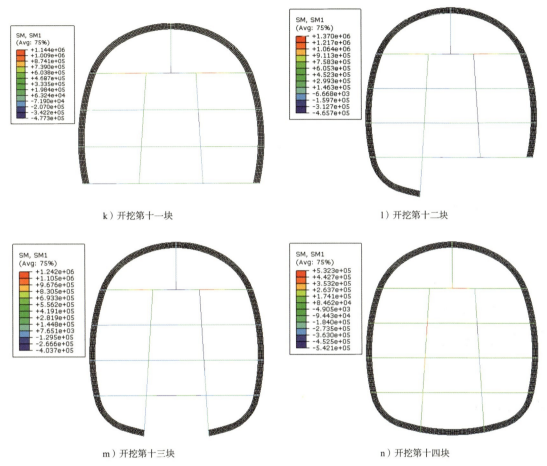

k）开挖第十一块　　　　　　　　l）开挖第十二块

m）开挖第十三块　　　　　　　　n）开挖第十四块

图 6.2-49　不同开挖步下支撑弯矩云图

6.2.4.3　参数敏感性分析

由于地层差异性以及施工不确定性，在计算中采用的土体参数以及管幕冻结圈参数不可避免地与实际工程不会完全一致，因此有必要对数值分析中采用的重要参数进行敏感性分析。针对土体、管幕两种结构类型，分别对其刚度参数进行折减，与之前标准计算模型对照，以折减后的计算模型作为敏感性分析工况，验算参数对计算结构的影响程度。

（1）土体刚度（弹性模型）影响

以前面讨论的计算模型作为对照组，折减土体弹性模量参数分别为对照组对应模量的 0.8 倍、0.9 倍、1.1 倍、1.2 倍，计算地表最终沉降量、管幕圈最终竖向收敛、衬砌最大轴力与最大弯矩，表 6.2-13 为各工况下的计算绝对值。可以看到随着土体刚度的增加（由 0.8 至 1.2），地表沉降、管幕竖向收敛、衬砌内力均减小，但是由图 6.2-50 所对应的变化百分比图对应得到，改变土体模量对地层位移、管幕圈收敛结果的影响要显著大于衬砌内力，特别是针对地表沉降，土体刚度弱化 20%，沉降将增大 35%。也就是说，地层的不确定参数对隧道周围环境包括地层与管幕圈影响要更为显著，因此，开挖过程中如遇到复杂不确定性地层，要十分注意对环境影响的监测。

土体弹性模量对数值计算结果影响　　　　表 6.2-13

工　况	工况 1	工况 2	对照组	工况 3	工况 4
折减系数	0.8	0.9	1	1.1	1.2
地表最终沉降（mm）	41.03	35.58	31.07	27.3	24.23
管幕最终竖向收敛（mm）	60.9	58.27	55.95	53.83	51.99
最大轴力（kN）	3182	3094	3018	2949	2887
最大弯矩（kN·m）	933.7	913.3	893.5	875.3	858.1

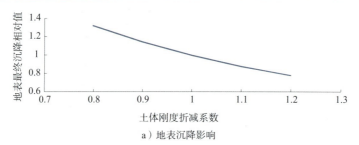

a）地表沉降影响

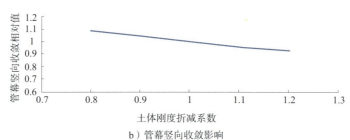

b）管幕竖向收敛影响

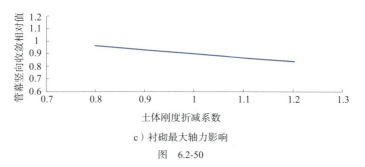

c）衬砌最大轴力影响

图 6.2-50

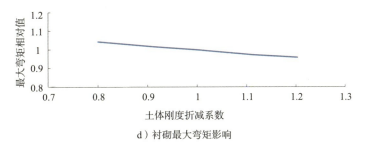

d）衬砌最大弯矩影响

图 6.2-50　不同土体模量折减系数对数值计算结果的影响分析

（2）管幕圈刚度影响

不论是在实际工程还是计算模型中，管幕冻结圈刚度的不确定性较大，人们对工程的安全稳定影响、渗漏水影响较为关注。因此，采用不同管幕圈刚度折减系数计算地层位移、管幕圈收敛以及衬砌内力的敏感性，如表 6.2-14 所示。图 6.2-51 表示的是以对照组计算结果归一化后的管幕圈刚度折减系数变化对计算结果的影响。可以看到，管幕圈刚度由 0.8 增加到 1.2 的过程中，位移及内力响应均有所减小，但是从比例上来看，地层与管幕圈的位移减小程度要大于衬砌内力的减小程度。与地层刚度的不确定性对环境扰动的影响相比，管幕圈刚度的不确定性对地层位移影响要弱一些。

管幕圈刚度对计算结果的影响　　表 6.2-14

工　况	工况 1	工况 2	对照组	工况 3	工况 4
折减系数	0.8	0.9	1	1.1	1.2
地表最终沉降（mm）	36.61	33.63	31.07	28.87	26.93
管幕最终竖向收敛（mm）	59.7	57.73	55.95	54.3	52.84
最大轴力（kN）	3288	3144	3018	2906	2808
最大弯矩（kN·m）	971.6	930.4	893.5	860.4	829.8

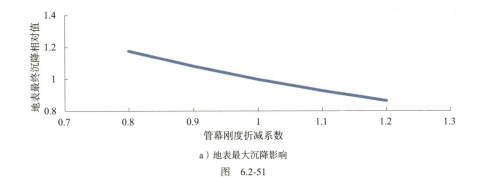

a）地表最大沉降影响

图　6.2-51

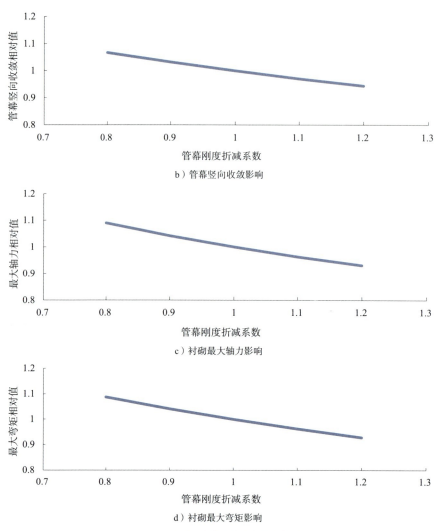

图 6.2-51 不同管幕圈刚度对计算结果的影响

6.2.5 流固耦合计算

6.2.5.1 计算模型与参数

拱北隧道工程暗挖长度为 255m，由于流固耦合计算较为复杂，综合考虑计算效率和消除边界效应的影响，计算方案建模纵向长度取为 60m。模型侧向边界取隧道中心线以外 70m，共 140m。竖向尺寸取为 60m，上表面采用地表自然边界。由于管幕截面较大，相对于其他构件不可忽略，故计算时管幕冻结加固部分采用实体单元进行模拟（刚度等效折减）。三维数值模拟模型如图 6.2-52 所示，其沿 X、Y、Z 方向的尺寸分别为 140m、60m、60m，共有单元 149400 个，节点 155295 个。

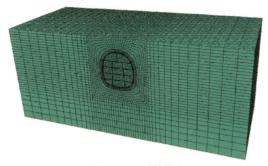

图 6.2-52 计算模型

用 Mohr-Coulomb 本构模型模拟土层材料，采用等效刚度折减的方法用各项同性的弹性模型（elastic）模拟衬砌结构、冻结管幕以及临时支撑。采用空模型（null）模拟开挖部分。模型上边界为自由边界，底边界约束竖向位移，其他侧向边界均约束水平位移。根据拱北隧道地勘报告，并结合数值计算效率，将土体简化为三层，土体计算参数如表 6.2-15 所示，支护体系参数如表 6.2-16 所示。

土体计算参数　　　　　　　　　　　表 6.2-15

土 层	杨氏模量（MPa）	黏聚力（kPa）	内摩擦角（°）	泊 松 比	干密度（g/cm³）
淤泥质黏土	7	35	16	0.27	13
砂土	16	1	35	0.28	15
粉质黏土	40	45	20	0.23	13

支护体系参数　　　　　　　　　　　表 6.2-16

支护结构	E（MPa）	ν	γ（kN/m³）
初期衬砌	30	0.17	25
二次衬砌	30	0.20	25
横向临时支撑	7	0.30	78.5
竖向临时支撑	14	0.30	78.5
冻结管幕区	3.37	0.25	25

FLAC3D 可以模拟多孔介质中的流体流动，比如地下水在土体中的渗流问题。FLAC3D 既可以单独进行流体计算，只考虑渗流的作用；也可以将流体计算与力学计算进行耦合，也就是常说的流固耦合计算。比如土体的固结，就是一种典型的流固耦合现

象，在土体固结过程中超静孔隙水压力的逐渐消散导致土体发生沉降，在这个过程中包含了两种力学效应：

（1）孔隙水压力的改变导致有效应力的改变，从而影响土体的力学性能，如有效应力的减小可能使土体达到塑性屈服。

（2）土体中的流体会对土体体积改变产生反作用，表现为流体孔压的变化。

假设每一轮开挖进尺（即1.2m）耗时半天，故整个开挖过程（112轮）耗时将近2个月时间。所以问题分析的时标$t_s=5 \times 10^6$s，由于冻结管幕的存在，地下水无法向隧道里面渗流，整个过程属于开挖的力学扰动引起的超静孔隙水压力积累和消散的过程，而且流固刚度比$R_k >> 1$。所以应该采取完全流固耦合的计算方式。

完全流固耦合计算开挖时，先开挖掉该开挖进尺部分的土体，用一定迭代步数模拟开挖之后到初衬施工这一段时间的变形，再激活支护单元计算达到平衡。由于此过程相对于渗流是瞬时发生的，整个过程关闭渗流场，开启力学场，相当于使模型在不排水的条件下达到平衡状态，变形的同时产生超孔隙水压力。随即开启渗流场，使用完全流固耦合的计算方式计算土体在该进尺开挖时间（接近半天）内的排水变形量（固结变形量），耦合计算该时步完成后，进入下一开挖进尺过程的计算，如此循环往复，直至开挖完成。整个过程采取完全流固耦合的计算模式。

6.2.5.2 计算结果分析

本节数值模拟结果为考虑和不考虑流固耦合计算结果的对比，其中孔压变化分析部分属于流固耦合计算结果。为了体现孔压变化的时空规律，选取沿隧道纵向（Y方向）$Y=0$m、$Y=30$m和$Y=60$m断面作为研究对象。图6.2-53~图6.2-55分别是沿隧道纵向（Y方向）$Y=0$m、$Y=30$m和$Y=60$m断面周围土体关键监测点的孔压变化值。

$Y=0$m断面管幕顶端土体孔压随着开挖的进行呈现先升高后降低的趋势，由图可见，峰值以及孔压波动最剧烈的时候处于开挖一开始的时期，这是因为A台阶最先开挖，对$Y=0$断面管幕顶端土体孔压扰动也最剧烈。而后期主要表现为土体固结排水，孔压缓慢降低。

$Y=0$m断面管幕侧墙外土体孔压随着开挖的进行也呈现先升高后降低的趋势。孔压增大的幅度较管幕顶端大。达到峰值的时间大概为C台阶开始开挖的时候，因为C台阶的位置恰好是侧墙的位置，显然，这时候对孔压的扰动达到最大，孔压的波动在这期间也最剧烈。而孔压波动的持续时间较管幕顶端也更久，这是因为台阶之间间隔较长，开始开挖 C 台阶的时候，开挖已经持续了相当长一段时间，所以造成了这种现象。而后期主要表现也为土体固结排水，孔压波动不大并缓慢降低。

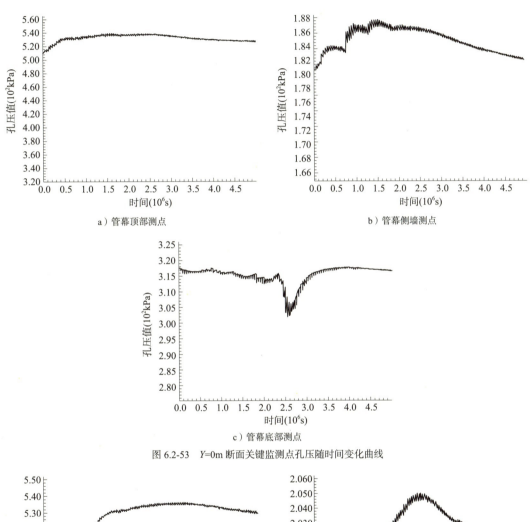

图 6.2-53　$Y=0\text{m}$ 断面关键监测点孔压随时间变化曲线

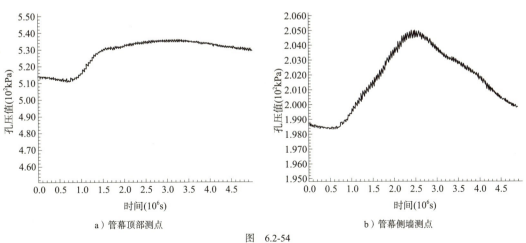

图　6.2-54

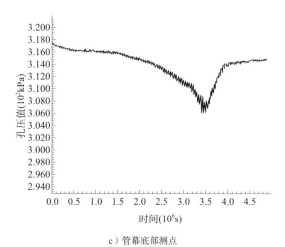

c）管幕底部测点

图 6.2-54　$Y=30m$ 断面关键测点孔压随时间变化曲线

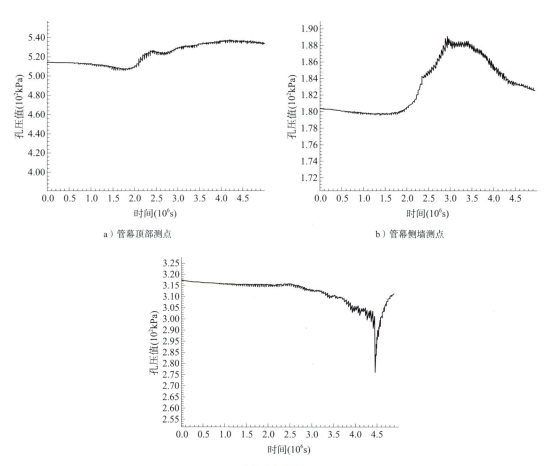

a）管幕顶部测点　　　　　　　　　　b）管幕侧墙测点

c）管幕底部测点

图 6.2-55　$Y=60m$ 断面关键测点孔压随时间变化曲线

$Y=0$m 断面管幕底部外土体孔压随着开挖的进行呈现先降低后升高的趋势，这是因为拱底隆起使底部土体膨胀从而产生了负的超孔隙水压力，超孔隙水压力的消散又使得孔压得到回升。因为下层台阶开始开挖时已经处于开挖的末期，所以该点孔压的波动一直持续到了开挖末期，峰值对应的时间也几乎和下层台阶开始开挖的时间一致。而负孔压消散也明显比之前两点正孔压消散要快。

$Y=30$m 和 $Y=60$m 断面各自的三个代表孔压监测点的孔压变化规律和 $Y=0$m 断面相似。区别在于扰动的时间更久，峰值也相对延后。显然，这是由于开挖顺序不同引起的，当对应的较近开挖区域开挖到 $Y=30$m 和 $Y=60$m 断面附近时，这些点的扰动程度才达到最大。

从图 6.2-56 可以看出，整个开挖过程，隧道左右以及上部产生正超孔隙水压力，而隧道下部产生负超孔隙水压力，侧墙上部则产生较大的正超孔隙水压力。

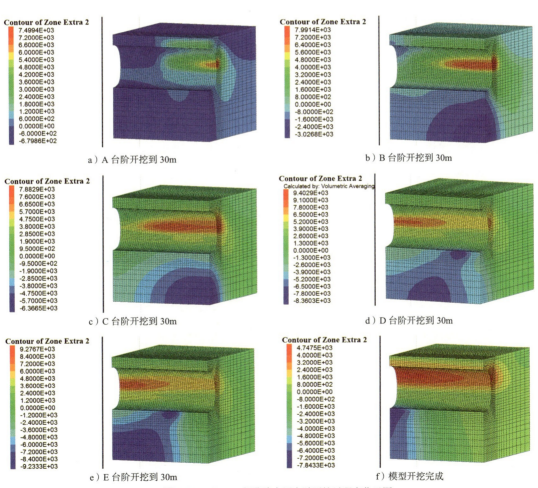

a) A 台阶开挖到 30m b) B 台阶开挖到 30m
c) C 台阶开挖到 30m d) D 台阶开挖到 30m
e) E 台阶开挖到 30m f) 模型开挖完成

图 6.2-56 $Y=60$m 超孔隙水压力随开挖过程变化云图

随着开挖的进行，模型 Y 轴方向前半段的超孔隙水压力逐渐得到消散，后半段的超孔隙水压力主要处于积累的过程。

$Y=0$m 断面底部的负超孔隙水压力从达到峰值到消散完毕，大约耗时 20 天，而侧墙的正超孔隙水压力从达到峰值到消散 80% 大约耗时 60 天。开挖完成时，模型前半段侧墙上部的正超孔隙水压力依然保持一定数值，最大值为 2kPa 左右，而模型前半段底部之外的负超孔隙水压力几乎消散完毕。

由于仅仅考虑开挖这段时间内的流固耦合效应，开挖完成即结束计算。但真实施工情况下，开挖完成后还要进行冻结圈的解冻，此处没有考虑开挖结束时的超孔隙水压力后续长期消散的过程。所以开挖结束时，隧道纵向后半部分断面底部有较大的负超孔隙水压力，前半部分的负超孔隙水压力基本消散完毕。但对于隧道前半部分，由于开挖历时较长，所以正超孔隙水压力和负超孔隙水压力都经历了一个完整的超孔隙水压力产生、消散的过程，开挖完成之后，$Y=0$m 断面的负超孔隙水压力消散完毕，侧墙的正超孔隙水压力为 2kPa 左右，消散了 80%。

如图 6.2-57 所示，整个模型的渗流矢量随着开挖进行到不同阶段，也有着明显不同的分布特征。整个开挖过程，由于管幕冻结圈的止水作用，并没有使内部与外界形成水头差从而发生渗流。渗流的发生，是因为力学扰动产生的超孔隙水压力的消散引起的。

隧道横断面从上到下分为 5 个台阶：A 台阶、B 台阶、C 台阶、D 台阶、E 台阶。

由于中间砂土层的存在，整个模型较大的渗流矢量都发生在该砂土层。A 台阶开挖到 $Y=30$m 断面时，最大的渗流矢量为 1.29×10^{-7}m/s，位于 $Y=0$m 断面附近的砂土层。B 台阶开挖到 $Y=30$m 断面时，最大的渗流矢量为 1.52×10^{-7}m/s，位于 $Y=25$m 断面附近的砂土层。C 台阶开挖到 $Y=30$m 断面时，最大的渗流矢量为 4.32×10^{-7}m/s，位于 $Y=10$m 断面附近的砂土层。D 台阶开挖到 $Y=30$m 断面时，最大的渗流矢量为 1.57×10^{-6}m/s，位于 $Y=25$m 断面附近的砂土层。E 台阶开挖到 $Y=30$m 断面时，最大的渗流矢量为 1.96×10^{-6}m/s，位于 $Y=30$m 断面附近的砂土层。当模型开挖完成时，模型前半段的渗流矢量较小，最大的渗流矢量为 1.10×10^{-7}m/s，位于 $Y=60$m 断面附近的砂土层。

渗流的最大矢量发生在隧道与砂土层交界的部位，沿隧道外轮廓切向进行流动，并未指向隧道径向方向。说明施工时要密切关注砂土层附近的地下水渗流，防止发生涌水事故，同时也应密切关注并及时调试冻结参数，因为地下水流速较快时可能带来局部难以冻结的现象，影响冻结壁厚度和止水效果。

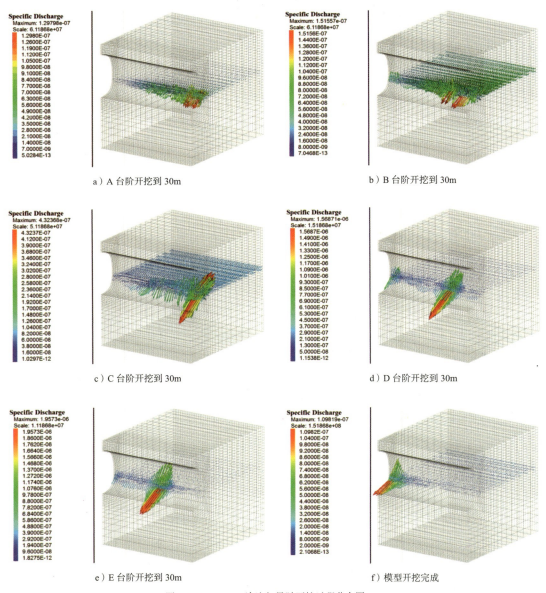

图 6.2-57 $Y=60m$ 渗流矢量随开挖过程分布图

由于侧墙附近产生的正超孔隙水压力最大，所以在整个模型中，该部位也是水头（位置水头＋压力水头）最大的地方，渗流表现为该部位向上部较小正超孔隙水压力区以及隧道下部负超孔隙水压力的补给作用，以及沿着砂土层向隧道两侧边界进行排水。渗流矢量在砂土层和黏土层中的大小差别非常大。由于显示的问题，黏土层中的渗流矢量不明显，但规律依然符合上述分析。

上下黏土层的渗透矢量如图 6.2-58 所示。隧道顶部正超孔隙水压力的消散主要是通过地面排水边界进行排水而实现，而地下水的排出显然会引起地表的额外沉降。隧道侧墙外正超孔隙水压力较大的区域主要是以该区域为中心呈向外放射状，其中下部靠近砂土层的渗透矢量较大。而隧道拱底两侧起拱线外的渗透矢量主要沿着隧道外轮廓切向方向流向拱底，对拱底产生负超孔隙水压力的部位进行地下水补给。

在数值模拟过程中，设置了 4 条数值计算位移监测线，如图 6.2-59 所示，分别对比不考虑和考虑流固耦合计算结果的位移。

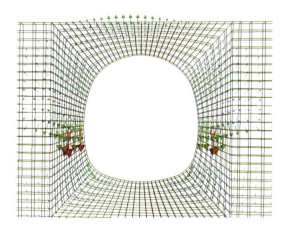

图 6.2-58 $Y=60$m 隐藏掉砂土层后上下黏土层的渗流矢量分布　　图 6.2-59 $Y=60$ 数值模拟位移监测线布置

图 6.2-60 为 $Y=0$ 断面地表沉降监测线 L1 随开挖进程的变化曲线。可以看到随着开挖进行，地表发生明显沉降，形成沉降槽，以沉降 1mm 为标准，沉降槽的宽度大概为 60m 左右。由于第一台阶的 A-2 分区滞后 A-1 分区 5m 开挖，所以最大沉降值稍稍偏离 $X=0$ 的位置，大概位于 $X=5$m 的位置。考虑流固耦合的地表沉降最大值为 17.5mm，比不考虑流固耦合的略大，增大了 5mm 左右，沉降槽的影响范围基本一致。沉降值的增大主要是由于隧道上部正超孔压消散带来的固结沉降引起的。而沉降槽的影响范围几乎一致，这是因为冻结管幕不允许地下水渗入隧道内，所以力学对于孔压的扰动也仅局限于开挖范围附近，由此带来的排水固结变形从而引起的额外位移，也仅局限于开挖范围附近。考虑流固耦合的拱顶位移值为 11.4mm，不考虑流固耦合的拱顶位移值为 10.9mm，比较接近，原因是因为拱顶以上土体的正超孔隙水压力消散导致该部分土体自身发生固结沉降，对于拱顶位移的影响较小。

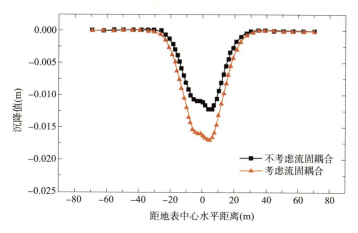

图 6.2-60　Y=60 开挖完成时的地表沉降曲线

由图 6.2-61 中可以发现，在开挖过程中，整个模型的正孔压分布处于模型的中上部分，数值较大，分布也较广，所以下部产生的负孔压并不能抵抗上部正孔压消散引起的整体沉降。

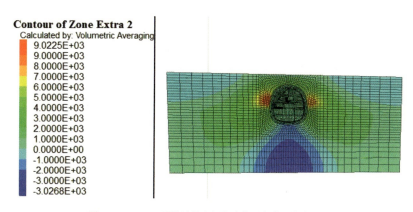

图 6.2-61　Y=60 开挖过程中超孔隙水压力典型分布云图

图 6.2-62 为侧墙横向位移监测线 L3 随开挖过程的变化曲线，由于每一步开挖都考虑到在添加支护之前，地层有一定变形，所以该侧墙监测线呈现向隧道内收敛的趋势。最大位移值为 4mm（考虑流固耦合）和 5.8mm（不考虑流固耦合），考虑流固耦合的最大收敛值比不考虑流固耦合减小了 31%。由于侧墙正超孔隙水压力和下侧负超孔隙水压力的消散，使整个隧道呈现压扁的趋势，侧墙也有向外扩展的趋势，使得其与之前由于开挖引起的向隧道内收敛的趋势有所抵消。此时，收敛值明显减小，最大收敛值为 4mm。

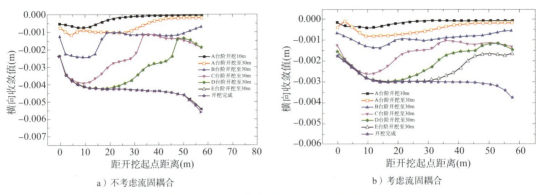

图 6.2-62　Y=60m 侧墙随开挖过程水平位移曲线

图 6.2-63 为拱底隆起变形监测线随着开挖过程的变化曲线。考虑流固耦合的最大隆起值为 15mm，比不考虑流固耦合的略小，减小了 17%。考虑流固耦合与不考虑流固耦合两者变化趋势相似，仅仅是在 E 台阶开挖的时候，考虑流固耦合情况的隆起值增加幅度明显要比不考虑流固耦合情况大。这是因为之前分析孔压场时，发现负超孔隙水压力的消散比正超孔隙水压力快得多，正超孔隙水压力的消散基本贯穿整个开挖过程，D、E 台阶开挖时候对底部孔压的扰动（产生底部负超孔隙水压力）更大，此时产生的负超孔隙水压力很快得到了消散，水头更高的地方很快对底部产生负超孔隙水压力的部位进行了补给，导致此处体积膨胀，所以有一个隆起值的增量，因而该阶段的位移增幅较大，开挖时要注意此处隆起对结构内力带来的影响。

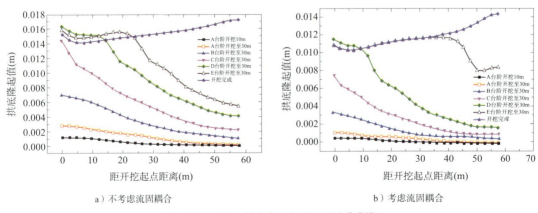

图 6.2-63　Y=60m 拱底隆起随开挖过程变化曲线

拱北隧道开挖分多条超长台阶逐层推进，初衬、临时支撑以及二衬的受力非常复杂并且随着推进过程不断变化，因此有必要研究推进过程中结构受力的变化，以便对施工进行指导。同时对比考虑流固耦合与不考虑流固耦合情况下结构内力的区别。

选取 $Y=30m$ 截面为研究对象，内力数值计算计算提取点如图 6.2-64 所示。以不同开挖过程为对象研究结构内力，对比不考虑与考虑流固耦合时结构内力的区别。

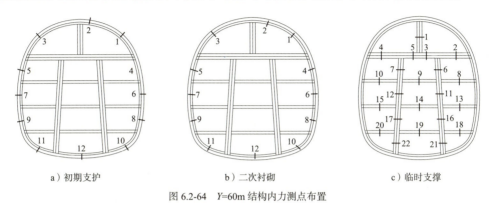

a）初期支护　　　　　　　b）二次衬砌　　　　　　　c）临时支撑

图 6.2-64　$Y=60m$ 结构内力测点布置

图 6.2-65 为初衬通过监测断面 E 台阶，不考虑和考虑流固耦合时，初衬内力数值提取点的轴力、弯矩对比。不考虑流固耦合的初衬最大轴力为 997kN，位于 C-1 分区 7 号点；考虑流固耦合的初衬最大轴力为 1076kN，位于 C-1 分区 6 号点。不考虑流固耦合的初衬最大弯矩值为 121kN·m，位于 C-1 分区 6 号点；考虑流固耦合初衬的最大弯矩值为 107kN·m，位于 C-1 分区 6 号点。

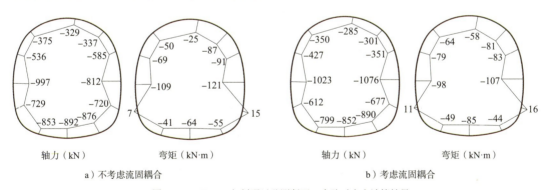

轴力（kN）　　弯矩（kN·m）　　　　　　轴力（kN）　　弯矩（kN·m）

a）不考虑流固耦合　　　　　　　　　　b）考虑流固耦合

图 6.2-65　$Y=60m$ 初衬通过监测断面 E 台阶时内力计算结果

图 6.2-66 为二衬通过监测断面 E 台阶，不考虑和考虑流固耦合时，二衬内力数值提取点的轴力、弯矩对比。不考虑流固耦合的二次衬砌最大轴力为 725kN，位于 E-1 分区 11 号点；考虑流固耦合的二衬最大轴力为 918kN，位于 E-1 分区 11 号点。不考虑流固耦合的二衬最大弯矩值为 112kN·m，位于 A-2 分区 3 号点；考虑流固耦合二衬的最大弯矩值为 123kN·m，位于 A-2 分区 3 号点。

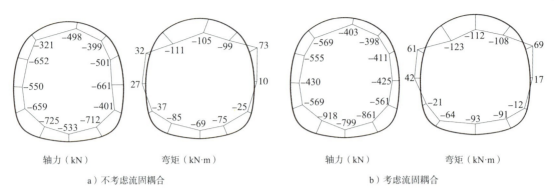

a）不考虑流固耦合　　　　　　　　　b）考虑流固耦合

图 6.2-66　二衬通过监测断面 E 台阶时内力计算结果

图 6.2-67 为临时支撑通过监测断面 E 台阶，不考虑和考虑流固耦合时，临时支撑内力数值提取点的轴力对比。不考虑流固耦合的临时支撑最大轴力为 1705kN，位于竖撑 22 号点；考虑流固耦合的临时支撑最大轴力为 1929kN，位于竖撑 21 号点。

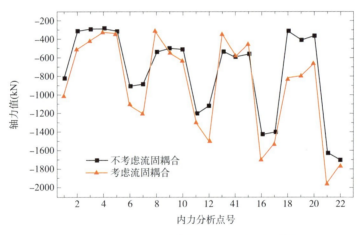

图 6.2-67　临时支撑通过监测断面 E 台阶时轴力计算结果

初衬、临时支撑和二次衬砌分别通过监测断面 E 台阶时，各自最大内力汇总见表 6.2-17、表 6.2-18。

不考虑流固耦合结构最大内力及位置汇总　　表 6.2-17

支 护 结 构	最大轴力值（kN）	位　　置	最大弯矩值（kN·m）	位　　置
初期衬砌	997	C-1:7	121	C-1:6
二次衬砌	725	E-1:11	112	A-2:3
临时支撑	1705	竖撑 22	—	—

考虑流固耦合结构最大内力及位置汇总　　　　表 6.2-18

支 护 结 构	最大轴力值（kN）	位　　　置	最大弯矩值（kN·m）	位　　　置
初期衬砌	1076	C-1:6	107	C-1:6
二次衬砌	918	E-1:11	123	A-2:3
临时支撑	1929	竖撑 21	—	—

从整个开挖过程来看，不考虑流固耦合与考虑流固耦合，初衬、临时支撑和二衬的内力与分布都有所不同。

考虑流固耦合的情况时，拱顶附近的轴力较不考虑流固耦合的情况时有所降低，而侧墙附近的轴力有所增加，拱底附近轴力变化不明显。弯矩的分布规律也较为相似，较大的弯矩都处于拱肩部、侧墙。考虑流固耦合相较于不考虑流固耦合时，拱顶拱底的弯矩有所增大，而侧墙的弯矩有所减小。这是因为考虑流固耦合时，拱顶正超孔隙水压力和拱底负超孔隙水压力的消散导致拱顶发生额外沉降，拱底发生额外隆起，同时侧墙正超孔隙水压力消散，使得隧道衬砌相对不考虑流固耦合时有被竖向压扁的趋势。

对于二衬，考虑与不考虑流固耦合时，弯矩的分布规律也较为相似，拱顶、拱底的弯矩普遍大于侧墙的弯矩。

对于临时支撑，考虑与不考虑流固耦合时，分布规律也较为相似，竖撑的轴力值普遍大于横撑的内力值，越往下，台阶的竖撑轴力值越大。考虑流固耦合时的竖撑轴力普遍大于不考虑流固耦合时的竖撑轴力。

6.2.5.3　小结

本节对于富水地层浅埋超大断面隧道的开挖过程进行了基于流固耦合的数值分析，对比了考虑与不考虑流固耦合两种情况下的孔压渗流场分布、位移变化规律、结构内力等，得出如下结论：

（1）随着开挖的进行，对周围地层产生扰动，开挖面附近超孔隙水压力的积累最明显。开挖引起隧道拱顶以及侧墙部分产生正超孔压，拱底附近产生负超孔压，负超孔隙水压力消散很快，正超孔隙水压力消散较慢，但经过两个月，$Y=0$ 断面的负超孔隙水压力已经消散完毕，正超孔隙水压力也消散了 80%。

（2）整个隧道开挖过程中，超孔隙水压力消散引起渗流发生，较大的渗流矢量都发生在砂土层，最大的渗流矢量位于管幕外轮廓与砂土层的交界处，为 1.96×10^{-6} m/s。施工当中应密切注意该部位的地下水，防止涌水、透水等工程事故发生，同时，较大的渗流矢量（地下水流速）可能会影响冻结圈厚度，影响冻结效果，进一步增加渗漏风险。

（3）在冻结管幕完好的情况下，考虑流固耦合影响的地表位移比不考虑流固耦合的地表位移略大，主要是由于正的超孔隙水压力消散带来的固结沉降引起的。考虑流固耦合的地表沉降相比不考虑时增大了5mm左右。考虑流固耦合的最大隆起值却比不考虑流固耦合时减小了5mm左右。对于侧墙收敛，考虑流固耦合情况比不考虑流固耦合的情况减少了2mm。隧道开挖会引起隧道地表的沉降，沉降规律与实测数据整理结果类似。

（4）对于临时支撑，考虑与不考虑流固耦合时，分布规律也较为相似，竖撑的轴力值普遍大于横撑的内力值，越往下，台阶的竖撑轴力值越大。考虑流固耦合时的竖撑轴力普遍大于不考虑流固耦合时的竖撑轴力，最大值为1929kN，相比不考虑流固耦合时的1705kN增大了13%。

（5）初衬、二衬作为施工期间的主要承载结构，可保证施工的稳定性。在开挖过程中，初衬和二衬的最大弯矩值相差不大。

6.3　暗挖施工关键技术

根据安全风险评估报告，拱北隧道暗挖施工风险等级为Ⅲ级，为高风险等级，其主要风险为地层变形、建筑物破坏、管线损坏和掌子面失稳。

6.3.1　暗挖施工组织安排

（1）施工阶段划分

管幕、冻结施工完成后，主要分以下三阶段实施暗挖施工。

暗挖及二次衬砌：洞内土体注浆加固、破除地下连续墙、洞身开挖、管间止水、维护冻结、初期支护、临时支护、二次衬砌等。

三次衬砌：分段拆除临时支撑、分段施作三次衬砌、融沉注浆、偶数管内填充微膨胀混凝土等。

洞内附属工程及交通工程施工：施作工作井剩余结构及地表回填、交通工程等。

（2）施工段落划分

口岸暗挖段施工段落划分见图6.3-1。

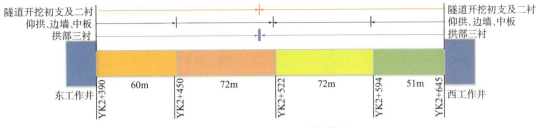

图 6.3-1 口岸暗挖段施工段落划分图

隧道开挖初支及二衬施工：从东西工作井相向开挖，各施工 127.5m。

临时支撑拆除、仰拱、侧墙、中板：待隧道开挖初支及二衬全部完成后进行，分四个工作面，分别是东工作井向西 60m，YK2+450 向西 72m，西工作井向东 51m，YK2+594 向东 72m 四个施工区间。利用四、五层中导洞为施工通道，同步开展四个区间施工。

拱部三衬：采用一台 12m 钢模整体台车，由东向西施工。

（3）运输方式

各导洞独立组织水平运输，经工作井由明挖段至地面。混凝土泵送至作业面。

（4）隧道通风方式

工作井外安装四台 L-11 减噪轴流通风机，两台负责一、二层左右侧导洞通风，两台负责三、四、五层左右侧导洞通风；右侧竖撑预留孔洞安装工业鼓风机，将右侧导洞的新鲜空气吹到中部导洞，以满足通风需要。进风量根据洞内温度监测结果及时调整，避免洞内温度过高，引起冻结壁弱化。

（5）资源配置

暗挖段单侧工作面人员配置见表 6.3-1。单侧工作面人员配置共投入人员 279 人，东、西侧相向施工，共投入 558 人。

单侧工作面人员配置表　　　　　　表 6.3-1

序号	名　称	人数（人）	任　务	备　注
1	管理人员	15	—	—
2	注浆工班	30	负责洞内土体注浆加固	2个班组
3	冻结工班	40	负责冻结施工	2个班组
4	开挖支护工班	96	负责土方开挖	8个班组
5	钢筋工班	30	负责钢架、网片、锚杆的制作	2个班组

续上表

序号	名称	人数(人)	任务	备注
6	混凝土工班	32	负责安装模板、混凝土振捣、浇筑	4个班组
7	机械工班	24	负责各种机械驾驶、铲装运碴	4个班组
8	其他	12	负责风水电保障工作	2个班组
9	小计	279	—	—

施工机械设备配置见表6.3-2。

暗挖段施工机械设备配置表　　表6.3-2

序号	工序及部位名称	机械名称	规格型号	单位	数量
1	土体加固	多功能快速钻机	RPD-75、RPD-150	台	2
2		注浆泵	2ZTG-60/120双液注浆泵	台套	10
3		止浆塞	KWS	个	20
4		混合器	—	台	4
5		注浆搅拌机	MVT-400	台	4
6	开挖及衬砌	小型挖掘机	PC40、PC50	台	16
7		小型前翻斗车	FCY-30、FC-20	台	16
8		衬砌台车	长度6m钢模台车	台	2
9		通风设备	减噪轴流通风机L-11	台套	8
10		混凝土潮喷射机	TK-500	台	20
11		自动爬热焊机	ZPR-Ⅲ	台	16
12		小自卸车	6m³	台	10
13		罐车	12m³	台	8
14		输送泵	—	台	4
15		龙门吊	20T	台	2
16		钢筋切断机	CD40	40mm	2
17		钢筋弯曲机	G6-40B	40mm	3
18		钢筋调直机	GS-40B	40mm	2
19		滚丝机	HGS-40	台	4
20		交流电焊机	BX1-500	5.5kW	8

（6）施工工序

暗挖段开挖、支护施工工序流程图见图 6.3-2。

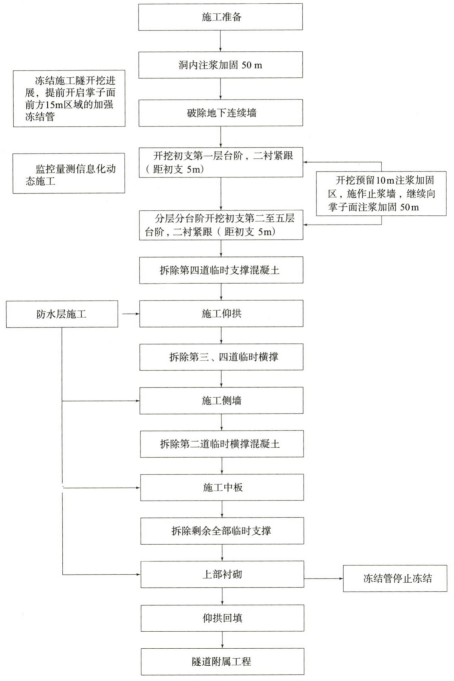

图 6.3-2　暗挖段开挖、支护施工工序流程图

6.3.2 五台阶十四部开挖关键技术

管幕间冻结圈形成、冻土帷幕达到设计要求后,暗挖段两端进行全断面水平后退式注浆,一次注浆长度50m。注浆完成后从东西工作井相向分五台阶十四部开挖,各导洞开挖循环进尺为1.2m,同一台阶各导洞开挖步距为5m,上下层台阶导洞开挖步距为10m,二衬距离掌子面的间距不超过10m。靠近管幕冻土采用人工开挖,其余土体采用小挖机开挖;随开挖随初期支护,紧跟二衬,支护尽快封闭,步步成环;初期支护混凝土采用潮喷工艺,二衬第一台阶采用喷射混凝土,其余采用模筑混凝土;二衬全部完成后,开始三衬施工,下半断面侧墙、中板采用支架法模筑,上半断面采用钢模板台车模筑。加强监控量测,信息化施工。

6.3.2.1 封闭空间内土体加固注浆技术

(1) 注浆方法:第一循环从工作井向暗挖段注浆,利用原有的工作井地下连续墙和素混凝土墙作为止浆墙,采用 RPD-150C 钻注一体机或"型钢施工平台+RPD-75SL 钻注一体机"进行后退式注浆。后续循环在掌子面采用喷射混凝土施作100cm厚止浆墙,RPD-75SL 钻注一体机后退式注浆。注浆顺序由外侧向中心,从上到下。

(2) 孔口管安装:钻孔前先根据注浆孔起终点坐标计算出其钻进竖直角(坡度)和水平角(方位角),施工时根据计算结果和实际施工效果随时调整。每孔起点段安设套管,套管与孔壁之间采用环氧树脂充填黏结,外露长度保持30~40cm。钻孔时须确保套管安装牢固,并在钻杆前端设置与选用钻杆配套的孔口防突水装置(图6.3-3)。

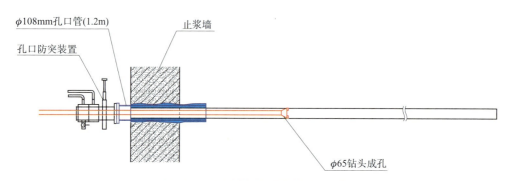

图 6.3-3　孔口管孔口防突装置安装示意图

开孔套管段采用取芯机成孔,安装 ϕ108mm 孔口管。

(3) 泄压孔:采用 RPD-150c 钻机打孔,孔深30~40m,拔出钻头后插入双层套管,套管端头安装流量计。泄压孔布置完毕后,方可钻注浆孔注浆。

（4）钻孔：根据计算出的水平角和竖直角，调整钻杆的初始仰角和水平角，将棱镜放在钻杆的尾端，用全站仪检查钻杆的姿态，必要时进行调整。每钻进5m测量一次钻管姿态，并及时调整。

开孔时要轻加压、慢速、大水量，防止将钻孔开斜，钻错方向。每孔起点坐标误差范围不超过20cm，终孔误差不超过50cm。

（5）注浆：钻机钻至设计深度后采用分段钻杆后退式注浆，每次注浆段为3m。根据钻孔揭示的地质情况和出水量，选用适合的注浆材料。淤泥或淤泥质土、一般性黏性土、残积土以普通水泥浆为主，水泥—水玻璃双液浆为辅；砂类土以普通水泥—水玻璃双液浆为主，普通水泥浆为辅。

单段注浆终止条件：注浆压力达到设计值或该段注浆量达到$3.1m^3$，则直接进行下一段。

单个孔段的注浆作业一般应连续进行直至结束，不宜中断，应尽量避免因机械故障、停电、停水、器材等问题造成中断。对于因实行间歇注浆、制止串浆冒浆等有意中断，应先将钻孔清理至原深度以后再进行复注。

（6）注浆效果检验：采用检查孔法，钻孔取芯，测定芯样含水率、强度，以判断注浆效果。达到加固土体和改善开挖环境的目的后，破除地连墙，进入下道工序。

（7）孔位布置详见图6.3-4。

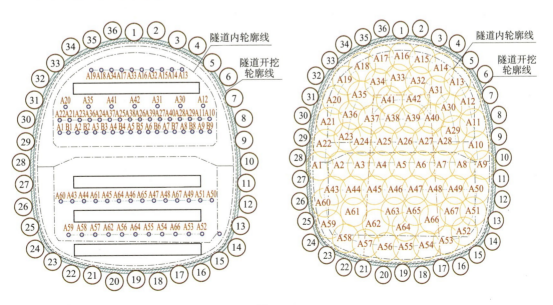

图 6.3-4

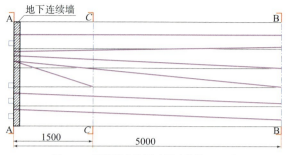

图 6.3-4 预注浆布孔图（尺寸单位：mm）

6.3.2.2 冻土开挖技术

暗挖段开挖采用五台阶十四部开挖法，由上而下分为 A、B、C、D、E 5 个台阶，台阶高度 3.8~5.0m。以机械开挖为主，靠近管壁冻土采用风镐人工开挖。采用小挖机装土，各导坑内渣土由小型翻斗运输车运至工作井口，再由小型自卸车运至弃渣场。

（1）第一台阶先开挖 A2 导坑，后开挖 A1 导坑，A1 导坑滞后 A2 导坑约 5m。各导坑每开挖 1~2 个工字钢间距（每个间距为 0.4m）时，紧跟施作初期支护与临时支护结构；各分区开挖距离超过 10m 时，开始施作二衬。

（2）第二台阶与第一台阶纵向间隔 10m 开挖。先开挖中导坑 B2，然后对称开挖左、右两个侧导坑 B1，中导坑 B2 与左、右两侧导坑 B1 之间纵向保持间距约 5m，错位进行开挖。各导坑每开挖 1~2 个工字钢间距（每个间距为 0.4m）时，紧跟施作初期支护与临时支护结构。各分区开挖距离超过 10m 时，开始施作二衬。

（3）第三台阶与第二台阶纵向间隔 10m 开挖。先开挖中导坑 C2，然后对称开挖左、右两个侧导坑 C1，中导坑 C2 与左、右两侧导坑 C1 之间保持间距约 5m，错位进行开挖。各导坑每开挖 1~2 个工字钢间距（每个间距为 0.4m）时，紧跟施作初期支护与临时支护结构。各分区开挖距离超过 10m 时，开始施作二衬。

（4）第四台阶与第三台阶纵向间隔 10m 开挖。先开挖中导坑 D2，然后对称开挖左、右两个侧导坑 D1，中导坑 D2 与左、右两侧导坑 D1 之间保持间距约 5m，错位进行开挖。各导坑每开挖 1~2 个工字钢间距（每个间距为 0.4m）时，紧跟施作初期支护与临时支护结构。各分区开挖距离超过 10m 时，开始施作二衬。

（5）第五台阶与第四台阶纵向间隔 10m 开挖。先开挖中导坑 E2，然后通过中导坑 E2 横向开挖两侧导坑 E1，中导坑 E2 与 E1 右导坑先行，E1 左导坑滞后中导坑 E2 及 E1 右导坑。中导坑 E2 与左、右两侧导坑 E1 之间保持间距约 5m，错位进行开挖。各导坑每开挖 1~2 个工字钢间距（每个间距为 0.4m）时，紧跟施作初期支护与临时支护结构。各分区开挖距离超过 10m 时，开始施作二衬。

暗挖段分部开挖顺序见图 6.3-5。各台阶开挖、运输设备详见表 6.3-3，出渣运输方案详见图 6.3-6。

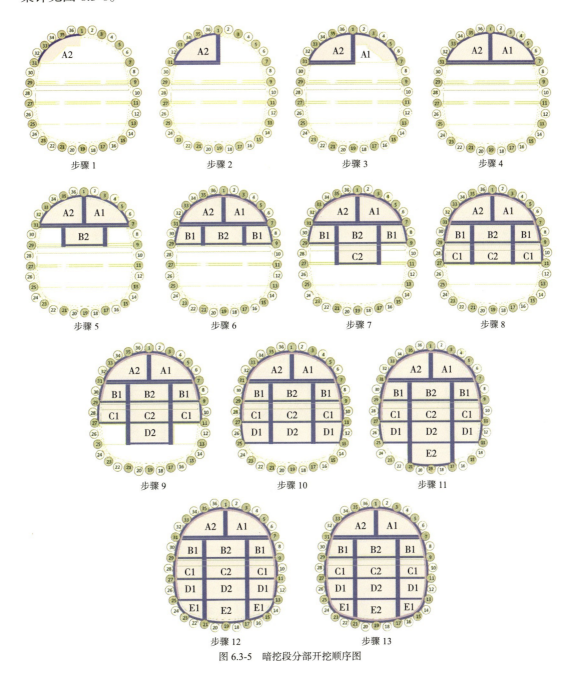

图 6.3-5 暗挖段分部开挖顺序图

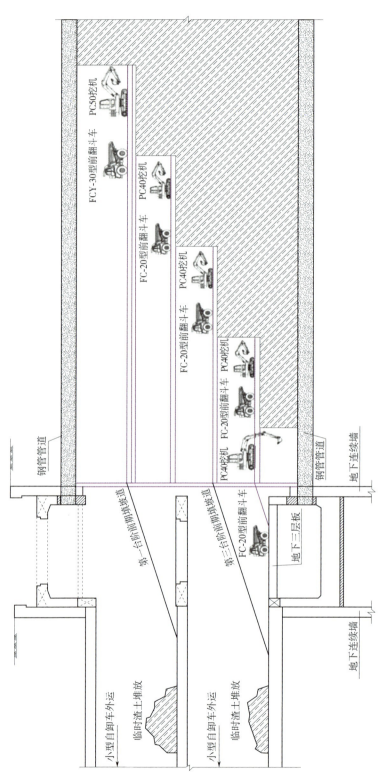

图 6.3-6　出渣运输方案示意图

各台阶开挖、运输设备　　　　　　　　表 6.3-3

部　位	开挖、装土设备	导坑内运输设备
第一台阶	PC50	FCY-30 型前翻斗车
第二台阶	PC40	FC-20 型前翻斗车
第三台阶	PC40	FC-20 型前翻斗车
第四台阶	PC40	FC-20 型前翻斗车
第五台阶	PC40	FC-20 型前翻斗车

6.3.2.3　初支和临时支撑施工技术

初期支护和临时支撑施工工艺流程见图 6.3-7。

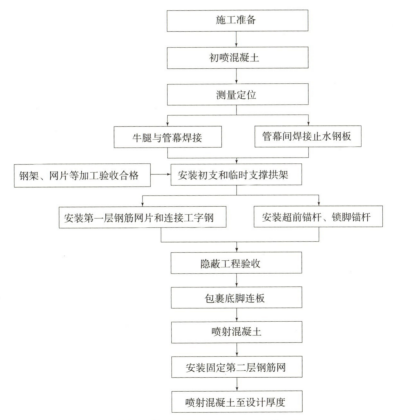

图 6.3-7　初期支护和临时支撑施工工艺流程图

初支拱架和临时支撑在加工场集中加工，汽车运输至施工现场，小型电葫芦或导链吊起，人工安装焊接。

钢拱架工字钢有 a~i 9 种型号，具体参数详见表 6.3-4 和图 6.3-8。

每道钢拱架工字钢参数表　　　　表 6.3-4

序号	工字钢编号	半径（cm）	弧长（cm）	单片重（kg）	片数	备注
1	a	998	291.87	106.24	4	双拼
2	b	708	128.87	104.54	4	双拼
		998	158.33			
3	c	708	281.86	102.98	4	双拼
4	d	2108	306.17	111.45	2	单拼
5	e	2108	306.34	111.51	2	单拼
6	f	2108	306.26	111.48	2	单拼
7	g	398	260.31	94.75	2	单拼
8	h	398	77.15	105.66	2	单拼
		1898	213.13			
9	i	1898	304.73	110.92	2	单拼

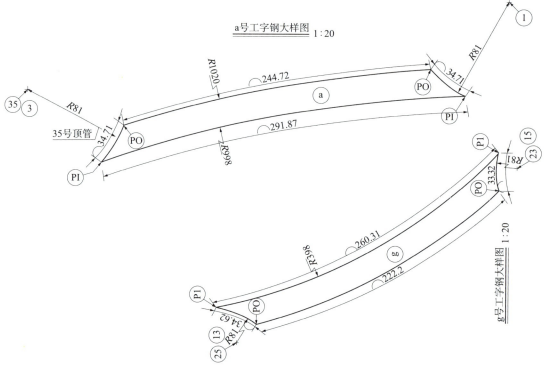

图 6.3-8　工字钢大样图（尺寸单位：mm）

临时支撑分节拼装制作，连接板螺栓连接，分段长度如图 6.3-9 所示。

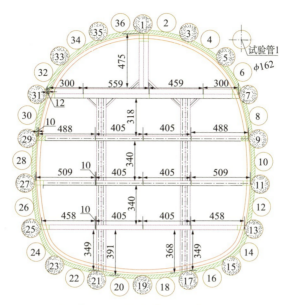

图 6.3-9　临时支撑分段（尺寸单位：cm）

（1）钢拱架和临时支撑加工

加工流程：施工准备→施工放样→调试设备→下料、加工→检查验收。

加工前做好材料用量计划、进场计划等工作。做好平台场地的安排分区工作。测量人员先根据设计图在独立场地平台上放样，画出 1∶1 的钢架大样图，包括各连接点的法线方向。操作者先复核下料单上各单元钢架的尺寸（考虑型钢弯制伸长率）及用料规格型号，检查是否符合设计要求。操作者按复核后的下料单下料，下料后各种规格、尺寸都分类分开放置并标识，以免误用。对一些小料可合理利用。操作者采用机械设备对钢材进行弯制，但弯制必须做到以下几点要求：

①弯起点必须做标记；

②弯曲机心轴直径应满足相关要求。

自检弯制形状、尺寸是否正确，平面翘曲是否达到要求，均合格后，在钢架适当位置标示好钢架单元编号。将制作好的钢架连接钢板焊接到钢架两端部，焊接时应保证钢架几何断面尺寸垂直置于连接钢板的几何中心上，以保证钢架轴线偏差在允许范围内。同时，焊缝高度须达到设计及验标要求。钢架制作完成后，立即上报检查验收，验收合格后，在合格的钢架上标示并做好记录。将合格后的成品钢架存放于成品区，码放整齐，并做好遮盖等防锈措施。首榀钢拱架加工完成后，应放在平整地面上试拼。周边拼装允许偏差为 ±30mm，平面翘曲应小于 20mm。当各部尺寸满足设计要求时，方可进行批量生产。

（2）钢拱架和临时支撑安装

钢拱架安装前分批按设计图检查验收加工质量，不合格者禁用。初期支护和临时支撑随导洞开挖及时跟进，确保支撑体整体受力。拱脚必须支立在牢固的基础上，清除底脚处虚渣及杂物，超挖部分用喷射混凝土填实。其中间段连接板用砂子埋住，以防混凝土堵塞接头板螺栓孔。初支钢拱架与钢管幕双面焊接，并用梯形翼板进行加固，焊接厚度不小于 5mm（图 6.3-10）。临时支撑 H 型钢与管幕采用 T 形连接件焊接，段间连接安设垫片拧紧螺栓，确保安装质量（图 6.3-11）。负温焊接控制要点是，焊接前将不小于 100mm 范围内的管壁用火焰法加热到 20℃以上方可施焊。

图 6.3-10　初支拱架焊接安装

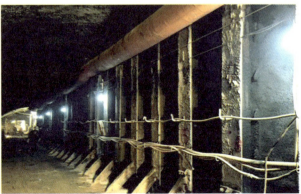

图 6.3-11　临时支撑安装

施工时严格控制中线及高程,确保初喷质量,钢架在掌子面初喷后架立。拱架安装后必须保证垂直度,不能发生扭曲变形。钢架安装到位,钢架后间隙用喷射混凝土填实。开挖时,要委派专人对开挖作业进行指挥,严格限制机械作业界限,以防止碰撞钢架。

（3）锁脚锚杆施工

临时支撑钢架锁脚采用 2 根 $L=3$m 的 A42 锁脚锚管锁定,锚管采用钢花管,锁脚锚杆安装长度和角度应满足设计要求。先在临时支撑上开孔,风枪钻孔后将锚管插入孔内,孔口采用锚固剂封堵严实,并将锚管与临时支撑焊接牢固,焊接采用满焊,浆液采用普通水泥单液浆,加强注浆压力的控制。

（4）超前锚杆施工

临时竖撑处设有 $L=3.5$m 的 A42 超前锚杆,竖向间距 35cm,纵向排距 2.4m。锚杆采用钢花管。

①布孔：沿临时支撑纵向开孔,开孔方向为隧道轴线偏离一定角度。

②成孔：沿临时支撑开孔方向,采用风枪打眼成孔。

③插管：安设小导管时要求对准管孔方向和角度,必要时使用液压或风动推进器将导管推入,并力求导管尾端在同一剖面且外露长度以 30cm 为宜。锚管与临时支撑钢架焊接。

④封口：喷混凝土 5~8cm 厚,管尾周围加强封闭。

⑤注浆：注浆前先进行现场注浆试验,注浆参数通过现场试验按实际情况确定。

（5）钢筋网安装施工

钢筋网片在洞外分片加工制作,人工安装。钢筋网与工字钢翼缘板内侧焊接。钢筋网环向搭接长度为 25cm。首层钢筋网被喷射混凝土全部覆盖后,安装第二层钢筋网。

（6）喷射混凝土

喷射混凝土配合比设计是关键,负温喷射混凝土施工时加入硅粉及防冻剂、减水剂等外加剂。喷射混凝土采用潮喷工艺施工,在自建拌和站利用强制搅拌机拌制,严格按设计配合比进行拌和,配合比及搅拌的均匀性检查频率每班不少于两次。由混凝土运输车或导管运输到作业面。混合料在运输、存放过程中,严防雨淋、滴水及大块石等杂物混入,装入喷射机前过筛。喷射作业采取分段、分片由下而上、先墙后拱的顺序进行,每段长度不宜超过 6m。喷嘴垂直受喷面做反复缓慢螺旋形运动,螺旋直径 20~30cm,同时与受喷面保持一定的距离,一般可取 0.6~1.0m。若受喷面被钢筋网或格栅钢架覆盖时,可将喷头稍加倾斜,但不小于 70°,以保证混凝土喷射密实,保证钢支撑背面填满混凝土，黏结良好。

喷射作业时，喷混凝土一般分两次施喷完成，第一次喷射混凝土后安装第二层钢筋网片复喷至设计厚度。后一层在前一层混凝土终凝后进行，若终凝 1h 后再喷射时，先用风机喷水清洗喷层面。

严格执行喷射机操作规程：连续向喷射机供料；保持喷射机工作风压稳定；完成或因故中断喷射作业时，将喷射机和输料管内的积料清除干净。

喷射混凝土的回弹率控制不大于 15%。

喷射混凝土施工工艺图如图 6.3-12 所示。

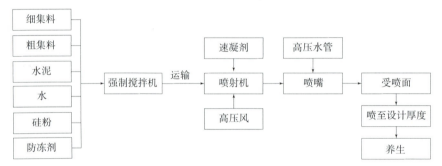

图 6.3-12　喷射混凝土施工工艺图

6.3.2.4　二衬施工技术

初期支护与二次衬砌之间设置抗剪钢筋，钢筋一端焊接于初支工字钢的翼缘上，另一端与格栅钢架纵向连接筋采用直钩连接，如图 6.3-13 所示。抗剪钢筋的环向间距一般为 50cm，在格栅钢架节段连接处的 1m 范围内抗剪钢筋间距加密为 25cm。抗剪钢筋若在初期支护喷射混凝土前焊接，会严重影响喷射混凝土质量；若在初期支护喷射混凝土完成后焊接，则需要清除工字钢上的喷射混凝土，施工困难。原设计初期支护与二次衬砌厚度均为 30cm，因抗剪钢筋施工问题，调整初期支护厚度为 22cm，二次衬砌厚度为 38cm。

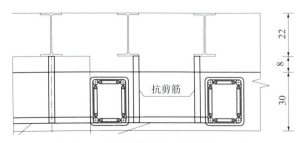

图 6.3-13　抗剪钢筋设计图（尺寸单位：cm）

二次衬砌采用 C35 轻钢架混凝土结构，第一台阶喷射混凝土，其他部位采用 30cm×100cm 小型钢模板模筑混凝土。格栅钢架依据隧道分部分台阶开挖工序分节架立，每榀钢筋格栅分 9 节段组装。格栅拱架横断面高 22cm（C25 主筋的外边缘距离），宽 20cm（A12 箍筋外边缘距离），节段与节段之间采用角钢螺栓连接。两榀格栅钢架的纵向间距为 60cm。临时支撑与两榀格栅钢架采用焊接相连，格栅钢架之间采用 C25 连接筋相连。具体参数详见表 6.3-5 和图 6.3-14。

每道格栅钢架参数表　　　　表 6.3-5

序号	节段编号	主筋编号	r（cm）	弧长（cm）	角度（°）	节段数量
1	JD1	N1（外）	976	600.4	35.25	1
2		N2（内）	954	586.9		
3	JD2	N3（外）	976	479	28.12	1
4		N4（内）	954	468.2		
5	JD3	N5（外）	686	480.6	40.14	2
6			2086	44.8	1.23	
7		N6（内）	664	465.2	40.14	
8			2064	44.3	1.23	
9	JD4	N7（外）	2086	368.6	10.12	2
10		N8（内）	2064	364.7		
11	JD5	N9（外）	2086	382.7	10.51	2
12		N10（内）	2064	378.7		
13	JD6	N11（外）	2086	371.3	10.2	2
14			376	16.5	2.51	
15		N12（内）	2064	367.4	10.2	
16			354	15.5	2.51	
17	JD7	N14（内）	354	338.9	54.85	2
18		N13（外）	376	359.9	54.85	
19	JD8	N16（内）	1854	287.7	8.89	2
20		N15（外）	1876	291.2	8.89	
21	JD9	N18（内）	1854	638.1	20.34	1
22		N17（外）	1876	645.7		

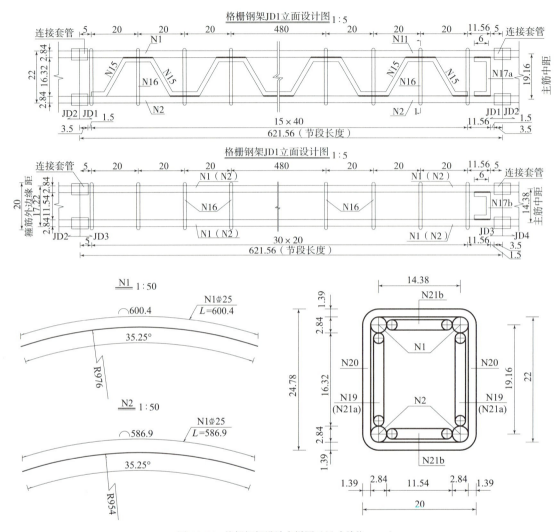

图 6.3-14 格栅钢架设计大样图（尺寸单位：cm）

（1）格栅钢架加工

根据格栅钢架设计图在钢平台上放样，画出 1∶1 的格栅钢架大样图，包括各连接点的法线方向。操作者下料后按下料规格、尺寸分类分开放置并标识，以免误用。对一些小料则合理利用。

钢筋弯制必须做到以下要求：

①弯起点必须做标记；

②弯曲机心轴直径应是钢筋直径的 2.5 倍；

③钢筋弯制形状正确，平面上无翘曲不平现象。

将四根主筋分别摆放夹持在模具卡槽上,焊接U形筋和几字形筋,焊接完成后安装箍筋并进行焊接,保证焊接质量。最后焊接连接板。连接板采用14cm×9cm×1.2cm角钢,连接板的焊接必须保证孔位与主筋的距离及两个板孔的模距一致。

将焊接好的格栅钢架在试拼区进行试拼,调运时注意安全,防止操作人员碰伤和格栅钢架弯扭。拱架圆顺,直墙架直顺。如图6.3-15所示。

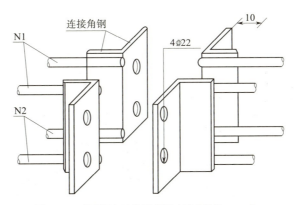

图6.3-15 格栅钢架连接示意图(尺寸单位:mm)

(2)格栅钢架安装

格栅拱架安装前分批按设计图检查验收加工质量,不合格者禁用。

严格控制中线及高程,格栅拱架安装后必须保证垂直度,不能发生扭曲变形。其中间段连接板用砂子埋住或用袋子包裹,表面再抹3cm厚水泥砂浆,以防混凝土堵塞接头板螺栓孔。

抗剪钢筋直钩端要紧贴格栅钢架纵向连接筋,不得有缝隙,另一端与初支工字钢的翼缘焊接牢固。

(3)二次衬砌混凝土

首层导洞喷射混凝土采用潮喷工艺,同钢拱架支护喷射混凝土工艺。

二~五层导洞二衬采用模筑混凝土,模板选用30cm×100cm小型钢模板,以满足隧道断面尺寸要求。模板支撑拱架采用10工字钢,工字钢加工弧度满足设计结构尺寸要求。要求模板、模板支撑拱架安装牢固,表面清理打磨干净,隔离剂涂刷均匀。模板的连接处必须紧密、牢固可靠,防止出现错位和漏浆现象。模板底部与临时支撑相接,采用砂浆或海绵将缝隙填满,防止漏浆,模板上部预留浇筑孔和振捣孔,最后采用塑料模板封堵浇筑。

采用 A50 型插入式振捣棒振捣,垂直插入,距模板不小于 10cm,振点间距 30cm。同时在模板外部用小锤锤击模板,使模板下部气泡上浮溢出。要注意控制振捣时间,既防漏振致使混凝土不密实,又防过振导致混凝土表面出现砂纹。

拆除模板顺序与安装模板顺序相反,如果模板与混凝土吸附或黏结不能脱开时,可用撬棍撬动模板下口,不得在混凝土上口撬模板,或用大锤砸模板。

保持钢模板本身的整洁及配套设备零件的齐全,防止碰撞,堆放合理,保持板面不变形。安装就位时要平稳、准确,不得碰砸其他已施工完的部位。如图 6.3-16 所示。

图 6.3-16　二次衬砌施工工艺图

6.3.3　三衬施工与临时支撑拆除施工技术

6.3.3.1　施工部署

(1) 施工方案

分东、西两个工区独立组织临时支撑拆除及下层隧道三衬施工,上层隧道三衬由东向西组织单向施工。

下层隧道三衬按仰拱、侧墙、中板顺序浇筑，侧墙和中板采用支架法模筑，充分利用原有临时支撑体系；上层隧道拱墙衬砌采用整体台车一次模筑成型。

根据监控量测结果，三衬一次性施工长度确定为 12m。控制仰拱、侧墙、中板、拱部衬砌施工缝处在同一断面上。

临时支撑体系和模板拆除过程中，加强监控量测，信息化施工。

暗挖段三衬结构施工工序流程见图 6.3-17。

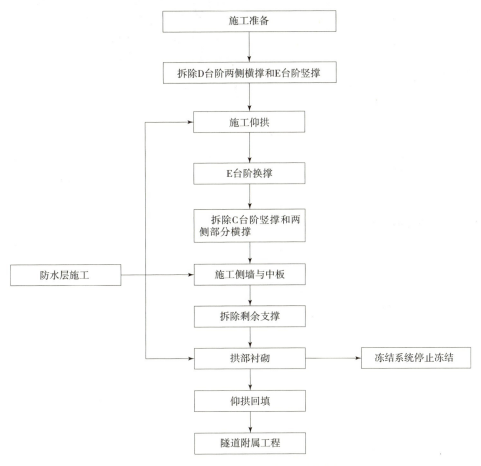

图 6.3-17　暗挖段三衬结构施工工序流程图

（2）施工顺序

暗挖段三衬结构分段浇筑，先进行仰拱施工，再进行侧墙与中板施工，最后自东向西施工拱部三衬。支撑拆除、防水板及钢筋安装和混凝土浇筑分三个工作面施工，以确保连续平行作业。

当二次衬砌封闭成环，监测数据稳定后，先破除 E 台阶竖撑（图 6.3-18）和 D 台阶两侧横撑混凝土。施工仰拱前，依次拆除 D 台阶两侧横撑和 E 台阶竖撑型钢，渣土和支撑材料通过 E 台阶运输至洞外。

图 6.3-18　拆除 E 台阶竖撑型钢

仰拱施工节段及时铺设仰拱防水层，并紧跟施作防水层垫层；仰拱钢筋以及预埋件安装完成后，浇筑仰拱混凝土至设计高程。

E 台阶竖撑根据仰拱施工计划分节段拆除，仰拱施工完成后及时对竖撑进行全部换撑并焊接锚固。同时做好拱顶下沉、收敛及支撑内应力观测记录，并根据监测数据合理调整换撑间距。完成后进行下一循环仰拱施工。

① A 台阶支撑拆除

自洞口向内破除竖撑支撑间混凝土，并拆除网片和矩形管等连接材料，然后拆除竖撑型钢。拆除一定距离后，及时喷射混凝土与二衬基面找平，依次循环向前拆除。渣土和支撑材料通过 A 台阶运输至洞外。考虑到隧道围护及支撑体系的稳定，为确保安全，贯通位置两侧各保留 10 榀竖撑和横撑。如图 6.3-19 所示。

竖撑拆除完成后，根据现场施工组织，横撑自分界里程由洞内向洞外破除混凝土，拆除网片和矩形管等连接材料，每隔 10 榀横撑保留 2 榀。根据拆除过程中监测数据，实时分析并调整横撑拆除间距。拆除横撑型钢一定距离后，及时喷射混凝土与二衬基面找平。依次循环拆除至洞口结束。渣土和支撑材料通过 B 台阶运输至洞外。

图 6.3-19 拆除 A 台阶竖撑

② B 台阶竖撑拆除

A 台阶支撑拆除完成后,自洞内向洞外拆除 B 台阶竖撑,与 A 导洞剩余横撑连接的竖撑暂不拆除。渣土和支撑材料通过 B 台阶运输至洞外。拆除一定距离后,开始破除 B 台阶横撑混凝土,拆除网片和矩形管等连接材料,与 A 台阶横撑对应,每隔 10 榀横撑保留 2 榀横撑,根据拆除过程中监测数据,实时分析并调整横撑拆除间距。渣土及支撑材料通过 C 台阶运输至洞外。如图 6.3-20 所示。

图 6.3-20 拆除 A、B 台阶临时支撑,设立运输通道

侧墙与中板施工前,按照侧墙和中板施工节段提前拆除 C 台阶竖撑。破除 C 台阶横撑的混凝土,拆除网片,矩形管先不拆除,保证横撑连接的稳定和安全。在准备施工的侧墙节段,C 台阶两侧横撑下方提前采用扣件式脚手架搭设支撑架,并在横撑上方适当位置安装模板吊装装置(图 6.3-21)。

图 6.3-21　模板吊装装置

根据侧墙预留施工宽度割除 C 台阶两侧部分横撑,及时喷射混凝土与二衬基面找平。铺设侧墙防水层,钢筋安装完成后,安装加固侧墙模板,浇筑侧墙混凝土。在第三道横撑之上搭建支架,然后安装中板底模,绑扎中板钢筋,浇筑中板混凝土,并将上层隧道侧墙浇筑至中板倒角以上 30cm,完成后进行下一循环侧墙与中板浇筑施工。待侧墙与中板完成一定距离后,开始施作拱部衬砌。采用简易工作台架安装防水板和钢筋,安装完成后采用 12m 钢模整体台车浇筑混凝土。完成后进行下一循环拱部施工。以上各部支撑拆除与结构施工错位循环逐步推进施工,直至暗挖段三次衬砌结构修筑完成。

临时支撑拆除及三次衬砌施工顺序见图 6.3-22。

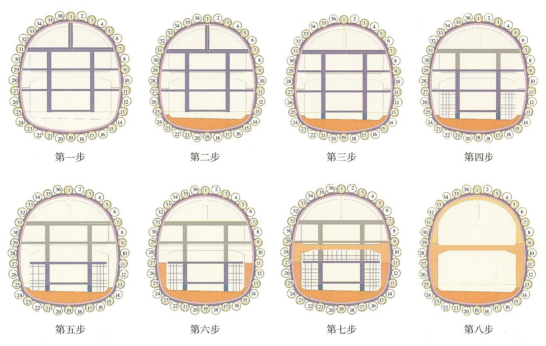

图 6.3-22 临时支撑拆除及三次衬砌施工顺序示意图

（3）施工段落划分

结合三衬施工方案，为减少拆撑施工对第五台阶开挖的相互干扰，考虑暗挖段防水要求，尽量减少施工缝，根据暗挖段现场实际情况，对暗挖段临时支撑拆除节段进行划分，保证施工进度以及拆撑、仰拱与开挖平行作业，确保三衬尽快封闭成环。见表 6.3-6。

暗挖段三衬施工及临时支撑拆除分段划分　　　　　表 6.3-6

分段序号	里程				结构	分段长度		备注
1	YK2		—	YK2	内衬	1		施工缝
	YK2	387.8	—	YK2	392.65	地连墙	1.2	4.85	施工缝
	YK2		—	YK2		素墙	1.2		
2	YK2	392.65	—	YK2	403.15	暗挖段	10.5		施工缝
3	YK2	403.15	—	YK2	413.95		10.8		施工缝
4	YK2	413.95	—	YK2	425.85		11.9		变形缝
5	YK2	425.85	—	YK2	437.75		11.9		施工缝

续上表

分段序号	里程				结构	分段长度		备注
6	YK2	437.75	—	YK2	449.65		11.9	施工缝
7	YK2	449.65	—	YK2	461.55		11.9	变形缝
8	YK2	461.55	—	YK2	473.45		11.9	施工缝
9	YK2	473.45	—	YK2	485.35		11.9	施工缝
10	YK2	485.35	—	YK2	497.25		11.9	施工缝
11	YK2	497.25	—	YK2	509.15		11.9	施工缝
12	YK2	509.15	—	YK2	521.05		11.9	施工缝
13	YK2	521.05	—	YK2	532.95		11.9	施工缝
14	YK2	532.95	—	YK2	544.85	暗挖段	11.9	施工缝
15	YK2	544.85	—	YK2	556.75		11.9	施工缝
16	YK2	556.75	—	YK2	568.65		11.9	施工缝
17	YK2	568.65	—	YK2	580.55		11.9	变形缝
18	YK2	580.55	—	YK2	592.45		11.9	施工缝
19	YK2	592.45	—	YK2	604.35		11.9	施工缝
20	YK2	604.35	—	YK2	616.25		11.9	变形缝
21	YK2	616.25	—	YK2	628.15		11.9	施工缝
22	YK2	628.15	—	YK2	640.05		11.9	施工缝
23	YK2	640.05	—	YK2	647.2	素墙	1.2	施工缝
	YK2		—	YK2		地连墙	1.2 / 7.15	
	YK2		—	YK2		内衬	1	

拱部临时支撑混凝土可提前拆除，拆除时机可根据监测数据进行调整，在保证施工安全前提下，组织交叉流水作业，加快施工进度，确保三衬尽快封闭成环。

（4）资源配置

暗挖段单侧工作面人员配置见表6.3-7。单侧工作面人员配置共投入人员164人，东、西侧相向施工，共投入328人。

单侧工作面人员配置表 表6.3-7

序号	名称	人数（人）	任务	备注
1	管理人员	16	负责现场组织管理	
2	支撑拆除工班	20	负责拆除支撑	
3	防水板铺设	20	负责防水材料铺设	
4	钢筋工班	60	负责钢筋的制安	
5	混凝土工班	24	负责安装模板、混凝土振捣、浇筑和养生	
6	机械工班	12	负责混凝土破除、渣土运输	
7	其他	12	负责风水电保障工作	
8	小计	164		

施工机械设备配置见表6.3-8。

暗挖段三衬施工机械设备配置表 表6.3-8

序号	工序及部位名称	机械名称	规格型号	单位	数量
1	三次衬砌	小型破碎锤	PC40、PC60	台	8
2		小型前翻斗车	FCY-30、FC-20	台	6
3		衬砌台车	长度12m钢模台车	台	1
4		钢筋切断机	CD40	40mm	2
5		钢筋弯曲机	G6-40B	40mm	3
6		滚丝机	HGS-40	台	4
7		自动爬热焊机	ZPD-Ⅲ	台	16
8		交流电焊机	BX1-500	5.5kW	12
9		罐车	12m³	台	8
10		输送泵	—	台	2
11		龙门吊	20T	台	2
12		小自卸车	6m³	台	6
13		通风设备	减噪轴流通风机 L-11	套	8
14		手动葫芦	5T	个	20

6.3.3.2 支撑拆除

（1）施工方法

施工采用破碎锤拆除临时支撑混凝土，升降机械配合人工火焰切割拆除临时支撑钢架。每一次拆除的部分均由上至下依次分段拆除。

先用吊带绳索将钢支撑固定牢固至吊点，火焰切割与管幕焊接部分的钢支撑连接板，使临时支撑与管幕结构分离，解除约束；逐节凿除临时钢支撑喷射混凝土层，切割清除连接网片和矩形管；将凿除的渣块和钢筋等及时清理运出施工现场；拆卸连接螺栓，采用吊装设备将钢支撑拆除并分批运至洞外。如图6.3-23、图6.3-24所示。

图 6.3-23　临时支撑拆除

图 6.3-24　临时支撑切割

临时钢支撑拆除后应对拆除切割钢支撑部位用同等标号的砂浆抹平或喷射混凝土找平,保证二衬混凝土面圆顺平整以及后续防水层铺装质量。临时支撑拆除施工工艺见图 6.3-25。

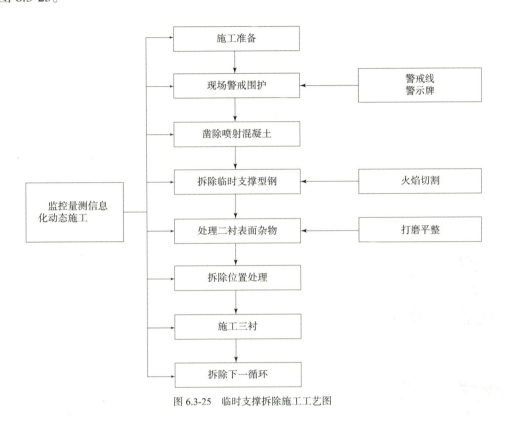

图 6.3-25 临时支撑拆除施工工艺图

(2)注意事项

临时支撑拆除施工本着安全第一的原则,现场设有专职安全员负责安全工作,现场设安全警示标志。

施工人员佩戴安全帽,高空作业人员佩戴安全绳,拆除现场设置安全网。拆除过程中,设置警戒线,严禁其他施工人员和无关机械通过拆除区域,防止坠物伤人。

拆除过程中严禁挖掘机、装载机等机械以直接破坏方式拆除临时支撑拱架,以防止因机械碰撞造成隧道支护体系变形。拆除严格按照步骤进行,切不可一次拆除距离过长,拆除后及时施工三次衬砌。

钢支撑拆除时要使用绳索等安全措施,严禁以自由落体形式直接下落,以免对临时横撑造成撞击变形,或防止钢支撑自由下落弹起伤人。

拆除临时支撑后及时清除残留在二次衬砌上的短型钢头和短钢筋头，并用同等标号砂浆（同二衬强度）抹平或喷射混凝土找平，为后续铺设防水板施工创造条件。

施工过程中加强监控量测工作，随时监测二衬的稳定性。若发现变形异常，应立即停止拆除工作并报警。采取适当的加固措施，同时告知相关单位进一步分析原因，研究后续工作安排。

按照信息化设计和施工原则，对拆除施工过程中换撑和拆撑对隧道结构的影响，应严密进行监测并根据监测数据反馈指导后续施工。

6.3.3.3 仰拱施工

施工工序：二衬面清理→防水层施工→钢筋制安→安装模板→仰拱混凝土浇筑→换撑→养护→下一循环施工。

土工布铺设前，及时清除二衬表面的浮渣和积冰等杂物，保证基面无积水，平顺，不允许有直角凹凸部位。对凿除积冰和浮渣过程中在二衬表面形成的凸起与凹槽，用砂浆抹平。基面平整度满足 $D/L=1/20$ 后，铺设土工布及防水板，浇筑混凝土保护层，绑扎钢筋、安装模板。

仰拱模板：小侧墙采用钢模板，端头模板为木模结合。模板表面涂刷脱模剂，模板间接缝采用双面胶填充，模板与旧混凝土接缝采用玻璃胶填充，防止漏浆影响混凝土外观质量。为了有效控制混凝土徐变作用，防止因温度应力引起表面裂缝和贯穿裂缝，根据现场施工情况及要求，采用内置冷水循环水管降温，循环水管所采用材料为钢管（规格 $\phi 48mm \times 3.5mm$）。在仰拱中部预埋普通钢管循环水管，水平间距为1500mm，按"U"字形布置，接缝采用丝扣接或者焊接，钢管与10cm工字钢架立支撑固定，见图6.3-26。

竖向布置测温点按照顶表面温度、中心温度、底表面温度的检测要求进行布设，在仰拱内部横断面上、中、下布置温度监测元件，监测混凝土浇筑前后温度场变化。

仰拱混凝土浇筑采用泵送法按"斜面分层法"进行，即采用"一个坡度、循序推进、一次到顶"的浇筑工艺。抹面采用二次抹压并刻纹处理。

混凝土养护采用土工布覆盖、保温，初期少量洒水，润湿土工布，水管滴灌养护；水管采用有韧性的PVC管，间隔20cm钻孔；4~5天混凝土表面温度与大气温差小于20℃时饱水养护。

在施工安排中，应尽快修筑仰拱，利于衬砌结构的整体受力。

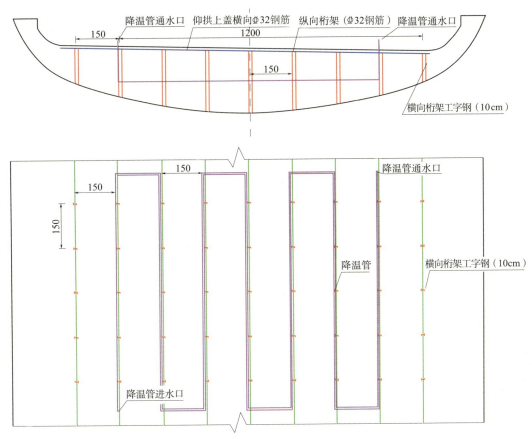

图 6.3-26 冷水循环管布置示意图（尺寸单位：cm）

为保证整体工期要求，在第五台阶开挖进尺至 60~70m 时，开始施工仰拱。为减少仰拱铺底对施工进度的影响，降低施工干扰，开挖和浇筑混凝土时利用第四台阶斜坡道和第五台阶洞口进出通道进行作业，保证仰拱施工与开挖作业平行进行。

6.3.3.4 侧墙、中板施工

侧墙、中板拆除支撑后采用支架法模筑施工，利用隧道内部分临时竖撑支撑模板浇筑侧墙，在第三道横撑上施作平台搭设支架模筑中板。

（1）模板支架体系

侧墙下部钢模板尺寸为 2m×1m，厚度 5mm，4 块，上部钢模板为 0.5m×1m，厚度 5mm，4 块，采用 M25 螺栓连接。中板底模为竹胶板，厚度 2cm。

支架为扣件式脚手架+第三、四道横撑+第四道竖撑+仰拱换撑组成的体系，扣件式脚手架钢管直径为 A48，壁厚 3.5mm。

第三道横撑以下的支架搭设形式如下：

①立杆横距为 90cm，纵距为 60cm。立杆顶部采用顶托加方钢支撑于第三道横撑下。横杆层间距为 90cm，模板背后和横撑处采用 10 号工字钢做背楞，横杆上加顶托顶在方木上。

②每根立杆底部设置底座或垫板。

③纵向扫地杆采用直角扣件固定在距钢管底端不大于 200mm 处的立杆上。横向扫地杆采用直角扣件固定在紧靠纵向扫地杆下方的立杆上。

④剪刀撑的设置：支架四周从底到顶连续设置竖向剪刀撑；中间纵、横向由底到顶连续设置竖向剪刀撑，间距应小于或等于 4.5m，剪刀撑斜杆与地面夹角为 45°~60°。

第三道横撑以上的支架搭设形式如下：

①立杆横距为 60cm，立杆纵距为 90cm。在第三道横撑上布置 10cm 工字钢做纵向分配梁，立杆立于分配梁上。立杆顶部采用顶托＋纵向分配梁＋横向方木的方式支撑模板。横杆层高为 65cm，模板背后采用 10cm×10cm 方木做背楞，横杆上加顶托顶在方木上。

②底座、扫地杆、剪刀撑的设置方式同上。

第三道横撑上的搭设方法如下：

①第三道横撑上部布置分配梁，立杆下部可调底座直接置于分配梁，按施工方案弹线定位，由纵向中心线处画参照线，横向距中心线 30cm 处设头两根立杆，定出第一排立杆位置后，按横向间距 60cm 设置第一排立杆，在间距 90cm 处设置第二排立杆。

②可调底托和可调托撑丝杆与螺母捏合长度不得少于 4~5 扣，插入立杆内的长度不得小于 150mm。模板支撑架搭设应与模板施工相配合，利用可调底座或可调托撑调整底模高程。

③支架高 213cm，立杆采用一次性架立安装，剪刀撑在立杆安装完成后设置。

④剪刀撑等设置完毕后设置安全网。

⑤立杆顶托上纵向铺边长 100mm 的工字钢，其上横向铺边长 100mm 的方木，间距 0.35m。

⑥剪刀撑应每步与立杆扣接，扣接点距节点的距离宜≤150mm；当出现不能与立杆扣接的情况时亦可采取与横杆扣接，扣接点应牢固。

⑦立杆的垂直偏差不应大于架高的 1/300。

⑧上下横杆的接长位置应错开布置在不同的立杆纵距中，与相连立杆的距离不大于纵距的三分之一。

⑨应按立杆、横杆、剪刀撑顺序逐层搭设，底层水平框架的纵向直线度应≤$L/200$；横杆间水平度应≤$L/400$。

第三道横撑下的搭设按施工方案弹线定位，放置可调底座或垫板，按先立杆后横杆再斜杆的搭设顺序进行。架体由纵向中心线处画参照线，横向距中心线30cm处设头两根立杆，定出第一排立杆位置后，按横向间距60cm设置第一排立杆，在间距60cm处设置第二排立杆。以此类推，逐排搭设立杆，上横杆。架体形成后，上顶托、方木。其余与第三道横撑上的搭设方法相同。如图6.3-27所示。

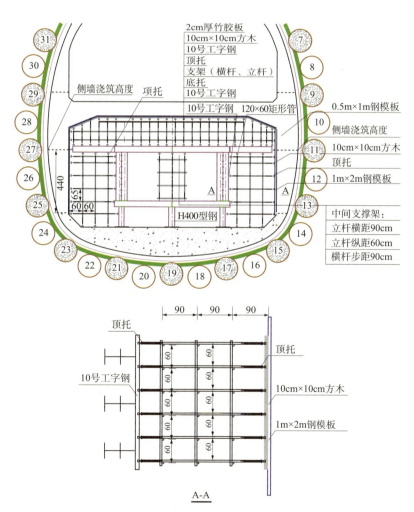

图6.3-27 下侧墙、中板模板支架体系（尺寸单位：cm）

（2）模板安装

侧墙模板安装采用行吊起吊运输，人工配合安装。

模板支撑牢固、稳定，确保混凝土浇筑过程中不发生松动、跑模、超标准变形下沉等现象。内模支撑安装时，始终保证模板不变形。严格按施工验收规范执行，严防侵入限界。

模板安装前，由测量人员根据设计图纸准确放样，待监理工程师检查无误后方可立模。模板拼装前在模板间贴泡沫双面胶，防止模板拼装不严密而漏浆。

满堂支架搭设时，预压或预留沉降量，以确保模板净空和限界要求。

结构变形缝处的端头模板钉变形缝衬垫板，并使变形缝衬垫板嵌入钢边橡胶止水带，然后用模板固定牢固。变形缝衬垫板支撑牢固，防止跑缝。

（3）模板安装注意事项

模板与钢筋安装要配合协调进行，妨碍绑扎钢筋的部分模板应待钢筋安装完毕后安装补齐。

模板与脚手架应互不联系，模板与脚手架除整体设计外，二者之间应不相联系，以免在脚手架上运存材料和工人操作时引起模板变形。

模板的安装，应考虑防止模板位移和突出，用等同于混凝土中的砂浆材料配比制作水泥支杆，用于控制墙体厚度与模板的位置，采用水平对支的方法支设固定，支撑要牢固有力，注意混凝土浇筑要两侧同步进行。

模板安装完毕后，须经检验合格后，方可浇筑混凝土；检验主要内容包括平面位置、顶部高程、结点联系及稳定检查。浇筑时，发现模板有超过容许偏差变形值的可能时必须及时予以纠正。

（4）模板、支架拆卸

混凝土达到设计拆模强度，经监理工程师同意后，方可拆卸模板。

模板拆卸按照后支先拆、先支后拆，先拆非承重模板、后拆承重模板的顺序进行。拆除跨度较大的梁底模时，先从跨中开始，分别向两端对称拆卸。

中板底模在中板混凝土达到强度后方可拆卸。

拆下来的模板及时清理干净，刷油保护，并按规格分类堆放整齐待用。

脚手架的拆除按照自上而下的顺序依次进行，确保安全。

6.3.3.5 拱部衬砌

上侧墙和拱部混凝土采用一台长 12.0m 的自行式液压整体钢模台车浇筑。中板施工完后,自东向西浇筑拱部衬砌。支撑拆除、防水板及钢筋安装和混凝土浇筑分三个工作面施工,以确保混凝土连续浇筑。

施工工艺流程:工作台架就位→铺设防水板→衬砌钢筋绑扎、焊接→预埋件设置与检查、铺设轨道→模板台车刷脱模剂→模板台车就位→尺寸检查验收→模板台车就位锁定→安设堵头板→泵送灌注混凝土→脱模、养生→下一个循环施工。

(1)钢筋绑扎和焊接

拱部衬砌结构钢筋安装采用轮式简易工作台架,钢筋在洞外加工下料并弯制成型,汽车运送至洞内,人工绑扎,接头采用机械连接,搭接长度必须符合设计和施工技术规范的要求。在进行钢筋焊接时,需特别注意对防水板的保护,以防造成防水板破坏。

(2)模板台车就位

拱墙衬砌模板台车在钢轨上行走,其定位过程为:①测量放线,检查模板台车电器行走系统,移至下一衬砌循环处;②清理模板并涂脱模剂,就位调整,固定就位千斤顶,挂上模板台车两侧的侧向千斤顶,基脚千斤支撑固定;③中线、水平检查,安装堵头板,混凝土输送泵就位,安装输送管。

上半断面钢模板台车示意见图 6.3-28。

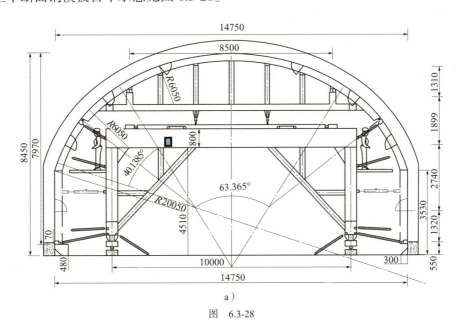

a)

图 6.3-28

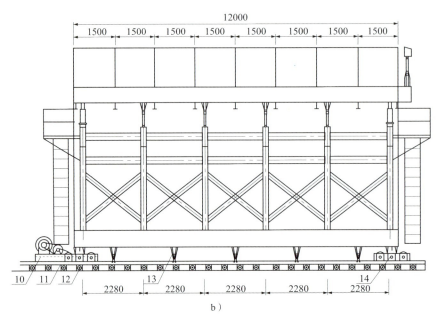

图 6.3-28　钢模板台车示意图（尺寸单位：mm）

（3）泵送混凝土

衬砌混凝土采用混凝土输送泵泵送入模，两侧交替灌注，且两侧混凝土灌注面高差不得大于50cm，以免不对称、侧压引起台车移位，影响混凝土外观质量和衬砌成型后的净空。

（4）混凝土振捣

加工模板台车时，在台车内模上预留工作窗，内侧面安设附着式振捣器，灌注过程中，利用插入式振捣器、附着式振捣器以及输送泵泵送压力使灌注混凝土达到密实的要求。

（5）混凝土脱模

根据施工技术规范要求，三次衬砌混凝土的强度达到2.5MPa时，方可脱模，脱模时间亦可由工地实验室确定。受围岩压力较小的拱墙，混凝土强度须达到设计强度的70%，受围岩压力较大的拱墙，混凝土强度必须达到设计强度的100%方可脱模。

6.3.4　施工监测

6.3.4.1　监测项目

暗挖施工过程中的顶管、压浆、冷冻、开挖、解冻等工序，都可能引起地面沉降或地面隆起。由于隧道上覆土层厚度只有4~5m，暗挖施工的相关影响会马上反映到地面上，对地面结构物造成影响。因此，暗挖区的监测重点应为地面沉降。

依照《公路隧道施工技术规范》（JTG F60—2009）的规定，应对隧道的拱顶下沉和周边位移进行监测。另外，暗挖段"曲线顶管管幕+水平控制冻结"施工技术在国内尚无先例，很有研究价值，值得对支护结构的受力状态进行监测，包括支撑内力、支护衬砌内力、支护衬砌间压力等。

此外，还需要在隧道管幕范围外侧设置地下水位监测和孔隙水压力监测，以了解止水帷幕的封水效果和施工过程中孔隙压力的变化规律；设置深层侧向位移，用于协助了解顶管、压浆、开挖时对周边土体的影响程度。隧道施工区域及邻近范围的建筑物也需进行监测，监测项目有建筑物的沉降、水平位移和倾斜等。

6.3.4.2 监测点布设

（1）拱顶下沉：在隧道顶部设置，每5~10m为一个观测断面，每断面布置3个测点。

（2）隧道内周边位移（收敛变形）：按双侧壁导坑法测线布置，每5~10m为一个观测断面，每断面暂布16个测点。

（3）坑内钢支撑内力：每20~30m为一个观测断面，每断面暂布22个测点。

（4）初期支护衬砌内应力：每20~30m为一个观测断面，每断面设置15个测点。

（5）二次衬砌内应力：每20~30m为一个观测断面，每断面设置8个测点。

（6）三次衬砌内应力：每20~30m为一个观测断面，每断面设置16个测点。

（7）围岩与初期支护接触压力：每20~30m为一个观测断面，每断面设置8个测点。

（8）二次衬砌与三次衬砌接触压力：每20~30m为一个观测断面，每断面设置8个测点。

（9）地表竖向位移：纵向每5~10m为一个观测断面，每观测断面单向每侧3倍隧道跨度内布设测点，跨度内测点间距2m，跨度外间距2m、3m、5m、8m、10m。

（10）深层侧向位移：紧邻保护对象，同一孔内测点间距0.5~1.0m。

（11）孔隙水压力：竖向间距2~5m，纵向间距20~30m，不宜少于3个测点。

（12）地下水位：设置在管幕顶管的两侧，约每50m一组，每组2孔。

（13）邻近建筑物水平、竖向位移和倾斜：设置在建筑物角点，沿外墙每10~15m处或每隔2~3根柱基上，每侧不少于3个测点。

（14）暗挖区地下管线水平及竖向位移：在管线节点、转角点、曲率较大处设点，沿管线长度方向测点间距 10~15m。

（15）邻近建筑物裂缝：选代表性裂缝，不少于 2 条。

（16）暗挖段地表裂缝：选代表性裂缝，不少于 2 条。

（17）增加仰拱监测项目：每断面 1 个测点，共计 25 个。

6.3.4.3　监测频次及监控标准

见表 6.3-9、表 6.3-10。

暗挖区施工监测频次表　　　　　　　　　　　　　表 6.3-9

序编号	监测项目	施工进程					
		管幕施工阶段	冻结—冻帷幕形成	开挖阶段				解冻阶段
				(0~1)B	(1~2)B	(2~5)B	>5B	
1	坑内外巡视	1次/1d	2次/1d	2次/1d	1次/1d	1次/2~3d	1次/3~7d	1次/1d
2	拱顶下沉	—	—	2次/1d	1次/1d	1次/2~3d	1次/3~7d	—
3	隧道收敛变形	—	—	2次/1d	1次/1d	1次/2~3d	1次/3~7d	—
4	钢支撑内力	—	—	2次/1d	1次/1d	1次/2~3d	1次/3~7d	—
5	支护衬砌内力	—	—	2次/1d	1次/1d	1次/2~3d	1次/3~7d	—
6	围岩及衬砌间压力	—	—	2次/1d	1次/1d	1次/2~3d	1次/3~7d	—
7	地表竖向位移	1次/1d	2次/1d	4次/1d	2次/1d	1次/1d	1次/2d	1次/1d
8	地层侧向位移	1次/1d	2次/1d	4次/1d	2次/1d	1次/1d	1次/2d	—
9	孔隙水压力	1次/1d	2次/1d	4次/1d	2次/1d	1次/1d	1次/2d	—
10	地下水位	1次/1d	2次/1d	4次/1d	2次/1d	1次/1d	1次/2d	—
11	邻近建筑物位移	1次/1d	2次/1d	4次/1d	2次/1d	1次/1d	1次/2d	—
12	邻近建筑物倾斜	1次/1d	2次/1d	4次/1d	2次/1d	1次/1d	1次/2d	—
13	周围建筑物裂缝	1次/1d	2次/1d	4次/1d	2次/1d	1次/1d	1次/2d	—
14	地表裂缝	1次/1d	2次/1d	4次/1d	2次/1d	1次/1d	1次/2d	—

暗挖段测点精度和预警控制值   表 6.3-10

序号	监测项目	监测精度	预警值
1	地表沉降	0.5mm	累计值：30mm 位移速率：2mm/d
2	地下水位	5.0mm	累计值：1000mm 位移速率：300mm/d
3	土体侧向位移	0.25mm/m	累计值：30mm 位移速率：2mm/d
4	孔隙水压力	0.5/100（F.S）	70% 设计控制值
5	拱顶下沉	0.5mm	累计值：30mm 位移速率：2mm/d
6	周边位移	0.5mm	相对位移累计值：0.30%
7	钢支撑内力	0.5%（F.S）	70% 设计控制值
8	支护衬砌内力	0.5%（F.S）	70% 设计控制值
9	围岩与初期支护接触压力	0.5%（F.S）	70% 设计控制值
10	初期支护与二次衬砌接触压力	0.5%（F.S）	70% 设计控制值
11	地下管线水平及竖向位移	0.3mm	累计值：10mm 位移速率：2mm/d
12	周围建筑物水平位移	0.5mm	累计值：40mm，持续发展
13	周围建筑物竖向位移	0.5mm	累计值：40mm，持续发展
14	周围建筑物裂缝	宽度 0.1mm、长度 1.0mm	累计值：1.5mm，持续发展
15	地表裂缝	宽度 0.1mm、长度 1.0mm	累计值：10mm，持续发展

第 7 章
CHAPTER 7
临海隧道结构防水设计与施工关键技术

7.1 结构防水设计

7.1.1 防水设计原则和标准

拱北隧道结构防水设计遵循"以防为主、多道防线、刚柔相济、因地制宜、综合治理"的原则。只有在漏水量小于设计要求、疏排水不会引起周围地层下降的前提下,允许对进入主体结构的极少量渗水进行疏排。

确立钢筋混凝土结构自防水体系,即以结构自防水为根本,施工缝、变形缝、接头部位为重点,辅以附加防水层加强防水。

根据《地下工程防水技术规范》(GB 50108—2008)规定,隧道应达到防水等级二级标准,即要求达到隧道不漏水,结构允许偶见少量湿渍。

7.1.2 结构自防水设计

拱北隧道属于无自流排水条件且处于侵蚀性介质中的地下工程,其主体结构必须采用防水混凝土自防水结构。

防水混凝土抗渗等级不得小于P10,处于侵蚀性介质中的防水混凝土耐侵蚀系数不应小于0.8。

隧道结构迎水面结构混凝土裂缝在0.2mm之内,迎水面钢筋保护层厚度70mm,保证结构自防水能力,并确保结构100年耐久性的使用要求。

防水混凝土结构底板的混凝土垫层,强度等级C20,厚度200mm。

7.1.3 结构附加防水层设计

虽然采用了防水混凝土结构，但因为混凝土的微裂缝无法避免，水仍然可以缓慢渗入混凝土，加之地下水中含有的腐蚀性成分也会对混凝土和钢筋产生不利影响，因此在采取混凝土裂缝控制技术的基础上，还需采用附加防水层防水。

为满足结构的防水要求，根据拱北隧道工程特点，隧道附加防水层：顶板及明洞回填采用自黏式ECB防水卷材；其他部位采用能与混凝土相黏的HDPE胶膜复合防水卷材。见表7.1-1。

预铺HDPE胶膜复合防水卷材物理性能指标　　　　表7.1-1

序号	项目		指标
1	外观		白色，非改性沥青自黏胶层
2	拉力（N/50mm）		≥800
3	断裂伸长率（%）		≥550
4	钉杆撕裂强度（N）		≥500
5	耐热性		70℃，2h无位移、流淌、滴落
6	低温柔度（℃）		−30℃，无裂纹
7	防窜水性		0.6MPa，2h，不窜水
8	冲击性能		直径（10±0.1）mm无渗漏
9	静态荷载		20kg，无渗漏
10	与后浇混凝土剥离强度（N/mm）	无处理	≥2.0
		水泥粉污染表面	≥1.5
		泥沙污染表面	≥1.5
		热老化	≥1.5
11	与后浇混凝土浸水后剥离强度（N/mm）		≥1.5
12	热老化（70℃，168h）	拉力保持率（%）	≥90
		伸长率保持率（%）	≥800
		低温柔度（℃）	−23℃，无裂纹
13	热稳定性	外观	无起鼓、滑动、流淌
		尺寸变化（%）	≤2.0

7.1.4 隧道接头防水设计

为防止隧道发生不均匀沉降，隧道变形缝的设置间距以≤30m为宜，变形缝防水采用多道防线，采用新型、优质、高效的防水材料。顶、底板及侧墙变形缝中设置中埋式止水带、外贴式止水带、嵌缝膏，中板变形缝内设置水膨胀腻子止水条。此外，沿顶板变形缝内侧设置不锈钢或塑料疏排水槽。

变形缝中填塞的嵌缝膏既保证了变形缝的正常变形需要，又利用其水胀特性封闭变形缝，阻止地下水侵入。

中埋式止水带采用350mm宽的可注浆钢边橡胶止水带。这种超宽止水带大大减少了变形缝渗漏水概率，同时可利用两边的注浆管随时对渗漏处进行注浆封堵。

迎水面设置的外贴式橡胶止水带增加了变形缝外侧的拒水能力，与附加防水层共同抵制地下水侵蚀。

横向施工缝、纵向边墙施工缝采用背贴式止水带、中埋式止水带止水，中墙及敞开段侧墙纵向施工缝采用P201止水条止水。

（1）横向施工缝

中埋式止水带可选用350mm宽的钢边橡胶止水带。橡胶所具有的伸缩性能可满足混凝土收缩的同步变形需要；钢板与混凝土紧密黏结的特性弥补了普通橡胶止水带与混凝土黏结不强、容易滑移导致渗水的不足。

（2）纵向施工缝

中埋式止水带可选用200mm宽的钢板腻子止水带。钢板腻子是由0.6mm厚钢板及其外侧全裹的橡胶腻子组成，与一般的钢板防水相比，由于外裹腻子具有保护作用，钢板腻子止水带采用的钢板较薄，便于现场安装。

由于施工现场的复杂性，容易造成混凝土与钢板咬合不充分，钢板易锈蚀，钢板外包的腻子不仅可以减弱钢板锈蚀的程度，而且可以利用自身的水胀能力，充填因咬合不足形成的薄弱区域，确保防水的有效性。同时，在施工缝上全幅涂沫水泥基渗透结晶性防水涂料，利用水泥基渗透结晶与混凝土之间良好的结合能力，使接缝间的黏结得到进一步加强。

部分接头部位，如桩基桩头，采用涂抹水泥基渗透结晶型防水涂料（1.5kg/m^2），外抹一层聚合物防水砂浆，桩表面围设一圈ECB防水卷材，与底板防水板不透水黏结，形成一体式防水层。

7.2 结构防水关键技术研究

7.2.1 防排水体系研究与设计

通过对国内外隧道防排水体系的调研分析，结合拱北隧道临海隧道埋深较浅、水压较高、工程地质复杂、围岩较差等特点，确定防排水采用"以堵为主、限量排放"的原则。其防排水体系应由注浆堵水层，初期支护，纵、环向盲管，防水板，二衬混凝土等组成。

（1）注浆堵水层

随着隧道开挖和临空面的形成，地下水将向隧道区域汇集、渗出，形成隧道渗水。当隧道围岩中存在大量的裂隙、节理、断层破碎带时，隧道开挖会加快地下水的渗出。隧道区域地下水不断渗出，浸泡、侵蚀隧道围岩，降低围岩强度和稳定性，冲刷衬砌背后围岩形成空洞，不仅影响围岩和衬砌的长期稳定，而且形成巨大水压力，威胁衬砌安全；此外，渗水携带有大量泥砂淤积在排水管道中，堵塞排水管道，引发隧道渗漏。对于海底隧道而言，海水具有腐蚀性。因此，施工期间的注浆堵水作为隧道防水的第一道防线，应该摆在极其重要的位置。

（2）初期支护

喷射混凝土是新奥法施工最常用的初期支护方法，其基本作用是加固、支护围岩，然而其防水作用往往得不到重视。事实上，喷射混凝土与隧道的防排水体系有着密切的关系。目前在地铁设计施工中对初期支护的防水作用比较重视，广州地铁在防水设计时非常强调围岩的注浆堵水作用，要求在Ⅳ级以上围岩中适当加大结构的刚度和厚度，使初期支护能最大限度地止水。

（3）纵、环向盲管

在初期支护和防水板之间设置环向和纵向排水盲管，特别是在软弱围岩段设置环向和纵向盲管来加强围岩的注浆堵水作用和初期支护的抗渗性、耐久性。在拱北隧道防排水设计中，环向盲管每隔15m或20m设置一环ϕ50mm软式透水管，隧道边墙两侧设ϕ100mm软式透水管，并设横向排水管与水沟相连。设计施工中应采用切实的措施保证各类盲管不被堵塞。

（4）防水层

复合式衬砌的防水层是隧道防排水体系的重要组成部分，是保证隧道防水功能的重要措施。防水层不仅起到防水作用，而且对初期支护与二次衬砌还起到隔离作用，使初期支护喷射混凝土对二次衬砌模筑混凝土的约束应力减少，从而避免二衬混凝土产生裂缝，提高二衬混凝土的防水抗渗能力。

（5）二次衬砌

隧道二次衬砌，既是外力的承载结构，也是防水的最后一道防线，因此要求衬砌既要具有足够的强度，同时还应具有一定的抗渗性。防水混凝土质量的优劣与水胶比、掺和料关系密切，应当选用合适的配合比。除此之外，还与施工质量有很大关系。因此，事先必须做好充分准备，确定最佳施工方案，做好技术交底，明确岗位责任，且严格按规定进行施工。

为此，应从以下几个方面提高二衬混凝土的自防水性能：①严格控制混凝土施工的质量；②防止或减少混凝土衬砌的收缩裂缝。

另外，由于混凝土的收缩特性，在二次衬砌混凝土与防水板之间一般会存在 5~10mm 的缝隙，再加上泵送混凝土、模板台车灌注的衬砌施工特点，在拱顶处无法振捣密实，缝隙会进一步扩大，还可能在局部地段出现空洞，由此容易造成地下水到处流窜，侵蚀结构和腐蚀钢筋。因此，在二次衬砌施工结束后进行背后回填注浆是必不可少的一道工序。为此，在隧道纵向每间隔一定距离应埋设注浆管。

（6）变形缝和施工缝防水

变形缝和施工缝是隧道防水的重点和薄弱环节，应该采用多道防线，根据浅埋临海隧道富水和水压较高的特点，积极研究具有排水功能和耐腐蚀性能的止水带结构，对提高细部构造防水的性能大有帮助。

7.2.2 不同排水方式水压力分布规律及结构受力特性研究

为对拱北隧道衬砌水压力分布规律进行研究，采用可模拟渗流场和应力场耦合作用的三维隧道模型试验系统，利用光纤光栅传感测量系统测试结构应变及U形水银压力计测量水压。经过大量材料试验，确定了模型材料的组成，模型的尺寸比为1∶40。如图7.2-1、图7.2-2所示。

本次三维水土加压模型试验为初步模拟水下隧道渗流场规律。主要研究内容有：

（1）不同排水量下管幕内外各点水压随流量变化规律。

（2）不同水头作用下隧道排水量的变化。

（3）不同条件下隧道渗流场分布规律。

（4）不同排量下拱顶以上和仰拱以下竖直方向、水平方向的水压折减规律。

图 7.2-1　有机玻璃模型一

图 7.2-2　有机玻璃模型二

通过试验，主要得到以下结论：

（1）管幕外侧测点水压随着排水量增加呈线性减小，衬砌背后测点水压随排水量增加呈非线性减小。当排水量较小时，水压减小较快，当排水量超过一定值时，水压减小较慢。隧道不排水时各点水压大小等于静止水压力，隧道全排时，衬砌背后仍有一定动水压力。

（2）隧道自由排水时，随着外界水头增大，排水量和水头呈线性关系。当水头在一定范围内时，排水量随水头增大而快速增加，当水头超过该范围继续增大时，排水量增大不明显。

（3）在只有土压作用和水土压共同作用下，衬砌应力规律相似，外侧拱脚及边墙受拉，内侧主要是顶、底部受拉。但是水土压共同作用下，衬砌应力明显增大，说明在水下隧道中，水压是衬砌内力的主要来源；对于不排水隧道，随着水头增大，衬砌应力基本呈线性增大；隧道排水情况下，结构应力随着流量增大呈线性减小。

7.2.3　防排水体系耐久性研究

7.2.3.1　临海隧道接缝止水带耐腐蚀性研究

（1）耐酸、碱、盐试验

海水具有一定的酸碱度，临海隧道多采用三元乙丙等高分子聚合物为原料的止水带。随着腐蚀程度加深，材料的强度、延伸性等力学性能逐渐降低，直至失效。通过试验检测止水带耐酸、耐碱、耐盐溶液的腐蚀性。试验内容见表 7.2-1。

试验结果表明：三元乙丙止水带具有良好的耐碱耐盐和抗热空气老化性能，在酸性溶液中撕裂强度、扯断伸长率会有所下降。

止水带耐腐蚀性试验内容 表 7.2-1

名　称	试验步骤	试验项目
耐盐酸试验	将试样浸泡在盐酸（质量分数0.1）中，100℃下放置48h	硬度、拉伸强度、扯断伸长率、压缩永久变形、撕裂强度、热空气老化
耐硫酸试验	将试样浸泡在硫酸（质量分数0.5）中，100℃下放置48h	硬度、拉伸强度、扯断伸长率、压缩永久变形、撕裂强度、热空气老化
耐碱试验	将试样常温浸泡在NaOH溶液中10天	硬度、拉伸强度、扯断伸长率、撕裂强度
耐盐试验	将试样常温浸泡在NaCl溶液（浓度为15%和25%）中10天	硬度、拉伸强度、扯断伸长率、撕裂强度

（2）掺料试验

要提高止水带的耐酸性，可在材料中添加硫酸钡与石墨，对硫酸钡与石墨掺量进行试验研究。掺料及用量见表 7.2-2。

掺料及用量 表 7.2-2

掺料	份数（%）				备注
硫酸钡	5	15	30	50	—
石墨	5	15	30	50	—
硫酸钡和石墨	10	30	60	—	硫酸钡：石墨=1：1

试验结果表明：

①当硫酸钡含量取 15%，石墨取 5%，组合掺量取 10% 时，拉伸强度和扯断伸长率较大，石墨取 5% 最优。

②硫酸钡取 30%，石墨取 15%，组合料取 10% 时，撕裂强度较大，石墨取 15% 时最好。综合分析，为提高止水带的耐化学腐蚀性能，可在三元乙丙中添加 5% 的石墨。

7.2.3.2　混凝土自防水性能试验

隧道衬砌混凝土结构自防水性能既与其本身性能密切相关，如水灰比、保护层厚度、浇筑、振捣、养护的程度，也受外界环境因素影响，如钢筋腐蚀、硫酸盐侵蚀、混凝土碳化、冻融循环、碱集料反应等。处于临海环境中的混凝土衬砌结构，因碳化或氯离子的侵入导致钢筋锈蚀而产生破坏，是影响钢筋混凝土结构防水性能的重要因素。另外，海水中硫酸盐与混凝土因化学作用生成硫酸盐结晶、石膏、钙矾石等产物会降低混凝土强度、引起混凝土膨胀开裂等。

试验在基准配合比的基础上，改变混凝土中水胶比，分别为 0.28、0.31、0.34，掺和料只掺粉煤灰（20%）时，对应配比为 M1、M2、M3；复掺粉煤灰（20%）和矿渣（10%）时，配比为 N1、N2、N3。当水胶比固定时（0.31），单掺粉煤灰掺量分别为 0%、20%、30%、40%，对应配比为 P1、P2、P3、P4。碳化和硫酸盐侵蚀耦合作用试验设置四种工况：①自然放置 56 天；②浸泡 14 天，自然放置 42 天；③浸泡 28 天，自然放置 28 天；④浸泡 56 天。

研究得出以下结论：

（1）M2（单掺粉煤灰 20%）、N2（复掺 20% 粉煤灰 +10% 矿渣）混凝土能够满足工程质量要求，相对较优。

（2）不同水胶比混凝土均能满足混凝土抗渗要求，水胶比增大，混凝土抗渗能力减弱，抗压、劈裂抗拉、抗折强度均减小，抗碳化和抗裂性能均变差；各掺量混凝土均满足混凝土抗水渗性要求，随着掺量的增加，混凝土抗氯离子性能和各项强度先增大后减小，抗碳化性能不断减小，抗裂性能不断增大。养护时间越长，混凝土自防水性能越好。

比较 P1、M2、N2 三种混凝土在临海侵蚀环境下的自防水性能发现，碳化后，混凝土抗水渗能力增强，抗氯离子渗透能力减弱，抗压强度变大；硫酸盐侵蚀后，混凝土抗水渗能力减弱，抗氯离子渗透能力减小，抗压强度变大，当硫酸盐的浓度增大时，抗压强度增幅随时间越来越小；在碳化和硫酸盐的耦合作用下，混凝土抗水渗能力大致减小，抗氯离子渗透能力减弱，抗压强度变大。建议使用 N2 作为拱北隧道主体结构混凝土配合比，见表 7.2-3。

拱北隧道衬砌混凝土建议配合比　　　　　表 7.2-3

水泥	砂	碎石	水	粉煤灰	矿渣	减水剂	水胶比	砂率	减水剂用量	掺和料用量
kg/m³										
303	695	1235	135	88	44	3.05	0.31	36%	0.7%	20%

7.2.4 接缝防水细部构造设计与研究

隧道渗漏水现象在隧道运营中屡见不鲜、处理困难，易造成运营中的安全隐患。渗漏水点主要出现在隧道衬砌的施工缝、沉降缝及伸缩缝，因此，二次衬砌的施工缝和沉降缝的防水处理尤为重要。

由于传统止水带只有堵水功能，背后积水无法排出，会造成隧道衬砌结构背后水压增大，导致施工缝漏水，甚至衬砌结构破坏。为了解决以上问题，研发了可排式新型止水带，有效疏排施工缝或变形缝的积水，减小衬砌背后水压。

背贴式可排水止水带如图 7.2-3 所示。半环内圆的半周长为 56.5mm，半环拉长拉扁以后成为带状，长度为 56.5mm+6mm+6mm=68.5mm。故止水带被拉直后的长度为 68.5mm，原长度为 13mm+10mm+13mm=36mm，止水带拉长了 32.5mm，这就是几何变形。这表明当伸缩缝拉开 32.5mm，止水带仍未产生拉应力。相比原止水带，优化后的止水带抗拉伸能力更好。

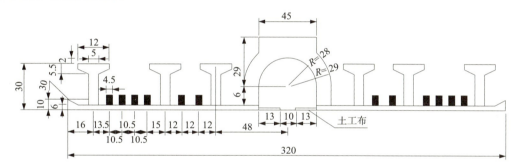

图 7.2-3 新型可排式背贴止水带（尺寸单位：mm）

根据设计规范可知，拱北隧道伸缩缝的最大拉伸长度为 30mm，此时背贴式止水带并未产生拉应力，所以背贴式止水带力学性能满足使用要求。

新型中埋式止水带见图 7.2-4。

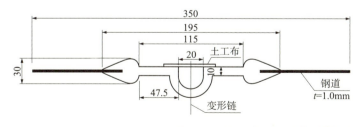 

图 7.2-4 新型中埋式钢边止水带（尺寸单位：mm）

试验分别测试和比较了背贴式止水带和中埋式止水带改进前后的极限耐水压力值，观察了止水带的破坏位置。

橡胶止水带浇筑于混凝土块中，混凝土强度等级为C45，试验装置示意图如图7.2-5、图7.2-6所示。

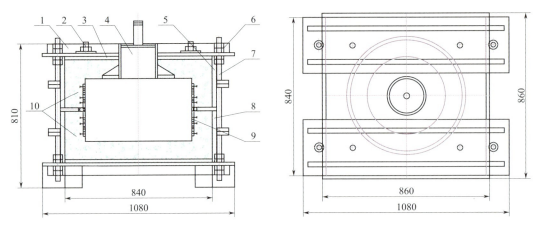

图 7.2-5　背贴式止水带试验装置剖面及平面（尺寸单位：mm）

1- 上劲板组件；2- 六角螺母 -C 级 M20；3- 上封板组件；4- 注水管组件；5- 上模块围板件；6- 六角螺母 -C 级 M20；7- 连杆；8- 下模块组件；9- 止水带；10- 混凝土

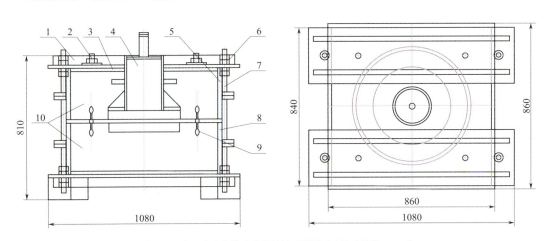

图 7.2-6　中埋式止水带试验装置剖面及平面（尺寸单位：mm）

1- 上劲板组件；2- 六角螺母 -C 级 M20；3- 上封板组件；4- 注水管组件；5- 上模块围板件；6- 六角螺母 -C 级 M20；7- 连杆；8- 下模块组件；9- 止水带；10- 混凝土

试验时，先将黑墨水倒入水中以便观察渗水路径，然后用高压灌注机从 0.25MPa 水压开始加压（图 7.2-7），每次加压 0.05MPa，保持 10min，加压直至出现渗水。当试件出现渗漏水时，即认为止水带破坏，同时记录最大水压值，观察渗水位置（图 7.2-8）。试验结果见表 7.2-4。

试验结果表明:背贴式止水带的耐水压能力略优于背贴排水式止水带;钢板排水式止水带的耐水压能力略优于钢板施工缝止水带和钢板变形缝止水带。拱北隧道的最大水头为 20m,最大水压为 0.2MPa,通过耐水压值试验了两类五种形式止水带(表 7.2-4),结果表明新型止水带不仅耐水压极限值远大于拱北隧道最大水压值,还可以防止渗漏水进入隧道净空,因此,其在临海工程中将获得广泛的应用。

图 7.2-7 注水加压　　　　　　　　　图 7.2-8 观察渗水位置

耐水压值试验结果　　　　　　　　　　　　　表 7.2-4

止水带类型	加压时间(min)	最大水压(MPa)	漏水位置
背贴式止水带	210	1.6	工装夹缝中混凝土边缘
背贴可排式止水带	160	1.2	
钢板变形缝止水带	22	1.6	工装夹缝中止水带与混凝土之间
钢板施工缝止水带	14	1.6	
新型中埋式止水带	26	1.8	

7.3 结构防水施工关键技术

7.3.1 结构自防水混凝土施工

7.3.1.1 混凝土原材料及配比

(1)在保证混凝土强度及耐久性等满足设计要求的前提下,尽可能降低水泥用量并选择低水化热的缓凝水泥,采用双掺技术,以减少并延缓混凝土硬化过程中的放热。

(2)尽量选用级配良好的粗集料,以提高混凝土强度并减少水泥用量进而降低水化热。

（3）严格控制砂、石集料的含泥量。集料中含泥量过多将增加混凝土的收缩，降低抗拉强度，对防止裂缝十分有害。

（4）确保集料中不含对水泥有腐蚀作用并会降低混凝土强度的有机杂质、硫化物及硫酸盐等。

（5）确保集料中不含起碱活性反应的集料，避免混凝土消化膨胀、开裂和剥落，引起结构物破坏。

（6）掺用细度合格、质地优良、符合国家规定并对水泥无不良反应的粉煤灰。掺加粉煤灰能显著推迟和减少发热量，延缓水泥水化热的释放时间，还可改善混凝土的和易性及泵送性能。

（7）使用合适的外加剂，包括减水剂、缓凝剂（尤其是在夏季施工时），以满足和易性和减缓水泥早期水化热的发热量要求。

（8）在满足混凝土和易性及泵送性能的前提下，控制水灰比，降低混凝土硬化前期水化放热。

（9）高性能混凝土配合比必须经有资质的单位试配，出具检验报告，汇总至施工组织设计，经批准后方可应用。

7.3.1.2 混凝土浇筑工艺

（1）采取有效措施降低入模温度，严格控制混凝土入模温度在30℃以内。

（2）混凝土拌和前，对粗集料遮阳防晒并洒水降温，采用低温水或冰水搅拌混凝土。

（3）混凝土运输车加保温套或对罐体喷冷水降温。混凝土泵送管道用草袋或麻袋包裹隔温。

（4）浇筑现场设置遮阳篷或选择夜间浇筑混凝土。

（5）保证浇筑期内混凝土稳定供应，均衡连续浇筑，提高浇筑效率，缩短浇筑时间。

（6）选择合理的混凝土浇筑方式：采用分段分层浇筑，浇筑混凝土时结构分成若干段，浇筑工作从底层开始，当第一层混凝土浇筑一段长度后，便回头浇筑第二层，当第二层浇筑一段长度后，回头浇筑第三层，呈阶梯形向前推进。

浇筑前应进行详细计算，安排浇筑次序、流向，每层浇筑厚度、宽度、长度及前后浇筑的搭接时间。

（7）排除泌水：混凝土浇筑时，在四周侧模的底部设排水孔，将大部分泌水用软轴泵或隔膜泵排出；少量来不及排出的泌水沿着浇筑方向推进而被赶至侧模边，通过侧模顶部开设的排水孔流出。

新浇筑的混凝土坡面接近侧模时，改变混凝土的浇筑方向，由侧边模板处往回浇筑，与原斜坡相交，形成一个集水坑。另外，有意识地加快两侧混凝土的浇筑速度，使集水坑慢慢缩成个小水洼，用软轴泵及时将泌水排出。

（8）机械振捣：振捣棒的操作做到"快插慢拔"，在振捣过程中让振捣棒上下略微抽动，使上下振动均匀，每点振捣时间以 20~30s 为准，确保混凝土表面不再明显下沉，不再出现气泡，表面泛出灰浆。对于分层部位，振捣棒插至下层 5cm 左右以消除两层之间的接缝。

在振动界限以前对混凝土进行二次振捣，排除混凝土因泌水在粗集料、水平钢筋下部生成的水分和空隙，提高混凝土与钢筋的握裹力，防止因混凝土沉落而出现的裂缝，减少内部微细裂缝，增加混凝土密实度，提高混凝土的抗压强度，从而提高抗裂性。

7.3.1.3 大体积混凝土防开裂的措施

（1）大体积混凝土施工时，如底板施工时，埋设冷却水管可以降低混凝土水化热，降低混凝土内外温差，这是避免产生裂缝的一项有效措施。

（2）混凝土浇筑前，应仔细检查保护层垫块的位置、数量及紧固程度。构件侧面和底面的垫块至少为 4 个 /m^2，绑扎垫块和钢筋的铁丝头不得伸入保护层内。保护层垫块的尺寸应保证混凝土保护层厚度的准确性，其形状有利于钢筋定位。垫块采用细石混凝土制作时，其抗腐蚀能力和强度不应低于构件本体混凝土，水胶比不大于 0.4。

（3）表面处理：混凝土浇筑后在 2~3h 左右以刮尺刮平，在初凝前用铁滚筒碾压数遍，用木楔打磨，待混凝土收水后，再用木楔搓平，以闭合收缩裂缝。

（4）覆盖浇水养护在混凝土浇筑完毕后的 12h 内进行，夏天缩短至 2~3h 或混凝土终凝后立即盖棉毡浇水养护。浇水次数根据混凝土是否处于湿润的状态决定。采用保湿膜养护的混凝土，其敞露的全部表面用保湿膜覆盖严密，并保持保温膜内有凝结水。对于防水混凝土浇水养护不少于 14 天。

7.3.2 附加防水层施工

附加防水层施工采用爬焊搭接工艺（图 7.3-1），具体施工工艺流程如下：

清理基层→基面弹线→铺无纺土工布→铺设预铺式反粘防水卷材→防水卷材机械固定（焊接或吊捆）→卷材搭接处理→节点施工→自检→验收→揭卷材的隔离膜→绑扎钢筋→浇筑混凝土。

图 7.3-1　爬焊搭接工艺

施工要求两块防水板搭接宽度大于 100mm，防水板长边两侧焊接宽度大于 25mm，短边粘缝宽度大于 50mm，卷材端部搭接区应相互错开。焊接前要求两块防水板铺设平顺，焊机温度稳定，行走速度满足焊接要求。

7.3.2.1　明挖段

附加防水层选用 1.5mm 厚高密度聚乙烯（HDPE）自黏胶膜防水卷材，采用"外防内贴"法铺设防水层。对于放坡施工以及顶板部位，可根据现场实际情况采用"外防外贴"法铺设，如图 7.3-2 所示。

图 7.3-2　明挖段防水层施工

其施工技术要求如下：

（1）明挖围护墙面层采用 1∶2.5 水泥砂浆铺筑找平层进行找平处理，要求基面平整度满足 $D/L \leqslant 1/20$（D 为相邻两凸面间的最大深度，L 为相邻两凸面间的最小距离），找平层表面的凹凸不平应平缓过渡，不允许有直角凹凸部位。当基面条件较差时，可先铺设 $400g/m^2$ 的土工布缓冲层进行保护。

（2）钢板桩段先将基面清理干净，设置砖砌隔离层，然后设置 350 号纸胎油毡隔离层，将防水层固定在隔离层表面，避免拔除型钢时破坏防水层。

（3）基面应坚固密实、洁净、平整、光滑，基层表面不得有大于 12mm 的缺口或孔坑，不得有疏松、起砂、起皮现象；若有蜂窝、麻面、开裂、缺口时，应事先进行修补；垂直的基面应先设立面支撑，可采用厚度为 19mm 的胶合板或其他板条，胶合板安装时接缝应紧密，缝隙不得大于 12mm。

（4）所有阴角部位均采用 1∶2.5 水泥砂浆做成 5cm×5cm 的倒角。

7.3.2.2　暗挖段

三衬防水层采用 1.5mm 厚预铺 HDPE 胶膜复合防水卷材，外铺 $400g/m^2$ 无纺布。如图 7.3-3 所示。

图 7.3-3　暗挖段防水层施工

采用"外防内贴"法铺设防水层，其施工技术要求如下：

（1）二衬表面采用 1∶2.5 水泥砂浆进行找平处理，要求基面平整度满足 $D/L \leq 1/20$（D 为相邻两凸面间的最大深度，L 为相邻两凸面间的最小距离），找平层表面的凹凸不平应平缓过渡，不允许有直角凹凸部位。找平后铺设 $400g/m^2$ 的土工布缓冲层进行保护。

（2）基面应坚固密实、洁净、平整、光滑，基层表面不得有大于 12mm 的缺口或孔坑，不得有疏松、起砂、起皮现象；若有蜂窝、麻面、开裂、缺口时，应事先进行修补。

（3）所有阴角部位均采用 1∶2.5 水泥砂浆做成 5cm×5cm 的倒角。

7.3.3 特殊部位防水

7.3.3.1 施工缝

（1）迎水面结构施工缝采用宽度为 35cm 的钢边橡胶止水带进行防水处理，面层涂刷水泥基渗透结晶防水涂料（$1.5kg/m^2$），迎水面增加一层防水加强层，环向施工缝增加背贴止水带。

（2）明挖段与工作井相衔接部分的施工缝以及隧道迎水面结构无法安装钢边橡胶止水带的施工缝均采用双道遇水膨胀止水条与预埋注浆管的方法进行防水处理。

（3）主体结构中板、中隔墙等非迎水面施工缝均采用遇水膨胀止水条进行防水处理。止水条的断面尺寸为 10mm×20mm，面层涂刷水泥基渗透结晶防水涂料（$1.5kg/m^2$）。

7.3.3.2 变形缝

变形缝最大允许沉降值不大于 30mm，变形缝宽为 20mm。变形缝的防水做法如下：

（1）结构变形缝均采用 35cm 宽中孔型中埋式钢边橡胶止水带，表面均设置宽度不小于 32cm 的中孔型背贴式橡胶止水带。暗挖段变形缝增加带注浆孔的橡胶止水条。

（2）由于明挖段顶板无法设置背贴式止水带，采用结构外侧变形缝内嵌缝密封（聚硫双组分密封胶）的方法与侧墙背贴式止水带进行过渡连接封闭防水。

（3）外侧需铺设一层防水卷材加强层。

（4）底板和侧墙变形缝两侧的结构厚度不同时，无法设置背贴式止水带，此时需要将变形缝两侧的结构做等厚度处理，在距变形缝不小于 30cm 以外的部位再进行变断面处理，这不但提高了柔性防水层的铺设质量，而且可设置背贴式止水带，确保变形缝部位的防水效果。

7.3.3.3 工作井与暗挖交界处防水施工

由于工作井与暗挖段防水体系相对独立，管幕管口处、顶管与内衬墙连接处均易形成渗水通道。因此，在暗挖段与工作井之间增设防水墙，在防水墙与工作井内衬墙之间设置防水层与暗挖段三衬防水层连接，形成整体全包防水体系。具体施工步骤如下：

（1）先测量放线，找出对应的安装T形止水钢板凹槽的位置并进行弹线。位置确定后进行地连墙开槽处理，地连墙开槽深40cm、宽10cm。

（2）对基面进行砂浆找平处理，确保基面平整。

（3）基面找平处理完成后，进行防水板铺装，防水板嵌入凹槽内，且防水板搭接宽度满足10cm焊接要求。

（4）先在工厂按现场弧度进行T形止水钢板加工，T形钢板由宽50cm、高30cm、厚3mm的镀锌钢板加工而成；加工完成后进行现场安装，将T形止水钢板嵌入凹槽内且位于凹槽中心处。

（5）T形钢板安装完成后，用防水砂浆对凹槽进行密实处理（图7.3-4）。

图7.3-4　T形止水钢板开槽施工

（6）埋设注浆管并进行 C20 细石混凝土保护层浇筑。

7.3.3.4　注意事项

（1）施工缝浇灌混凝土前，应将其表面浮浆和杂物清除，先铺净浆，再涂刷水泥基渗透结晶防水涂料，并及时浇筑混凝土。

（2）施工缝表面宜尽量预留凹槽，为下口宽 20mm、上口宽 30mm、深 10mm 的梯形凹槽。

（3）施工缝表面预留凹槽困难时，可将止水条直接固定在经过处理的施工缝表面，止水条一般采用专用胶黏剂粘贴在施工缝表面。基面潮湿无法粘贴时，采用水泥钉固定在基面上，固定间距不小于 20cm。

（4）钢边橡胶止水带采用铁丝固定在结构钢筋上，固定间距 40cm，要求固定牢固可靠，避免浇筑和振捣混凝土时止水带倒伏影响止水效果。

（5）钢边橡胶止水带除对接外，其他接头部位均采用工厂接头，不得在现场进行接头处理，对接可采用冷接法，也可用现场热硫化法。

（6）结构厚度不大于 50cm 时，止水带设置在结构中线位置，结构两侧厚度差均不得大于 5cm，钢边橡胶止水带的纵向中线与施工缝表面的距离差不得大于 3cm，止水带与施工缝表面的夹角宜为 75°~105°；结构厚度大于 50cm 时，止水带靠近施工人员一侧的混凝土厚度控制在 25~30cm 即可，便于后期止水带的维修处理。

（7）水平设置的止水带在结构平面部位均采用盆式安装，盆式开孔应向上，保证浇捣混凝土时混凝土内产生的气泡顺利排出。

（8）浇筑和振捣施工缝部位（尤其是侧墙水平施工缝）的混凝土时，应注意边浇筑和振捣边用手将止水带扶正，避免止水带出现过大的蛇形和倒伏。

7.3.4　裂缝修复

7.3.4.1　侧墙收缩裂缝处置

首先对所产生裂缝的部位、裂缝的长度、宽度、形状等进行标记，并进行跟踪监测；其次分析裂缝产生原因，判断裂缝的类型；最后根据不同的裂缝类型采取不同的修补材料进行修补，恢复结构的整体性，实现结构致密、防渗、耐久。

裂缝观测采用裂缝检测仪和直尺进行观测，主要观测裂缝的宽度和长度，并记录裂缝的分布情况。

对于裂缝宽度 $\delta < 0.2$mm 的混凝土表层微细独立裂缝或网状裂纹可采用表面封闭

法。先用钢丝刷清除缝口表面浮浆并打毛，然后用压缩空气吹尽缝口浮尘。用工业丙酮清洗缝口后，刷上两层裂缝封闭胶进行裂缝封闭。裂缝封闭胶采用环氧密封胶。环氧类 WS-1-798 甲：乙 =2：1（质量比）。

对于裂缝宽度 $\delta \geqslant 0.2\text{mm}$ 的静止独立裂缝、贯穿性裂缝以及蜂窝状局部缺陷，采用环氧类 WS-1-798 进行表面封闭，环氧类 WS-1-798 甲：乙 =2：1（质量比）；再使用环氧类 WS-3-798 进行内部注浆处理，环氧类 WS-3-798 甲：乙 =2：1（质量比）。

环氧灌浆工艺采用空气泵法。施工机械选用 800 型高压灌注机。

7.3.4.2 裂缝修补工艺

（1）裂缝的检查和确认：仔细查看裂缝的情况，确定其长度和宽度，在裂缝附近沿裂缝划出标记线，并标明裂缝宽度和长度。

（2）裂缝表面混凝土处理：用钢丝刷或砂轮机将裂缝走向 5cm 宽的范围加以打磨，清除水泥浮浆、松散物、油污等，露出清洁、坚实的混凝土表面。

（3）注浆嘴布设：先在裂缝中心上打孔，将注浆嘴插入孔中，插入深度 40cm，注浆嘴间距根据缝长和缝宽确定，宽缝宜稀、窄缝宜密，一般间距为 5~15cm。旋紧注浆嘴，使注浆嘴后端橡胶膨胀达到固定和止浆的作用。每条裂缝上至少有 1 个进浆嘴和 1 个出浆嘴。

（4）裂缝注浆：注浆时竖向、斜向裂缝自下而上逐一灌浆，水平裂缝自一端向另一端逐一灌浆。利用橡胶注入器自身内部压力将封闭胶注入裂缝，注浆时保持低压持续注入。

注浆时，第二个注浆嘴流出封闭胶时，观察封闭胶状态，待封闭胶洁净、无气泡时封闭第二个注浆嘴，依次施作。待第四个注浆嘴流出洁净、无气泡的封闭胶时，封闭第一个注浆嘴，从第三个注浆嘴中注入封闭胶。按上述顺序依次注浆，直至结束。

注浆时缓慢提升注浆压力，防止骤然加压扩大裂缝。每条裂缝注浆完成时，关闭出浆嘴阀门并保持压力 1~3min。

（5）外观修补：注胶结束后，胶液固化（8~12h）后，拧出注浆嘴，并对混凝土表面进行修正处理，使其表面平整、洁净、色泽接近。

7.3.4.3 变形缝渗漏水处置

对产生渗漏水的变形缝，先用聚氨酯注浆止水，后用密封材料柔性保护。

（1）清理基层：将变形缝中原有材料及杂质清除到 70~100mm 深度，用水冲洗干净。

（2）固定注浆通道及注浆管：用快速堵漏剂 PE 泡沫条固定注浆通道。在固定 PE 泡沫条时，每相隔 50cm 左右埋设一根注浆管，注浆管采用 ϕ10mm 耐压软管，其功能为引水及注浆。

（3）注浆堵漏：从底部开始注水溶性聚氨酯材料，压力控制在 0.2~0.3MPa 之间。待注浆孔的相邻注浆孔冒浆时，停止注浆，并关闭阀门，再从另一孔注浆，依次循序进行，待全部注浆完毕后观察有无渗漏。如个别地方仍有渗漏，可以从最近一孔补充注浆直至不漏为止。

（4）割注浆管：注浆 24h 后在确认无渗漏的情况下，割除所有注浆管。

（5）清理界面：用钢丝刷清理杂质及表皮杂屑。

（6）在缝内用双组分密封胶密封。

第 8 章 异形结构隧道通风及防灾救援关键技术

拱北隧道采用"先分离并行，再上下重叠，最后又分离并行"的特殊断面形式，属于双层异形结构隧道。隧道连接形式"变异"，纵断面高差不断变化，隧道左、右线轴线间距也在不断变化，常规逃生通道设置方案无法实现。

8.1 拱北隧道消防救援系统设计

8.1.1 隧道消防救援系统设计目标

拱北隧道消防救援体系设计遵循"以防为主，防消结合"的原则。其安全目标是，结合火灾场景设计、消防救援设备配置、紧急通风预案等，确保整个防灾系统安全、高效。如图 8.1-1 所示。

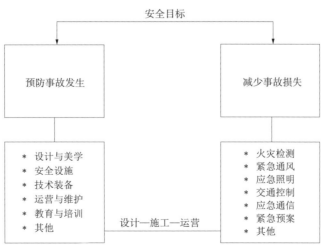

图 8.1-1 隧道安全目标

8.1.2 隧道救援组织架构

拱北隧道采用救援指挥中心—救援站两级救援组织架构，并与港珠澳大桥主体工程进行消防救援联动控制。

8.2 隧道消防救援系统主要构成及联动控制原则

拱北隧道消防救援系统由众多系统构成，火灾发生时根据火灾规模及现场实际情况，各系统按预定预案启动，进行火灾扑救及现场救援。

消防救援设施主要包括火灾报警系统、消防设备联动控制系统、消防灭火系统、隧道通风排烟系统、救援与疏散系统、供水设施、相关配套系统等。

当火灾发生时，火灾报警控制主机向监控中心的火灾报警计算机发出火灾信息，由火灾报警计算机把火灾信息上传监控系统，通过交通监控系统设备显示相应区域的视频图像。人工确认火灾后，监控系统向消防灭火系统、隧道通风系统、交通监控系统、通信系统、照明系统、电力监控系统等专业系统发出火灾模式指令，相关火灾信息一并提供给各专业系统，各专业系统按预定模式进行联动（图8.2-1）。交通监控系统控制相关设备防止车辆继续驶入隧道，并对相关路段进行交通控制；通信系统通过相关设备引导人员进行疏散；通风系统启动相关设备进行排烟；照明系统启动应急照明；供配电系统在正常供电线路发生故障时，自动切换到紧急供电回路；消防灭火系统进入工作状态。消防救援人员进入，接管隧道现场救援指挥权，进行灭火救援。

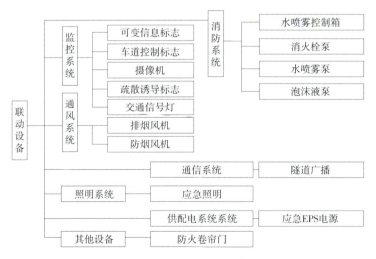

图 8.2-1 消防救援联动设备

8.2.1 隧道紧急通风系统设计

为保证火灾工况下人员安全疏散和救援工作快速开展,拱北隧道设置了紧急通风系统,主要包含行车主洞紧急通风系统、逃生救援通道紧急通风系统、楼梯间加压送风系统。

(1)行车主洞紧急通风系统

火灾工况下,通过射流风机(图8.2-2)控制隧道内纵向风速进行辅助排烟。根据科研课题研究成果,临界风速在3~4m/s的情况下即可有效控制烟雾发生回流(图8.2-3)。火灾工况下通过控制隧道内纵向风速,实现对隧道内烟雾扩散的有效控制,为人员逃生和外界救援力量快速介入提供条件。

图 8.2-2 射流风机

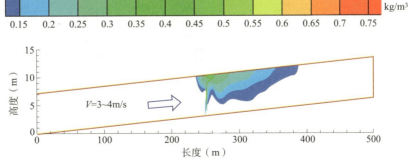

图 8.2-3 临界风速工况下烟雾扩散示意图

（2）逃生空腔紧急通风系统

火灾工况下，逃生空腔紧急通风系统通过加压风机实现正压送风，整个空腔按疏散设置处理。火灾发生时保证每个空腔有30~50Pa的正压，防止烟雾进入空腔。空腔内设置通风竖井通往地面，地面设置加压送风机房。火灾发生时，通过地面上的风机房送风来满足空腔的正压要求。考虑到空腔面积较大，对空腔与安全门连接处设置了前室（图8.2-4），便于火灾工况下通过加压风机对前室实现正压送风，防止烟雾进入逃生救援通道。

图8.2-4　逃生空腔及前室

（3）楼梯间加压送风系统

火灾工况下，逃生楼梯通风系统通过加压风机实现对楼梯间正压送风，防止烟雾进入逃生楼梯，保障人员逃生安全。拱北隧道中设置楼梯式逃生通道，连通上下层隧道（未设置消防前室）。楼梯间内设置通风竖井，地面上设置送风机房，通过地面上的正压送风机将室外新鲜空气送至地下楼梯间内（图8.2-5、图8.2-6）。

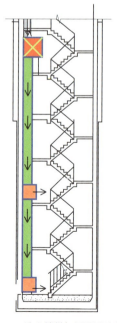

图8.2-5　逃生楼梯加压送风示意图

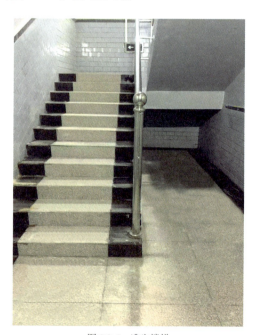

图8.2-6　逃生楼梯

8.2.2 隧道主要消防系统设计

拱北隧道消防系统设计包括泡沫—水喷雾联用灭火系统、消火栓灭火系统、固定水成膜灭火装置、干粉灭火器以及电缆沟防护封堵设施等。

自动灭火设施：设置泡沫—水喷雾联用系统等，可在救援人员到达火灾现场前，通过自动控制或远程人工控制进行灭火。

人工灭火设施：消火栓、水成膜泡沫灭火装置、灭火器等，为人工灭火提供基本设施。

防火分隔设施：设置电缆沟防火分隔设施。

隧道纵断面为 W 形，整体设 1 套泡沫—水喷雾系统（图 8.2-7）。在隧道陆域端出口侧设消防水池（600m³）1 座，水喷雾泵 1 套，泡沫液泵组及水成膜泡沫液罐 1 套。沿线设置子系统、水喷雾系统供水管道、泡沫液管道。火灾时启动火灾所在区域水喷雾泵及泡沫液泵，向隧道泡沫—水喷雾联用系统供水及水成膜泡沫液。

图 8.2-7 泡沫—水喷雾系统

每个子系统负责隧道长度约 22m 的区域，喷射强度：6.5（L/min·m²）。泡沫喷洒时间为 30min；水雾喷洒用于灭火后降温，时间按 30min 考虑。

火灾时启动火场所在子系统及相邻的子系统，喷洒泡沫混合液灭火。子系统的启动可由火灾报警系统联动自动控制，也可由监控中心在确认火灾后，手动远程控制。

8.2.3 隧道其他消防救援系统设计

拱北隧道其他消防救援设施主要包括火灾报警系统、交通监控设施、通信设施、应急照明设施、紧急供电设施等。

隧道行车主洞为通行的主通道，也是火灾事故主发区。综合考虑隧道内人车安全、隧道结构安全，设计采用目前公路隧道两种主流火灾检测设备——双波长火灾检测器+光纤光栅火灾探测器的组合报警方案。充分利用双波长火灾检测器感光、光纤光栅火灾探测器感温的特性，实现对隧道火灾火光和温度的双重检测。此外，隧道行车主洞内配置手动报警按钮。

隧道强电电缆沟内设置有高、低压电缆，在环境温度升高、负荷加大等情况下，电缆升温较快，可能会引起火灾。特别是拱北隧道结构复杂，一旦发生火灾，后果将会非常严重。因此，强电电缆沟内也设置了光纤光栅火灾检测器。

隧道内设置应急照明系统，以确保在隧道发生事故时疏散及救助工作的安全进行。主要在隧道行车道、逃生救援通道及重要设备用房（如变电所）处设置应急照明。

为保证隧道用电设施的可靠性，在洞口变电所取两路10kV电源，两路外电相互独立，保证消防设施等一级负荷的供电系统可靠性。对于特别重要负荷，如应急照明，设置消防应急电源EPS，保证其供电系统的可靠性及连续性。

8.3 通风及防灾救援关键技术研究

8.3.1 隧道火灾设计当量研究

隧道火灾设计当量是隧道消防救援系统设计的基础，国内外对此开展了大量研究。

20世纪40年代中后期，美国便开始了系统的汽车火灾研究工作。美国国家防火协会（NFPA）通过发布美国车辆火灾趋势报告（U.S.Vehicle Fire Trends And Patterns），对发生汽车火灾的伤亡损失、起火部位、起火原因、起火物、引燃因素等进行分析，对汽车火灾的研究发展起到重要的指导作用。

自1968年Butcher E. G.等人最早开展全尺寸汽车火灾试验以来，国内外相关机构和学者进行了大量小汽车火灾试验研究。

Chen等利用一个10MW的锥形热量计，进行了一系列的机动车火灾测试试验，试验车辆为1~3辆。在车的下方放置一盛有200~300mL汽油的油盆，每次点火位置不同。随着试验车辆的增加，燃烧的总时间呈下降趋势，实验测得热释放速率峰值分别为1MW、2MW和4MW。试验结果分析得出，火灾的发展模式、热释放速率的峰值与点火方式和点火部位有关，热释放速率与车辆数不是线性关系，总的热释放量近似等于所有可燃物的燃烧热。

国内学者对于汽车火灾发生的原因、机理及火灾危害性开展了大量的研究工作。2002年，中国矿业大学程远平教授等采用实验室实验的方法，对一辆两厢式个人小汽车进行了系统的火灾试验研究，点火部位在汽车前部的发动机表面，油箱中装有30 kg的汽油。2006年，清华大学公共安全研究中心联合中国建筑科学研究院建筑防火研究所、北京市消防局对一辆三厢式奥迪小汽车进行了全尺寸火灾试验研究。2010年孙璇等人在中国建筑科学研究院建筑防火研究所试验场对一辆三厢式奥迪小汽车进行了全尺寸火灾试验研究，点火部位为后座椅，实验分为阴燃和点燃。通过试验获得了汽车火灾发生可能性、驾驶舱火灾蔓延顺序及火灾中温度随时间的变化规律等成果。

对于中大型客车，世界各国对火灾试验数据统计如表 8.3-1 所示。通过调研，得出国内外隧道采用的火灾标准，如表 8.3-2 所示。

世界各国货车火灾设计当量的研究汇总 表 8.3-1

组织机构名称	烟气产生量（m³/s）	峰值火灾设计当量（MW）
PIARC（1987）	60	15
RABT（1994）	60~90	15~30
CETU（1997）	80	25
NFPA 502（1998）	60	15
EUREKA HGV test（1992）	240	120

国内外部分隧道采用火灾标准 表 8.3-2

国　家	隧道名称	火灾设计当量（MW）
中国	港珠澳大桥沉管隧道	50
中国	上海翔殷路隧道	20
中国	上海长江隧道	50
中国	南京长江隧道	50
中国	武汉长江隧道	50
中国	厦门东通道海底隧道	20
日本	日本东京湾隧道	50
澳大利亚	悉尼东部高速公路隧道	50~100
澳大利亚	兰谷隧道	50
比利时	Cointe 隧道	150
加拿大	L-H-La Fontaine 隧道	20
新加坡	CTE 隧道	100
新加坡	新加坡地下道路系统	100

续上表

国　　家	隧道名称	火灾设计当量（MW）
新加坡	Fortcanning 隧道	100
韩国	Neundong 隧道	50~100
埃及	El Azhar 公路隧道	100
美国	Ted Williams 隧道	20

从表 8.3-2 可以看出，不同国家采用的隧道火灾设计当量差异较大。我国尚未有相关规范直接给出隧道内不同车辆的火灾规模推荐值。在《公路隧道设计规范 第二册 交通工程与附属设施》（JTG D70/2—2014）中提及了除运煤专用通道、客车专用通道等特殊隧道火灾外的一般隧道（单洞长度小于 5000m）火灾功率按 20MW 考虑。

基于以上考虑，拱北隧道在禁止危险品车辆通行的条件下，采用 30MW 是合适的。具体实施过程中考虑到港珠澳大桥主体工程等因素影响，对其进行了修正。

8.3.2　双层隧道逃生通道设置研究

拱北隧道由于构造形式特殊，无法设置常规隧道的车行、人行横洞的逃生通道。为保证隧道事故工况下的人员安全性，对国内外逃生通道设置的基本原则、设置形式等进行了研究，结合拱北隧道特点确定了逃生通道 + 逃生门 + 逃生楼梯相结合的立体救援疏散体系。

8.3.2.1　逃生通道设计原则

根据 PIARC 的相关技术文献，在逃生救援通道设计时要满足事故工况下人员安全逃生及外界救援力量快速介入的需要，主要原则如下：

（1）逃生救援通道要足够宽，能够满足事故工况下容纳多人的需要，至少 1.5m 宽，能够容纳 2 人并排行走。

（2）逃生救援通道应当通往安全区域，而不应该是一个封闭区域。

（3）逃生救援通道在设计时要考虑通道内人员逃生的安全性，如台阶、门等障碍物不应成为逃生的危险因素，另外逃生救援通道内不能受到烟雾侵袭。

（4）逃生救援通道的设置间距要结合人员疏散危险程度来确定，从而保证人群逃生的安全性。

各国逃生救援通道的设置间距不尽相同。根据 FIT 的相关技术文献，一些国家及研究组织关于多长隧道需要设置逃生救援通道及逃生救援通道的设置间距的相关数据如表 8.3-3 所示。

各国逃生救援通道间距一览表 表 8.3-3

序号	国家	需要设置逃生救援通道的隧道里程（m）	逃生救援通道最大间距（m）
1	德国	400	300
2	法国	500	城市隧道：200；跨国隧道：400
3	英国	500	100
4	日本	300~400	—
5	荷兰	—	100
6	挪威	—	250
7	PIARC	—	100~200

注：人行横洞：>2.25m×2.25m；车行横洞：>2.8m×3.1m。

逃生救援通道设置时还应结合被困人员数量、安全逃生时间、人员组成的差异，从疏散安全性角度对其设置尺寸和设置间距进行研究，使之满足人员疏散安全性的要求。另外，特殊情况下还需考虑残疾人逃生的需要。

8.3.2.2 逃生救援通道主要设置形式

隧道主体结构形式不同，也会导致逃生救援通道设置形式的不同。国内外常用的 8 种逃生救援通道设计原则、适用范围及优缺点基本情况如下：

（1）车行、人行横洞

根据《公路隧道设计规范 第一册 土建工程》（JTG 3370.1—2018）4.5.1 规定："人行横洞设置间距宜为 250m，并不应大于 350m。车行横通道设置间距宜为 750m，并不应大于 1000m；中、短隧道可不设。"在普通山岭隧道中基本可以通过设置车行、人行横洞作为逃生救援通道。

在事故工况下，被困人员及外界救援力量能够利用车行、人行横通道进行逃生及救援工作。该设置形式应用较为普遍，主要适用于两洞处于同一水平面的双洞双向交通隧道。

两孔隧道互为逃生空间，具有结构简单、造价低的优点。但由于事故工况下非事故隧道逃生空间与交通空间的混合，对交通控制提出了更高的要求。

（2）服务通道

为保证隧道内的人员逃生安全性及进行隧道日常检修、放置设备的便利性，在一些城区水下隧道中，采用在左、右线隧道之间设置服务通道作为逃生救援通道。服务隧道设有独立通风系统，一般采取正压通风的方式，可以防止烟雾进入，提高逃生安全性。在海底隧道等多采用修建服务隧道的方式作为逃生救援通道，如青岛胶州湾海底隧道、厦门翔安海底隧道、英吉利海峡隧道、日本青函海底隧道等均设有专门的服务隧道。

（3）避难室

对于单洞双向交通的隧道，由于无法利用相邻隧道作为逃生救援通道，因此在一些隧道中设置了避难室，供火灾工况下人员逃生。如勃朗峰隧道每隔600m就设置一个可提供新鲜风的避难室，可以抵御2h的大火。

（4）逃生滑梯

对一些上下层空间的隧道，为充分利用隧道的空间，就在隧道的路面以下开辟逃生救援通道，利用逃生滑梯进行连接。很多盾构隧道都采用了这种形式的逃生救援通道，如武汉长江隧道、南京纬三路长江隧道、崇明岛越江通道、日本东京湾海底隧道等。在火灾工况下，人员可以通过逃生滑梯进入下层空间进行逃生。

（5）逃生楼梯

当隧道采用上下层结构时，为利用相互分割的空间作为紧急状况下的安全空间，可以采用设置逃生楼梯的方式连接上下层空间，使上下层空间互为事故工况的安全空间。这种连接形式的逃生救援通道多在隧道断面为上下层结构时使用。如法国A86隧道、上海上中路隧道等就是采用了逃生楼梯作为隧道的逃生救援通道。

（6）独立逃生出口

在一些没有条件设置车行、人行横洞的隧道区段，为了保证事故工况下人员安全逃生，就在隧道侧壁修建连接隧道主洞的逃生口。逃生口直通地面安全区域，有时与避难室合建，装有独立的通风系统，从而保证人员逃生的安全性。如武汉长江隧道，在浅埋段设置了逃生出口。这种连接形式一般在一些埋深较浅且左右线连接较为困难的条件下使用。

（7）逃生竖井

对于一些单管隧道或一些双层隧道由于缺乏人员及车辆逃生通道的建设条件，为实现事故工况下救援车辆的快速介入，就在隧道一侧修建逃生竖井，利用垂直提升装置帮助救援车辆快速介入及疏散隧道内人员和车辆。该设置形式可以弥补一些特殊断面形式或单管隧道逃生救援通道设置困难的不足，在一定程度上可以提高隧道的安全性，但造价较高，且维护成本较高。法国A86隧道就是采用该形式。

（8）洞内救援站

在一些隧道里程较长、安全性要求比较高的隧道，在洞内设置救援站。救援站配置消防摩托等救援工具，在事故发生时可以快速介入，防止事故演变成恶性事故。如秦岭终南山隧道就在14号车行横洞处设置了消防点，配备了消防摩托等器材，在消防演习和实际事故中效果明显。

8.3.2.3 国内外水下隧道逃生救援通道主要设置形式

在具体设计中，隧道内逃生救援通道经常是多种形式的组合，只要满足人员逃生安全性及救援需要即可。上海长江隧道、厦门翔安海底隧道、青岛胶州湾海底隧道、武汉长江隧道逃生救援通道的设置情况如表8.3-4所示。

国内外水下隧道逃生救援通道设置情况一览表　　　表8.3-4

隧道名称	隧道概况	服务通道	横通道	逃生楼梯	逃生滑梯	逃生井	逃生救援通道设置间距
上海长江隧道	约8.95km，浅埋段采用矩形断面，过江段盾构上下层隧道	—	共设置8处人行横通道，间距约830m	共设置54处，间距约280m	—	设置	—
厦门翔安海底隧道	约8.695km，两管交通通道加服务隧道	设置	共设置5处车行横通道，12处人行横通道	—	—	—	约250m
青岛胶州湾海底隧道	两管交通通道加服务隧道	设置	设置	—	—	—	约250m
武汉长江隧道	约2.31km	—	10处横通道	设置	—	—	—
南京长江隧道	约3.82km	—	—	—	—	—	约80m
东京湾横断公路隧道	约12.3km	—	—	—	设置	设置	约300m
红礴海底隧道	约1.6km	—	设置	—	—	—	—

8.3.2.4 拱北隧道双层逃生通道设置研究

拱北隧道工程采用先平行展布，然后上下层重叠，最后平行展布的方案。为实现隧道在事故工况下快速救援的目的，参考国内外隧道逃生救援通道设置形式，采用了逃生空腔、逃生楼梯相结合的立体救援疏散体系。

拱北隧道共有逃生空腔 3 处，其中陆域端左右线各有一处，海域端左线入口有一处；疏散逃生空腔每隔 100m 左右设置一处安全门与隧道相接。另外，全线共设置 9 处楼梯。明挖暗埋段楼梯按 150m 间距设置，通过楼梯使上、下层保持连通（图 8.3-1）。

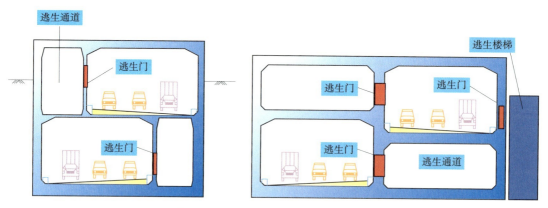

图 8.3-1　拱北隧道逃生救援空腔及逃生楼梯示意图

8.3.3　拱北隧道烟气扩散规律研究

为实现控制拱北隧道火灾蔓延的目的，根据隧道使用功能和空间特性等，设定相应的火灾场景，利用 FDS 软件，模拟烟气的运动规律，得出计算域内的火灾特性参数动态变化，包括温度场、速度场、CO 浓度分布、炭黑浓度分布、能见度、辐射热等，并以此判断能否将火灾控制在设定的防火区域内。

为提高计算效率，模拟过程采用局部模型和整体模型相结合。对左、右线 16 种局部火灾场景进行了数值模拟。如图 8.3-2 所示。

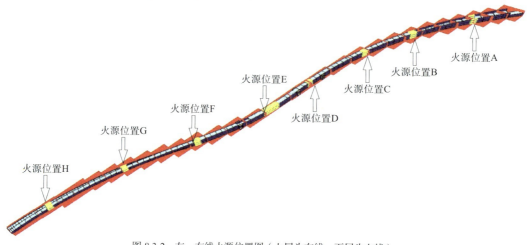

图 8.3-2　左、右线火源位置图（上层为右线，下层为左线）

火源位置是设定火灾场景中的重要参数，在设定火灾场景时，一般可根据研究对象的几何特征和火灾危险性分析结果来设置。在选取发生火灾的位置时，主要考虑某处发生火灾后，可能带来火灾危害较大或对人员疏散造成较为不利影响的情况。根据拱北隧道的实际情况，分别设置火灾场景如图 8.3-3 所示。

图 8.3-3　火源位置示意图

在通风排烟系统失效的情况下，坡度与弯曲度对隧道烟气流动有较强的影响。但在一定纵向通风速度下（如不小于 3m/s），拱北隧道异形结构坡度与弯曲度对烟气流动的影响较弱。

通过对不同工况烟雾扩散规律的研究，在纵向通风速度 1~4m/s 的数值模拟分析中，随着纵向通风速度的提高，烟雾回流长度减小有利于上游人员的逃生，但下游烟气蔓延速度也增快，对下游驾乘人员逃生不利。因此，建议拱北隧道纵向通风系统风速取值为：不小于 3m/s 且不大于 4m/s。

在 3m/s 纵向通风风速下，得出除回流段的人员以外，均有足够的时间撤离。火源上游 70m 回流区内的人员，可用疏散时间为 600s。

8.3.4　人员疏散安全性评价

人员安全疏散分析的目的是通过计算可用疏散时间（Available Safe Egress Time, ASET）和必需疏散时间（Required Safe Egress Time, RSET），从而判定人员在建筑物内的疏散过程是否安全。

在人员疏散安全性评价中，为判定人员能否安全疏散，要证明人员能否在火灾危险来临之前疏散到安全地点。安全疏散的判定标准为：ASET ≥ RSET，即可用疏散时间应不小于必需疏散时间。如果可用疏散时间大于所需疏散时间，则认为人员可安全地从危险区域疏散出去，也即隧道疏散系统设计符合要求。反之，则需要加强或改进消防措施。

本次疏散模型是在 FDS 模型导入后，在其基础之上建立起来的。由于结构的一致性，因此该模型的计算结果能够很好地与 FDS 计算结果进行对比。如图 8.3-4、图 8.3-5 所示。

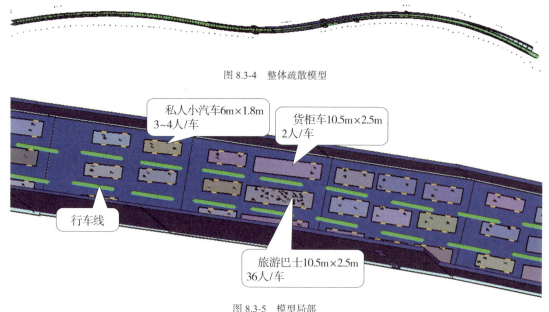

图 8.3-4　整体疏散模型

图 8.3-5　模型局部

根据研究成果，得出结论如下：

（1）排烟失效的情况下，不能够满足人员疏散逃生。

（2）除回流区的人员以外，均有足够的时间撤离。在 3m/s 风速下，火源上游回流长度 70m，回流区内的人员，可用疏散时间为 600s。在 4m/s 风速下，上游回流长度 30m，回流区内的人员，可用疏散时间为 620s。回流区人员有足够的时间安全逃离。

（3）疏散门间距建议取值 150~280m。

8.3.5　隧道衬砌结构耐火性能研究

8.3.5.1　隧道火灾对衬砌结构破坏的典型案例分析

隧道是一种狭长的建筑结构，其结构密闭，发生火灾时产生的热量不易散出，热量聚集导致隧道内的温度快速上升，可能较早出现轰燃现象。日本消防研究所进行的模型隧道火灾试验结果表明，隧道内燃料的燃烧速度是敞开空间的 3 倍，隧道内的温度最高可达到 1300℃以上，如此高温会导致隧道建筑本身衬砌结构严重破坏。

（1）猫狸岭公路隧道火灾

2002 年 1 月 10 日，位于同三线浙江台州地区长达 3590m 的猫狸岭隧道发生火灾，100 多米隧道壁面瓷砖和混凝土表面层脱落破坏，燃烧点位置四周呈凹凸状，混凝土表面层在高温作用下出现一定程度的劣化（图 8.3-6）。

图 8.3-6 隧道火灾衬砌结构破损现场

（2）上海某地铁隧道火灾

2005年2月13日，上海市地铁某盾构法隧道施工现场，一电焊工在气割冷却塔外围水箱钢板时，引燃水箱内冷却塔中的塑料散热片引起火灾，火灾持续约10min后被扑灭。起火后，由于冷却塔的烟囱效应，再加上本身为塑料材料，燃烧速度很快，产生了大量的浓烟，使得火源两侧170~260m范围隧道衬砌管片表面被熏黑。同时，火灾高温（管片表面受火温度为850~900℃）造成347~360号衬砌环混凝土轻度到中度损伤，损伤层厚度可达到15~25mm。

（3）勃朗峰隧道火灾

1999年3月24日，法国—意大利间的勃朗峰隧道（11.6km）火灾中，最高温度达到1000℃，大火持续55h，隧道结构受到严重损毁，拱顶局部沙化。如图8.3-7、图8.3-8所示。

图 8.3-7 勃朗峰隧道火灾图　　　　　图 8.3-8 隧道火灾爆裂的混凝土碎片

（4）托恩公路隧道火灾

1999年5月29日，奥地利托恩隧道火灾中，由于热膨胀，吊顶混凝土发生开裂和严重爆裂，保护层剥落，由于受到高温而丧失强度。同时，火源附近约100m长区域，边墙混凝土也发生了严重爆裂，深度达400mm。整个隧道内部由于爆裂产生的混凝土碎片达600m³。

（5）大贝尔特公路隧道火灾

1994年，丹麦大贝尔特公路隧道在施工中由于机械故障引起火灾。隧道内温度达到800~1000℃，火灾持续7h。火灾造成16环管片（环宽1.65m）顶部受损，10块管片表面混凝土（76MPa）爆裂，爆裂深度为270mm（原管片厚度为400mm，受损深度达到60%）。

（6）大邱地铁火灾

2003年2月18日，韩国大邱市地铁发生火灾，起火点附近22m混凝土发生大面积爆裂和脱落，爆裂深度为10~99mm，爆裂附近6m内有部分钢筋外露。灾后通过强度检测，爆裂区混凝土强度由原来的24MPa下降为9~13MPa。

（7）英法海峡隧道火灾

1996年11月18日，英法海峡隧道（50.45km）由于列车尾部运载的重型卡车起火而引发大火，火灾持续约9h，最高温度达到1000℃。火灾使得隧道内3~5km范围的衬砌管片受到高温浓烟的污染。同时约500m范围内的衬砌管片受到中度损伤，表面部分混凝土剥落；约280m范围的衬砌管片受到严重破坏；约46m范围的衬砌遭到完全破坏，原本45cm厚的衬砌管片（环宽1.5m，混凝土等级110MPa）爆裂深度达到30~40cm。

（8）萨米特铁路隧道火灾

1984年12月，英国萨米特铁路隧道发生火灾。该隧道采用的是六层砖衬砌，在破坏严重的区段，20%以上的衬砌内圈剥落。而在火源位置，由于高温作用，三层砖衬砌破损，表面陶瓷化。火源附近竖井下部约65m范围的砖衬砌受到严重损坏，表面严重陶瓷化。

通过对以上隧道火灾案例的分析，隧道结构破坏有以下特点：隧道中部衬砌比洞口衬砌破损严重；曲线隧道地段比直线地段严重；隧道拱顶比边墙破坏严重。衬砌结构的损坏形态表现为：衬砌混凝土爆裂、变形、剥落、渗漏，导致混凝土强度下降，衬砌完整性遭到破坏。当衬砌完整性破坏时，结构的承载力也相应地减弱，可能导致隧道拱顶塌方，严重者甚至造成整个隧道坍塌。

8.3.5.2 火灾高温对衬砌性能的影响

钢筋混凝土是隧道衬砌结构的主要材料，因此，火灾作用下钢筋混凝土物理力学性能的变化规律是进行衬砌结构火灾高温力学性能、高温承载能力以及火灾安全性分析的基础。隧道在火灾工况下，钢筋混凝土的物理参数总体上呈现随温度升高逐渐劣化的趋势，其表现主要体现在以下几点：

（1）随着温度升高，钢筋和混凝土的强度、弹性模量逐步降低，二者之间的黏结强度减小。

（2）高温后钢筋强度会有较大恢复，但与常温下的强度相比仍有下降。

（3）高温后混凝土的强度和弹性模量会继续下降，其力学性能通常比高温下更差。

（4）高温后混凝土与钢筋之间的黏结强度下降幅度比高温时下降幅度更大。

（5）高强混凝土在高温条件下会产生爆裂现象，掺加聚丙烯纤维可对混凝土高温爆裂现象有所改善。

8.3.5.3 火灾作用下隧道衬砌结构的破坏机理

（1）蒸汽的发生

混凝土中含有的水在100℃以上就会气化变成蒸汽而体积膨胀，在没有龟裂和漏气的场合，将产生蒸汽压，超过混凝土抗拉强度后会产生爆裂现象，且在混凝土底层冷却之后，还将出现深裂纹。这与火灾的温升速度和混凝土的孔隙率有很大关系。性能好的致密高强混凝土因易于产生蒸汽压，防火性能反而没有普通混凝土好。结构的荷载压力和混凝土含水率（包括自由水和结晶水）越高，产生爆裂的可能性越大，即使在混凝土配料中加入聚丙烯纤维也不会有明显改善。未经保护的混凝土，如果含水率超过3%，在遇到高温或火焰作用5~30min后就会产生爆裂，深度甚至可达40~50mm，这是造成隧道垮塌的主要原因。一般在150~200℃时，混凝土表面开始爆裂。目前，普遍认为这种爆裂性剥落是由空隙压力和温度应力共同作用引起的。

（2）化学变化

温度在400℃以上时，水泥发生脱水反应丧失自身强度；在575℃下石英矿物发生结构相的变化，伴随体积膨胀，水泥自身的石英成分都会发生此变化，产生爆裂破坏；在800℃以上时，水泥中的石灰质部分和石灰质的集料中发生脱碳酸反应，由于二氧化碳气体的产生，内部的气体压力升高，产生拉伸破坏。

（3）热膨胀

混凝土的温度膨胀通常是由伸缩缝吸收的，但火灾中的膨胀量可达数厘米，伸缩缝吸收不了，从而产生压应力导致破坏。此外，热应力的发生是不均匀的，会引起表面的剥离破坏。

（4）钢筋破坏

因温度上升，钢材强度降低。钢筋一般采用含碳量比较小的钢材，因此在200~300℃时会产生热脆性现象，而且是不均匀的脆化。钢材在200℃以上时强度会逐渐降低，到700℃，强度会降低到常温场合的20%。此时表面混凝土会发生剥离破坏，露出的钢筋被火灾直接加热，丧失补强的功能。

（5）火灾中钢筋与混凝土黏结力的变化

因受钢筋强度、混凝土抗压强度和弹性模量劣化的影响，火灾中钢筋与混凝土的黏结力损失会呈现如下变化规律：①与火灾温度成正比，火灾温度越高，黏结力降低越大；②与钢筋的类型有关，火灾中光面钢筋比螺纹钢筋的损失大；③石灰石集料受火后黏结力损失比花岗岩大。

8.3.5.4　隧道结构耐火性能数值模拟

拱北隧道不允许油罐车或天然气等运载危险品车辆通行，根据《建筑设计防火规范》（GB 50016—2006）采用隧道内承重结构体的耐火极限试验的RABT标准升温曲线和相应的判断标准作为其隧道防火结构设计的依据。

通过对隧道下车道顶棚在有无防火板保护下衬砌结构的分析可以看出隧道内壁铺设防火板对于隧道衬砌结构有着明显的保护作用。在180min达到NFPA502-2011规定的耐火极限的判定标准。

8.3.6　小结

拱北隧道由于特殊的构造形式，对隧道逃生救援体系构建及紧急通风提出了很大的挑战。

为保证拱北隧道火灾工况的安全性，建立了逃生通道（空腔）+逃生楼梯+安全门的立体救援疏散体系。通过对逃生通道进行加压送风，可保证通道的安全性。

根据对火灾工况下烟雾扩散规律及人员疏散安全性评价研究，拱北隧道立体救援疏散体系满足人员疏散安全性要求，安全门设置间距建议在150~280m。

基于隧道火灾及隧道材料的特性，需要对隧道内部设置防火板保护，以防止火灾中因结构垮塌而造成隧道自身破坏，影响人员疏散及消防人员扑救困难等。

第 9 章
CHAPTER 9
科技创新与推广应用

9.1 创新点

拱北隧道建设环境复杂，下穿我国第一大陆路口岸——拱北口岸等敏感地带，面临跨度大、埋深浅、水文地质条件复杂、地面建筑多、地下管线及邻近桩基密集等困难，如图 9.1-1 所示。隧道暗挖段采用上下叠层的卵形结构，开挖断面达到 336.8m²。施工工艺主要是：首先在隧道周围采用 36 根 ϕ1620mm 的管幕形成超前支护体系；然后采用冻结法对管幕之间约 35cm 的土体进行冻结，起到止水作用；最后在顶管管幕+冻结止水帷幕的超强支护下实施五台阶十四部暗挖施工，如图 9.1-2 所示。主要关键技术如下：

（1）复合地层长距离组合曲线顶管施工及管幕形成控制关键技术

拱北隧道口岸暗挖段采用大直径曲线管幕作为超前支护，长度为 255m，平面线形为"88m 缓和曲线+167m 圆曲线"的空间组合曲线，是目前国内外距离最长、断面最大的曲线管幕工程。管幕由 36 根 ϕ1620mm 的顶管组成，管幕间距 35.5~35.8cm。如图 9.1-3 所示。

该工程在富水软弱地层施工，施工难度大，国内外理论分析和研究方面还是空白，借助本研究项目的成功实施，在类似工程中的运用将给管幕法施工技术及其理论研究带来诸多新的突破，主要创新点如下：

①解决了组合曲线群管顶进测量、导向和纠偏的难题。

②解决了低强度软土特征的地层中不同曲率条件下曲线顶管顶进力的计算问题。

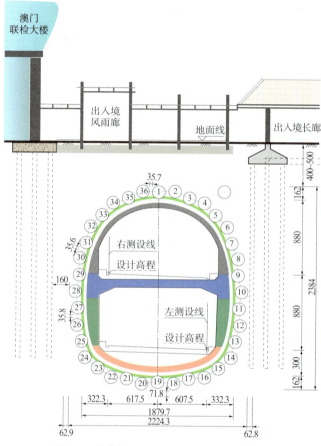

图 9.1-1 管幕布置及周边环境（尺寸单位：cm）

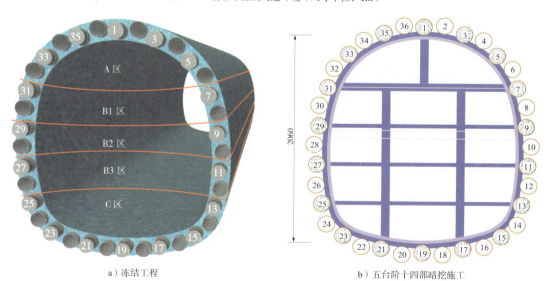

a）冻结工程　　　　　　　　　b）五台阶十四部暗挖施工

图 9.1-2 拱北隧道口岸暗挖段各工序示意图（尺寸单位：cm）

a）顶管机始发

b）顶管操作室

c）管幕内施工管线布置

d）顶管施工中的顶管机机头

e）顶管机接收

f）曲线管幕同时顶进施工

图 9.1-3　长距离大直径曲线管幕施工照片

③研究了复杂地层条件下组合曲线群管顶进相互影响规律。

④研究了曲线顶管及管幕施工方法的环境效应。

⑤研究了曲线顶管施工中管节的受力特性。

⑥解决了高水压地层中钢管曲线顶进的管节密封、洞口止水的难题。

⑦解决了高水压地层条件下群管接收的难题，并创造性地提出了钢套管接收方案。

（2）临海环境高水压下超长水平冻结止水帷幕关键技术

拱北隧道口岸暗挖段采用的长距离水平控制性冻结技术为国内首创，世界领先。冻结方案采用全长整环积极冻结，分段分区维护冻结，冻结纵向分三段，采用"圆形冻结管＋异形冻结管＋加热限位管"的冻结管布置方式，其中奇数管布置圆形冻结管＋加热限位管，偶数管布置异形冻结管。进行了管幕冻结法冻结方案与工艺优化研究、开挖条件下冻结止水帷幕可靠性研究、管幕冻结法动态控制技术与系统研究、冻胀融沉控制方法与技术研究、冻结止水帷幕安全保障技术等研究并成功应用于本项目，冻结壁厚度符合设计要求，满足隧道开挖要求，如图9.1-4所示。主要创新点如下：

①建立了由常规冻结管、异形冻结管和限位冻结管构成的独创性的"管幕冻结法"冻结体系，确认了"冻起来、抗弱化、防冻胀"这一管幕冻结法理念的正确性。

②在国内外首次完成了"管幕冻结法"大现场试验，对管幕冻结的冻结效果和控制方法进行研究，验证了冻结方案的可靠性和可控性。

③在国内外首次采用管幕内限位管限制冻土发展的方法，掌握了管幕冻结法中限制冻结发展的可靠手段，并确立为冻胀控制的根本途径。

④采用全域上建立由偏微分方程组直接组装的刚度矩阵进行多物理场求解的方法，正确模拟了管幕内空气流动对冻结效果的影响，掌握了管幕冻结法冻土帷幕的形成规律。

⑤通过实验室相似模型试验和考虑钢管—冻土接触面强度的数值模拟，首次研究揭示了管幕—冻土复合结构的力学性能和破坏特征，掌握了冻土相对钢管的变形跟随性规律，论证了管幕—冻土复合结构在工程实际条件下的安全性。

a）冻结站

图 9.1-4

b）冻结管路安装

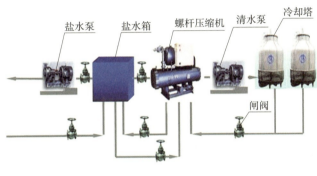

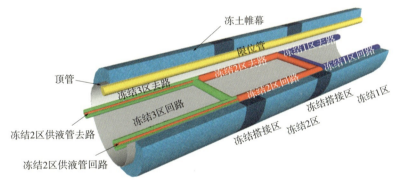

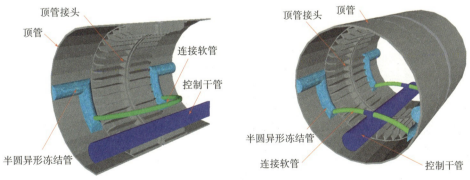

c）冻结管路安装

图 9.1-4

d）冻结效果

图 9.1-4　冻结止水帷幕关键技术照片

（3）复杂环境条件下超大断面隧道暗挖变形控制关键技术

拱北隧道口岸暗挖段超大断面隧道高 21.0m，宽 18.8m，开挖面积 336.8m^2，分成五台阶十四部进行开挖支护施工，如图 9.1-5 所示。围绕该工法开展的科技攻关研究了大断面隧道施工扰动的过程力学特性及控制原理、大断面隧道施工引起的地层固结及其影响作用、大断面隧道施工过程的时空效应分析、隧道快速安全施工控制理论等，通过以上研究顺利保证了复杂环境条件下超大断面隧道暗挖施工，支护变形极小，结构稳定。主要创新点如下：

①国内外首次采用离心高速旋转下非停机分块排液开挖方式模拟拱北隧道管幕圈冻结条件下大断面暗挖施工工序，研究了不同开挖步骤、不同循环进尺条件下地层和建筑物变形规律。

②基于多维度数值模拟（2D、3D），离心模拟，理论分析等综合分析手段下进行拱北隧道大断面暗挖方案的优化比选，最终为五台阶十四部暗挖方案决策提供有力支撑。如图 9.1-5 所示。

图　9.1-5

图 9.1-5　大断面隧道暗挖施工

（4）临海环境下隧道结构防水关键技术

采用工程调研、理论计算、室内试验的方法系统研究了临海隧道的结构防水技术，提出了适合拱北隧道的防排水体系设计方案、实施方案、防水细部构造方案及有效的防水体系安全保障对策。主要创新点如下：

①提出了大断面临海隧道防排水体系，提出了变形缝的设置方法，研发了变形缝新型可排导止水带。

②揭示了大断面临海隧道多重支护结构体系水压力分布规律。

（5）异形结构隧道通风及防灾救援关键技术

根据拱北隧道双层结构特点，在国内首次构建了包含逃生空腔、逃生楼梯、消防电梯在内的立体疏散体系，解决了双层异形隧道人员疏散困难的技术难题。当火灾发生时，方便救援人员奔赴火灾现场开展灭火救援，设置了进入隧道的救援通道。根据现场实际情况，在东、西两个工作井分别设置一处消防电梯。

通过研究，建立了包含隧道逃生空腔、逃生楼梯、消防电梯在内的逃生区域紧急通风计算标准和模型，设置了紧急通风系统，可实现对火灾工况下疏散区域的正压送风。对行车主洞不同位置区域发生火灾工况下烟雾扩散规律及人员疏散进行了研究，优化了救援通道设置及通风系统设置方案。由于逃生楼梯和逃生空腔均为被困人员提供生命通道，因此必须保持楼梯间和逃生空腔内正压送风的有效性。考虑其重要性，工程实施采取了从地面取风保证其正压送风。

逃生空腔区段人数与疏散楼梯是否匹配，直接关系到火灾时人员能否成功疏散。项目以左线入口段逃生空腔为研究对象展开研究：根据最不利原则，将火源设置在离逃生腔最近的疏散楼梯处，同时直接通往上线的楼梯也发生堵塞，因此被困人员只能向行车入口处与逃生空腔进行逃生，如图 9.1-6 所示。

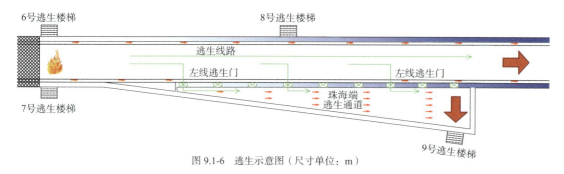

图 9.1-6　逃生示意图（尺寸单位：m）

9.2　推广应用

本项目研究成果可广泛运用于轨道交通、市政工程、矿井工程的建设中，如地铁车站的暗挖设计施工、地铁联络通道设计施工、煤矿的巷道设计施工，下穿越公路、铁路或敏感建构筑物的隧道设计施工等。

（1）所形成的组合曲线顶管管幕精度控制技术成熟，保证了现场管幕精准形成；所研发的钢套管顶管接收装置经现场 37 根顶管接收施工验证，装置可靠且技术成熟；所优化设计的管节接头橡胶圈，结构合理，同时可保证接头偏转条件下的高水压密封性要求；所研发的临海复合地层顶管泥浆配方性能可靠，且成本低廉。该技术现已成功运用于上海轨交 14 号线桂桥路站管幕法顶管施工中。

（2）管幕冻结法既适用于整个管幕或者管幕水压较大区域，不受复杂地层的限制，也可以针对局部锁扣失效的管幕进行补救，提前将冻结管路预留在管幕内进行应急抢险。管幕冻结法冻结方案的研究、论证方法可以运用到类似冻结工程中；对于限位管的效用分析已足够使其作为控制地表变形的方案，纳入人工地层冻结工程之中。

（3）形成了管幕条件下的浅埋超大断面隧道施工变形控制理论和设计方法，能够为城市隧道施工中的周边建筑物变形控制提供充分的指导与参考。

参考文献

[1] 姜志炜. 下穿铁路框架桥管幕法超前支护施工技术 [J]. 铁道建筑技术, 2011, (6): 31-35.

[2] 李耀良, 张云海, 李伟强. 软土地区管幕法工艺研究与应用 [J]. 地下空间与工程学报, 2011, 7(5): 962-967.

[3] 张志新, 刘元泉, 张满华. 公路箱涵顶进施工新技术综述 [J]. 公路, 2010, (5): 50-53.

[4] 胡昕, 黄宏伟. 相邻平行顶管推进引起附加荷载的力学分析 [J]. 岩土力学, 2001, 22(1): 75-77.

[5] 魏纲, 魏新江. 相邻水平平行顶管推进引起的附加荷载分析 [J]. 岩土力学, 2006, 27(11): 1992-1996.

[6] 李方楠. 复杂地层平行顶管的环境效应研究 [D]. 上海: 上海交通大学, 2011.

[7] 李民, 龚启昌, 龚宇煦. 管幕法施工的岩土工程问题探讨 [J]. 市政技术, 2012, 30(4): 132-134.

[8] 吴欣之, 胡玉银, 景路, 等. 箱涵顶进双重置换工法及其在某工程中的应用 [J]. 地下空间与工程学报, 2011, 7(5): 951-956.

[9] 黎永索, 张可能, 黄常波, 等. 管幕预筑隧道地表沉降分析 [J]. 岩土力学, 2011, 32(12): 3701-3707.

[10] 许龙. 大口径钢管长距离曲线顶管原理与设计 [J]. 管线工程, 2011, 29(02): 65-67.

[11] 陈超, 鲍立平. 适用于大口径钢管曲线顶进施工的钢管节 F 型接口 [P]. CN 201120115514.3, 2011.04.19.

[23] 郑国兴, 许龙, 钟俊彬, 等. 曲线顶管管节以及顶进方法 [P]. CN 200910199309.7, 2009.11.24.

[13] 冯一辉, 王康, 王剑锋. 长距离大口径钢顶管施工关键技术 [J]. 中国市政工程, 2010(3): 41-43.

[14] 邢慧堂. 超大型泥水盾构水中接收施工技术 [J]. 铁道建筑, 2010, (8): 62-65.

[15] 李飞, 凌波. 盾构到达接收辅助装置的设计 [J]. 建筑机械化, 2009, 30(9):

66-68.

[16] 陈珊东. 盾构到达接收辅助装置的使用分析[J]. 隧道建设, 2010, 30(4): 492-494.

[17] 汤泳, 刘玮. 广州地铁盾构到达密闭接收装置技术应用[J]. 施工技术, 2010, 39(5): 6-8.

[18] 上田保司, 生頼孝博, 等. 鋼管補強による凍土梁の曲げ強度特性の改良[J]. 土木学会論文報告集, 2001, 12: 81-90.

[19] 森内浩史, 上田保司, 生頼孝博. 鋼管変形に対する凍土の追随性把握実験[C]. 日本: 土木学会第58回年次学術講演会, 2003: 753-754.

[20] 森内浩史, 上田保司, 生頼孝博. 鋼管間止水凍土の内部応力および凍着応力の安全性評価[C]. 日本: 土木学会第59回年次学術講演会（平成16年9月）, 2004: 15-16.

[21] 隅谷大作, 上田保司, 生頼孝博. 曲線形凍土と構造物との凍着維持に関する安全性評価[C]. 日本: 第39回地盤工学研究発表会, 2004: 1103-1104.

[22] 森内浩史, 上田保司, 生頼孝博. 鋼管間止水凍土の凍着維持に関する研究[J]. 土木学会論文集, 2008, 64: 294-306.

[23] 胡向东, 任辉. 管幕冻结法积极冻结方案模型试验研究[J]. 现代隧道技术, 2014, 51(5): 92-98.

[24] 佘思源. 基于非稳态共轭传热理论的管幕冻结法冻结方案初步研究[D]. 上海: 同济大学, 2013.

[25] 汪洋. 管幕冻结法钢管—冻土复合结构力学性能研究[D]. 上海: 同济大学, 2013.

[26] 陈锦. 管幕冻结法冻结方案大型物理模型试验研究[D]. 上海: 同济大学, 2013.

[27] 王占生, 张顶立. 浅埋暗挖隧道近距下穿既有地铁的关键技术[J]. 岩石力学与工程学报, 2007, 26 (z2): 4208-4214.

[28] 于晓东. 新管幕法在地铁车站施工中的安全控制措施[J]. 现代城市轨道交通, 2013, 5 (5): 63-65.

[29] MURAKI Y. The umbrella method in tunnelling[D]. USA: Massachusetts Institute of Technology, 1997.

[30] YOO C. Finite-element analysis of tunnel face reinforced by longitudinal pipes[J]. Computers and Geotechnics, 2002, 29 (1): 73-94.

[31] YOO C, SHIN H-K. Deformation behaviour of tunnel face reinforced with longitudinal pipes—laboratory and numerical investigation [J]. Tunnelling and Underground Space Technology, 2003, 18 (4): 303-319.

[32] KAMATA H, MASHIMO H. Centrifuge model test of tunnel face reinforcement by bolting [J]. Tunnelling and Underground Space Technology, 2003, 18 (2): 205-212.

[33] HISATAKE M, OHNO S. Effects of pipe roof supports and the excavation method on the displacements above a tunnel face [J]. Tunnelling and Underground Space Technology, 2008, 23 (2): 120-127.

[34] OCAK I. Control of surface settlements with umbrella arch method in second stage excavations of Istanbul Metro [J]. Tunnelling and Underground Space Technology, 2008, 23 (6): 674-681.

[35] PECK R. Deep excavations and tunnelling in soft ground [C]. State-of-the-art report: 7th International Conference on Soil Mechanics and Foundation Engineering, 1969.

[36] ATTEWELL P, WOODMAN J. Predicting the dynamics of ground settlement and its derivitives caused by tunnelling in soil [J]. Ground Engineering, 1982, 15 (8): 13.

[37] O'REILLY M, NEW B. Settlements above tunnels in the United Kingdom–their magnitude and prediction [R]. 1982.

[38] MAIR R J, TAYLOR R N, BRACEGIRDLE A. SUBSURFACE SETTLEMENT PROFILES ABOVE TUNNELS IN CLAYS [J]. Geotechnique, 1993, 43 (2): 315-320.

[39] VERRUIJT A, BOOKER J R. Surface settlements due to deformation of a tunnel in an elastic half plane [J]. Geotechnique, 1996, 46 (4): 753-756.

[40] LOGANATHAN N, POULOS H G. Analytical Prediction for Tunneling-induced Ground Movements in Clays [J]. Journal of Geotechnical and Geoenvironmental Engineering [J]. 1998, 124 (9): 846-856.

[41] ADDENBROOKE T I, POTTS D M, PUZRIN A M. The influence of pre-failure soil stiffness on the numerical analysis of tunnel construction [J]. Geotechnique, 1997, 47 (3): 693-712.

[42] DING W Q, YUE Z Q, THAM L G, ZHU H H, LEE C F, HASHIMOTO T. Analysis of shield tunnel [J]. International Journal for Numerical and Analytical Methods in Geomechanics, 2004, 28 (1): 57-91.

[43] BERNAT S, CAMBOU B, DUBOIS P. Assessing a soft soil tunnelling numerical model

using field data [J]. Geotechnique, 1999, 49 (4): 427-452.

[44] M LLER S C, VERMEER P A. On numerical simulation of tunnel installation [J]. Tunnelling and Underground Space Technology, 2008, 23 (4): 461-475.

[45] GRANT R J, TAYLOR R N. Centrifuge modelling of ground movements due to tunnelling in layered ground [M]. 1996.

[46] HAGIWARA T, GRANT R J, CALVELLO M, TAYLOR R N. The effect of overlying strata on the distribution of ground movements induced by tunnelling in clay [J]. Soils and Foundations, 1999, 39 (3): 63-73.

[47] NG C W, BOONYARAK T, MAŠ N D. Three-dimensional centrifuge and numerical modeling of the interaction between perpendicularly crossing tunnels [J]. Canadian Geotechnical Journal, 2013, 50 (9): 935-946.

[48] 高树东. 深圳地铁一期工程混凝土结构自防水措施研究 [J]. 现代隧道技术, 2002, 39(1): 24-27.

[49] 吴全立. 青岛地铁防水技术探讨 [J]. 中国建筑防水, 2002, (2): 12-15.

[50] 赵战丰. 青岛地铁防水问题浅析 [J]. 现代隧道技术, 2002, 40(5): 44-47.

[51] 蒋树峰. 长沙市营盘路湘江隧道浅埋暗挖过圆砾层施工技术 [J]. 城市建设理论研究, 2012, (8): P15-17.

[52] 郭家. 浅埋水下隧道水压力分布及防排水技术研究 [D]. 北京：北京交通大学, 2012.

[53] 赵勇. 浏阳河隧道关键技术问题的探讨 [J]. 铁道标准设计, 2006, (12): 54-56.

[54] 项志敏, 哀仁爱, 罗田郎. 浏阳河隧道全包型防排水系统类型及施工关键技术 [J]. 铁道建筑, 2010, (1): 137-141.

[55] 徐继源. 日本海下隧道 [J]. 隧道译丛, 1990, (5): 54-56.

[56] Syogo Matsuo. 日本青函隧道处理海底涌水的施工方法 [J]. 孙卫明, 译. 隧道译丛. 1989, (4): 27-31.

[57] 王秀英, 谭忠盛, 王梦恕, 等. 厦门海底隧道结构防排水原则研究 [J]. 岩石力学与工程学报, 2007, 26(S2): 3810-3815.

[58] 瞿守信. 厦门翔安海底隧道防排水技术初步应用经验 [J]. 岩石力学与工程学报, 2007, 26(11): 2247-2252.

[59] 金建伟. 厦门翔安海底隧道结构防排水技术研究 [D]. 北京：北京交通大学, 2008.

[60] 谭志文. 青岛胶州湾海底隧道防排水设计 [J]. 隧道建设，2008, 28(1): 29-33.

[61] 刘伟. 胶州湾隧道二次衬砌混凝土的耐久性研究 [D]. 青岛：青岛理工大学，2008.

[62] 李树忱，李术才. 某海底隧道最小岩石覆盖厚度影响因素分析 [A]. 2007年地面和地下工程中岩石和岩土力学热点问题研讨会，2007: 261-265.

[63] 廖朝华，郭小红. 我国修建跨海峡海底隧道的关键技术问题 [J]. 隧道建设，2008, 28(5): 527-532.

[64] Klote. J. H. Method of Predicting Smoke Movement in Atria With Application to Smoke Management [R]. NISTIR 5516: 94 p, 1994.

[65] Evans. D. D and Stroup. D.W. Methods to Calculate the Response Time of Heat and Smoke Detectors Installed Below Large Unobstructed Ceilings [J]. Fire Technology, 1986, 22, 54-56.

[66] 王志刚，倪照鹏，等. 设计火灾时火灾热释放速率曲线的确定 [J]. 安全与环境学报，2004, 4(增): 50-54.

[67] Vytenis Babrauskas."Heat Release Rate", SFPE Handbook of Fire Protection Engineering, 2nd Edition [M], Chapter 1, Section 3, Quincy: National Fire Protection Association, 2002.

[68] Edward K. Budnick, Harold E. Nelson, David D. Evans. "Simplified Fire Growth Calculations", Fire Protection Handbook, 18th Edition [M], Quincy: National Fire Protection Association, 1997.

[69] 倪照鹏，王志刚. 性能化消防设计中人员安全疏散的确证 [J]. 消防科学与技术，2003, 22(5): 375-378.

[70] ISO/TS 16733 Fire Safety Engineering-Selection of design fire scenarios and design fires [S], 2006.

[71] 阚强，倪照鹏. 建筑防火中的火灾危险源辨识与控制技术 [J]. 安全，2004, 25(2)4-6.

[72] 李引擎. 建筑防火工程 [M]. 北京：化学工业出版社，2004.

[73] 汪箭，吴振坤，肖学锋，等. 建筑防火性能化设计中火灾场景的设定 [J]. 消防科学与技术，2005, 24(1)38-43.

[74] 范维澄，孙金华，陆守香，等. 火灾风险评估方法学 [M]. 北京：科学出版社，2004.